上财文库
刘元春　主编

政府间的税权博弈
Tax Assignment within Vertical Governments

范子英　著

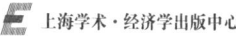

上海财经大学出版社
上海学术·经济学出版中心

图书在版编目(CIP)数据

政府间的税权博弈 / 范子英著. -- 上海：上海财经大学出版社，2025.2. --（上财文库）. -- ISBN 978-7-5642-4564-1

Ⅰ.F810.423-53

中国国家版本馆CIP数据核字第2024PD6691号

上海财经大学中央高校双一流引导专项资金、中央高校基本科研业务费资助

□ 责任编辑　季羽洁
□ 封面设计　贺加贝

政府间的税权博弈

范子英　著

上海财经大学出版社出版发行
（上海市中山北一路369号　邮编200083）
网　　址:http://www.sufep.com
电子邮箱:webmaster@sufep.com
全国新华书店经销
上海华业装潢印刷厂有限公司印刷装订
2025年2月第1版　2025年2月第1次印刷

787mm×1092mm　1/16　20.75印张(插页:2)　360千字
定价:98.00元

总　序

更加自觉推进原创性自主知识体系的建构

中国共产党二十届三中全会是新时代新征程上又一次具有划时代意义的大会。随着三中全会的大幕拉开,中国再次站在了新一轮改革与发展的起点上。大会强调要创新马克思主义理论研究和建设工程,实施哲学社会科学创新工程,构建中国哲学社会科学自主知识体系。深入学习贯彻二十届三中全会精神,就要以更加坚定的信念和更加担当的姿态,锐意进取、勇于创新,不断增强原创性哲学社会科学体系构建服务于中国式现代化建设宏伟目标的自觉性和主动性。

把握中国原创性自主知识体系的建构来源,应该努力处理好四个关系。习近平总书记指出:"加快构建中国特色哲学社会科学,归根结底是建构中国自主的知识体系。要以中国为观照、以时代为观照,立足中国实际,解决中国问题,不断推动中华优秀传统文化创造性转化、创新性发展,不断推进知识创新、理论创新、方法创新,使中国特色哲学社会科学真正屹立于世界学术之林。"习近平总书记的重要论述,为建构中国自主知识体系指明了方向。当前,应当厘清四个关系:(1)世界哲学社会科学与中国原创性自主知识体系的关系。我们现有的学科体系就是借鉴西方文明成果而生成的。虽然成功借鉴他者经验也是形成中国特色的源泉,但更应该在主创意识和质疑精神的基础上产生原创性智慧,而质疑的对象就包括借鉴"他者"而形成的思维定式。只有打破定式,才能实现原创。(2)中国式现代化建设过程中遇到的问题与原创性自主知识体系的关系。建构中国原创性自主知识体系,其根本价值在于观察时代、解读时代、引领时代,在研究真正的时代问题中回答"时代之问",这也是推动建构自主知识体系最为重要的动因。只有准确把握中国特色社会主义的历史新方位、时代新变化、实践新要求,才能确保以中国之理指引中国之路、回答人民之问。(3)党的创新理论与自主知识体系的关系。马克思主义是建构中国自主知识体系的"魂脉",坚持以马克思主义为指导,是当代中国哲学社会科学区别于其他哲学社会科学的根本标志,必须旗帜鲜明加以坚持。党的创新理论是中国特色哲学社会科学的主体内容,也是中国特色哲学社会科学发展的最大增量。(4)中华传统文化与原创性自主知识体系的关系。中华优秀传统文化是原创性自主知识体系的"根脉",要加强对优秀传统文化的挖掘和阐发,更有效地推动优秀传统文化创造性转化、创新性发展,创造具有鲜明"自主性"的新的知识生命体。

探索中国原创性自主知识体系的建构路径,应该自觉遵循学术体系的一般发展规律。建构中国原创性自主知识体系,要将实践总结和应对式的策论上升到理论、理论上升到新的学术范式、新的学术范式上升到新的学科体系,必须遵循学术体系的一般发展规律,在新事实、新现象、新规律之中提炼出新概念、新理论和新范式,从而防止哲学社会科学在知识化创新中陷入分解谬误和碎片化困境。当前应当做好以下工作:(1)掌握本原。系统深入研究实践中的典型事实,真正掌握清楚中国模式、中国道路、中国制度和中国文化在实践中的本原。(2)总结规律。在典型事实的提炼基础上,进行特征事实、典型规律和超常规规律的总结。(3)凝练问题。将典型事实、典型规律、新规律与传统理论和传统模式进行对比,提出传统理论和思想难以解释的新现象、新规律,并凝练出新的理论问题。(4)合理解释。以问题为导向,进行相关问题和猜想的解答,从而从逻辑和学理角度对新问题、新现象和新规律给出合理性解释。(5)提炼范畴。在各种合理性解释中寻找到创新思想和创新理论,提炼出新的理论元素、理论概念和理论范畴。(6)形成范式。体系化和学理化各种理论概念、范畴和基本元素,以形成理论体系和新的范式。(7)创建体系。利用新的范式和理论体系在实践中进行检验,在解决新问题中进行丰富,最后形成有既定运用场景、既定分析框架、基本理论内核等要件的学科体系。

推进中国原创性自主知识体系的建构实践,应该务实抓好三个方面。首先,做好总体规划。自主知识体系的学理化和体系化建构是个系统工程,必须下定决心攻坚克难,在各个学科知识图谱编制指南中,推进框定自主知识体系的明确要求。

各类国家级教材建设和评定中,要有自主知识体系相应内容审核;推进设立中国式现代化发展实践典型案例库,作为建构自主知识体系的重要源泉。其次,推动评价引领。科学的评价是促进原创性自主知识体系走深走实的关键。学术评价应该更加强调学术研究的中国问题意识、原创价值贡献、多元成果并重,有力促进哲学社会科学学者用中国理论和学术做大学问、做真学问。高校应该坚决贯彻"破五唯"要求,以学术成果的原创影响力和贡献度作为认定依据,引导教师产出高水平学术成果。要构建分类评价标准,最大限度激发教师创新潜能和创新活力,鼓励教师在不同领域做出特色、追求卓越,推动哲学社会科学界真正产生出一批引领时代发展的社科大家。最后,抓好教研转化。自主知识体系应该转化为有效的教研体系,才能发挥好自主知识体系的育人功能,整体提升学校立德树人的能力和水平。

上海财经大学积极依托学校各类学科优势,以上财文库建设为抓手,以整体学术评价改革为动力,初步探索了一条富有经管学科特色的中国特色哲学社会科学建构道路。学校科研处联合校内有关部门,组织发起上财文库专项工程,该工程旨在遵循学术发展一般规律,更加自觉建构中国原创性自主知识体系,推动产生一批有品牌影响力的学术著作,服务中国式现代化宏伟实践。我相信自主知识体系"上财学派"未来可期。

上海财经大学 校长

2024 年 12 月

前　　言

2022年是特殊的一年。由于受疫情的影响,我很少外出,一下子空出了很多时间,内心情绪被外在事件所影响,也就没心思去主攻专业领域的事情,于是把目光投向了可以"杀时间"的一些书籍。比较典型的是读了好几本介绍苏轼的专著,东坡先生近年来在出版界又"火"了起来,大抵跟当代学者对知识分子的理想典型是相关的。书读多了,也就发现有些事物反复出现在东坡的诗词中,比如"雪泥鸿爪",又如他特喜欢"霍霍"身边的朋友。多年前,我与广东税务部门有一个合作项目,需要实地走访很多基层税务部门,有天去了惠州,当地朋友带我们夜游了惠州的西湖,一问才知这也是东坡先生的"杰作",虽然我们熟知的水利工程是杭州西湖,但其实东坡先生每到一地,都会推动当地的水利建设。东坡先生的政绩工程和宋词都有典型的"系列"感,此外,在书画、美食、佛学等方面同样如此,形成了独特的个人IP。

后来在一次讲座中,借鉴东坡先生的经历,我也谈到了学术研究的"成系列"。现代经济学对方法和逻辑的要求越来越高,带来的结果就是"点"的突破更加常见,缺乏的也就是"面"的推进。很多的研究工作是自然演化出来的,刚开始从事研究工作时,找到一些突破点是非常关键的,等到攒足了较多的点,就可以尝试把这些点连成线,然后再把线上还空余的点补充完整。这个过程未必是有意为之,很多时候都是遵循自身的逻辑思路,我们从一个idea到下一个idea,就是我们思维逻辑的演化过程,只是很多时候我们并不察觉,到了需要由点到线时,我们就可以重新复盘这个过程。

当我们有了足够的线,就可以由线到面,从而形成自身独特的研究领域。我所理解的研究领域,如果要对应到量化分析过程,那么应该是Y,这是科学研究尝试解构的目标。与此相对应的X,是我们用来理解Y的不同维度,一个X对应了研究的一条"线",当我们找到了足够多的X,相当于我们从不同维度拼出了一个Y的"七巧板"。一个X也就是一个研究系列,我们从X出发,找到一个理论逻辑,从而解构了Y的一个维度,如果换成当下流行的经济学术语,X就是我们讲故事的基石。一个X对应一个故事,可以用不同的故事去理解相同的Y,但是用相同的X去理解不同的Y,往往不是一个最好的安排;当然,如果同一个X在不同的应用场景中有不同的理论逻辑,那么这样的X就可以发掘出更多的"点",从而形成系列研究。

人生是一连串的偶然,研究也是一连串的偶然。15年前我开始读博士时,刚好经济学界特别关注中国经济转型的制度解释,财政体制自然是研究的焦点,我记得在读博士的第一年,导师张军教授和北大周黎安教授合编了一本论文选集,我负责了这本书稿的校对工作,于是便有机会系统阅读了最经典的几篇论文。今天回头来看,也正是因为这个偶然,我从发展经济学领域正式进入财政学领域,最后的博士论文便是从财政转移支付的视角去解析中国的央地财政关系。那时初生牛犊不怕虎,"拿来主义"的心态很重,反而是后来随着阅读量和阅历的增加,越来越觉得很多关键信息是缺失的。

博士毕业之后,我到华中科技大学经济学院工作,这里才是我真正入门研究财税的开始。刚开始工作的头几年,学院很多在读博士生的年龄跟我相仿,也有比我大几岁的,或许是因为年龄相差无几,他们特别喜欢来找我聊天。大多数的时候,他们会聊一些博士阶段的研究,但聊得多了,也就开始聊一些他们各自之前的经历。一位在河南税务系统工作的在职攻读博士的学生有一次同我聊起他在国税局①的工作,他说他负责企业所得税的征收,我便随口问了一句,是不是当地所有企业的所得税都在你们那里,他说一部分在国税局,还有一部分在地税局。

这句话引起了我的极大兴趣,我之前了解到国税局和地税局有明确的征管边界,正常情况下,一个税种只会由一个税务系统负责,这样就避免了系统之间的扯皮和争夺。学生阐述的这个现象很"反常",于是我开始去查询和了解原因,发现这是2002年所得税分享改革的特殊安排。华中科技大学的制度非常灵活,允许副教授作为博士生导师,我在2011年开始正式指导了第一个博士生田彬彬,于是我们

---

① 1994年我国开始实施分税制财政管理体制,全国税务机关分为国家税务局(简称国税局)和地方税务局(简称地税局)。2018年3月13日,十三届全国人大一次会议通过了《国务院机构改革方案》,将省和省级以下国税地税机构合并。此处叙述事情在国税与地税合并之前。

一起以此为切入口,从税收征管的角度去研究中国的企业所得税。我们的第一项研究,就是以2002年所得税分享改革的征管划分设定,构造了一个政策评估框架,研究了国税局和地税局两个系统的征管力度差异。这项研究进展得很顺利,后来发表在2013年的《经济研究》期刊上。我的这个博士生,也将税收征管作为了自己多年的主要研究方向,继续开展了很多相关研究,他毕业后回到了自己的母校中南财经政法大学工作。我经常将学生培养过程比喻为"挖井",我带着学生挖了第一口"深井",接下来,学生就可以在周边挖自己的"井"。

这就是研究的一个突破点,我们循着这个点找到了更多的点,并将这些点连成线。一方面,这项改革涉及的内容很多,我们后续从征税收益角度重新进行了解读,将其与征税努力结合了起来;2010年之前,学术界还特别关注中国的市场整合状况,这是由Young在QJE的那篇文章引发的,我那时也做了一些这方面的研究,多年之后,我再将这项改革与资本要素的流动结合起来,从财政角度解读了中国资本要素市场在2000年之后的巨大整合。另一方面,我们发现国税局的征收效率更高,一个直接的解释是其独立性较强,当时对中国的党政干部的考核、交流的研究非常多,我们将视角投向国税系统的干部交流,研究了国税局局长异地交流制度对税务独立性的贡献;独立性的终极改革,是国地税的机构改革,2018年6月的国地税合并,我们对此做过一些研究,基于之前的研究经验,我们也在改革过程中提供了一些决策咨询建议,同时参加了多场征集建议的内部会议。

在复旦读博期间,经济学院有几位年轻教师组织了论文学习的workshop,大多数的场次我都参加了。毕业后我去武汉工作,那时还没有线上会议的形式,虽然不能直接参加这个活动,但也在一直关注workshop的动态。有一天,看到workshop报告了Abadie提出的一种新方法,简单来说,这种方法特别适合于研究只有一个试点地区的政策。我记得那还是2012年,上海和重庆在前一年试点房产税改革,我虽然关注到这个改革,但一直没想好要怎么开展研究工作,这个新方法恰好能够用在房产税试点的研究。与田彬彬同班的另一个博士生刘甲炎,当时也经常来找我聊天,我将这个想法告诉他,让他先去试试。甲炎同学非常高效,不仅快速精通了方法和程序,还去找中国指数研究院购买了各城市的月度房价数据,我记得其中还有一个故事,他在向数据提供商询价时,一直都说自己是一个穷学生,最后数据提供商心生慈悲,以非常低的价格把数据卖给了我们。这项研究进展很顺利,甲炎同学后来博士毕业需要发表论文,我不是他的导师,大多数院校只有导师做第一作者,学生才能够视同一作,于是我跟甲炎说毕业论文更加重要,等论文在《世界经济》正式发表之前,我跟编辑部沟通,让甲炎同学做第一作者。他毕业后选择去了业界,这些年发展得很好,每个节假日我都会收到他发来的问候,让我时常回想起当年一起合作的场景。

由这项研究开始,我们循着房产税的影响途径开拓了其他几项研究。前几年,也是因为一个机缘巧合,我们与中国最大的二手房中介——链家公司开展了合作研究,也由此与上海的一些房地产管理部门开始了接触。在获取了一些底层微观数据之后,我们得以描绘人们在面临税收时的策略反应。房产税政策设计了一些特殊的免税面积门槛,借助于购房者的数据,我们发现购房者在征税门槛上有明显的面积需求收缩。在宏观层面上,既有赞成房产税的,也有反对房产税的,政策有效性很难讨论清楚。这项微观证据简单、直接、清晰,房产税具有明显的打击住房投机的作用,未来需要讨论的,无非是这种效应有多大。

一项研究即使完成了,一个领域的研究仍然会一直持续。我们虽然研究了房产税的价格效应、收入分配效应和打击投机效应,但近几年,由于决策层将房产税逐步升级为房地产税,无论是房地产税立法还是房地产税试点,都要讨论时机和形式。后来我们也对此做过一些决策咨询和政策解读,跟很多的从业人员座谈调研,现实世界比抽象理论更加精彩。

这些"系列"的研究,从开始到现在都有10年以上了,当我回顾这些研究时,发现不同研究之间有着紧密的联系,这或许就是一个人的思维演化,看上去的碎片化,其背后是知识点在理性逻辑下的跳跃,而本书做了一个"连线"的工作,将11个研究组成3个系列,在每一个系列的开篇,我复盘了自己当时的思维逻辑,将系列内部的不同研究串了起来。必须承认的是,"连线"是一项非常主观的工作,"连线"的方式和路径有千万种,我也只能借助于有限的认知和逻辑去连出自己的那条线。

范子英

目 录

第一篇 所得税的税权博弈 1
  1. 税权配置与税收竞争 5
  2. 征税收益与征税努力 35
  3. 征税收益与统一市场建设 58
  4. 干部交流与征税独立性 88
  5. 去属地化与征税独立性 116

第二篇 房（地）产税博弈 145
  6. 房（地）产税与住房价格 149
  7. 房（地）产税与住房投机 172
  8. 房（地）产税的收入分配效应 201

第三篇 税收征管权博弈 223
  9. 税收征管权与企业税负 226
  10. 自由裁量权与征纳合谋 264
  11. 财权集中与征税努力 291

第一篇
所得税的税权博弈

政府的支出活动依赖于财政收入,在财政收入的构成中,税收一直都是最主要的部分,以2021年为例,当年的税收总收入为17.3万亿元,占财政收入的85.3%。税收内嵌于经济活动,例如与企业的销售、利润挂钩,或者与居民收入挂钩,经济发展速度越快,市场交易越活跃,相应的税收收入也越多。对政府财政收入而言,税收收入是相对稳定且可预期的,为了保障政府财政收入的持续稳定增长,税收制度也嵌入了相关的监管政策之中。对于市场主体而言,税收的本质就是负担和成本,政府的政策变化会深刻影响到企业税负。相对而言,流转税的不确定性程度相对较低,因其绑定的"锚"是商品或者服务的价格,只要价格信息是真实的,税收收入就是一个简单的算术公式;所得税则相对更为复杂,因为涉及成本和费用的核实,此外还有大量的纳税调整,实际所得税的税负有巨大的弹性空间,也更容易受到政策的影响。因此,第一篇就以企业所得税为研究对象,考察政府激励变化对所得税实际税负的影响。

经济学的研究向来都要求一个"小切口",从中窥探出"大道理"。第1个研究"税权配置与税收竞争"系统介绍了这个"小切口",对2002年的所得税分享改革进行了系统阐述。在1994年实行分税制初期,所得税(企业所得税和个人所得税)的税权没有做调整,可能是因为当时条件还不成熟,这个税种的收入也相对有限。随着信息化建设的推进,一些依赖于地方激励的传统税制需进一步加强管理,于是在2002年对所得税的管理权限进行了改革,这就是所得税分享改革。当时,税权改革是服务于税收分享,简单来说就是"谁的收入,谁来管",也正因为如此,在1994年建立的国家税务局(简称国税局)和地方税务局(简称地税局),分别对应了中央收入和地方收入的税种管理,并且将中央共享收入的税种也纳入国税局的管理范围。

所得税分享改革的重点有两方面:一个是税收收入的分享,企业不再按照隶属关系来划分中央和地方收入,中央直接分享全部收入的60%(2002年为50%,2003年起为60%)。试想一下,企业发展对当地税收收益的贡献,从改革之前的100%下降到改革之后的40%,这会对地方政府的行为带来巨大的改变。由于征税的收益下降,地方政府的第一个反应就是降低征税努力,反映在企业层面,就是实际税负和法定税负之间的差异扩大了,具体见第2个研究"征税收益与征税努力"的主要内容。更有意思的是,税收收益的下降还会带来管制的放松,现有税制实行的是"属地管理+生产地征收原则",这就激励了地方政府把生产类的企业留在当地,而把产品和服务销往外地,进而就能留下税收。因此,一旦企业要跨地区投资和经营,就会面临流出地的重重阻碍,地方政府对民营资本和外资只能采取间接的方式干预,但对地方国有企业却有直接的控制权,因此在改革之前,地方国有企业很难跨地区投资和经营。与此相对,2002年所得税分享改革之后,地方政府也就放松了对地方国有企业的管控,这些企业随之开始跨地区投资,纷纷在其他省市设立子公司,具体见第3个研究"征税收益与统一市场建设"的故事逻辑。

另一个就是征管机构的调整。在改革之前,所得税按照企业隶属关系划分管理机构,中央企业和外资企业的所得税归国税局管理,地方企业的所得税归地税局管理。此次改革将所得税调整为共享税,按照征管划分的规则,企业所得税的管理机构就应该统一归并到国税局。不过,由于国税局的容纳能力有限,并不能"一步到位",于是采用了"老人老办法、新人新办法",自2002年1月1日起新成立的企业,一律由国税局负责所得税征管,此前成立的老企业,则依然维持原有的征管机构。这是用来观察国税局和地税局两个系统行为差异的绝佳机会,国税局的垂直管理机构是"向上负责",较少顾及地方政府的诉求;相反,地税局属于地方政府的一个组成部门,要在地方的招商引资方面发挥作用,直觉上,地税局会直接参与到地区之间的税收竞争,放松监管以吸引企业进驻。在这次改革之后,这种放松监管的税收成本显著下降了,因为其中60%的税收损失是由中央财政承担了。由于2002年1月1日前后成立的企业,只在成立时间上有一点差异,却被划归为两个不同的税务系统,进而带来两者所得税税负的巨大差异,这个差异的背后,揭示的是垂直化和属地化两个税务机构的激励体系,具体见第1个研究"税权配置与税收竞争"的主要内容。

由于两个机构的分设,征管权改革也逐步呈现出不适应的特征。企业的主体税种分为流转税和所得税,当新成立的制造业企业划归国税局管理时,其主体流转税是增值税,这个税种一直在国税局,因此新成立的制造业企业的流转税和所得税均在国税局,两个税种的信息交换没有障碍。但是,新成立的服务业企业却出现了新难题,其主体流转税是营业税,这个税种收入是地方财政收入,一直都是地税局管理,因此,新成立的服务业企业的流转税和所得税分属于不同税务局,国税局很难及时掌握这些企业的业务信息。于是,在2009年重新做了调整,将自此之后新成立的企业的所得税管理与其主体流转税管理机构一致,也就是新成立的制造业企业在国税局缴纳所得税,新成立的服务业企业在地税局缴纳所得税。

真正彻底改变这一局面的是2018年国地税机构合并改革。由于后续一些新税改的冲击,地税局的职责大幅度压缩,于是在2018年6月完成了国地税合并,将原有的地税局并入国家税务总局地方税务局,组建了新的税务局,新税务局以垂直管理为主。自此之后,中国运行了24年的两套税务机构彻底合并为一套税务机构,这对原属于地税局管理的企业是一次征管冲击,也在一定程度上提高了这些企业所得税的税负,具体见第5个研究"去属地化与征税独立性"的主要内容。

机构改革是提高税务独立性的一个方式,另一个方式则是对于税务干部的管理模式。在国地税分设的初期,特别是20世纪90年代,虽然国税局是垂直管理,但地方国税局的主要干部都是地方成长起来的,不可避免会受到当地政府的影响。为了避免地方政府对国税局的干扰,国税局系统自1998年起开始执行局长异地交流制度,规定任期满5年要交流去其他地方,随着时间的推移,异地任职成为国税局的常态。到2013年,全国30个省级地区(不含上海)的国税局局长中,有20位是从其他地方调入的,占全部国税局局长的67%。这种异地交流制度有力地提高了税务系统的独立性,也相应缩小了所得税法定税率和实际税率的差距,具体见第4个研究"干部交流与征税独立性"的主要内容。

1

税权配置与税收竞争*

本研究概要：我们利用中国2002年所得税分享改革的自然实验度量了税收执法力度，并研究其对企业所得税避税的影响。此次改革将企业按照成立时间的差异划归不同的征税机构：国家税务局（以下简称国税局）和地方税务局（以下简称地税局）。地方政府间的税收竞争会降低地税局的税收执法力度，却不影响国税局，因此两者之间税收执法的差异就反映了税收竞争的效应。基于中国17万家制造业企业层面的数据，我们在实证上发现地税局对企业所得税的执法不力导致了大范围的企业避税，且这种效应仅存在于流动性足够强的企业类型中，如私营企业。我们同时也发现地税局的税收执法力度与其征税能力没有关联，而是因为主观的征税努力不足导致的。这些结果也解释了中国地方政府"援助之手"的来源，以及近年来税收收入超速增长之谜。

一、导论

由于某些生产要素的流动性较强，如资本、劳动力等，相同层级的地方政府为了最大化本地的财政收入，会在财政支出和财政收入两个维度展开竞争，以吸引这些流动性要素的流入，其中收入维度的竞争表现在提供富有吸引力的税收政策，即

---

* 本研究主要内容参见：范子英,田彬彬.税收竞争、税收执法与企业避税[J].经济研究,2013(9):99-111。

税收竞争(Oates,1972)。这种竞争会对地方政府的税收政策产生一种向下的压力,使得最终的实际税率是一个远低于最优税率的纳什均衡,因而这也是一种"逐底"(Race to Bottom)的竞争(Wilson,1986;Zodrow and Mieszkowski,1986)。在实际操作中,地方政府往往采用两种手段实施税收竞争:一种手段是直接降低法定税率;另一种手段则是降低对税法的执法程度(Tax Enforcement),如主动放松税收审计和税收督查力度。由于第二种方法更为隐蔽,也更难被上级政府监督,因此在实际中更常被地方政府采用(Cremer and Gahvari,1997)。税收执法力度的下降会导致企业避税和逃税行为的增加。① 比如放松税收审计,由于避税被发现的概率下降,企业避税的机会成本随之下降,因此避税的收益增加,边际上会诱发更多的企业避税(Dubin et al.,1990;Slemrod et al.,2001)。

中国也存在广泛的税收竞争,在20世纪80年代,为了调动地方发展经济的积极性,中国在全国范围内实施了财政"包干制",将财政收入和支出的权力下放给地方政府,各地为了追求本地财政收入的最大化,争相在那些稀缺资源方面展开竞争,其中以资本的竞争最为激烈(Qian and Roland,1998;李永友和沈坤荣,2008)。为了尽可能多地吸引资本的流入,地方政府在招商引资的同时给予了非常优惠的税收政策,但是中国的税收立法权是高度集权和统一的,地方政府并没有调整法定税率的权力,因而合法的税收竞争的空间是非常有限的,于是只能采用放松税收执法的手段(郭杰和李涛,2009)。在2004年审计署对企业纳税的审计报告中,地方政府对税法的执行不力是企业大范围避税的主要原因,如违规认定高新技术企业、违规实施税收返还政策等。② 为了避免税收竞争对中央财力的侵蚀,中国早在1994年就将税收征管机构分设为国税局和地税局,前者由中央政府垂直管理,后者则隶属地方政府,因而税收竞争仅能影响地税局的税收执法(Ma,1997)。不过,由于税收执法是隐蔽的,我们不能直接观察到地税局的税收执法力度,而只能看到国税局和地税局的税收数量,但是两者征管的税种完全不同,国税局的税种的征收难度要小于地税局,税收数量的差距既可能是两者对税法的执行力度不同,也可能是税种的差异导致的,这为研究设置了障碍。

幸运的是,2002年的所得税分享改革为我们对该问题的研究提供了契机。这

---

① 避税和逃税的主要区别在于合法性,这种界定在理论上是非常清晰的,不过在实证研究中,由于合法性的模糊,这两个概念经常是交替使用的(Slemrod and Yitzhaki,2002)。遵循已有文献,本书并不区分避税和逃税这两个概念。

② 参见审计署审计结果公告2004年第4号《788户企业税收征管情况审计调查结果》。

次改革将企业所得税由地方税转变为共享税,同时对征管范围实施"一刀切"的政策,规定在2002年之前成立的企业还是由地税局管理征收,而所有新成立的企业必须在国税局缴纳所得税,由于国税局和地税局征管的是同一个税种,因而两者对企业所得税的征收力度反映了税收执法力度的差异。基于2003—2007年中国17万家制造业企业的微观数据,在控制了企业规模、年龄、贷款能力、核算差异等因素之后,我们发现相对于所得税分享改革之后成立的企业,即由国税局征收所得税的企业,之前成立的企业(地税局征管所得税)的避税更加严重,仅由税收征管机构不同导致的避税效应相当于企业的成立时间增加3年。而且我们还发现,企业的流动性越强,其避税就越严重,在不同的所有制类型的企业中,私营企业的所得税避税最严重,而私营企业恰恰是地方政府竞争最激烈的企业类型。通过对税收执法的进一步分解,我们发现征税能力(如人员配备)不是地税局税收执法不力的原因,而主观的征税努力不足才是主因。这些结论通过了一系列的稳健性检验。

据我们所知,本文是第一篇尝试研究税收执法对企业避税影响的文献。目前关于税收执法与企业避税的研究还仅限于理论探讨,并没有得到实证证据的支撑,主要的障碍是无法准确度量企业面临的税收执法力度(Desai et al., 2007)。在最近的一些研究中,一些学者尝试利用审计频度直接度量税收执法(Beron et al., 1992; Durán-Cabré et al., 2012),不过这些研究都是针对个人而非企业。[①] 即使可以获得与企业相关的审计力度,该指标也可能只反映了本地区对法律的遵从,其外生性仍受到质疑(Slemrod, 2007),因此不能用来研究税收执法对企业避税的影响。在为数不多的关于中国企业避税的研究中,大多数都强调企业自身的因素,如企业的会计制度不健全、过多使用现金交易、所面临的市场竞争压力过大等(Cai and Liu, 2009),而忽视了地方政府在其中扮演的重要作用;在最近的一份研究中,马光荣和李力行(2012)发现地方政府的财政压力反而会导致企业更多地避税,但却没有解释这种现象的原因。本研究弥补了他们的不足,实际上财政压力越大的地区所面临的税收竞争越激烈,因而不得不放松地税局的税收执法来吸引资本的流入,进而造成企业的避税现象更为严重。

[①] 个人与企业在避税行为方面的差别甚大,个人是风险规避型,而企业则是风险中性,并且企业的避税还可能掺杂了企业管理者的动机(Desai and Dharmapala, 2006)。

二、制度背景和理论假说

(一) 中国的税收征管体系

在20世纪80年代,中国政府为了鼓励各地方政府发展地方经济,给予地方政府足够的经济激励,在财政体制方面实施了"包干制"。中央政府与不同省份签订了不同的承包合同,对那些财政收入多于支出的省份,中央按照一定的比例分享财政盈余,而对财政赤字的省份,中央也按一定的比例给予补助。在这种财政包干制度下,地方政府的财政收入与经济发展直接相关,一些省份的边际留存率(Marginal Retaining Rate)甚至高达100%,如福建和广东,这意味着当地新增的财政收入全部归地方政府所有(Lin and Liu, 2000)。正是在这样强烈的财政激励下,地方财政收入最大化逐渐成为地方政府的目标,地方政府之间为增长而相互竞争(Jin et al., 2005)。这种横向竞争还诱导地方政府积极推进改革和市场转型,地方政府为了吸引资本的流入,会降低对市场的干预、放松对行业准入的限制,并最终形成高效率的市场经济(Qian and Weingast, 1997)。

不过,这种包干制会诱发地方政府的道德风险,侵蚀中央的财政实力,并在一定程度上动摇中央的权威。由于财政包干制仅对预算内的收入进行承包,预算外的收入则全部归地方政府所有,同时,绝大部分财政收入的征收权力都留给了地方政府,各地为了最大化本地财政收入,会尽最大可能减少中央分享的比重,其中一个最常用的手段是将属于预算内的收入转移到预算外,如用收费的形式替代规范的税收。1980—1992年,预算外收入占预算内收入的比重从48%提高到120%。这使得中央政府处在一个尴尬的位置,由于中央财政还需要对落后地区进行补助,导致很多年份的中央财政均出现赤字,不得不通过其他方式获得额外的财源,例如1980年中央政府向地方借款70亿元,1982年借款40亿元,1983年则重新提高了中央分享的比重。中央政府这种时间上前后不一致的行为,加剧了地方政府的道德风险。1988—1989年,中央实际分得的部分不足5%,而地方政府实际占有了90%的增加收入。财政承包制使得预算内的财政收入占GDP的比重从1984年的23%下降到1993年的10.7%,中央财政收入占全国财政收入的比重从41%下降至22%,如果我们将预算内的财政收入理解为广义的征税能力,那么说明这期间的国家能力出现了大幅度的下降(Besley, 2009)。

正是在这样的背景下,中国政府在1994年用积极的分税制取代了财政承包制。为了增加中央政府的财政收入,将财权重新集权化,在全国范围内实施了统一的分税制政策。与财政承包制不同的是,分税制将中央分享的基础瞄准了固定的税种,将所有的税种划分为三种类型:中央税、地方税和共享税,其中,关税、消费税等属于中央税,营业税等为地方税,增值税等属于共享税,中央财政分享了75%的增值税。与此同时,中国政府建立了以流转税为主体的税收体系,增值税、营业税和企业所得税为主要的三大税种。2010年,这三大税种之和占总税收的62%。

不仅如此,为了避免地方政府对中央财源的干扰,在实施分税制的同时,中国政府将原来的税务系统分设为国税局和地税局两个完全独立的系统,并延伸至省、市、县。国税局不仅征收中央税,还负责征收中央与地方的共享税,地税局只负责征收地方税。并且为了减少地方政府对国税局的干预,国税局实行的是垂直管理模式,如图1-1所示,国税局系统在机构、人员编制、经费、领导干部职务等方面采取下管一级的原则,其中,地方各级国税局正、副局长由上一级国税局直接任免。[①] 地税局的管理权限则划归地方政府,其机构设置、人员编制和管理体制等都由地方政府负责。[②] 国税局与地方政府之间不存在直属管理关系,因此受到地方政府干预较少。与此相反,每个地方的地税局都是当地的一个直属政府部门,与上下级地税

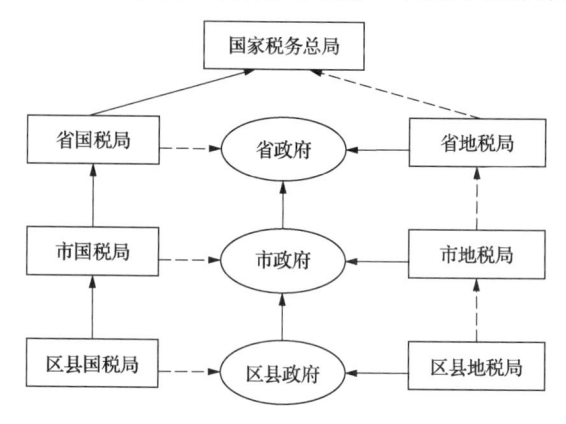

注:实线表示直接的隶属关系,虚线表示间接关系。

图 1-1　中国的国税局系统和地税局系统(1994—2018年)

[①] 在国家税务总局的官方网站上,可以找到很多有关人事任免的信息。参见 http://www.chinatax.gov.cn/n8136506/n8136593/n8137585/n8138637/index.html。

[②] 参见《国务院办公厅转发国家税务总局关于组建在各地的直属税务机构和地方税务局实施意见的通知》(国办发〔1993〕87号)。

局均不存在隶属关系,因此,省级国税局可以直接管理市级国税局,而省级地税局却不直接管理市级地税局。此外,两个税务机构的公务员招录程序也能说明两者之间的区别:国家税务总局以及各省、市、县国税局的公务员统一通过"国考"选拔,而各省地税局的公务员招录则与省内其他政府直属机构相同。国税局向上负责的模式提高了税收执法力度。以第一大税种增值税为例,中国自1994年起就一直在试点和改进"金税工程",以加强对增值税的征收和稽查,并且在增值税税制设计中,上下游企业之间有一个相互制衡的机制也能够减少避税①,这使得增值税成为中国的第一大税种,占全部税收收入的1/3。

国税局和地税局分设的效果是非常明显的,显著改善了中央财政的不利地位。其中,财政收入占GDP的比重从1994年的10.8%上升至2010年的20.7%,中央财政收入的比重在1994年有一个大的跳跃,从之前的22%上升至55.7%。由于国税局对中央税和共享税的征管效率的不断提高,从1993年至2010年,中国的财政收入年均增长19%,而中央本级财政收入的增速高达25%。

(二) 2002年所得税分享改革

2002年之前,除国有企业和外资企业所得税外,其他企业所得税都由地税局负责征收,地税局征收的企业所得税占全部所得税的60%以上。与增值税不同的是,在所得税的征收过程中,由于不健全的会计制度和严重的信息不对称,所得税的征收完全依赖于地方政府的税收执法,但因为税收执法无法观测到,因此地方政府的减税行为很难被国家税务总局稽查,地方政府可随意操控所得税的减免幅度来吸引资本的流入。② 不仅如此,在主要的三大税种中,地方政府间的税收竞争仅会降低对所得税的征收执法力度。其中,增值税由国税局负责征管,地方政府无法干预;营业税虽然是地方的第一大税种,并且也由地税局征收,但是营业税是对服务业征收的,大部分服务业的特征是不可贸易品,这意味着营业税的税基流动性相对较低,地方政府之间不存在对此类税收的竞争,也就不会降低对营业税的税收执法。

2002年,中国政府将原本属于地方税的企业所得税划为中央-地方共享税,即所得税分享改革。这次改革有两个主要的原因:其一,中国在1999年提出了"西部

---

① 增值税是销项税减去进项税,下游企业会要求上游企业开具增值税发票以供其抵扣相应的进项税,因而下游企业会对上游企业的逃税行为进行制约。

② 常见的减税手段有违规给企业认定高新技术企业资格、违规减税、征管不力,甚至先征后返等。

大开发"战略,旨在通过国家的行政力量促进西部地区的经济发展,其中就包括增加对西部省份的财政转移支付,这要求中央财政有新增的财源;其二,中央政府意识到地方政府的税收竞争导致大量的所得税流失,因此才将所得税的征管权限由地税局转移到国税局,而不是通过提高其他税种的分享比例来增加中央财源。①

此次改革将中央对所得税的分享比重设定为50%,2003年继续提高至60%,并一直保留至今。按照分税制的税收分开征收原则,当所得税由地方税变为共享税时,理论上也应该从地税局征管转移到国税局来征管。不过在1994年分设国税局和地税局时,中央政府有意保持两个系统之间的独立性,两个税务系统之间衔接非常困难,因此不得不做出"一刀切"的政策,规定在2002年之前成立的老企业仍可保留在原税收登记机构,但自2002年1月1日起新成立的企业,全部由国税局负责征管。这种政策使得几乎相同的企业,仅仅由于其成立时间的差异,在随后的企业经营中只能享受不同的税收政策。例如在2003年的私营企业中,如果该企业是在改革之前成立的,则其所得税征管机构依然是地税局,还可以继续享受相应的税收优惠;但如果是改革之后成立的,则必须到国税局缴纳所得税,无法享受地方政府给予的所得税优惠。②

更为重要的是,在我们的研究期间,中国的所得税法保持了一致性。1978—1993年,中国的所得税税率非常高,并且国有企业与其他企业所适应的所得税税率是不同的,其中大中型国有企业的所得税税率是55%,小型国企和其他企业的所得税税率是35%。1994—2007年,中国不再区别对待国有企业,规定内资企业的所得税税率统一为33%,外资企业所得税则根据不同条件享受不同的税收优惠,如在经济特区的外资企业所得税税率为15%,此外,高新技术企业享受15%的优惠税率。2008年,中国重新修订了企业所得税法,将内外资企业所得税税率统一为25%。

从数据上可以明显看出这次改革对企业所得税避税的影响,考虑到增值税的征收和稽查更为有效,我们以增值税作为潜在的税基进行比较,1994—2000年,所得税与增值税之间的差距越来越大,说明这段时间所得税的避税现象非常严重;不过自2003年起,所得税与增值税保持了相同的增长趋势,表明所得税分享改革对所得税避税有显著的遏制作用。2001—2008年③,企业所得税年均增长速度为18%,而同期的

---

① 例如,中央财政可以将增值税的分享比例由75%提高至85%以上,同样可以获得等额的新增财政收入。
② 参见《国家税务总局关于所得税收入分享体制改革后税收征管范围的通知》(国税发〔2002〕8号)。
③ 2001年前后,中国的企业所得税统计口径发生了很大变化,之前的企业所得税只包含国有企业和集体企业,之后则包含所有类型的企业。

增值税增速仅为13%,企业所得税占全部税收收入的份额也由2001年的17%上升至2008年的21%。当我们把所得税按照征收机构进行拆分时,这一结论更加明显。如图1-2所示,在1995年由国税局征收的所得税占全部所得税的比重为36.6%,2008年这一比重已上升至72.7%。由于老企业的破产和兼并,在地税局缴纳所得税的企业数自2002年起一直下降,而由国税局征购的企业数则急剧上升。

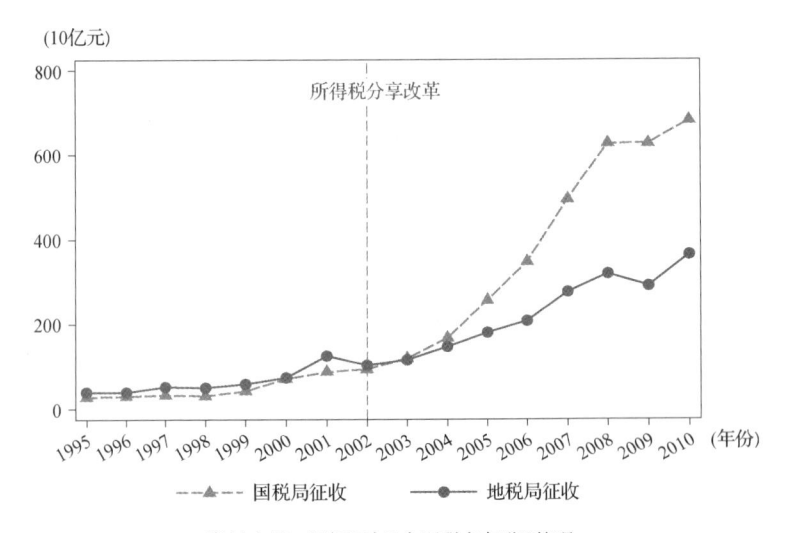

资料来源:根据历年《中国税务年鉴》整理。

图1-2 国税局和地税局征收的企业所得税

所得税分享改革为我们识别税收执法提供了机遇。理论上,那些在所得税改革前后成立的企业没有本质上的差异,仅仅是由于老企业在地税局缴纳所得税,而新企业在国税局缴纳所得税,并且地税局的税收执法会受到税收竞争的影响,国税局则相对独立,进而使得老企业相对于新企业的避税更为严重。综上所述,如果仅仅是因为成立时间在2002年前后的差异导致企业避税的差异形成,那么这种差异就是国税局和地税局不同的税收执法力度造成的。

三、方法和数据

(一) 避税的测度方法

避税是隐蔽的,所有针对避税的研究都很难对其进行直接测度[①],而只能采用

[①] 也有一些研究机构和项目尝试去估计税收缺口,即税收低报的数量,例如 Internal Revenue Service、Taxpayer Compliance Measurement Program (TCMP)和 National Research Program 等,参见 Slemrod(2007)。

间接方式,例如 Fisman 和 Wei(2004)的研究利用中国香港海关出口和中国内地海关进口之间的差异度量避税幅度。针对国内的企业,实际研究中一般采用账面法测量避税,即运用企业的账面收入(Book-Income)作为实际利润的代理变量,账面收入面向的是公司股东,相对更加真实,而应税收入(Tax-Income)是公司向税务机构报告的数据,所以账面收入与实际应税收入之间的差额(Book-Tax Gap)可以作为企业避税行为的衡量(Desai,2005;Desai and Dharmapala,2006)。但是对于非上市公司来说,账面收入无法获得,因此经常采用国民收入核算法来计算实际利润,基本原理与账面法类似,企业会计准则和国民收入核算两种计算利润方法的差异可以捕捉企业的避税(Cai and Liu,2009)。由于本研究数据中大部分企业是非上市公司,因此采用第二种方法,简单来说,首先利用国民收入核算法得到一个企业的推算利润(Imputed Profit),即:

$$PRO_{it} = 工业增加值 - 利息 - 劳动者报酬 - 折旧 - 间接税 \\ = Y_{it} - MED_{it} - FC_{it} - WAGE_{it} - DEP_{it} - VAT_{it} \quad (1-1)$$

式中,PRO 是推算利润,Y 是工业产出,MED、FC、$WAGE$、DEP、VAT 分别是中间投入、财务费用、工资总额、当期折旧和增值税。式(1-1)背后的逻辑是企业在账面上会通过两种方式进行避税:一是低报收入,因而工业产出比销售收入更能代表真实水平;二是虚报费用,特别是管理费用,因而这里只列出一些难以虚报的投入和费用。不过这里的推算利润并不等于真实利润,因而也不能直接用来做真实利润的代理变量,但理论上两者应该是正相关的,即:

$$\pi_{it} = \eta_{it} + PRO_{it} + \theta_{it} \quad (1-2)$$

式中,π_{it} 为企业的真实利润;η_{it} 是一个未知参数,反映了每个企业使用国民收入核算和会计准则两种不同核算方法计算利润的固有差异,如对折旧的处理等,可能大于 0,也可能小于 0;θ_{it} 是期望值为 0 的随机扰动项。假设企业的报告利润是 $RPRO$,则报告利润与企业真实利润之间会存在如下关系:

$$RPRO_{it} = d_{it}\pi_{it} + e_{it} + \zeta_{it} \quad (1-3)$$

式中,$0 < d_{it} < 1$ 代表企业避税的程度,d_{it} 越小,代表企业低报了自己的利润,避税越严重;$e_{it} < 0$;ζ_{it} 是均值为 0 的随机扰动项。我们把式(1-1)、式(1-2)代入式(1-3),得到企业报告利润与推算利润之间的关系:

$$RPRO_{it} = d_{it}PRO_{it} + d_{it}\eta_{it} + e_{it} + \varepsilon_{it} \quad (1-4)$$

式中,d_{it} 的大小反映了企业推算利润 PRO 与报告利润 $RPRO$ 之间的趋近程度(或敏感度),企业避税越严重,推算利润与报告利润之间的敏感度越低,d_{it}的值就越小;$\varepsilon_{it}=d_{it}\theta_{it}+\zeta_{it}$是误差项。所有影响企业避税的因素都反映在$d_{it}$里面,如企业成立时间、企业自身特征、所在行业等。

(二) 数据介绍

本研究所使用的数据来自国家统计局的中国制造业企业数据库(1998—2009年)。该数据库的统计调查对象涵盖了所有的国有企业和销售收入在500万元以上的非国有企业。在样本年份内,平均受调查企业数超过20万家,从1998年的16万家逐渐增加至2009年的35万家,全部样本量超过200万家。调查范围涵盖企业的行业特征、所有制、投入产出信息和财务信息等。这些企业的工业增加值构成了中国工业GDP的85%以上,该数据库具有较高的真实性、可信度和代表性,是目前可获得的最大的中国企业数据库,近年来也被广泛应用于生产率、贸易等领域的研究。[1] 出于研究需要,我们对数据做了如下处理:

首先,我们按照Brandt等(2012)的做法将11年的截面数据合并为一个面板数据集,依据所调查企业的法人代码、企业名称、地址、电话号码等信息对不同年份间的企业进行识别,再进行组合。[2]

其次,我们对数据进行了基本的清理,删除了缺少关键变量的观测值,这些关键变量包括企业的总资产、雇员的数量、工业总产出、报告利润以及企业的开业年份等;删除了明显不符合逻辑关系的观测值,如企业总产值为负、企业的各项投入为负(包括职工人数、中间投入、固定资产原值和固定资产净值)、总资产小于企业固定资产净值、总资产小于企业流动资产、固定资产累计折旧小于当期折旧;删除了销售额明显小于500万元的企业,如固定资产原值小于100万元、总资产小于100万元、职工人数小于30人等;删除了上下各0.5%分位数的样本。

再次,我们还删除了成立时间在1949年之前的企业数据[3]和报告利润大于推算利润的企业数据[4]。

---

[1] 例如:Hsieh和Klenow(2009)、Lu(2010)、Brandt等(2012)利用该数据库计算了中国企业的生产率;Chesbrogh和Liang(2007)利用该数据研究了中国企业的研发;Song等(2011)研究了金融歧视导致企业储蓄率上升;等等。参见聂辉华等(2012)的综述。

[2] 简单来说,首先基于企业的法人代码将相同的企业匹配起来,没有匹配上的再用企业的名称来匹配,法人代码和企业名称都没有匹配上的接着用企业的法人代表及地区代码、行业代码来匹配,若仍然没有匹配上,最后用企业的建厂时间、电话号码、所在街道地址和主要产品来匹配。

[3] 主要原因是这部分企业数据很多是记录错误,并且1949年之前成立的企业仅占全部企业数的0.52%。

[4] 报告利润大于推算利润的样本是由数据记录错误导致的,没有理由认为企业会高报自己的利润,在随后的回归中,我们也曾不剔除这部分样本,发现结果没有差异。

最后,我们将样本年份限定在 2003 年到 2007 年的这段时间,从 2003 年开始是因为企业所得税登记机构转变是自 2002 年才开始的,截至 2007 年是因为中国在 2008 年实施了新的企业所得税法。这样,经过处理之后的样本包含 733 023 个观测值,共 323 230 家企业数据,由于企业在不同年份间的销售额会达到或者低于 500 万元,不同年份间的企业数并不相同,因而这是一个非平衡的面板数据。

企业的报告利润直接取自数据条目中的利润总额,并用企业的资产总额进行标准化处理[①],得到变量 $RPRO$。同时,根据式(1-1)中的推算利润核算方法计算出每个企业的推算利润,同样用资产总额进行标准化处理,得到变量 PRO。从图 1-3 中

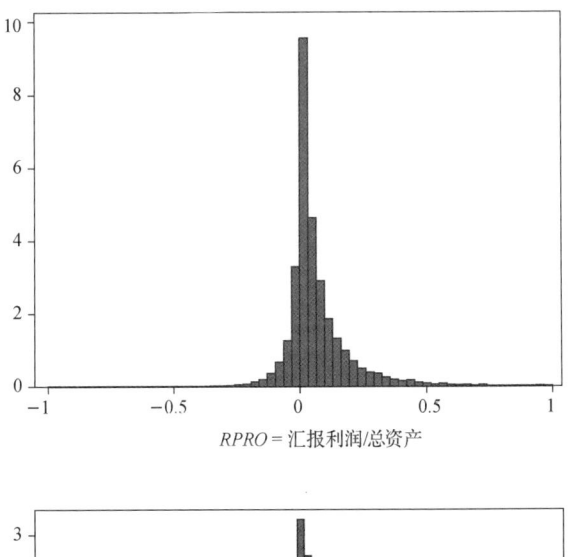

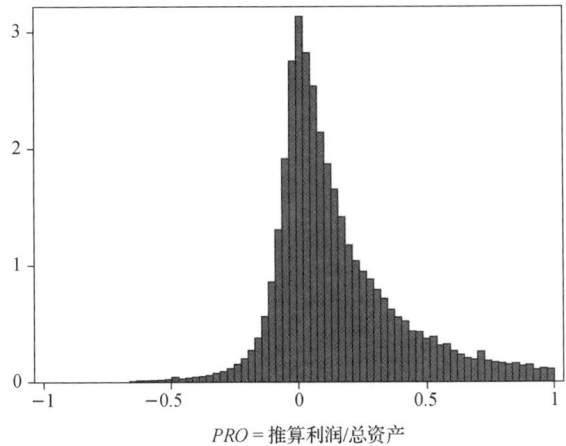

图 1-3 汇报利润和推算利润的分布

---

① 用资产来标准化逃税的方法,在既有文献中是一种常用的方法,如 Cai 和 Liu(2009)、Desai 和 Dharmapala(2006)。

两个变量的分布图来看,大部分企业的报告利润集中于 0 左右,但是其向左和向右的递减都太过于剧烈,这不符合正常的经济现实,而企业推算利润的分布更加接近于正态分布,说明推算利润更加接近真实情况,这两个图的对比说明大部分企业都存在一定的利润低报现象。值得重点说明的是,虽然我国的税法规定了多种税收减免条件,一部分企业的实际缴纳所得税会由于合规的税收减免而比真实的税率低,但恰恰是因为这些税收减免是合规的,企业不会更改其汇报利润,所以这里的利润低报是由主观避税和不合规的税收减免两部分组成。而且当企业享受到地方政府的违规减税时,由于这些税收减免不符合税法规定,为了应对国家税务机关的稽查,企业会在财务上对此进行操作,通过低报收入或者高报费用的方式降低利润,从而在账面上看不到地方政府的税收减免。

四、实证分析及稳健性检验

我们在式(1-4)的基础上进行拓展,采用如下计量模型进行回归:

$$RPRO_{it} = (\beta_0 + \beta_1 NTB_i + \sum_{j=2} \beta_j X_{it}^j) PRO_{it} + \alpha_1 NTB_i + \sum_{j=2} \alpha_j X_{it}^j + \mu_i + \varepsilon_{it}$$

式中,NTB 是企业税收征管机构的虚拟变量,在国税局缴纳所得税的企业(2002年之后成立)赋值1,在地税局缴纳的(2002年之前成立)为0;β_1 度量的是税收执法力度对企业避税的影响,如果实证上发现 β_1 显著大于0,则说明国税局征管的企业相比地税局的企业,其报告利润与推算利润之间的差距更小,即国税局的企业避税更少;μ 是企业层面的固定效应,控制一些影响企业报告利润的固有特征;X 是控制变量,包含企业规模、成立时间长短、获取贷款的能力、两种核算方法的差异和企业实际所得税率(Cai and Liu,2009;马光荣和李力行,2012)。我们采用企业雇员数量的对数代理企业规模,企业规模越大,越容易成为"重点税源企业",受到税务部门的稽查更多,其避税成本更大,因而"企业规模越大避税越少"(Slemrod,2007)。[①] 成立时间越长的企业也更可能受到税务稽查,并且中国的税法对新成立的企业往往有较多的所得税减免政策,如同样是高新技术企业,新成立企业会获得两年的所得税减免。企业获取贷款的能力会增加其避税的机会成本,一旦被发现,就有可能丧失从金融部门获取贷款的能力,并且金融部门也要求企业具有健全的

---

① 美国的 TCMP 也是如此,该机构对大企业的税收审计概率要高于中小企业。

会计制度,这些都会减少企业的避税,我们采用财务费用与总资产的比值作为企业获取贷款难易程度的代理变量。由于会计准则和国民收入核算之间有系统性差异,为了缓解这种测量误差,我们采用当年销售额与总产值的比例控制两种测算方法的差异,其中销售额与会计准则相关,而国民收入核算法使用的是工业总产值。实际税率的高低会对企业的避税行为产生影响(Fisman and Wei,2004),实际税负越高,企业避税的收益越多,我们采用企业实际缴纳的所得税与报告利润的比值表示实际税率。

(一) 税收执法对企业避税的影响

我们在表 1-1 中列出了基本回归结果。其中第一列仅考虑推算利润的水平项,我们发现两者之间的相关系数在 1% 的显著性水平项通过检验,标准推算利润每增加 1 个单位,企业的标准报告利润增加 0.113;但该系数还是远小于 1,理论上如果推算利润完美代理了真实利润,那么这里的系数应该等于 1 或者接近 1,而正如前文所说,推算利润与真实利润并不完全对等,因此这里的相关系数说明两者之间是严格正相关的,Within R^2 说明推算利润可以解释企业间报告利润差异的 12%。第二个回归在第一列的基础上加入了企业征税机构的虚拟变量与推算利润的交互项,我们发现交互项显著为正,表明国税局征管的企业的推算利润与报告利润更接近,这与我们的预期是一致的。由于中央企业和外资企业一直由国税局负责征管[①],这些企业的征管机构不受 2002 年所得税分享改革的影响,为了剔除其对我们结果的干扰,第三个回归将这两种类型的企业排除在外,税收征管机构依然对报告利润与推算利润之间的差异有显著影响。

表 1-1　　　　　　　　　　　基本回归结果

变量名	(1)	(2)	(3)	(4)	(5)
PRO	0.113*** (0.000 3)	0.120*** (0.000 5)	0.121*** (0.000 6)	−0.090*** (0.006)	0.040 (0.051)
NTB		0.002* (0.001)	0.004** (0.001)	0.030*** (0.002)	0.029*** (0.002)

[①] 我们这里依据企业注册类型来区分所有制,另一种方法是企业的实收资本,这两种方法有一定的差异(聂辉华等,2012),理论上后一种方法更加接近于企业的真实所有制类型,但是我国的税务征管方法依据的是初始的登记注册类型,这意味着即使后来由于企业重组等方式导致了企业类型的变化,其税务登记机构仍然不发生变化。参见《国家税务总局关于所得税收入分享体制改革后税收征管范围的补充通知》(国税发〔2003〕76 号)。

续表

变量名	(1)	(2)	(3)	(4)	(5)
$NTB \times PRO$		0.007*** (0.000 8)	0.004*** (0.000 9)	0.025*** (0.001)	0.024*** (0.001)
企业规模× PRO				0.001* (0.000 6)	0.001* (0.000 6)
核算差异× PRO				0.150*** (0.005)	0.147*** (0.005)
贷款能力× PRO				0.502*** (0.013)	0.499*** (0.013)
企业年龄× PRO				0.024*** (0.000 8)	0.022*** (0.000 8)
实际税负× PRO				−0.058*** (0.002)	−0.060*** (0.002)
企业规模				0.020*** (0.000 7)	0.019*** (0.000 7)
核算差异				0.001 3 (0.003 5)	0.000 7 (0.003 4)
贷款能力				0.092 3*** (0.018 8)	0.084 6*** (0.018 7)
企业年龄				0.013 2*** (0.000 6)	0.019 8*** (0.000 7)
实际税负				0.015 5*** (0.001 8)	0.016 4*** (0.001 8)
Within-R^2	0.119	0.168	0.173	0.198	0.203
观测值	1 704 619	732 344	585 764	580 808	580 808
成立时间	1949年后	1949年后	1949年后	1949年后	1949年后
所有制	全部	全部	非外资/央企	非外资/央企	非外资/央企
行业特征	否	否	否	否	是

注：***、**、*分别表示1％、5％和10％的显著性水平。所有的回归均通过Hausman的固定效应检验。第一列回归为1998—2007年的样本，后面所有回归为2003—2007年的样本，并剔除了推算利润小于报告利润的样本。出于节约篇幅的考虑，我们没有报告行业的虚拟变量和其交互项的系数。

第四个回归在前面基础之上加入了控制变量的水平项及其交互项。第五个回归考虑到企业所处行业的影响控制了行业的虚拟变量及其交互项,这些结果都非常稳健,并且我们关注的核心变量的系数出现了显著的增加,说明在不控制行业和其他变量的情况下,前面的回归存在低估的风险。以最后一个回归为例,国税局征管的企业相比地税局征管的企业,其报告利润与推算利润之间的相关程度要高0.024,这相当于企业年龄延长3年对避税的影响[①],考虑到企业的平均年龄为14年,因而这种效应非常大。其他变量的估计也符合预期,企业规模越大避税越少,贷款能力越大的企业避税越少,成立时间越长的企业避税越少,实际税负越高的企业避税越多。这里值得重点说明的是,一些研究发现外资企业的所得税避税更少,认为是因为外资企业的会计制度更健全或者外资企业市场竞争压力较低(Cai and Liu,2009)。我们在这里给出了另一种解释,即外资企业一直由国税局负责征管,面临更高的税收执法力度,其避税的机会成本更高,所以避税更少。

理论上来说,在地税局登记的企业之所以能够更多避税,是因为地方政府间竞争产生的流动性要素。但并不是所有在地税局登记的企业都能够享受到地方政府的照顾,只有那些流动性足够强的企业才能够享受地方政府的减免税政策,因此企业的流动性与企业避税应该是正相关的。为此,我们在表1-1最后一个回归的基础之上,将非外资、非央企的企业细分为地方国企、集体企业、混合企业和私营企业四种类型。地方国企和集体企业属于地方政府和地方机构所有,由于受到地方政府的直接管理,这些企业很难流动到其他省份,因而不受税收竞争的影响,地方政府也缺乏对其减税的动机,这些企业不管是由地税局来征管还是国税局征管,其税收执法力度没有系统性差异。鉴于此,我们发现在表1-2的第一个回归和第二个回归中,税收征管的虚拟变量的交互项并不显著。地方政府间互相竞争的是那些流动性强的企业,如混合企业和私营企业,这类企业的经营目标是利润最大化,因此对地方政府的税收政策极其敏感,在2002年之前成立的企业可以利用其自由流动的特征与地方政府进行讨价还价。但是所得税分享改革剥离了2002年之后成立的企业与地方政府之间的关联,因此这类企业受到的影响也是最大的。例如表1-2第四个回归表明,2002年之后新成立的私营企业由于在国税局缴纳所得税,其报告利润与推算利润之间的敏感度比在地税局登记的企业(2002年前成立)要高出0.031,这一效应远大于其他类型的企业。

---

① $e^{(0.024/0.022)} = 2.977$。

表 1-2　　　　　　　　　　区分所有制的回归结果

变量名	(1)	(2)	(3)	(4)
PRO	0.061** (0.030)	−0.086*** (0.025)	−0.063*** (0.011)	−0.101*** (0.008)
NTB	0.016* (0.010)	0.056*** (0.012)	0.211*** (0.004)	0.028*** (0.002)
$NTB \times PRO$	**0.005** **(0.010)**	**−0.001** **(0.007)**	**0.019*** **(0.003)**	**0.031*** **(0.002)**
企业规模$\times PRO$	−0.015*** (0.003)	0.002 (0.002)	0.002* (0.001)	0.001 (0.000 8)
核算差异$\times$ PRO	0.094*** (0.027)	0.178*** (0.021)	0.123*** (0.010)	0.146*** (0.007)
贷款能力$\times$ PRO	0.321*** (0.077)	0.461*** (0.050)	0.551*** (0.029)	0.431*** (0.017)
企业年龄$\times$ PRO	−0.002 (0.004)	0.011*** (0.003)	0.013*** (0.002)	0.034*** (0.001)
实际税负$\times$ PRO	0.001 (0.011)	−0.087*** (0.009)	−0.079*** (0.004)	−0.054*** (0.003)
企业规模	0.009*** (0.0025)	0.012*** (0.004)	0.016*** (0.001)	0.021*** (0.001)
核算差异	−0.011 (0.009)	−0.017 (0.016 6)	−0.002 (0.005)	0.008 (0.005)
贷款能力	−0.477*** (0.080)	0.177*** (0.080)	−0.042 (0.038)	0.191*** (0.025)
企业年龄	0.006* (0.003)	0.025*** (0.004)	0.014*** (0.001)	0.023*** (0.001)
实际税负	0.040*** (0.006)	0.042*** (0.086)	0.027*** (0.003)	0.006** (0.003)
Within-R^2	0.077	0.201	0.151	0.217
观测值	27 691	44 500	149 216	360 956
所有制	地方国企	集体企业	混合企业	私营企业

注：***、**、*分别表示1%、5%和10%的显著性水平。所有的回归均通过Hausman的固定效应检验。所有回归为2003—2007年的样本，并剔除了推算利润小于报告利润的样本，企业成立时间均为1949年之后，所有的回归均控制了行业特征。出于节约篇幅的考虑，我们没有报告行业的虚拟变量和交互项的系数。

以上这些结果证实了税收机构的税收执法力度对企业避税有重要影响。那些在2002年之后成立的企业的报告利润更加接近于真实水平,说明地税局对所得税的税收执法力度要低于国税局,并且这种影响在流动性强的企业中更为突出,特别是私营企业,其企业行为受地方政府间税收竞争的影响是最大的。

(二)稳健性检验

虽然我们在前面的回归中基本证实了税收执法对企业避税的影响,但是还存在一些其他的机制和可能的解释与我们的结论冲突。下面我们通过一系列的检验来排除这些因素的干扰。

1. 企业异质性

在国税局和地税局登记的企业成立时间是有差异的,2002年之后的企业与之前的企业可能有本质的区别,即可能由于企业本身的原因而不是税务机构的因素导致我们前面看到的结果,例如新成立的企业更可能从事回报高的行业等,如果这一猜测被证实,那对本研究结论是致命的打击。我们以2007年的数据样本为例来粗略看看企业的异质性,表1-3中A部分显示2002年之前成立的国有企业、集体企业、混合企业和港澳台企业比2002年之后多,但2002年之后新成立的企业中私营企业的比重有明显增加;在行业分布上(B部分),虽然2002年前后成立的企业的前十位行业相同,但是各行业所占比重还是有明显变化的,2002年之后成立的企业中从事纺织的比重更高,虽然直观上看变化很小,但我们并不清楚这种企业本身的差异是否会对上述结论产生影响。另一个导致企业异质性的因素是企业的改制和转型,中国在20世纪90年代对国有企业进行了大规模的私有化,一些盈利能力较差的中小型企业被直接出售给市场,转变为私有企业,不过这种改制的过程都有一些附加条款,如要保留原有的职工规模、保留基本的员工福利等,因此这些企业虽然转型为私有企业,但其经营成本高于非改制企业。这些企业改制基本在2000年完成,与所得税分享改革的时间比较靠近,因此这种异质性也会导致实证上的显著性。

表1-3　　　　2002年前后成立的企业对比(2007年数据样本)　　　　单位:%

A:企业所有制类型			B:企业所属行业分布(前十位)		
类型	2002年前	2002年后	行业	2002年前	2002年后
国有企业	4.96	0.73	通用设备制造业	8.66	7.51
集体企业	6.47	1.17	纺织业	7.99	9.59
私营企业	46.86	59.77	非金属矿物制品业	7.48	7.74

续表

A：企业所有制类型			B：企业所属行业分布（前十位）		
类型	2002年前	2002年后	行业	2002年前	2002年后
混合企业	21.29	18.82	化学原料及化学制品制造业	6.38	6.08
外资企业	9.78	10.45	电气机械及器材制造业	6.17	5.24
港澳台企业	10.64	9.06	金属制品业	5.56	5.36
			塑料制品业	4.7	4.4
			纺织服装、鞋、帽制造业	4.56	5.07
			交通运输设备制造业	4.52	3.96
			农副食品加工业	4.29	5.68

为了仔细排除企业异质性的影响，我们通过两种方法来进行稳健性检验。第一种方法是尽可能缩小企业成立时间的间隔，那些成立时间间隔越短的企业，其异质性越小，因此如果实证上发现缩短企业成立时间间隔不影响实证结果，那说明企业异质性对本研究结论影响不大。首先，我们选定改革前后一年间成立的企业，即2001年1月至2002年12月，从表1-4中可以看出，不管是针对全部企业还是剔除央企和外企，避税的效应依然非常稳健。其次，我们进一步缩小样本范围，仅包含从2001年7月至2002年6月成立的企业，发现改革前半年成立的企业相比后半年成立的企业，其推算利润与报告利润之间的相关系数显著高出0.017。不过需要引起注意的是，通过控制样本的方法来排除企业异质性还有一个潜在的威胁，即如果企业预料到2002年所得税分享改革，那么那些原本准备在2002年成立的企业会提前到2001年，以获得地方政府的政策优惠，特别是如果盈利弱的企业的反应更大的话，那么企业的自选择效应就会影响到这里的稳健性检验。所得税分享改革正式提出来是在2001年10月17日，然后经过为期两个多月的讨论和调研，于2002年1月1日迅速推开，地方政府有一定的策略性反应，那就是2001年后两个月所得税超收了一倍多[1]；但企业的开业时间所受到的影响较小，在2001年后三个月成立的企业数、行业分布和所有制与2000年和2002年同期类似，说明这次改革对企业来说是相对外生的一次冲击。不过为了稳妥起见，我们在表1-4第四个回归中剔除了2001年后三个月和2002年前三个月成立的企业，发现结果与第三个回归非常

---

[1] 参见《国务院办公厅转发财政部关于2001年11月和12月上中旬地方企业所得税增长情况报告的紧急通知》（国办发〔2002〕1号）。

接近，这也说明样本控制的方法可以佐证2002年前后的企业异质性对本研究结论没有影响。

排除企业异质性的第二种方法是以地处西藏和上海的企业为研究对象，西藏由于其特殊性没有单设地税局，而只有国税局，因而西藏的企业一直在国税局缴纳所得税，避税不受所得税改革的影响，如果我们发现税收机构的虚拟变量的交互项依然显著为正，则说明是企业本身的特征差异导致了我们前面所看到的结果。表1-4第五个回归发现交互项在10%的显著性水平项为负，这说明2002年之后成立的企业并不比之前成立的企业具有更多优势，这里的负值很大程度上与税法中新企业所得税优惠有关，因此西藏的样本也证明企业异质性对本研究结论没有影响。上海仅在市级层面分设了国税局和地税局，但两个系统一直是合署办公，特别是上海国税局局长还兼任了上海地税局局长，区以下仍维持1994年之前的混合税务系统，2002年的改革虽然规定新企业在国税局缴税，但对上海地区的企业而言，改革前后都是到同一个税务局缴税，因此改革对企业的行为没有直接影响。表1-4第六个回归同样从反面证明了企业异质性不是一个主要问题。

表1-4　　　　　　　　稳健性检验一：企业异质性

变量名	(1)	(2)	(3)	(4)	(5)	(6)
PRO	−0.168 (0.197)	−1.215 (4 911)	−0.365 (13 912)	0.076 (0.580)	0.643 (1.157)	−0.057 (17 813)
NTB	−0.000 7 (0.003)	0.004 (0.005)	−0.002 (0.006)	−0.033** (0.014)	−0.056 (0.137)	−0.040*** (0.007)
$NTB \times PRO$	**0.015*** (0.002)**	**0.009*** (0.003)**	**0.017*** (0.003)**	**0.019*** (0.004)**	**−0.756* (0.418)**	**−0.008 (0.007)**
企业规模×PRO	0.006*** (0.001)	−0.011*** (0.002)	0.003 (0.002)	0.000 1 (0.003)	0.002 (0.140)	0.011*** (0.002)
核算差异×PRO	0.126*** (0.011)	0.352*** (0.015)	0.119*** (0.018)	0.095*** (0.027)	0.598*** (0.137)	0.133*** (0.019)
贷款能力×PRO	0.434*** (0.029)	0.908*** (0.041)	0.436*** (0.045)	0.579*** (0.064)	6.174 (7.923)	0.177 (0.136)
企业年龄×PRO	0.076*** (0.002)	0.052*** (0.003)	0.090*** (0.004)	0.092*** (0.006)	−0.070 (0.129)	−0.029*** (0.004)
实际税负×PRO	−0.065*** (0.005)	−0.066*** (0.006)	−0.052*** (0.007)	−0.071*** (0.009)	−2.225** (0.969)	−0.135*** (0.011)

续表

变量名	(1)	(2)	(3)	(4)	(5)	(6)
企业规模	0.015*** (0.002)	0.012* (0.002)	0.014*** (0.003)	0.012*** (0.004)	−0.018 (0.054)	0.016*** (0.002)
核算差异	0.005 (0.007)	−0.016 (0.010)	−0.008 (0.012)	−0.004 (0.016)	−0.044 (0.080)	0.008 (0.010)
贷款能力	0.063 (0.040)	0.411*** (0.056)	0.115* (0.063)	0.162* (0.088)	−3.736 (2.298)	−0.618*** (0.096)
企业年龄	0.004** (0.002)	0.027*** (0.002)	−0.001 (0.003)	−0.0006 (0.004)	−0.007 (0.039)	−0.020*** (0.003)
实际税负	0.015*** (0.004)	0.008 (0.005)	0.010* (0.006)	0.010 (0.008)	0.230* (0.134)	0.215*** (0.008)
Within-R^2	0.19	0.136	0.202	0.206	0.339	0.114
观测值	139 144	108 694	58 179	29 089	201	32 625
成立时间	2001年1月至2002年12月	2001年1月至2002年12月	2001年7月至2002年6月	2001年7月至9月和2002年4月至6月	1949年后	1949年后
样本控制	全部	非外资/央企	非外资/央企	非外资/央企	仅西藏	仅上海
行业特征	是	是	是	是	是	是

注：***、**、*分别表示1%、5%和10%的显著性水平。所有的回归均通过Hausman的固定效应检验。所有回归均为2003—2007年的样本，并剔除了推算利润小于报告利润的样本。出于节约篇幅的考虑，我们没有报告行业的虚拟变量的系数、控制变量与滞后推算利润交互项的系数。

2. 干扰政策

企业所得税的征管规则是以成立时间作为划分标准的，2002年之前的归国税局征管，之后的归地税局。但是如果2002年还发生了其他变化，并导致该年前后成立企业有系统性差异，例如中国在2001年12月正式加入世界贸易组织（WTO），此后中国的对外贸易发展迅速，2002年之后成立的企业更倾向于出口贸易，且出口贸易的企业的避税更困难（因为海关记录更完整），那么我们在前面看到的企业税收征管机构的交互项的系数反映的就是WTO政策的影响，而不是税收执法的作用。为了排除这种可能性，表1-5第一列仅包含中央企业的样本，中央企业由于一直由国税局管理，理论上应该不受地方政府竞争的影响，但是这类企业会受到其他宏观因素的影响，并且由于是同一种所有制，企业之间的同质性较强，因而这部分样本的交互项捕捉的是除税收执法外的其他因素的作用，我们发现此时交互项不显著,说明没有其他因素使得2002年前后的企业的避税有差异,即使控制了行业特征,该结论依然成立。不过,中央企业的出口较少,还是不能完美排除WTO政策的冲击。为此,我们在表1-5第二个回归中以上海的私有企业为样本,由于上海没有分设国税局和地税局,因此这些企业不受所得税分享改革的影响,并且企业的所有制类型是相同的,即不受企业异质性的影响,所以能够用来验证是否存在其他干扰政策的影响,实证结果发现交互项不显著,这说明没有其他政策使得2002年前后成立企业的避税有显著差异,我们在实证上观察到的效应是受不同征管机构的税收执法的影响。

表1-5　　　　　稳健性检验二:干扰政策、随机效果、利润平滑与测量误差

变量名	(1)	(2)	(3)	(4)	(5)
PRO	0.716 (1.490)	−0.057 (17 843)	0.801 (1.767)	−0.115* (0.065)	
NTB	0.038* (0.023)	−0.040*** (0.007)		0.008*** (0.002)	**0.005*** (0.000 26)**
$NTB\times PRO$	**−0.060** **(0.041)**	**−0.008** **(0.007)**		**0.047*** (0.002)**	
$Open01$			**0.069*** (0.002)**		
$Open01\times PRO$			**−0.020*** (0.002)**		
$LagPRO$				0.344*** (0.067)	
$NTB\times LagPRO$				−0.015*** (0.002)	
企业规模×PRO	−0.037*** (0.009)	0.011*** (0.003)	0.009 2*** (0.000 8)	0.021*** (0.000 7)	
核算差异×PRO	−0.152** (0.077)	0.133*** (0.019)	0.271 9*** (0.007 0)	0.217*** (0.007)	
贷款能力×PRO	−0.206 (0.300)	0.177 (0.136)	0.735 8*** (0.179 0)	−0.301*** (0.018)	
企业年龄×PRO	−0.030** (0.014)	−0.029*** (0.004)	−0.005 6*** (0.001 1)	0.021*** (0.001)	
实际税负×PRO	−0.286*** (0.042)	−0.135*** (0.011)	−0.092 3*** (0.002 8)	−0.056*** (0.003)	

续表

变量名	(1)	(2)	(3)	(4)	(5)
企业规模	0.013* (0.007)	0.016*** (0.002)	0.011 4*** (0.001 0)	0.013*** (0.001)	0.002 3*** (0.000 1)
核算差异	0.040** (0.020)	0.008 (0.010)	−0.014 6*** (0.004 3)	−0.023*** (0.004)	0.004 4*** (0.000 5)
贷款能力	−0.374 (0.244)	−0.618*** (0.096)	0.160 2*** (0.024 9)	−0.385*** (0.024)	0.101 8*** (0.002 4)
企业年龄	0.000 4 (0.007)	−0.020*** (0.003)	0.027 5*** (0.001 1)	−0.015*** (0.000 9)	0.003 5*** (0.000 1)
实际税负	0.067*** (0.014)	0.022*** (0.006)	0.021 6*** (0.002 3)	0.048*** (0.002)	
Within-R^2	0.202	0.114	0.269	0.384	0.137
观测值	3 401	32 625	361 674	441 446	870 299
成立时间	1949 年后	1949 年后	1949—2001 年	1949 年后	1949 年后
样本控制	中央企业	上海私企	非外资/央企	非外资/央企	非外资/央企
行业特征	是	是	是	是	是

注：***、**、* 分别表示 1%、5% 和 10% 的显著性水平。所有的回归均通过 Hausman 的固定效应检验。所有回归均为 2003—2007 年的样本，并剔除了推算利润小于报告利润的样本。第五列回归因变量为企业应交所得税占总资产的比值。由于篇幅限制，未报告行业虚拟变量及其与 PRO 交互项的系数。

3. 随机效果

我们怀疑 2002 年虚拟变量的显著性没有任何意义，即这种结果在任何一年都存在，其背后的原因可能是税务机构对新成立企业的会计制度有更高的要求，这会使得任何一年成立的企业与之前企业都有差异，而这种差异与地方政府的行为也没有关联。为了排除这种影响，我们采用了虚假试验（Falsification Test）的方法，我们以 2001 年作为假想的政策冲击来考察是否那些在 2001 年之后和之前成立的企业也存在差异，如果我们在实证上发现了显著的正向效果，则说明我们前面的回归没有意义。不过为了分离虚假试验和所得税改革的影响，表 1-5 第三个回归中仅包含了 1949—2001 年成立的企业样本，结果发现交互项的系数显著为负[①]，这说明表 1-1 的结果不是由于常规性的随机因素导致的。

---

① 对系数为负的一个合理解释是，中国的税法对新企业往往有所得税优惠条款，因而越是晚成立的企业，其推算利润与报告利润之间的差距越大。

4. 利润平滑

我们在模型中假定企业的报告利润仅取决于当期的推算利润,但实际上企业出于减少税收的目的可能在各期之间平滑自身的利润,因此企业当期的报告利润除了取决于当期的推算利润外,还可能取决于上一期的推算利润。如果企业的确存在利润平滑(Profit Smoothing)情况的话,我们前面的基本回归结果就可能存在低估的风险。因此,为了消除企业利润平滑的影响,我们在基本回归结果中加入了企业推算利润的滞后项,在回归中将其与当期的推算利润等同看待。表1-5第四列报告了加入滞后项后的回归结果,在控制了行业因素后,回归结果显示企业成立时间与推算利润水平项和滞后项的系数之和仍在1%水平下显著为正,并且2002年之后成立的企业的利润平滑更少,这可能与国税局稽查力度的提高有关。

5. 测量误差

我们所采用的方法依赖于企业会相对真实地报告工业产出,但如果企业像低报销售收入一样低报工业产出,那么前面的推算利润就存在严重的测量误差,并构成内生性的一个主要来源(Wooldridge, 2002)。表1-5第五个回归以企业实际税负作为因变量,不过为了剔除企业低报工业产出的影响,我们以企业应交所得税对总资产进行标准化来表示实际税负,结果显示国税局征管的企业的实际税负更大,这说明国税局的税收执法力度要高于地税局,因此测量误差没有对本研究基本结论产生致命打击。

6. 税收执法的"挤出效应"

2002年当企业的所得税征收机构由地税局转移到国税局后,企业面临更高的税收执法力度,实际所得税税率由此提高,那些后来成立的企业为了与之前企业进行竞争,完全有可能通过其他方式进一步隐瞒真实利润。例如,在2002年之前成立的企业可以享受到地方政府的税收优惠,而新成立的企业则无法享受到这种优惠,因此新成立的企业可以通过操纵会计账目,进一步瞒报真实利润,使得其实际所得税税率与老企业相近,即国税局的税收执法与企业自身的主观瞒报存在一个互相挤出的关系。如果上述属实,那么这会对本研究结论产生影响,不过我们并没有办法排除这种可能性,幸运的是,挤出效应只会使得本研究估计存在低估的风险,并不影响基本结论。

五、税收执法不力:征税能力还是征税努力?

在一系列稳健性检验的基础上,我们发现国税局和地税局征管的企业的避税有显著差异,由于排除了企业异质性的影响,因此这里的避税是地税局的税收执法不力引致的。不过我们并不清楚这种企业避税的作用机制,地税局主观的征税努力(Tax Effort)和客观的征税能力(Tax Capability)都会导致企业避税,从长期来看,客观的征税能力也是内生于税务机构的税收执法力度,如地方政府要加大税收稽查力度,则会增加人员配备,即提升征税能力。因此,区分这两种作用机制不影响基本结论,但两种机制对应的公共政策建议是完全不同的:如果我们发现是因为征税能力导致了企业避税,如税务系统人员配备不足、信息化程度不够完善等,那么相应的政策建议是增加税务系统的投入;反之,如果主观的征税努力是主因,相应的政策建议则是调整不同征税机构的征管范围。

在1994年将原有的税务局分设为国税和地税时,基本是把既有的人员按照其负责的业务进行归类,负责与国税相关的业务人员划归国税局,反之则属于地税局。1994年整个税务系统人员大概100万人,初始目标是国税局和地税局各50万人,但实际上国税局的人数比地税局要高出很多。1995—2000年,国税和地税的人员都呈现相同的增长趋势,不过在2001年的机构改革中,国税局受到的影响远大于地税局,其总人数从57万人减少至46万人[①],地税局的人员规模则基本维持在39万人。从图1-4可以看出,虽然历年来国税局人员数量都比地税局多,但是随着时间的推移,两者之间的差距越来越小。理论上随着2002年企业所得税由国税局征收,其相应的人员数量应该增加,但实际情况却相反;对地税局来说,由于企业兼并、破产等会导致地税局负责的企业数量逐渐减少,其人员数量也应该相应减少,但实际人数却维持不变。因此,直观来看,国税局征收所得税的效率更高与其征税能力没有必然联系,如果考虑到国税局54%的人员规模征了全国总税收的60%,则该结论更加明确。

为了剔除征税能力的影响,我们以两个指标度量企业所面对的征管机构的征税能力。第一个指标是各企业对应的征税机构的人员规模的对数,例如A企业地处北京,是2002年之前成立的私营企业,则其对应的征税能力是北京地税局历年的人员规模,以此类推,由于2007年人员规模的统计口径与之前不同,因此我们的数据样本是2003—2006年。[②] 表1-6第一个回归是针对全部企业类型,我们发现即

---

① 在2001年的机构改革中,国税局人员减少了12万人。具体的精简情况为:省级国税局精简35%,副省级市国税局精简30%,地(市)国税局精简25%,县(市)国税局精简15%;基层国税所(分局)在重点清理清退助征人员的基础上,精简编制9%。按照这样的精简比例,再加上清理清退征管岗位上的助征人员,国税系统共精简12万人左右。参见http://www.ctaxnews.com.cn/xinwen/ggkf/sjbq/200811/t20081113_1534208.htm。

② 由于机构改革发生在2001年,因而此次改革对我们的研究没有影响。

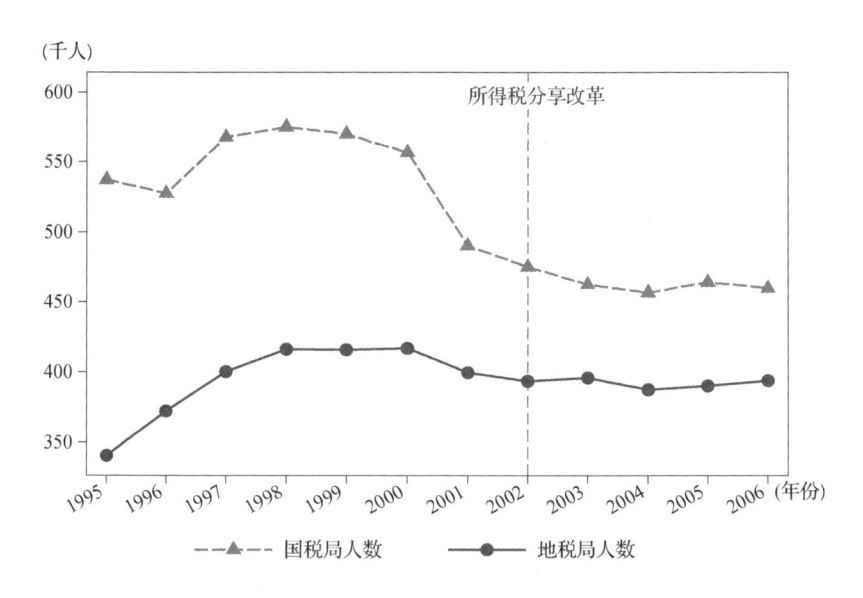

资料来源：根据历年《中国税务年鉴》整理。

图 1-4　国税系统和地税系统人员数量

使控制了征税能力,税务机构的虚拟变量的交互项依然显著为正,由于这里剥离了征税能力的影响,此时的避税效应全部是地税局主观的征税努力导致的,并且我们发现征税能力与推算利润的交互项显著为正,这说明征税能力确实对避税有一定的遏制作用。中央企业和外资企业的征管机构一直是国税局,因此第二个回归在第一个回归基础之上剔除了这两类企业,但征税努力对避税的影响依然显著存在。为了进一步细分征税能力对不同类型企业的影响,第三至第六个回归将企业分为地方国企、集体企业、混合企业和私营企业。表 1-2 显示,在没有控制征税能力时,税收执法对避税的影响仅在混合企业和私营企业存在,这里(见表 1-6)我们控制了征税能力,基本结论依然一致,地方国企和集体企业的避税不受税收竞争的影响,私营企业受到的影响是混合企业的两倍。征税能力对不同类型企业的作用也相差较大,征税能力对集体企业和混合企业的避税有遏制作用,但对地方国企和私营企业没有影响,这背后的原因可能是地方国企承担着较多的社会功能。因此,地方国企税收相对而言不是非常重要,而私营企业由于流动性太强,其税收与征税能力也没有直接关联。第二个指标是用征税机构人员数除以辖区内的企业数,我们重复第一至第六个回归,发现标准化后的征税能力的结果与前面几乎完全一致,为避免重复,这里不再做解释。

表 1-6　　征税能力与征税努力

变量名	A：征税能力＝税务人员规模的对数					
	(1)	(2)	(3)	(4)	(5)	(6)
PRO	−0.317*** (0.065)	−0.408*** (0.068)	−0.229 (0.702)	0.413 (24 884)	−0.131* (0.078)	−0.039 (3 692)
NTB	0.025*** (0.002)	0.029*** (0.002)	0.021* (0.011)	0.075*** (0.013)	0.019*** (0.004)	0.030*** (0.003)
NTB× PRO	**0.015*** (0.001)**	**0.009*** (0.002)**	**−0.035*** (0.013)**	**−0.033*** (0.009)**	**0.007** (0.003)**	**0.014*** (0.002)**
征税能力× PRO	0.034*** (0.001)	0.043*** (0.001)	−0.001 (0.006)	0.044*** (0.005)	0.024*** (0.003)	0.053 (0.002)
征税能力	−0.034*** (0.003)	−0.043*** (0.003)	−0.016 (0.011)	−0.081*** (0.003)	−0.038*** (0.006)	−0.052*** (0.005)
Within-R^2	0.177	0.185	0.107	0.206	0.142	0.206
观测值	548 526	432 455	23 595	37 233	112 807	260 034
所有制	全部	非外资/央企	地方国企	集体企业	混合企业	私营企业
控制变量	是	是	是	是	是	是
行业特征	是	是	是	是	是	是

变量名	B：征税能力＝税务人员数/企业数					
	(7)	(8)	(9)	(10)	(11)	(12)
PRO	0.040 (0.064)	0.029 (0.067)	−0.270 (0.698)	0.403 (0.805)	0.149** (0.733)	−0.008 (3 411)
NTB	0.018*** (0.002)	0.020*** (0.002)	0.023** (0.011)	0.065 (0.013)	0.012*** (0.004)	0.019*** (0.003)
NTB× PRO	**0.025*** (0.001)**	**0.019*** (0.002)**	**−0.051*** (0.013)**	**−0.030*** (0.009)**	**0.016*** (0.003)**	**0.026*** (0.002)**
征税能力× PRO	−0.003*** (0.000 2)	−0.003*** (0.000 2)	−0.001* (0.000 7)	0.003*** (0.001)	−0.005*** (0.000 3)	−0.003*** (0.000 3)
征税能力	0.001*** (0.000 1)	0.001*** (0.000 2)	0.005*** (0.001)	−0.003*** (0.001)	0.000 7*** (0.000 3)	0.002*** (0.000 2)
Within-R^2	0.175	0.182 1	0.108 8	0.201 7	0.144 5	0.202 2
观测值	548 883	432 780	23 647	37 257	112 891	260 201
所有制	全部	非外资/央企	地方国企	集体企业	混合企业	私营企业
控制变量	是	是	是	是	是	是
行业特征	是	是	是	是	是	是

注：***、**、*分别表示1%、5%和10%的显著性水平。所有的回归均通过Hausman的固定效应检验,所有回归均剔除了西藏的样本,所有回归均为2003—2006年的样本,并剔除了推算利润小于报告利润的样本。由于篇幅限制,省略了控制变量、行业虚拟变量及其与PRO交叉项的系数。

综上,我们在这里证实了主观征税努力的作用,这种征税努力对私营企业的影响最大。这一结论与近年来关于征税努力与税收增收的文献比较接近,如周黎安等(2011)、吕冰洋和郭庆旺(2011)都发现征税努力提高是中国税收高速增长的主要因素。不过与这些研究不同的是,我们发现国税局的征税努力比地税局更大,而2002年国税局征管范围的扩大使得加总的征税努力提高,进而才导致了随后的税收高速增长。

六、结论及政策含义

本研究运用2003—2007年的中国工业企业微观数据,基于国民收入核算法和会计准则的差异度量了企业的避税,考察了中国2002年所进行的企业所得税分享改革对于企业避税行为的影响。结果表明,在所得税分享改革后,由国税局征管的企业(2002年前成立)比地税局的企业(2002年后成立)避税更少。这一结果验证了有关地方政府间税收竞争对于企业避税行为影响的理论。该理论表明,为了争夺流动性税基,缺乏法定税率制定权的地方政府之间会在税收执法力度方面展开逐底竞争,地方政府间不断降低的税收执法力度会在事实上增加企业的避税。因此本研究结果也从经验上为证明中国地方政府间存在的税收竞争行为提供了有力证据。

此外,本研究结果还表明,相比于地方国企和集体企业,私营企业和混合所有制企业对政策冲击的反应更敏感,受影响程度也最大。这也说明了地方政府税收竞争的主要对象是流动性强的税基。随后进行的稳健性检验对模型识别过程中的漏洞和可能的替代假说进行了排除,这些检验表明所得结论是非常稳健的,我们所观察到的国税局和地税局征管的企业所表现出的差异,其背后的作用机制恰好是地方政府间的税收竞争。一系列的稳健性检验也排除了企业异质性的作用,因而我们发现的避税效应纯粹是由于地税局的税收执法不力所导致的,与企业自身特征没有关系。

由于主观征税努力是地税局税收执法不力的主要原因,因此从本研究衍生的结论也非常直观,对于流动性税种应该交由中央一级政府负责征收,一方面可以最大化税收收入,缩小名义税率和实际税率的差异,减少企业的避税,特别是减少不同类型企业间的不正当竞争,降低税收竞争对资源配置效率的扭曲;另一方面还可以避免政府间的逐底竞争,中央财政可以通过税收转移的方式来保障地方的财政收入。

参考文献

[1] 郭杰,李涛.中国地方政府间税收竞争研究——基于中国省级面板数据的经验证据[J].管理世界,2009(11).

[2] 李永友,沈坤荣.辖区间竞争、策略性财政政策与FDI增长绩效的区域特征[J].经济研究,2008(5).

[3] 吕冰洋,郭庆旺.中国税收高速增长的源泉:税收能力和税收努力框架下的解释[J].中国社会科学,2011(3).

[4] 聂辉华,江艇,杨汝岱.中国工业企业数据库的使用现状和潜在问题[J].世界经济,2012(5).

[5] 马光荣,李力行.政府规模、地方治理与逃税[J].世界经济,2012(6).

[6] 周黎安,刘冲,厉行.税收努力、征税机构与税收增长之谜[J].经济学(季刊),2011,11(1).

[7] Bebchuk L and J M Fried. Executive Compensation as an Agency Problem[J]. *Journal of Economic Perspectives*, 2003(17).

[8] Beron Kurt J, Helen V Tauchen, and Ann Dryden Witte. The Effect of Audits and Socioeconomic Variables on Compliance[A]// Joel Slemrod. *Why People Pay Taxes*. Ann Arbor: University of Michigan Press, 1992.

[9] Besley T and T Persson. The Origins of State Capacity: Property Rights, Taxation, and Politics[J]. *American Economic Review*, 2009, 99(4).

[10] Brandt Loren, Johannes Van Biesebroeck, Yifan Zhang. Creative Accounting or Creative Destruction? Firm-level Productivity Growth in Chinese Manufacturing[J]. *Journal of Development Economics*, 2012, 97(2).

[11] Cai H and Q Liu. Competition and Corporate Tax Avoidance: Evidence from Chinese Industrial Firms[J]. *Economic Journal*, 2009, 119(537).

[12] Chesbrough H and F Liang. Return to R&D Investment and Spillovers in the Chinese Semiconductor Industry: A Tale of Two Segments[R]. Working Paper, 2007.

[13] Cremer H and F Gahvari. Tax Competition and Tax Evasion[J]. *Nordic Journal of Political Economy*, 1997(24).

[14] Desai M. The Degradation of Reported Corporate Profit[J]. *Journal of Economic Perspectives*, 2005, 19(1).

[15] Desai M and D Dharmapala. Corporate Tax Avoidance and High Powered Incentives[J].

Journal of Financial Economics, 2006, 79(1).

[16] Desai M, A Dyck and L Zingales. Theft and Taxes[J]. *Journal of Financial Economics*, 2007, 84(3).

[17] Dubin J A, M J Graetz and L L Wilde. The Effect of Audit Rates on the Federal Individual Income Tax, 1977—1986[J]. *National Tax Journal*, 1990, 43(4).

[18] Durán-Cabré, J A Esteller-Moré and L Salvadori. Empirical Evidence on Horizontal Competition in Tax Enforcement[R]. IEB Working Papers, 2012.

[19] Erickson M, M Hanlon and E Maydew. Is There a Link between Executive Compensation and Accounting Fraud[J]. *Journal of Accounting Research*, 2006, 44(1).

[20] Fisman R and S J Wei. Tax Rates and Tax Evasion: Evidence from "Missing Imports" in China[J]. *Journal of Political Economy*, 2004, 112(2).

[21] Hsieh Chang-Tai and Peter Klenow. Misallocation and Manufacturing TFP in China and India[J]. *Quartly Journal of Economics*, 2009, 124(4).

[22] Jin H, Y Qian and B Weignast. Regional Decentralization and Fiscal Incentives: Federalism, Chinese Style[J]. *Journal of Public Economics*, 2005, 89(9-10).

[23] Lin Justin Yifu and Zhiqiang Liu. Fiscal Decentralization and Economic Growth in China[J]. *Economic Development and Cultural Change*, 2000, 49(1).

[24] Lu D. Exceptional Exporter Performance? Evidence from Chinese Manufacturing Firms[R]. University of Chicago, Working Paper, 2010.

[25] Ma Jun. *Intergovernmental Relations and Economic Management in China*[M]. England: Macmillan Press, 1997.

[26] Oates W. *Fiscal Federalism*[M]. New York: Harcourt Brace Jovanovich, 1972.

[27] Qian Yingyi and Gérard Roland. Federalism and the Soft Budget Constraint[J]. *American Economic Review*, 1998, 88(5).

[28] Qian Y and R Weingast. Federalism as a Commitment to Preserving Market Incentives[J]. *Journal of Economic Perspectives*, 1997, 11(4).

[29] Slemrod J. Cheating Ourselves: The Economics of Tax Evasion[J]. *Journal of Economic Perspectives*, 2007, 21(1).

[30] Slemrod J M Blumenthal and C W Christian. Taxpayer Response to an Increased Probability of Audit: Evidence from a Controlled Experiment in Minnesota[J]. *Journal of Public Economic*, 2001, 79(3).

[31] Slemrod J and S Yitzhaki. Tax Avoidance, Evasion, and Administration[A]// A J Auerbach and M Feldstein. *Handbook of Public Economics*, *Volume* 3. Amsterdam: North

Holland, 2002.

[32] Song Z, K Storesletten and F Zilibotti. Growing Like China[J]. *American Economic Review*, 101(7149).

[33] Wilson J D. A Theory of Interregional Tax Competition[J]. *Journal of Urban Economics*, 1986, 19(3).

[34] Wingender P. Tax Compliance and Financing: Evidence from the World Bank's Enterprise Surveys[R]. UC Berkeley Working Paper, 2008.

[35] Wooldridge Jeffrey. *Introductory Econometrics: A Modern Approach*[M]. Cincinnati, OH: South-Western College Publisher, 2002.

[36] Zodrow G and P Mieszkowski. Pigeou, Tiebout, Property Taxation and the Underprovision of Local Public Goods[J]. *Journal of Urban Economics*, 1986, 19(3).

2

征税收益与征税努力[*]

本研究概要:我们基于1998—2007年中国工业企业微观数据,以中国在2002年实施的所得税分享改革为背景,考察了税收分成比例的变化对于企业逃税的影响。本次改革降低了地方政府的企业所得税分成比例,导致了地方政府税收征管权和收益权的分离,从而外生地降低了地税局的税收努力程度,却不影响国税局的税收努力。基于倍差法(Difference-in-Difference,DID)的研究表明,相比于在国税局缴税的企业,所得税分享改革后,在地税局缴税的企业其所得税逃税水平有显著增加。进一步地,我们发现在所得税增长越快的地区,上述效应越明显,这主要源于所得税分享改革采取的增量分成模式。本研究结论对于未来税收体制的改革具有重要的启示。

一、引言

任何一个无力为实现它的政策目标动员足够财力资源的政府不可能是高度有效的。作为从社会中动员财力的重要体现,国家的税收汲取能力是所有其他国家能力的基础,也是关系国家政权存亡的先决条件(王绍光,1997;Besley and Persson,2012)。但在现实中,企业逃税行为的广泛存在却构成了对国家能力的严

---

[*] 本研究主要内容参见:田彬彬,范子英.税收分成、税收努力与企业逃税——来自所得税分享改革的证据[J].管理世界,2016(12):36-46。

重削弱。以发达国家为例,美国联邦税务局(IRS)的一项估计表明,美国公司在2001年的所得税逃税额接近300亿美元,占总额的17%(Slemrod,2007)。Schneider和Ernste(2000)的一项测算显示,经济合作与发展组织(OECD)成员国中非正式部门在整体经济中的份额占GDP的10%~30%,而这些部门是很少缴纳税收的。同样,Silvani和Brondolo(1993)针对19个发展中国家逃税情况的计算表明,这些国家增值税的平均逃税率达到31.5%。中国企业的逃税行为同样普遍,无论是国家税务总局针对100多家重点税源企业的税务稽查,还是审计署针对60多家医药企业的税务审计,所揭露出的企业逃税规模都远超我们的想象。[①]

众多文献从制度和市场环境的角度对企业逃税的成因进行了解释,如认为在金融制度更为健全的国家,由于较少使用现金交易,税收稽查更为容易;公司治理环境更好的国家,其会计制度更为健全,也更少避税和逃税;市场竞争压力越大的企业更有激励进行逃税(Desai et al., 2007; Wingender, 2008; Cai and Liu, 2009)。然而事实上,来自征税机关的税收努力程度也是影响企业逃税的一个不容忽视的重要因素。税收努力提高意味着企业逃税被发现的概率上升,从而在客观上增加企业逃税的成本(Slemrod and Yitzhaki,2002;Slemrod,2007)。在有关解释中国1998—2006年"税收增长之谜"的文献中,征管部门税收努力程度提升被认为是导致税收收入快速增长的主要原因(高培勇,2006;吕冰洋和李峰,2007;王剑锋,2008;周黎安等,2011)。尽管如此,鲜有文献从微观实证角度来考察税收努力对企业逃税的影响,其中的难点在于如何准确地度量与逃税有关的税收努力程度。

已有关于税收努力程度的度量方法主要分为以下几类:一是税收努力指数法,即以某一地区的实际税收收入与潜在税收收入的比值来度量税收努力(Lotz and Morss,1967;Bahl,1971,1972;Leuthold,1991;胡祖铨等,2013;刘怡和刘维刚,2015),其背后的逻辑是,在给定潜在税基的情况下,实际征收的税收收入主要取决于征管机构的税收努力程度。二是借鉴企业技术效率的测算方法,在给出决定税源的宏观经济变量后,采用DEA或Malmquist指数测算地区的税收征管效率,用以反映地区的税收努力程度(崔兴芳等,2006;吕冰洋和李峰,2007)。三是采用一些客观的指标,如税务机关人数、税务工作人员的平均受教育工作年限以及税务稽查的查实率等,间接地反映出税收努力程度的差异(王剑锋,2008;周黎安等,2011)。事实上,无论是指数化的度量还是客观的指标度量,一个共同的缺陷是无

---

① 数据来源于国务院发布的《2014年度中央预算执行和其他财政收支的审计工作报告》。

法准确地将税收能力(Tax Capacity)的因素从上述税收努力(Tax Effort)的指标中分离出来。此外,从税收努力影响企业逃税的角度看,由于上述指标反映的税收努力程度是可观测的,那么在理论上,逃税倾向高的企业就有可能会主动选择到税收努力程度低的地区进行经营,导致两者之间的因果关系方向难以确定。范子英和田彬彬(2013)曾尝试利用所得税征税机构的外生变化来度量税收努力的影响,但该研究同样存在无法区分税收能力与税收努力的问题。

中国在2002年所实施的所得税分享改革为我们解决上述问题提供了有利的契机。在这次改革中,企业所得税由地方税变为中央-地方共享税,地方政府在企业所得税中的分成比例由之前的100%下降为50%,并且在2003年进一步下降为40%。理论上,税收分成比例下降的直接后果是税收征管权和税收收益权的分离,并在边际上导致税收征管努力小于税收征管收益,造成地方政府税收努力程度的下降(吕冰洋,2009)。同时,在征管体制方面,为了避免税收竞争对中央财力的侵蚀,中国早在1994年就将税收征管机构分设为国税局和地税局,前者由中央政府垂直管理,后者则隶属地方政府,因而税收分成比例的变化仅仅影响地税局的税收努力(Ma,1997)。基于上述背景,利用1998—2007年中国17万家制造业企业数据,本研究考察了税收努力的上述外生变化对于企业逃税的影响。采用倍差法的研究结果表明,与在国税局缴纳所得税的企业相比,地税局管辖企业的所得税逃税水平在税收分成比例下降后更为严重,并且这一效应存在区域之间的异质性,在税收收入增长更快的东部地区体现得更为明显。上述结果通过了一系列的稳健性检验。需要说明的是,由于样本企业面对的征税机构在改革前后不存在差异,因而上述结果排除了税收能力的干扰,而仅仅是税收努力下降所导致的。

与本研究直接相关的一支文献是有关政府间财权配置(Fiscal Arrangement)与地方政府行为的重塑。例如,Jin等(2005)发现,地方政府税收留成率的提高是中国经济在1981—1992年实现高速增长的重要原因。周飞舟(2006,2007,2010)的系统研究表明,分税制以来财权的上收改变了地方政府的发展模式,地方政府更多的由"经营企业"转向"经营城市",同时将组织税收收入的主要精力集中于营业税等地方税种上。Li和Kung(2015)则直接考察了2002年的所得税分享改革,发现企业所得税分成比例的降低使地方政府更加倾向发展房地产和建筑行业,以营业税和预算外收入的增长来弥补企业所得税分成的损失。与上述研究相对应,本研究表明,在税收征管资源有限的前提下,地方政府将营业税等地方税种作为征收重点的前提是降低企业所得税的税收努力程度,这在微观上导致了企业所得税逃税的增加。

二、制度背景与理论假说

(一) 制度背景

熊彼特曾说过:"财政上的变化是一切变化的重要原因。"过去四十年我国中央和地方关系的变迁,财政体制的改革在其中发挥了重要的作用。早在20世纪80年代,为了激发地方政府发展经济和组织财政收入的积极性,中国政府就将财政体制由原来的"统收统支"改为了"财政包干"制度。与以往毫无税收自主权相比,在"财政包干"体制下,地方政府的财政收入与经济发展水平直接相关,除去需要定额上解中央政府的收入外,地方政府可以完全拥有税收收入的剩余索取权(Residual Claimant)。这极大地激励了地方政府最大化本地财政收入的动机,并进而推动地区之间为增长而竞争,加速政府和市场的转型,并最终形成高效率的市场经济(Qian and Weingast,1997)。

理论上,剩余索取权的获得能够极大地提升地方政府的税收努力程度,有利于地方预算内税收收入的增长。但在实际运行中,由于单纯的包干或定额上解使中央政府无法分享地方经济发展和税收收入的增长效应,导致中央政府与地方政府的财政收入比例逐步缩小,再加上中央财政还需要对落后地区进行补助,其面临的财政压力可想而知。于是,在20世纪80年代中后期,中央政府对"财政包干"体制进行了调整,将原有的"定额包干"逐步改为"总额分成""收入递增包干""上解额递增包干"等办法,希望能使中央财政与地方财政实现同步增长。但上述调整却进一步诱发了地方政府的道德风险行为,由于财政包干制仅对预算内的收入进行承包,预算外的收入则全部归地方政府所有,这样,在税收征管权由地方政府控制的情况下,各地为了最大化本地财政收入,尽最大可能减少中央分享的比重,一方面将税收努力的重点从预算内收入转向预算外收入,另一方面则是积极地将原本属于预算内的收入转移到预算外,用用收费的形式替代规范的税收。如此,中央政府的财政收入并未实现增加,反而导致了所谓"两个比重"的下降,即预算内的财政收入占GDP的比重从1984年的23%下降到1993年的10.7%,中央财政收入占全国财政收入的比重从41%下降至22%。

在财政危机的压迫下,中央政府又一次对央地间财政关系进行了大幅调整。1994年,全国统一实施的分税制改革正式出台。与原有的财政包干体制相比,在分税制体制下,中央政府通过划分税种的方法来参与地方财政收入的分享。在分享范围方面,消费税、中央和外资企业所得税以及海关代征的增值税和消费税等都被划为中央税,完全归中央政府所有;而营业税、地方企业所得税和个人所得税等则被划为地方税种,完全归地方政府所有。同时,对于在税收收入中占比最大的增值税,则被划为中央-地方共享税,中央和地方的分享比例分别为75%和25%。

不仅如此,税收分享机制的变化还伴随着税收征管体制的改革。为了提高征税机构的独立性,保护中央的税源不受地方政府的干扰,特别是防止原有隶属于地方政府的税务机构在征收中央税种时税收努力的不足,中央政府将原有的税收征管系统划分为国税和地税两个完全独立的系统,分别负责征收中央税和地方税。其中,国家税务系统采取垂直管理的模式,下一级国税局在机构、人员编制、财务和职务任免等方面均由上一级国税局进行管理,与国税局所在的地方政府并不存在隶属关系。与之相反,地方税务系统的管理权限则掌握在地方政府的手中,其机构设置和人员编制都由地方政府负责。从税收努力的角度来说,分税制改革以及国地税分设的最大作用是确保了地方政府的税收征管权和税收收益权的统一,征税的边际成本等于边际收益,因而是一种有效的制度安排(吕冰洋,2014)。

进一步来看,对于采取分成模式的中央-地方共享税,如增值税等,同样为了防止地方政府因为分成比例下降而导致税收努力不足,所有的共享税均被划入了国税系统的征管范围,这大大提升了共享税种的税收执法力度和税收努力程度。以增值税为例,国税系统早在1994年就开始实施"金税工程",以加强增值税的征收和稽查。不过,这一做法在2002年进行的所得税分享改革中并没有得到延续。为了使中央政府有充足的财力支持西部大开发的建设,同时也为减少地方政府在税收竞争中造成的所得税征管的损失,2002年中央推行了新一轮的财税体制改革,将原属于地方政府税种的企业所得税和个人所得税变为了中央-地方共享税。具体做法是中央政府在保证各地区2001年实际所得税收入基数基础上,对2002年之后各省的所得税增量部分实行分成,其中2002年的分成比例为中央和地方各50%,2003年则调整为中央60%、地方40%。[①]

理论上讲,当一个税种由地方税变为共享税时,其对应的征税机构也应该由地税转移到国税。不过在进行政策设计时,考虑到大量企业信息的搬迁会增加国地税之间的衔接困难,中央政府对企业所得税的征管机构做出了"一刀切"的决定,规

---

① 参见《国务院关于印发所得税收入分享改革方案的通知》(国发〔2001〕37号)。

定在2002年之前成立的老企业仍然在原来的地税局缴纳企业所得税,只有2002年后新成立的企业才在国税局缴纳所得税。这意味着相同类型的企业仅仅因为成立时间的差异就需要面对完全不同的税收征管机构。特别是对于2002年前成立的老企业而言,尽管征税机构并没有发生变化,但税收分成比例的下降可能使其在改革前后面对完全不同的税收努力程度。需要指出的是,有两类企业不受这次改革的影响:一是中央企业的所得税一直归中央所有,因而自1994年起就由国税局负责征管;二是涉外(含港澳台)企业,考虑到其特殊性,也一直由国税局负责征收所得税。[①] 表2-1展示了2002年所得税分享改革之后国地税征收企业的范围,可以看出,改革前后一直由地税局负责征管的企业只有2002年之前成立的非央企和非外资企业(含港澳台企业)。

表 2-1　　　　　　　　国税局和地税局征管所得税的企业类型

类型	2002年前	2002年后
国税局	央企＋外企	央企/外企＋2002年后成立的企业
地税局	非央企/非外企	2002年前成立的非央企/非外企

(二) 理论假说

在经典的委托代理理论中,面对信息不对称的情况,如果代理人的努力程度与所获报酬相关性下降,那么代理人会尽量降低自身的努力水平(Holmstrom,1979;Bester and Strausz,2001)。吕冰洋(2009)研究了不同模式的政府间税收分权配置,认为在税收分成合同下,地方政府仅拥有税收收入的"部分剩余索取权",这会使地方政府产生偷懒的行为,从而放松自身的税收征管力度。在一个最优的政府间税权配置模式中,地方政府的税收努力程度是其分成比例的增函数,分成比例的下降会降低地方政府的税收努力程度(刘怡和刘维刚,2015)。

此外,基于税收竞争的框架,Cai和Treisman(2004)认为,在地方政府拥有税收征管权的前提下,税收分享并不能有效地纠正地方政府间税收竞争造成的税源损失,理由在于地方政府会积极地帮助企业逃避缴纳税收,以进行税收努力层面的税收竞争。不仅如此,范子英和田彬彬(2013)认为,在政企合谋的背景下,税收分成比例的下降事实上降低了地方政府实施违规减税的成本,从而进一步放松了税收征管力度,在微观上鼓励企业逃避税收。

---

① 参见《国家税务总局关于所得税收入分享体制改革后税收征管范围的通知》(国税发〔2002〕8号)。

需要指出的是,由于2002年所得税分享改革实行的是增量分成,因此对于不同地区不同的所得税增长速度,分成比例的下降对于税收努力的影响也是不同的。显而易见的是,对于所得税收入增长更快的地区,被分享收入的规模会越大,从而税收努力的下降会更为明显。

基于上述分析,本研究提出如下有待检验的理论假说:

假说1:企业所得税分成比例的下降降低了地方政府的企业所得税努力程度,在微观上导致了地税局管辖企业逃税的增加。

假说2:在所得税税收收入增长更快的地区,税收分成比例下降对于税收努力的影响也更大,相应的企业逃税也会更严重。

三、研究设计

(一)逃税的测度

在理论层面,逃税(Tax Evasion)与避税(Tax Avoidance)是可以严格区分的,两者的目的都是减少纳税额,两者最大的差异在于其手段是否合法。但在实践层面,关于合法性的界定是非常模糊的,一方面,法律有时是模糊不清的,没有对合法性进行严格界定;另一方面,即使法律是清晰的,执法机关和纳税人也不是完全了解法律。在大多数的实际操作中,当执法部门发现企业少缴税款时,由于很难界定企业是避税还是逃税,因此一般也只是要求企业补缴税款,很少采用罚款的手段。在所有的实证研究中,逃税和避税是交替使用的(Slemrod and Yitzhaki, 2002),如在关于中国企业逃税的研究中,有的使用了逃税(马光荣和李力行,2012),有的使用了避税(Cai and Liu, 2009),实证文献有时候还使用更中性的表述,如税务违规(Tax Noncompliance)。

由于企业的逃税是隐蔽的,因此一般都很难直接进行观察。其中,Fisman和Wei(2004)的研究是少数能够直接度量逃税的文献,他们非常巧妙地捕捉到中国香港出口和中国内地进口的数据之差,将之定义为逃税(走私),并研究了中国内地的关税如何影响逃税;与此类似的是,大多数针对个人的逃税研究,也是将事先和事后汇报的收入之差作为逃税的测度(Slemrod, 2004; Kleven et al., 2011)。按照同样的逻辑,如果我们可以获得企业两次汇报的收入,那么也可以用来度量企业逃税;企业经营者会向两个不同的机构进行汇报,其中面向企业股东的是账面收入,面向纳税机构的则是应税收入,企业的管理层有激励向前者报告真实的业绩、向后者隐瞒收入,因而账面收入和应税收入的差异就能反映企业逃税的多少,这就是账面-应税收入法(Desai,2005;Desai and Dharmapala,2006)。

账面-应税收入法的问题在于仅能度量上市公司的逃税,非上市公司无法获得账面收入,因而不能直接采用账面-应税收入法。针对非上市公司,度量企业逃税的常用方法是实际税率法(Effective Tax Rate,ETR),实际税率是企业的税收支出除以税前收入,企业逃税越多会导致实际税率越低,该方法在逃税的相关文献上有非常广泛的应用(Dyreng et al.,2008)。由于本研究的企业主要是非上市公司,因而只能采用实际税率的方法来度量企业的逃税。地方政府税收努力的降低,主要表现在减少企业的税务稽查,降低税收征管力度,这些都体现为企业的实际税率普遍较低。

本研究以我国2002年的所得税分享改革为背景,考察税收努力的变化对于企业所得税逃税的影响。事实上,在我国现有的税种中,只有企业所得税的征收和监管严重依赖于征管机构的努力水平,企业所得税的应税额是将经营成本从营业收入中扣除之后的余额,因此企业很容易通过低报收入或者高报成本的方式来逃税,这时就需要基层的税务征管机构对企业的账目进行仔细的审查,即"查账征收"。从这个角度讲,税收努力的变化主要影响的是企业所得税的逃税规模。相反,增值税科学的税制设计使得人为操作的空间非常有限,增值税采取的是进销项抵扣的方式,下游企业有激励要求上游企业开具真实的增值税发票,否则下游企业将承担过高的增值税负担,因此企业之间的相互制衡避免了增值税逃税,并且一旦增值税逃税被查实,所有的中间厂商就都无法幸免,这也加大了增值税逃税的风险。

(二) 数据来源

我们所使用的企业层面的微观数据来自中国工业企业数据库(1998—2007),该数据库是目前可获得的最大的中国企业层面数据库,被广泛用于各领域的研究。根据研究需要,我们对企业层面的数据做了相应处理,首先,我们按照Brandt等(2011)的做法将11年的截面数据合并为一个面板数据集,依据所调查企业的法人代码、企业名称、地址、电话号码等信息对不同年份间的企业进行识别,再进行组合。[①] 其次,我们对数据进行了基本的清理,如删除缺少关键变量的观测值、删除明显不

[①] 简单来说,先基于企业的法人代码将相同的企业匹配起来,没有匹配上的,再用企业的名称来匹配,法人代码和企业名称都没有匹配上的,接着用企业的法人代表及地区代码、行业代码来匹配,若仍然没有匹配上的,最后用企业的建厂时间、电话号码、所在街道地址和主要产品来匹配。

符合逻辑关系的观测值、删除销售额明显小于 500 万元的企业、删除上下各 0.5% 分位数的样本;此外,删除了应交所得税小于 0 和实际所得税税率大于 1 的样本。最后,1998—2007 年的样本观测值共计 1 770 845 个。

(三) 模型设定

本研究采用倍差法来考察税收分成比例的下降对于企业逃税的影响。近年来,倍差法被广泛地用于各类公共政策的评估分析中,为解决传统分析中所经常面临的内生性问题提供了良好选择。该方法借鉴了自然科学实验中的一般原理,通过比较处理组和控制组之间的差异来评估政策效果,即假设在一个群体中,有一些个体受到了某项政策的影响,另一些个体没有受到该政策的影响,那么,受到影响的个体就构成处理组(Treatment Group),而没有受到影响的个体则构成相应的对照组(Control Group),再比较处理组和对照组在政策实施前后差异的变化就构成了该政策所造成的净影响。在相应的政策和制度背景下,受到税收分成比例下降影响的 2002 年前成立的非央企和非外资企业,作为处理组;而对照组则是一直在国税局缴纳所得税的央企和外资企业,后者被排除在分成比例变化的影响之外。式(2-1)是我们采用倍差法进行估计的模型:

$$ETR_{it} = \beta_0 + \beta_1 Post + \beta_2 Treat + \beta_3 (Treat \times Post) + \beta_4 X_{it} + \varepsilon_{it} \quad (2\text{-}1)$$

式中,下标 i 是企业、t 是年份;ETR 是实际税率,用企业应交所得税与利润总额的比值表示,企业实际税率越低表示逃税越严重;$Post$ 是政策变化前后的时间虚拟变量,2002 年后取值为 1,之前则取值为 0;$Treat$ 表示的是处理组的虚拟变量,2002 年前成立的非央企和非外资企业取值为 1,央企和外资企业取值为 0。

从上述模型中可以看出,对于对照组企业而言,2002 年所得税分享改革之后,其逃税的变化为 β_1;而对于处理组企业,改革之后逃税的变化为 $\beta_1 + \beta_3$。因此,β_3 估计的是地方政府税收分成比例变化对于处理组企业逃税的净影响,也是我们最感兴趣的系数。按照上述的分析和理论假说,税收分成比例的下降会降低地方政府的税收努力程度,因而在微观上会导致在地税局缴纳所得税的企业逃税更多,因此我们预期 β_3 应该显著为负。

上述模型中 X 是控制变量,包括公司金融领域常用的变量,如企业规模、贷款能力、资本密集度、存货密集度以及企业的盈利能力等。其中,我们采用企业雇员数量的对数值代理企业规模,企业规模越大,越容易成为"重点税源企业",受到税务部门的稽查更多,其逃税成本更大,因而企业规模越大逃税越少(Zimmerman,

1983；Slemrod，2007）。在公司金融领域，利息具有抵税的功能，企业可以通过更多的负债来冲减自身应缴纳的税收，因而财务杠杆率越高的企业其实际税率会越低、逃税越多，我们采用企业年末负债与总资产的比值作为企业财务杠杆的代理变量（Stickney and McGee，1982；Porcano，1986）。资本密集度和存货密集度是另外两个影响企业实际税率的因素，由于企业可以通过长期资产的加速折旧来进行逃税，因而资本密集度越高的企业其实际税负率也就越低，而资本密集度越高意味着存货密集度越低，企业的存货密集度与实际税负理论上存在正相关关系（Gupta and Newberry，1997；Derashid and Zhang，2003），我们分别用年末固定资产净值与年末资产总计的比值，以及年末存货余额与年末资产总计的比值来表示资本密集度和存货密集度。最后，企业的盈利能力也与企业的实际税负存在一定的关系，但现有研究对于企业盈利能力是提高还是降低企业的实际税负尚未形成统一的结论（Wilkie and Limberg，1997；Rego，2003），我们用企业税前利润占总资产的比值来表示企业的盈利能力。

四、实证分析及稳健性检验

（一）基本回归结果

我们在表2-2中列出了基本回归的结果。在第一列中，我们仅加入了构成倍差法结果的三个主要变量，即时间虚拟变量、类别虚拟变量以及两者的交互项。从回归结果来看，交互项的系数显著为负，表明相比于一直在国税局缴税的央企和外资企业，所得税的分享改革降低了地方政府的税收努力，进而提高了地税局征管企业的逃税水平。从政策影响的幅度来看，处理组企业的实际税率水平下降幅度接近2.9个百分点，相比于样本范围内整体企业15%的平均实际所得税税率水平，下降的幅度接近20%。上述结果基本证实了本研究所提出的理论假说1，即税收分成比例的下降降低了地方政府的税收努力，从而在微观上导致了在地税局缴税的企业更大范围的逃税。当然，企业逃税程度上升近3个百分点是样本期限内的长期平均效应，相对于税收分成比例的瞬时下降，地方政府的反应应该是一个循序渐进的过程。我们在稳健性检验中会缩短政策的窗口期以观察短期的效应。在随后的几列回归中，我们逐渐加入其他控制变量，此时交互项的系数略有下降，但仍然显著为负。

此外，其他控制变量的估计结果都比较稳健，与现有文献的结论也基本一致。其中，企业规模的系数显著为正，表明规模越大的企业由于稽查力度较大而逃税较少。同样,财务杠杆水平越高的企业实际税率水平越高,逃税相应也越少。资本密集度越高的企业可以通过资本的加速折旧来进行更多的逃(避)税,我们的结果也证实了这一点,资本密集度越高的企业逃税越多,而存货密集度越高的企业逃税则相应较少。最后,企业的盈利能力增强了企业的逃税动机,结果表明,盈利越多的企业逃税越多,实际税率水平也越低,不过这一系数在统计上并不显著。

表 2-2　　　　　　　　　　　　　基本回归结果

变量名	(1)	(2)	(3)	(4)	(5)
$Treat$	0.066 6*** (0.002 51)	0.067 0*** (0.002 51)	0.066 6*** (0.002 51)	0.066 6*** (0.002 51)	0.066 7*** (0.002 51)
$Post$	0.034 5*** (0.001 07)	0.031 2*** (0.001 07)	0.032 4*** (0.001 37)	0.032 4*** (0.001 37)	0.032 4*** (0.001 37)
$Treat \times Post$	**−0.029 8*** (0.001 22)**	**−0.027 6*** (0.001 22)**	**−0.026 8*** (0.001 23)**	**−0.026 8*** (0.001 23)**	**−0.026 8*** (0.001 23)**
企业规模		0.016 9*** (0.000 517)	0.016 7*** (0.000 520)	0.016 7*** (0.000 520)	0.016 7*** (0.000 520)
贷款能力		−0.000 480 (0.006 16)	0.001 86 (0.006 17)	0.001 91 (0.006 17)	0.001 91 (0.006 17)
资本密集度		−0.014 0*** (0.001 52)	−0.013 6*** (0.001 52)	−0.013 6*** (0.001 52)	−0.013 6*** (0.001 52)
存货密集度		0.012 9*** (0.001 79)	0.013 0*** (0.001 80)	0.013 0*** (0.001 80)	0.013 0*** (0.001 80)
盈利能力		−0.001 39 (0.001 22)	−0.001 48 (0.001 23)	−0.001 49 (0.001 23)	−0.001 50 (0.001 23)
Within-R^2	0.091	0.141	0.257	0.31	0.338
观测值	801 551	801 551	801 551	801 551	801 551
年份虚拟	N	N	Y	Y	Y
行业虚拟	N	N	N	Y	Y
地区虚拟	N	N	N	N	Y

注:***代表在1%的水平上显著,括号内为标准误。

事实上,上述基本结果包含了两次税收分成比例变化的结果。在2003年,中央又调整了企业所得税的分成比例,地方政府的比例由原来的50%下调为40%。为了更进一步区分两次变动的效应,我们对政策的窗口期进行了重新设定,前三列的时间范围被限定在1998—2002年,主要捕捉分成比例第一次变化带来的效应。后三列的时间范围则限定在2002—2007年,以便分离出2002年和2003年税收分成比例两次下降的效果。表 2-3 给出了回归结果,我们看到,与前文的结果一致,交互项的系数在两次改革中均显著为负,表明分成比例的下降降低了地方政府的税收努力程度,并进一步使企业的逃税程度有了显著提高。值得说明的是,后三列的系数绝对值要大于前三列,这主要是由更长的政策处理时间导致的。

表 2-3　　　　　　　　　　　改革效应的分解

变量名	(1)	(2)	(3)	(4)	(5)	(6)
$Treat$	0.032 2*** (0.011 8)	0.032 5*** (0.011 8)	0.031 7*** (0.011 8)	0.037 3*** (0.010 2)	0.037 2*** (0.010 2)	0.037 2*** (0.010 2)
$Post_{2002}$	0.011 1*** (0.001 82)	0.010 7*** (0.001 82)	0.010 7*** (0.001 82)			
$Post_{2003}$				0.010 1*** (0.001 9)	0.009 72*** (0.001 76)	0.009 84*** (0.001 76)
$Treat \times Post_{2002}$	**−0.010 6*** (0.002 01)**	**−0.010 5*** (0.002 02)**	**−0.010 5*** (0.002 02)**			
$Treat \times Post_{2003}$				**−0.021 8*** (0.001 93)**	**−0.021 3*** (0.001 93)**	**−0.021 5*** (0.001 93)**
企业规模		0.009 10*** (0.002 11)	0.009 00*** (0.002 11)		0.007 36*** (0.002 01)	0.007 43*** (0.002 01)
贷款能力		−0.038 (0.029 0)	−0.037 (0.029 0)		0.037 3 (0.027 2)	0.035 7 (0.027 2)
资本密集度		−0.008 64 (0.005 45)	−0.008 84 (0.005 45)		−0.004 16 (0.005 03)	−0.004 35 (0.005 03)
存货密集度		0.007 05 (0.006 42)	0.007 04 (0.006 43)		0.028 0*** (0.006 03)	0.027 9*** (0.006 03)
盈利能力		−0.006 36 (0.005 93)	−0.006 44 (0.005 93)		−0.020 7*** (0.006 06)	−0.020 9*** (0.006 06)
Within-R^2	0.11	0.163	0.276	0.124	0.187	0.293
观测值	511 022	511 022	511 022	900 637	900 637	900 637
年份虚拟	N	N	Y	N	N	Y
行业虚拟	N	N	Y	N	N	Y
地区虚拟	N	N	Y	N	N	Y
样本范围	1998—2002 年	1998—2002 年	1998—2002 年	2002—2007 年	2002—2007 年	2002—2007 年

注:***代表在 1% 的水平上显著,括号内为标准误。

事实上，为了保证所得税分享改革的顺利推进，尤其是保证地方原有的既得利益不受损失，在改革过程中，中央政府并没有简单地针对地方企业所得税总额按比例直接划分，而是在保证地方政府改革后分享收入不低于2001年实际征收的企业所得税总额的基础上，实行增量分成。具体做法是，以2001年地方实际得到的企业所得税为基础，减去假定2001年就实行了五五分成地方会分得的所得税份额，得出一个固定数，2002年后中央政府每年再以这个固定数向地方政府返还。在这样一个分成规则下，地方企业所得税的增长速度直接决定了地方政府在改革后的受影响程度，增长越快的省份，其被分享的所得税收入规模也越大，因而从理论层面来说，其税收努力的下降也会最为明显。我们从两个维度来验证本研究的第二个理论假说。首先，我们按照东、中、西的地理区域将样本划分为三类，以考察税收努力程度的变化在区域维度上的差异。事实上，分税制实行以来，我国东部、中部、西部的税收收入增速差距十分明显，尤其是东部地区的税收收入增速要显著高于中、西部，并且这一趋势在2002年之后得到了进一步强化。上述特点也同样体现在企业所得税的增长方面，在所得税分享改革之前的1996—2001年，东部地区的企业所得税增长速度明显高于中、西部地区（欧阳明，2009）。更快的增长速度意味着更多的税收收入上解，从改革初期的统计来看，分享收入贡献最大的省份几乎全部来自东部地区。[①] 表2-4给出了我们分区域进行回归的结果，从交互项的系数来看，在所得税分成比例降低之后，相比于中、西部地区的企业，东部地区企业的实际税率下降较多，相应的逃税规模上升也较快。

表 2-4　　　　　　　　　　　分区域回归结果

变量名	东部	中部	西部
$Treat$	0.048 6*** (0.001 59)	0.037 5*** (0.004 18)	0.038 8*** (0.005 60)
$Post$	0.025 1*** (0.000 720)	0.018 8*** (0.002 51)	0.002 06 (0.002 91)
$Treat \times Post$	**−0.021*** (0.000 8)**	**−0.015*** (0.002 6)**	**−0.014*** (0.003)**
企业规模	0.014 6*** (0.000 437)	0.016 4*** (0.000 945)	0.019 9*** (0.001 38)

---

① 根据2003年1月24日《财经》杂志的报道，所得税分享改革贡献最大的省市分别为：北京、天津、上海、广东、福建、浙江、江苏，以及作为计划单列市的大连、青岛。

续表

变量名	东部	中部	西部
贷款能力	−0.006 03 (0.007 18)	−0.041 1*** (0.009 91)	−0.155*** (0.016 5)
资本密集度	0.010 3*** (0.000 435)	0.001 54* (0.000 834)	0.007 9*** (0.001 15)
存货密集度	−0.015 2*** (0.001 37)	−0.012 5*** (0.002 55)	−0.025 9*** (0.003 69)
盈利能力	0.006 60*** (0.001 52)	0.010 7*** (0.003 34)	0.008 50* (0.004 58)
企业规模	−0.010 5*** (0.001 40)	0.030 6*** (0.002 40)	0.067 5*** (0.004 30)
观测值	963 683	209 483	114 217
Within-R^2	0.007	0.005	0.008
年份虚拟	Y	Y	Y
行业虚拟	Y	Y	Y
地区虚拟	Y	Y	Y
样本范围	1998—2007 年	1998—2007 年	1998—2007 年

注：***、*分别代表在1%、10%的水平上显著,括号内为标准误。

进一步来看,为了更确切地考察基本回归结果在税收增长速度方面的异质性,我们还基于各地区的企业所得税实际增长速度进行了分类回归。由于改革后地方政府在税收征管上存在策略性行为,因而改革后的企业所得税增长速度并不能反映其受影响的程度。为此,我们采取了折中的办法,以各地区改革前的企业所得税平均增长率来反映该地区在所得税分享改革中的被分享收入的规模,间接反映其受影响的程度。基于样本数据的范围,我们计算了改革前几年,即1998—2001年各省份的企业所得税平均增长率,并以此为基础进行分类回归。从表2-5的结果可以看到,随着企业所得税平均增长率的分位数水平不断提高,样本范围内企业的逃税规模也显著增加。其中,第四分位下交互项的系数是第一分位下系数的3.6倍[①],说明与企业所得税平均增长率最低的地区相比,增长率最高的地区其税收努力下降更为明显。这一结果与表2-4的结论保持一致,同时也进一步证实了本研

---

① 0.030 9/0.008 5=3.63。

究的第二个理论假说,即在所得税税收收入增长更快的地区,税收分成比例下降对于税收努力的影响也更大,相应的企业逃税也会更严重。

表 2-5　　　　　　　　　基于企业所得税平均增长率的分类回归

变量名	(1) 0～25%	(2) 25%～50%	(3) 50%～75%	(4) 75%～100%
$Treat$	0.032 7*** (0.002 25)	0.039 4*** (0.003 53)	0.042 7*** (0.002 99)	0.084 5*** (0.003 66)
$Post$	0.023 7*** (0.001 06)	0.017 7*** (0.001 79)	0.019 8*** (0.001 23)	0.032 9*** (0.002 06)
$Treat \times Post$	**−0.008 53*** (0.001 30)**	**−0.018 8*** (0.001 97)**	**−0.023 3*** (0.001 43)**	**−0.030 9*** (0.002 23)**
企业规模	0.014 5*** (0.000 678)	0.014 4*** (0.000 811)	0.018 4*** (0.000 751)	0.015 0*** (0.000 938)
贷款能力	0.002 19 (0.011 3)	−0.017 6** (0.008 27)	−0.038 0*** (0.011 6)	−0.067 7*** (0.021 0)
资本密集度	−0.019 5*** (0.002 10)	−0.010 3*** (0.002 24)	−0.020 6*** (0.002 19)	−0.008 18*** (0.003 05)
存货密集度	0.009 00*** (0.002 20)	0.014 9*** (0.002 82)	0.009 41*** (0.002 56)	−0.010 2*** (0.003 63)
盈利能力	−0.004 48* (0.002 65)	0.013 6*** (0.001 91)	0.001 27 (0.001 97)	−0.007 44* (0.004 42)
观测值	393 614	309 974	341 331	242 464
R^2	0.009	0.003	0.007	0.006
年份虚拟	Y	Y	Y	Y
行业虚拟	Y	Y	Y	Y
地区虚拟	Y	Y	Y	Y

注：***、**、*分别代表在1%、5%、10%的水平上显著,括号内为标准误。

(二) 稳健性检验

在实际的运用中,倍差法的分析结果容易受到两个方面因素的影响:一是对照组的选取,倍差法要求在不受到政策冲击的情况下,处理组和对照组的对象具有相似的变动趋势,这样对照组才能具备为处理组构造反事实组的条件;二是政策变动前后窗口期的设定,由于政策冲击带来的影响在不同的时间会有不同的表现,以及存在政策反应时滞的问题,回归结果也可能会存在一定的差异。

关于共同趋势的问题,遵循现有文献的做法,我们通过证伪试验(Falsification Test)的方式来证明在没有政策干扰的情况下,处理组和对照组存在相似的变动趋势。具体的做法是,我们假设在所得税分享改革以前的年份存在类似的政策干扰,并观察交互项系数的变化。如果交互项的系数在虚拟政策下并不显著,则能说明在不存在实质干扰的情形下,处理组和对照组满足共同趋势的假说。表2-6给出了证伪试验的结果,根据本研究的样本范围,我们分别选择1999年、2000年和2001年三个虚假的政策年份进行回归,从回归结果来看,交互项的系数均不显著,这说明共同趋势的问题并不构成对基本回归结论的威胁。

表2-6 稳健性一:证伪试验

变量名	虚假政策:1999年	虚假政策:2000年	虚假政策:2001年
$Treat$	0.023 5*** (0.007 25)	0.023 3*** (0.007 09)	0.022 6*** (0.007 04)
$Post$	0.010 7*** (0.001 49)	0.010 9*** (0.001 26)	0.009 53*** (0.001 37)
$Treat \times Post$	**−0.001 90** **(0.002 26)**	**−0.002 59** **(0.001 79)**	**−0.001 68** **(0.001 89)**
企业规模	0.009 37*** (0.001 40)	0.009 63*** (0.001 40)	0.009 22*** (0.001 40)
贷款能力	−0.042 2** (0.020 0)	−0.040 6** (0.020 0)	−0.048 5** (0.019 9)
资本密集度	0.007 90*** (0.001 46)	0.005 90*** (0.001 51)	0.007 94*** (0.001 45)
存货密集度	−0.017 6*** (0.004 25)	−0.017 6*** (0.004 25)	−0.018 2*** (0.004 25)
盈利能力	0.007 83* (0.004 68)	0.007 64 (0.004 68)	0.007 53 (0.004 67)
企业规模	0.018 4*** (0.005 75)	0.017 7*** (0.005 75)	0.018 5*** (0.005 75)
观测值	322 031	322 031	322 031
Within-R^2	0.098	0.124	0.104
年份虚拟	Y	Y	Y
行业虚拟	Y	Y	Y
地区虚拟	Y	Y	Y
样本范围	1998—2001	1998—2001	1998—2001

注:***、**、*分别代表在1%、5%、10%的水平上显著,括号内为标准误。

关于窗口期选取的问题,在基本回归中,本研究使用的是全样本,即将1998—2007年的所有企业都纳入回归中,以考察税收分成比例的变动对于企业逃税的影响。为了排除窗口期对于基本回归结果的影响,我们重新对窗口期进行了设定。如表2-7所示,在前三列回归中,我们在全样本的基础上逐步从左右两侧缩短样本年限,此时交互项的系数绝对值尽管有所下降,但仍然显著为负。此外,在第四列中,我们在全样本的基础上剔除了2001年和2002年的观测值,这样做主要是为了排除2001年税收征管力度的突然增强对于回归结果的影响。事实上,所得税分享改革的方案是在2001年10月17日提出的,然后经过为期两个多月的讨论和调研,于2002年1月1日迅速推开。根据所得税分享改革规定,改革后地方政府的分享收入以2001年的入库收入作为基数,这意味着地方政府有充分的动力通过加强后两个月的税收努力来抬高和做大2001年的税收收入,以获得更高的分享基数。这从相关的统计数据也能看出,在2001年的最后两个月,各地区汇总的企业所得税收入较往期增长一倍多。① 这样,上述策略性反应也会导致改革后的税收努力程度相比改革前有一个明显的下降,从而对上述的基本结论形成干扰。不过,从第四列的回归结果来看,在剔除了2001年和2002年的样本之后,交互项的系数仍然显著为正,表明地方政府做大分享基数的策略性反应并不构成对基本回归结论的威胁。

表 2-7　　　　　　　　　　　稳健性检验二:改变窗宽

变量名	1999—2005年	2000—2004年	2001—2003年	剔除2001—2002年
$Treat$	0.040 3*** (0.001 7)	0.038 2*** (0.002 3)	0.030 6*** (0.003 84)	0.050 8*** (0.001 6)
$Post$	0.017 2*** (0.000 8)	0.022 4*** (0.000 9)	0.023 1** (0.000 96)	0.029 2*** (0.001)
$Treat \times Post$	**−0.016 4*** (0.000 8)**	**−0.012 0*** (0.000 945)**	**−0.008 6*** (0.001 2)**	**−0.026 2*** (0.000 9)**
企业规模	0.015 2*** (0.000 4)	0.013 8*** (0.000 625)	0.009 8*** (0.001)	0.015 1*** (0.000 439)
贷款能力	−0.016 2** (0.006 8)	−0.024 1** (0.009 6)	−0.023 7* (0.014)	−0.016 9*** (0.006)
资本密集度	−0.013 8*** (0.001 4)	−0.011 3*** (0.001 9)	−0.006 27** (0.002 67)	−0.017 4*** (0.001 3)

---

① 参见《国务院办公厅转发财政部关于2001年11月和12月上中旬地方企业所得税增长情况报告的紧急通知》(国办发〔2002〕1号)。

续表

变量名	1999—2005年	2000—2004年	2001—2003年	剔除2001—2002年
存货密集度	0.005 6*** (0.001 7)	0.006 26*** (0.002 2)	0.011 8*** (0.003 1)	0.007*** (0.001 51)
盈利能力	0.017 5*** (0.001 6)	0.015 5*** (0.002 2)	−0.000 1 (0.003 35)	0.000 2 (0.001 2)
Within-R^2	0.006	0.005	0.002	0.007
年份虚拟	Y	Y	Y	Y
行业虚拟	Y	Y	Y	Y
地区虚拟	Y	Y	Y	Y
观测值	878 879	627 396	370 278	1 050 485

注：***、**、*分别代表在1%、5%、10%的水平上显著，括号内为标准误。

其他方面，首先，关于对照组的选取，在基本回归中，我们选取的对照组是包含港澳台资企业的外资企业和中央企业，考虑到中央企业具有较大的特殊性，与处理组的企业在企业特征方面也具有较大的差别，因此，本部分我们将对照组的企业进行了更换，剔除中央企业，仅将外资企业单独作为对照组。表2-8第一列给出了改变对照组之后的回归结果，可以看到，对照组的更换并没有使基本回归中的结论受到影响。

其次，本研究在基本回归中包含了上海和西藏的样本，而事实上，如本研究在制度背景中所介绍的，由于特殊的历史原因，1994年分税制改革时，上海的税务系统没有进行相应的改革，其国税与地税是两个机构合署办公，一套班子两块牌子，国税局局长同时兼任地税局局长，区县一级政府还只有税务局。在具体的税收征管过程中，所有税种统一由同一个税务局进行征收，因此，严格来讲，上海地区的企业并不受税收分成比例的影响；而在西藏，由于经济发展较为滞后，同时辖区内的企业较少，经国家税务总局的批准仅设立国税局，而没有单独设立地税局，因而辖区内企业同样不受分成比例变化的影响。为了避免上海和西藏地区企业的特殊性对于结果的影响，本研究进一步在样本中将两地区的样本剔除，回归结果如表2-8第二和第三列所示，在不包含上海和西藏地区样本的情况下，结果依然非常稳健。

最后，关于逃税的测度，我们之前采用的是实际税率法来衡量企业的逃税和避税程度。尽管该方法能够在总体层面上有效地反映企业的实际税负水平，但也存在不能对企业跨期转移收入的行为进行考虑的缺点，而我们也并不清楚这会对基本的回归结论产生何种影响。对此,我们采用 Cai 和 Liu(2009)所提出的国民收入核算法,基于企业会计准则和国民收入核算两种计算利润方法的差异来重新衡量企业的逃税。在近期的一系列研究中,该方法得到了广泛的应用(马光荣和李力行,2012;范子英和田彬彬,2013;李明等,2014)。其基本思路是,首先利用国民收入核算法,在企业工业产出的基础上逐步减去中间投入、财务费用、工资总额、当期折旧和增值税,得到企业的一个推算利润(Imputed Profit)。这样做的逻辑是,企业在账面上会通过两种方式进行逃税和避税:一是低报收入,因而工业产出比销售收入更能代表真实水平;二是虚报费用,特别是管理费用,因而这里只列出一些难以虚报的投入和费用。这样,除去推算利润与企业的报告利润之间存在的固有差异,任何影响企业逃税的因素都会影响两者之间的趋近程度。在表 2-8 第四列中①,我们运用国民收入核算法重新考察了税收分成比例的下降对于企业逃税的影响,可以看到,在更换了逃税的测度方法之后,交互项的系数仍然显著为负,表明测量误差并没有改变基本结论。

表 2-8　　　　　　　　稳健性检验三:样本范围与测度方法

变量名	(1) 实际税率	(2) 实际税率	(3) 实际税率	(4) 报告利润
$Treat$	0.057 0*** (0.002 3)	0.066 2*** (0.002 6)	0.047 8*** (0.001 4)	−0.041 8*** (0.000 877)
$Post$	0.030 2*** (0.001 2)	0.029 3*** (0.001 5)	0.024*** (0.000 7)	−0.009 97*** (0.000 916)
$Treat \times Post$	**−0.024 7*** (0.001 1)**	**−0.025 7*** (0.001 3)**	**−0.022*** (0.000 7)**	**−0.012 0*** (0.001 01)**
企业规模	0.016 9*** (0.000 5)	0.016 3*** (0.000 5)	0.015 6*** (0.000 4)	0.008 61*** (0.000 165)
贷款能力	−0.000 7 (0.002 9)	0.000 7 (0.006 27)	−0.018 7*** (0.005)	−0.019 1*** (0.002 03)
资本密集度	−0.015*** (0.001 5)	−0.013 8*** (0.001 6)	−0.016*** (0.001)	−0.018 9*** (0.000 938)
存货密集度	0.010 8*** (0.001 7)	0.012 2*** (0.001 9)	0.007 3*** (0.001)	−0.010 4*** (0.001 12)

---

① 在本列回归中,所有的解释变量均与推算利润进行了交互,出于篇幅的考虑,并未列出,特此说明。

续表

变量名	(1) 实际税率	(2) 实际税率	(3) 实际税率	(4) 报告利润
盈利能力	−0.002 56** (0.001 3)	0.000 9 (0.001 26)	0.004 6*** (0.001 2)	0.309*** (0.000 388)
Within-R^2	0.441	0.394	0.321	0.491
观测值	827 460	752 998	1 270 845	1 286 934
年份虚拟	Y	Y	Y	Y
行业虚拟	Y	Y	Y	Y
地区虚拟	Y	Y	Y	Y
样本控制	剔除央企	剔除上海	剔除西藏	全样本

注：***、**分别代表在1%、5%的水平上显著，括号内为标准误。

五、结论与政策建议

本研究基于1998—2007年中国工业企业微观数据，以中国在2002年实施的所得税分享改革为背景，考察了税收分成比例的变化对于企业逃税的影响。在地方政府拥有税收征管权的前提下，税收分成比例的降低意味着征管权和收益权的分离，征税的边际收益会小于边际成本，从而降低地方政府的税收努力程度，并在微观上导致企业逃税的增加。来自倍差法的研究结果表明，相比于在国税局缴税的企业，所得税分享改革后，在地税局缴税的企业其所得税逃税水平有显著的增加。进一步来看，由于2002年的所得税分享改革只针对所得税的增量进行分成，而不涉及原有的存量，这使得税收增长越快的地区其税收努力的下降也更为明显。从企业逃税层面的反应来看，研究发现，地区的所得税增长速度越高，辖区内企业在改革后的逃税水平也越高。

长期以来，有关政府间的财政收入分享机制一直受到理论界和政策界的广泛关注。经过长期的制度和实践探索，1994年分税制之后我国逐步形成了以分税和分成为主的两种中央-地方间收入分享机制。不过，本研究表明，由于不能确保税收征管权和税收收益权的统一和一致，相比于分税，分成会极大损耗征税效率。因此，本研究所衍生的政策建议十分明显，在未来分税制的改革中，应坚持通过税种划分的方式来解决中央-地方间的收入分享问题，避免采用分成的方式；或者退一步讲，即使是在采用分成模式时，中央政府也应该将相应的税收征管权交由垂直监管的国税系统，避免地方政府税收努力下降所带来的征税效率的损失。

参考文献

［1］崔兴芳，樊勇，吕冰洋.税收征管效率提高测算及对税收增长的影响［J］.税务研究，2006(4).

［2］范子英，田彬彬.税收竞争、税收执法与企业避税［J］.经济研究，2013(9).

［3］高培勇.中国税收持续高增长之谜［J］.经济研究，2006(12).

［4］胡祖铨，黄夏岚，刘怡.中央对地方转移支付与地方政府征税努力［J］.经济学（季刊），2013(4).

［5］李明，毛捷，杨志勇.纵向竞争、税权配置与中国财政收入占比变化［J］.管理世界，2014(4).

［6］刘怡，刘维刚.税收分享对于地方征税努力的影响——基于全国县级面板数据的研究［J］.财政研究，2015(3).

［7］吕冰洋.从分税到分成：分税制的演进与改革［J］.中国财政，2014(1).

［8］吕冰洋.政府间税收分权的配置选择和财政影响［J］.经济研究，2009(6).

［9］吕冰洋，李峰.中国税收超GDP增长之谜的实证解释［J］.财贸经济，2007(3).

［10］马光荣，李力行.政府规模、地方治理与逃税［J］.世界经济，2012(6).

［11］欧阳明.我国税收增长问题研究：1994—2007——特征、原因及对经济增长的影响［D］.南昌：江西财经大学，2009.

［12］王剑锋.中央集权型税收高增长路径理论与实证分析［J］.管理世界，2008(7).

［13］王绍光.分权的底线［M］.北京：中国计划出版社，1997.

［14］周飞舟.大兴土木：土地财政与地方政府行为［J］.经济社会体制比较，2010(3).

［15］周飞舟.分税制十年：制度及其影响［J］.中国社会科学，2006(6).

［16］周飞舟.生财有道：土地开发和转让中的政府和农民［J］.社会学研究，2007(1).

［17］周黎安，刘冲，厉行.税收努力、征税机构与税收增长之谜［J］.经济学（季刊），2011(1).

［18］Bahl R. A Regression Approach to Tax Effort and Tax Ratio Analysis［J］. *IMF Staff Papers*，1971，18(3).

［19］Bahl R. A Representative Tax System Approach to Measuring Tax Effort in Developing Countries［J］. *IMF Staff Papers*，1972，19(1).

［20］Besley T and T Persson. Taxation and Development［A］//A Auerbach，R Chetty，M Feldstein and E Saez. *Handbook of Public Economics*. Amsterdam：North Holland，2013.

［21］Bester H and R Strausz. Contracting with Imperfect Commitment and the Revelation

Principle: The Single Agent Case[J]. *Econometrica*, 2001, 69(4).

[22] Brandt Loren, Johannes Van Biesebroeck and Yifan Zhang. Creative Accounting or Creative Destruction? Firm-level Productivity Growth in Chinese Manufacturing[J]. *Journal of Development Economics*, 2012, 97(2).

[23] Cai H and D Treisman. State Corroding Federalism[J]. *Journal of Public Economics*, 2004, 88(3-4).

[24] Cai H and Q Liu. Competition and Corporate Tax Avoidance: Evidence from Chinese Industrial Firms[J]. *Economic Journal*, 2009, 119(537).

[25] Derashid C and H Zhang. Effective Tax Rates and the "Industrial Policy" Hypothesis: Evidence From Malaysia[J]. *Journal of International Accounting, Auditing & Taxation*, 2003, 12(1).

[26] Desai M. The Degradation of Reported Corporate Profit[J]. *Journal of Economic Perspectives*, 2005, 19(1).

[27] Desai M, A Dyck and L Zingales. Theft and Taxes[J]. *Journal of Financial Economics*, 2007, 84(3).

[28] Desai M and D Dharmapala. Corporate Tax Avoidance and High Powered Incentives[J]. *Journal of Financial Economics*, 2006, 79(1).

[29] Dyreng S, M Hanlon and E Maydew. Long-run Corporate Tax Avoidance[J]. *The Accounting Review*, 2008, 83(1).

[30] Fisman R and S J Wei. Tax Rates and Tax Evasion: Evidence from "Missing Imports" in China[J]. *Journal of Political Economy*, 2004, 112(2).

[31] Gupta S and K Newberry. Determinants of the Variability in Corporate Effective Tax Rate: Evidence from Longitudinal Data[J]. *Journal of Accounting and Public Policy*, 1997, 16(1).

[32] Holmstrom B. Moral Hazard and Observability[J]. *The Bell Journal of Economics*, 1979, 10(1).

[33] Jin H, Y Qian and B Weignast. Regional Decentralization and Fiscal Incentives: Federalism, Chinese Style[J]. *Journal of Public Economics*, 2005, 89(9).

[34] Kleven Henrik J, Martin B Knudsen, Claus T Kreiner, et al. Unwilling or Unable to Cheat? Evidence from a Randomized Tax Audit Experiment in Denmark[J]. *Econometrica*, 79(3).

[35] Leuthold J. Tax Shares in Developing Economies[J]. *Journal of Development Economics*, 1991, 35(3).

[36] Li H and J Kung. Fiscal Incentives and Policy Choices of Local Governments: Evidence from

China[J]. *Journal of Development Economics*, 2015, 116(11).

[37] Lotz R and E Morss. Measuring "Tax Effort" in Developing Countries[J]. *IMF Staff Papers*, 1967, 14(3).

[38] Ma Jun. *Intergovernmental Relations and Economic Management in China*[M]. England: Macmillan Press, 1997.

[39] Porcano T. Corporate Tax Rates: Progressive, Proportional or Regressive[J]. *Journal of American Taxation Association*, 1986, 7(2).

[40] Qian Y and R Weingast. Federalism as a Commitment to Preserving Market Incentives[J]. *Journal of Economic Perspectives*, 1997, 11(4).

[41] Rego S. Tax-Avoidance Activities of U. S. Multination Corporation[J]. *Contemporary Accounting Research*, 2003, 20(4).

[42] Schneider F and D Enste. Shadow Economies: Size, Cause and Consequences[J]. *Journal of Economic Literature*, 2008, 38(1).

[43] Silvani and Brondolo. An Analysis of VAT Compliance[R]. Fiscal Affairs Department, International Monetary Fund, 1993.

[44] Slemrod J. The Economics of Corporate Tax Selfishness[J]. *National Tax Journal*, 2004, 57(4).

[45] Slemrod J. Cheating Ourselves: The Economics of Tax Evasion[J]. *Journal of Economic Perspectives*, 2007, 21(1).

[46] Slemrod J and S Yitzhaki. Tax Avoidance, Evasion, and Administration: Volume 3[A]// A J Auerbach and M Feldstein. *Handbook of Public Economics*. Amsterdam: North Holland, 2002.

[47] Stickney C and V McGee. Effective Corporate Tax Rates: The Effective of Size, Capital Intensity, Leverage and Other Factors[J]. *Journal of Accounting and Public Policy*, 1982, 1(2).

[48] Wilkie P and S Limberg. Measuring Effective Tax (Dis) advantage for Corporate Taxpayers: An Alternative to Average Effective Tax Rates[J]. *Journal of the American Taxation Association*, 1993, 15(4).

[49] Wingender P. Tax Compliance and Financing: Evidence from the World Bank's Enterprise Surveys[R]. UC Berkeley Working Paper, 2008.

[50] Zimmerman J. Taxes and Firm Size[J]. *Journal of Accounting and Economics*, 1983, 5(1).

3

征税收益与统一市场建设[*]

本研究概要：市场一体化建设是畅通国内大循环、构建新发展格局的关键,要素市场的统一建设是其中的难点所在。我们手工搜集了中国1999—2007年上市公司的子公司数据,以母公司在异地设立子公司的行为,测度了资本要素的跨区域流动性;借助于2002年所得税分享改革的"自然实验",研究了财政激励对资本要素市场整合的影响。研究发现如下:(1)由于所得税分享改革降低了地方发展企业的税收分成,于是地方政府放松了对国有资本的管制,地方国有企业在异地设立子公司的数量显著增加;(2)该效应与税收分成的比例完全吻合,改革后的地方所得税分成比例为40%,因此只有那些地方政府持股比例大于40%的地方国有企业才显著增加了跨地区投资;(3)地方财政对国有企业依赖度越大,政策的刺激效应越大,并且跨省投资显著多于省内异市投资;(4)这种投资行为不仅显著改善了资本回报率,而且增加了地方国有企业的现金分红。本研究拓展和丰富了关于要素市场整合的研究,在当前央地关系调整的背景下可以为建设统一市场提供重要参考。

一、引言

在斯密的古典经济学中,分工是一国经济发展的内生动力,但分工的演化依赖

---

[*] 本研究主要内容参见：范子英,周小昶.财政激励、市场一体化与企业跨地区投资[J].中国工业经济,2022(2):118-136。

于一国经济规模的大小(斯密,1996)。改革开放40多年来,随着中国经济的不断增长,中国也逐步形成了超大规模的市场优势,但由于长期存在的市场分割和区域壁垒,这种市场优势并未在过去的经济发展中得到充分发挥。为了释放经济发展动能和应对"逆全球化"势力的挑战,中央于2020年提出"以国内大循环为主体、国内国际双循环相互促进"的新发展格局。"双循环"的关键在于"循环"二字,要想畅通国内大循环,就要"打破行业垄断和地方保护……破除妨碍生产要素市场化配置和商品服务流通的体制机制障碍"。① 因此,积极维护国内市场一体化,推动商品和要素市场整合,打破市场分割和地方保护主义仍然是我们当前面临的重要任务。

回顾历史我们可以发现,市场分割是中国经济发展过程中存在的一个突出问题。Young在2000年发表于QJE的论文,引发了关于中国市场分割的研究热潮。他发现中国各省的产业结构具有高度的相似性,这在一个大国内部是非常不正常的,于是得出中国是一个"零碎分割的国内市场"的结论(Young,2000)。Poncet(2002)甚至认为中国省际的市场分割程度比欧盟内部的国家间还要严重;有学者认为,由此导致的效率损失达到地区总产值的20%(郑毓盛和李崇高,2003),严重制约了中国经济的长期持续增长。随着中国市场一体化进程不断推进,市场整合程度逐渐提高,其中产品市场最为明显(刘小勇和李真,2008;贺颖和吕冰洋,2019)。但是,根据测算,近年来资本要素市场分割程度没有明显降低,甚至出现"翘尾"现象(刘志彪和孔令池,2021),所以资本要素市场分割仍是目前亟待解决的问题。市场整合的微观基础在于企业跨区域投资与重组,资本要素市场分割会导致企业在国内跨区域经营面临高昂的交易成本(Boisot and Meyer,2008),将严重制约企业在国内进行异地发展的能力(宋渊洋和黄礼伟,2014;曹春方等,2015),尤其是显著降低地方国有企业异地并购概率(方军雄,2008),是造成区域间发展不平衡的重要原因(郭金龙和王宏伟,2003)。

现有文献关于导致市场分割的制度安排,主要有两方面的解释:一是经济发展动机。在政治晋升锦标赛的激励下,地方政府具有充足的保护本地市场以促进经济增长的动机(Qian and Weingast,1997;周黎安,2007),限制资源的流动可以有效维护本地的经济利益(银温泉和才婉茹,2001)。二是财政激励动机。20世纪80年代开始的"分灶吃饭"对各级财政的边界进行了划分,按照企业隶属关系划分财政

---

① 详见《中共中央关于制定国民经济和社会发展第十四个五年规划和二〇三五年远景目标的建议》。

收入,发展财政就等同于"经营企业",地方政府采取市场分割的行为把本地市场和要素资源优先满足本地企业的需求,进而获取更多的财政收益,各地都采取类似的政策,形成了严重的产业同构和"诸侯经济"(沈立人和戴园晨,1990)。在财政激励下,地方政府倾向于保护要素边际生产率高(平新乔,2004)、利税率高以及国有化程度高的产业(白重恩等,2004);反之,如果中央财政通过转移支付削弱地方财政收入对本地经济的依赖程度,地方政府就会相应放松市场分割(范子英和张军,2010)。既有文献大量关注了经济增长激励造成的地方保护主义,却对财政激励缺少足够的重视。在当前推进要素市场一体化进程的新发展格局下,研究市场统一建设的财政激励,不仅有利于促进要素市场良性循环,而且对形成包容、协调的财政体制具有重要意义。

不过,要研究要素市场整合的财政激励,依然面临两大障碍:一是财政激励往往是内生于市场整合行为。例如,某地产业发展较好,于是测算出的税收分成就相应较高,这样就不能将财政激励与市场整合进行直接对应。二是以往的研究集中于产品市场,对于要素市场的整合程度,缺乏合适的测度方法。2002年的所得税分享改革为解决这个问题提供了一个良好的契机,改革之前的企业所得税按照企业隶属关系划分,地方企业的所得税归地方财政所有;自2002年起,企业所得税变更为中央与地方共享税,地方仅分享其中的40%。一方面,在改革之前,企业所得税在地方财政收入中的地位日渐突出,于是地方政府开始争夺所得税税基,所得税分享改革文件中曾明确指出原体制"妨碍了……全国统一市场的形成"[①],而所得税分享改革破除了按照企业隶属关系划分收入的体制,外生地减少了地方政府从本地所得税税基中直接获得的税收收入,从而削弱了地方政府出于财政收入的考虑限制资本跨地区流动的动机。另一方面,在隶属于地方政府的企业中,地方政府是地方国有企业的实际控制人,更容易限制地方国有企业的异地投资行为,因此,可以通过比较地方国有企业在改革前后异地子公司数量的变化衡量资本要素市场整合程度。

在企业层面度量异地投资行为,不仅需要知道企业的注册地,还需要知道企业之间的投资关系,上市公司的子公司数据是目前唯一合适的公开数据。我们手工整理了1999—2007年上市公司财务报表附注,搜集母公司直接参控股的公司名称,并借助"天眼查"等平台搜索子公司的注册地,将注册地不在同一个城市的母公

---

① 参见《国务院关于印发所得税收入分享改革方案的通知》(国发〔2001〕37号)。

司和境内子公司定义为"异地投资"。样本期间共计涵盖了1 500家母公司下的19 901家子公司,其中异地子公司数量有8 635家。从图3-1中可以看出,1999—2007年,中国上市公司的子公司数量逐年增长,其中异地子公司增长较快,异地子公司比例从1999年的22.57%增长到2007年的48.54%,充分说明中国的资本要素的市场整合程度是不断提升的。

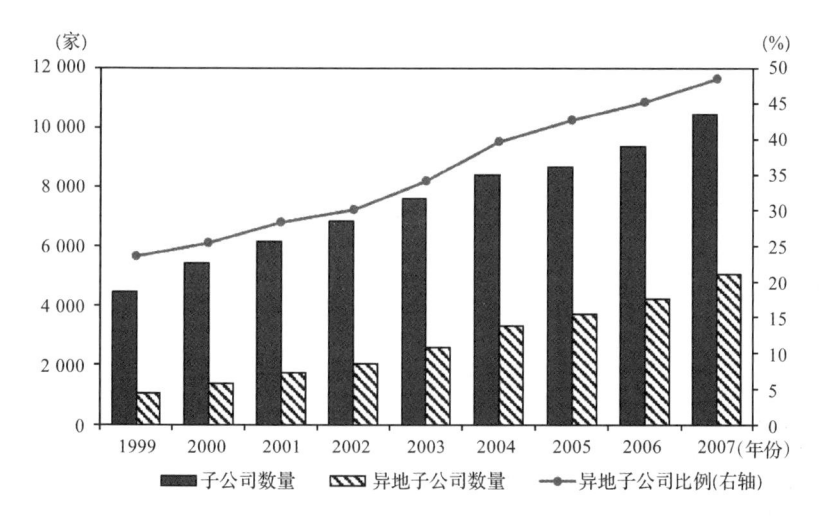

图3-1 子公司、异地子公司数量与异地子公司比例

基于倍差法的研究设计,我们发现如下:第一,所得税分享改革有效促进了资本要素市场整合,地方国有企业的异地子公司数量相比于其他所有制企业显著增加;第二,政策对地方国有企业异地投资行为的促进作用与地方政府持股比例密切相关,只有那些地方政府持股比例超过所得税分成比例(40%)的企业才会显著增加异地子公司;第三,政策的刺激作用集中于制造业企业和财政收入对国有企业依赖度高的地区,并且政策主要推动了资本要素的省际市场整合,表明政策的效果受到地方财政状况和地区竞争因素的影响;第四,企业异地扩张有利于改善资本回报率,而且显著增加了地方政府持股比例超过税收分成比例的地方国有企业的现金分红金额,地方政府策略性地调整了收益获取方式。

与既有文献相比,本研究可能的贡献主要体现在三个方面:第一,丰富和拓展了现有关于分税制改革的理论和研究。所得税分享改革本质上是分税制改革的延伸,将"垂直型"的财政收入划分体制转变为"扁平型"体制,这样从根源上减少了地方政府行政干预的激励。我们发现所得税分享改革有利于市场统一建设,这有助于理解分税制改革在20世纪90年代中期的经济结构优化和社会主义市场经济制度建设中的关键作用。① 第二,丰富和拓展了现有关于所得税分享改革的研究。相关文献主要关注政策对税收征管造成的冲击(范子英和田彬彬,2013;田彬彬和范子英,2016),以及由此导致的实际税率差异对企业的影响(刘行等,2017;李明等,2018),或者政策造成的地方财政压力(陈思霞等,2017)。本研究将所得税分享改革的影响拓展到市场整合效应。第三,对构建新发展格局具有直接的政策启示。本部分虽然研究的是2002年所得税分享改革,但揭示的是地方政府行为背后的财政激励,这依然是现阶段统一市场建设的最主要障碍,我们发现按照隶属关系划分财政收入是市场分割的根源,从财政激励的角度为研究市场一体化建设开创了新的视角,不但为形成竞争有序的全国统一大市场提供了政策启示,还能够为完善财政治理体系提供重要参考。

二、制度背景和理论分析

(一) 制度背景

改革开放后到1994年分税制改革之前,为了充分调动地方政府发展经济的积极性,中国实行"大包干"的财政体制,明确划分中央和地方财政收支范围,在保证中央财政收入的前提下,地方财政自求平衡。财政包干制打破了传统的"统收统支"的财政体制,提高了各级政府财政管理效率,调动了地方政府增收减支、发展经济的积极性。但是,财政包干制造成地方政府过于关注自身利益而轻视整体利益,加上中央财政对地方财政约束机制的缺位,使得地方政府通过机会主义行为减少向中央上解收入的比例,导致中央财力不断受到侵蚀,国家财力趋于分散,形成了严重的"诸侯经济"现象(沈立人和戴园晨,1990)。在该制度下,财政收入按照企业隶属关系进行管理,这种做法将地方财政收入同本地企业利益紧密关联,发展企业等同于发展财政,财力的增强又可以为进一步发展地方企业提供资源,从而形成了良性循环。为了发展当地企业,地方政府扮演了"援助之手"的角色(刘瑞明,2012),既提供生产要素的支持,又主动为企业开拓产品市场。出于财政收入的考虑,各地区选择发展类似的高利税、低技术的行业,导致产业结构雷同,而产业同构又助推地方政府通过限制产品和要素流动的方式保护本地市场,做大本地税基,从

---

① 分税制改革文件同样提到了原有体制"影响统一市场的形成和产业结构优化",参见《国务院关于实行分税制财政管理体制的决定》(国发〔1993〕85号)。

而形成了市场分割。

为了调整央地财政关系,强化中央财政地位,中国于1994年实行分税制财政体制改革。分税制财政体制在明确各级政府事权范围的基础上,按照税种划分预算收入,在一定程度上打破了原有的"块块"管理体制,推动了全国市场整合(宋冬林和范欣,2015)。不过,分税制改革仅对较为成熟的流转税进行调整。由于信息建设和征管体制的相对滞后,所得税还不具备央地分税的条件,所以分税制改革保留了原有的企业所得税收入划分方式,即将地方财政收入与本地所属生产性税基挂钩。随着企业所得税规模越来越大,地方政府对本地企业越来越重视,于是各地区开始保护企业所得税税基以保护财政收入。例如,地方政府利用行政权力阻碍中央企业并购本地企业,或者阻止本地企业异地投资,以便把企业所得税留在当地。在企业集团化、规模化发展,各地区分工日益深化的趋势下,这种妨碍资本要素自由流动的行为既不利于提升企业整体竞争力,也不利于平衡地区财力差距。

随着时间的推移,财税部门也逐渐认识到所得税体制产生的严重问题,在2001年底国务院印发的《所得税收入分享改革方案》中,明确指出按企业隶属关系划分企业所得税的做法"制约了国有企业改革的逐步深化和现代企业制度的建立,客观上助长了重复建设和地区封锁,妨碍了市场公平竞争和全国统一市场的形成,不利于促进区域经济协调发展和实现共同富裕,也不利于加强税收征管和监控"。因此决定自2002年起将企业所得税改为中央-地方共享税,并规定中央和地方的分成比例各为50%(2003年以后中央占60%,地方占40%)。对于各级政府来说,这项改革意味着企业所得税收入分成比例下降,税权向上级政府集中。图3-2是根据《中国财政年鉴》计算的1998—2007年企业所得税收入占中央和地方财政收入的比重。① 由图3-2可以看出,在所得税分享改革之前,企业所得税占地方财政收入的比重逐年上升,从1998年的10.60%升至2001年的21.60%。相比而言,中央财政收入中企业所得税的比重低于地方财政,且增幅缓慢,2001年仅为11.01%。所得税分享改革则扭转了这一局面,2002年企业所得税收入占中央财政收入的比重大幅提高至18.12%,并在2003年以后逐渐上升。地方财政方面,该比重在2002年锐减至14.10%,又在2003年降为11.97%,从此之后与中央的差距逐年扩大。从图3-2来看,所得税分享改革导致企业所得税收入向中央财政集中,地方的企业所得税收入大幅下降,改革对地方财政造成了较大的冲击。因此,所得税分享改革

---

① "财政收入"指本级的税收收入和非税收入之和。

大幅削弱了地方财政收入与本地企业利润的直接关联,降低了地方政府从本地企业发展中获得的好处,在边际上促使地方政府放松了争夺生产性税基的强度。在此基础上,可以预期,所得税分享改革弱化了地方政府维护本地企业发展的财政激励,有利于减轻资本要素跨区域配置的阻碍,促进资本要素市场一体化进程。

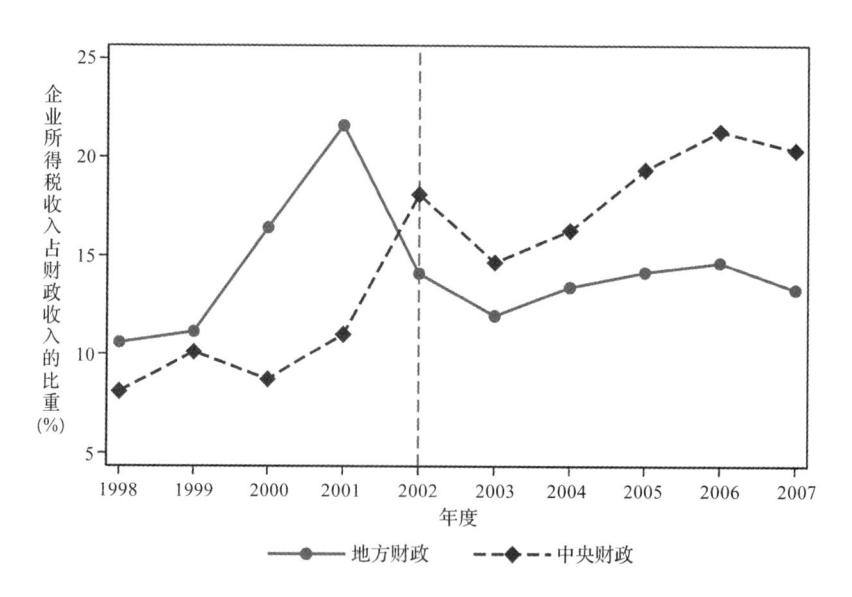

图 3-2 企业所得税收入占财政收入的比重

(二) 理论分析

大部分关于中国市场分割成因的研究主要关注制度层面的原因,比如地区发展战略(陆铭等,2004)、晋升激励(周黎安,2004)、制度距离(宋渊洋和黄礼伟,2014)、国有企业比重(刘瑞明,2012)、司法独立性(陈刚和李树,2013)等。在这些因素的背后,地方政府实行市场分割都有一个共同的出发点——维护本地区经济利益(银温泉和才婉茹,2001)。沈立人和戴园晨(1990)认为,地方政府的身份向经济利益主体倾斜是形成"诸侯经济"的深层次原因。利益主体观念的强化促使地方政府出于增加财政收入的目的而干预市场主体的决策,地方政府为了做大税基而限制本地企业异地投资,这种行为扭曲了生产要素的市场化配置过程,形成了资本要素市场的分割。

中央政府和地方政府之间的财税收入划分规则是影响国内市场分割的重要因素。地方财政收入的留成比例越高,地区间市场分割程度也就越高(吕冰洋和贺颖,2019)。此时,中央政府可以通过调整地方政府间利益分配格局,在保证地方发展经济的积极性的同时,削弱财税竞争的动机。例如,范子英和张军(2010)的研究表明,转移支付能够降低地区间市场分割程度,特别是促使落后地区融入全国统一市场,这是因为转移支付弱化了地方财政与本地经济资源的联系程度,使得地区参与市场分工的利益超过了封锁市场的利益。除了直接的收入转移之外,中央政府还可以通过调整行政分权程度的方式影响地区间财税竞争。谢贞发和范子英(2015)通过理论模型和实证分析发现,中央集中税收征管能够降低地方政府间横向税收竞争程度。由此可知,地区间市场分割程度与地方财政分权程度负相关。进一步地,贺颖和吕冰洋(2019)通过实证验证了该判断,借助"撤县设区"和"省直管县"政策的冲击来研究纵向政府间行政分权与区域市场一体化之间的关系,发现"撤县设区"加剧了城市间市场分割,而"省直管县"则缩小了城市间市场分割,说明地方政府分权程度越高,市场分割越严重。按照上述逻辑链条,如果考虑所得税分享改革,则可以发现,这项改革减少了地方政府从本地资本要素中直接获得的收益,降低了地方财政分权程度,于是可以预期地方政府出于增加财政收入而阻碍资本要素流出的动机会有所下降,有利于提升资本要素市场一体化。

企业异地投资是资本要素的跨区域配置过程,体现了市场一体化进程,但同样受到行政壁垒和市场分割的制约(王凤荣和董法民,2013)。在中国分权体制的背景下,地方政府对资本跨区域流动具有很强的干预特征,即所谓"肥水不流外人田",地方政府倾向于将优势资源集中到本地企业,做大本地企业的规模,为此不惜阻碍资源的自由流动,其中资本要素的市场分割显著抑制了中国企业的跨地区经营(宋渊洋和黄礼伟,2014)。曹春方等(2015)实证检验了市场分割、产权性质与异地子公司分布之间的关系,发现相比于民营企业,市场分割显著降低了地方国有企业异地子公司的比例。因此,根据前文分析,如果所得税分享改革降低了政府对资本跨区域流动的管制程度,加强了资本要素市场整合,那么在改革之后企业的异地投资行为将会更加积极,企业的异地子公司数量也会随之增加。

地方国有企业的跨区域投资行为受到地方政府更多的限制。一方面,地方政府出于"援助之手"和"父爱主义"(Kornai et al.,2003;林毅夫和李志赟,2004)会优先将稀缺资源分配给国有企业(Garnaut et al.,2001)。刘瑞明(2012)发现,国有经济比重越大的地区,市场分割程度越强,市场分割成为地方政府为国有企业提供的"隐性补贴"。这就意味着地方国有企业能够从封锁的市场中获得更多的资源,反过来会抑制其异地投资的动机。另一方面,"掠夺之手"的理论认为,地方国有企业承担了促进地区投资、就业和社会福利的职能(林毅夫和李志赟,2004;曾庆生和陈信元,2006),被赋予了较多的政策性负担。因此,地方政府为了维护地区经济利益,会通过市场分割的手段阻止本地国有资本外流。无论是哪种因素占主导,都会使得相比于其他所有制的企业而言,地方国有企业的异地投资行为对市场分割程度更敏感。方军雄(2008)的研究表明,地方国有企业倾向于进行本地并购和低效率的多元并购,而央属企业则更容易地突破地区间的行政壁垒开展异地并购。所以,如果所得税分享改革促进了资本要素市场整合,那么会更显著地影响地方国有企业的行为。为此,本研究提出待检验的实证假说 H1。

H1:所得税分享改革之后,地方国有企业的异地子公司数量比其他所有制企业显著增多。

一方面,对于地方国有企业,地方政府扮演着双重角色。作为税收征管者,地方政府出于增加财政收入的目的尽可能从地方国有企业中筹集更多的税收;作为股东,地方政府又拥有地方国有企业的利润索取权。税收收入和利润分配共同构成了地方政府从地方国有企业中取得的收益。在所得税分享改革之后,地方政府的企业所得税分成比例从 100% 降为 40%,而其对地方国有企业的持股比例没有大幅变化,于是产生了中央政府和地方政府之间对地方国有企业税收征管的委托-代理关系,这种利益的矛盾使得地方政府权衡通过不同分配方式获得收益的数量。在改革之前,只要地方政府持股比例低于 100%,收税就会比利润上缴更能获得更多的财政收入;在改革之后,如果地方政府对企业的持股比例大于 40%,则是通过利润分配取得收益更有利,因为其分红比例大于税收留存比例,因此有动机做多该企业的净利润;反之,对于持股比例小于 40% 的企业,地方政府在改革前后都倾向于通过税收手段获取利润,即无论改革与否,收税都是占优策略。事实上,Tang 等(2017)研究了地方政府分成比例的改变对不同持股比例的地方国有企业税收征管强度的影响,发现在所得税分享改革后,地方政府对持股比例高于 40% 的企业的征管强度显著降低,表现为这部分企业的企业所得税实际税率降低、净利润增多、分配的现金股利增多。这表明地方政府会理性地权衡不同经济政策的收益,从而采取自身利益最大化的手段。

另一方面,地方国有企业异地投资虽然无益于本地的税收,但是地方政府作为企业集团的大股东,对集团内部各子公司的净利润享有最终的索取权。所以,对于地方政府持股比例较高的企业来说,所得税分享改革之后,地方政府仍然可以利润分配的方式从异地子公司的净利润中获取更大的份额,甚至超过通过税收方式分得的金额。但是,如果地方政府对企业的持股比例较低,那么企业在异地设立子公司意味着本地政府对该公司的税收索取权丧失。综合来看,地方政府更倾向于放松对持股比例高于40%的企业的异地投资管制。根据上述分析,本研究提出了待检验的假说H2。

H2：所得税分享改革对政府持股比例高于40%的地方国有企业异地投资的促进作用更显著。

三、数据与回归模型

(一) 数据来源与处理

本研究以1999—2007年全部A股上市公司作为初选分析样本。为了得到上市公司的参控股情况,我们手工搜集了样本期间内上市公司母公司财务报告的"长期股权投资"科目附注,整理了母公司直接参控股公司的名称、注册地、母公司持股比例。对于没有披露注册地的参控股公司,我们可以通过公司的名称(如"××地区××公司")判断注册地,或者使用"天眼查""百度地图"等工具查询,最后删除无法判断注册地的参控股公司。我们共计整理了109 176条参控股公司的记录,因无法判断注册地而删除的记录为906条,占总体的0.83%。本研究将子公司定义为母公司直接持股比例超过50%的公司,异地子公司是指那些与母公司不在同一城市的子公司。

除子公司数量以外的变量数据来源于国泰安(CSMAR)数据库,由于该数据库中需要的部分指标在2003年以前缺失严重,因此我们通过手工查阅公司年报补全。本研究对样本进行了如下剔除：(1)2002年以后上市的公司；(2)金融类上市公司；(3)参控股公司情况披露不完整的公司；(4)样本期间内退市的公司；(5)样本期间内进行过重大资产重组的公司；(6)为了避免国有企业改制对实证结果造成干扰,剔除了样本期间内发生过企业改制的公司。

(二) 模型设定

本研究关注的政策冲击是2002年的所得税分享改革,该项政策改变了地方政府从本地企业缴纳的企业所得税中分得收入的比例,进而影响了资本的跨区域流动性。根据前文分析,所得税分享改革之后,地方政府对地方国有企业资本流动放松管制的程度较强。图3-3展示了地方国有企业和其他企业异地子公司比例的变化趋势,印证了之前理论分析的推论。如图3-3所示,从时间趋势来看,所有企业的异地投资都是增加的,说明中国的资本要素市场的整合越来越好,并且其他所有制企业的异地子公司比例明显高于地方国有企业,表明其他所有制的灵活性更强。两者在2002年之前增长趋势接近,但是在2002年之后,地方国有企业的异地子公司比例增长幅度明显提升,而其他企业的趋势保持不变,说明所得税分享改革主要影响了地方国有企业,这为所得税分享改革促进资本要素市场整合提供了一个直接的经验证据。

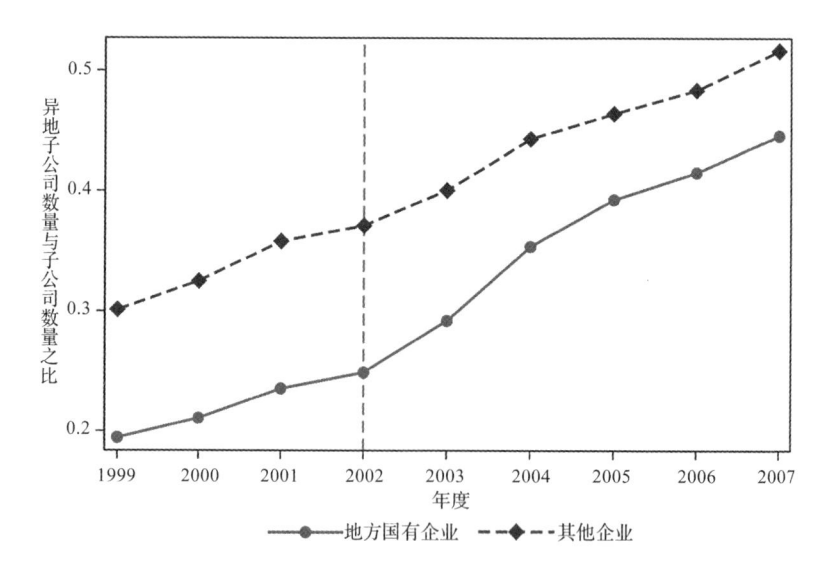

图 3-3　股权性质与异地子公司比例

基于此,本研究采用双重差分模型,以地方国有企业为处理组,以其他所有制企业为控制组,从实证上检验所得税分享改革对资本跨区域流动的影响。待检验的回归模型为:

$$diffsub_{it} = \alpha + \beta_1 treat_i \times post_t + \beta_2 X'_{it} + \gamma_i + \delta_t + \varepsilon_{it}$$

式中,i 和 t 分别代表公司和年份。参考已有的研究资本跨区域流动的文献(Giroud and Rauh,2019;马光荣等,2020),本研究以公司 i 在 t 年异地子公司的数量为被解释变量,在后续稳健性检验中,将被解释变量替换为是否有异地子公司以及新增异地子公司的数量。$treat_i$ 是代表股权性质的指示变量,如果公司 i 是地方国有企业,则 $treat_i$ 取 1,否则取 0,为了排除国企改革的影响,本研究将公司 i 的股权性质设定为其在2001年第一大股东的股权性质。$post_t$ 是代表时间的指示变量,如果 $t \geqslant 2002$,则取 1,否则取 0。X_{it} 是控制变量集,包括子公司数量的对数、公司规模、资产负债率、公司年龄、盈利能力、第一大股东持股比例、独立董事比例、政治关联,以及公司所在城市的人均 GDP,其中的财务特征变量涉及母公司层面。γ_t 和 δ_i 分别表示年度固定效应和公司个体固定效应。ε_{it} 是随机扰动项。模型使用 OLS 方法进行回归,并将标准误聚类到公司个体层面。本研究对财务特征变量进行了 1% 和 99% 的缩尾处理(Winsorize)以排除极端值的影响,主要变量说明和描述性统计如表 3-1 所示。

表 3-1 主要变量说明和描述性统计

变量名	变量说明	平均值	标准差	最小值	最大值
被解释变量					
$diffsub$	异地子公司数量	2.705	3.840	0	53
解释变量					
$treat$	地方国有企业取 1,否则取 0	0.600	0.489	0	1
$post$	2002 年以后取 1,否则取 0	0.674	0.468	0	1
控制变量					
$lnsub$	ln(子公司数量+1)	1.638	0.856	0	4.094
$size$	公司规模,即总资产(元)取对数	20.952	1.005	12.314	27.117
lev	资产负债率,即总负债/总资产	0.449	0.318	0.027	2.538
age	公司年龄,即当前年度减成立年份	8.808	4.178	0	27
roa	资产收益率,即净利润/总资产	0.017	0.112	−0.700	0.209
$first$	第一大股东持股比例	0.423	0.174	0.010	0.992
$outrat$	独立董事人数/董事总人数	0.227	0.157	0	0.727
pc	政治关联(董监高担任人大代表或政协委员取 1,否则取 0)	0.390	0.487	0	1
$lnagdp$	城市人均 GDP(万元)取对数	10.058	0.948	7.674	12.676

四、基本结果与稳健性检验

(一) 所得税分享改革对异地投资的影响

中央政府和地方政府间税收分成比例变化改变了地方政府从本地生产性税基中获得的收益,从而削弱了地方政府对资本要素跨区域流动进行管制的动机。表 3-2 展示了所得税分享改革对企业异地投资的影响。第一列表示在不加入控制变量的情况下,相较于其他所有制企业,地方国有企业的异地子公司数量在改革后显著增加了 0.506 个。第二列和第三列依次引入公司层面和地区层面的控制变量。第三列的结果表明,所得税分享改革后,地方国有企业的异地子公司数量比其他企业增加了 0.504 个,占异地子公司数量平均值的 18.63%,且该效应在 1% 的水平上显著,验证了本研究的假说 H1。控制变量的结果表示,企业的子公司数量越多、总资产规模越大、负债率越高,则拥有更多的异地子公司。表 3-2 的结果说明,所得税分享改革促进了资本跨区域流动,当地方政府获得的企业所得税比例下降时,就会放松对资本流动的管制,而地方国有企业由于受到地方政府的直接控制,所以异地投资限制降低的效果最为明显,进而推动地方国有企业拓展经营范围。所得税分享改革有助于打破资本要素的市场封锁,促进资金合理流动,有利于优化资源配置效率,有效推动资本要素的统一市场建设。

表 3-2　　　　　　　　　所得税分享改革对异地投资的影响

变量名	(1)	(2)	(3)
地方国有企业×2002	0.506** (0.213)	0.485*** (0.187)	0.504*** (0.192)
子公司总数的对数		2.502*** (0.164)	2.522*** (0.169)
公司规模		0.398*** (0.109)	0.405*** (0.110)
资产负债率		0.433*** (0.163)	0.422** (0.166)
公司年龄		0.181 (0.751)	0.215 (0.751)
资产收益率		−0.161 (0.210)	−0.191 (0.217)
第一大股东持股比例		−0.285 (0.608)	−0.265 (0.623)
独立董事占比		−0.065 (0.331)	−0.012 (0.338)
政治关联		0.056 (0.095)	0.067 (0.097)
人均 GDP			−0.191 (0.346)

续表

变量名	(1)	(2)	(3)
个体固定效应	Y	Y	Y
年度固定效应	Y	Y	Y
观测值	8 758	8 757	8 560
Adj-R^2	0.199	0.398	0.395

注：＊＊＊、＊＊分别代表在1％、5％的水平上显著，括号中的数字是经过公司层面聚类调整后的稳健标准误。

(二) 地方政府持股比例与异地投资

如果地方政府实行市场分割的目的是从本地的经济资源中获得利益，那么针对同一种经济资源，地方政府会权衡通过不同方式获取收益的多少，从而策略性地调整对该资源流动的管制程度。对于地方国有企业而言，地方政府既可以通过企业所得税分成获取收益，又可以直接参与利润分配。根据前文的理论分析可知，所得税分享改革之后，对于地方政府持股比例大于40％的企业，通过利润分配的方式可以获得更多收益，那么地方政府对地方国有企业异地投资的限制是否会受到政府持股比例的影响呢？为了回答这个问题，本研究将样本中的地方国有上市公司按照2001年的政府持股比例是否高于40％划分为两组，每一组作为实验组分别与其他所有制企业（控制组）进行回归。回归结果汇报在表3-3(a)，第一列和第二列为实验组，即政府持股比例大于40％的公司的回归结果。第二列的结果显示，加入控制变量后，政府持股比例大于40％的地方国有上市公司在所得税分享改革后异地子公司数量显著增加了0.644个，且在1％的水平下显著，该系数明显大于基准回归结果。相比而言，第三列和第四列的结果表明，政府持股比例小于40％的地方国有上市公司的跨区域投资行为在政策前后没有显著差异，说明改革对这类地方国有企业没有产生影响。由此可见，所得税分享改革只显著促进了那些地方政府持股比例高于40％的地方国有企业的异地投资行为，实证结果验证了本研究假说H2。

进一步地，为了更细致地考察政府持股比例不同的企业受到的政策影响，本研究将地方国有企业按照2001年的政府持股比例划分为8组：(10％,20％]、(20％,30％]、(30％,40％]、(40％,50％]、(50％,60％]、(60％,70％]、(70％,80％]、(80％,90％]，依次记为 *treat*2、*treat*3、*treat*4、*treat*5、*treat*6、*treat*7、*treat*8、*treat*9，每一组作为实验组与其他所有制企业（对照组）做回归，之所以缺失政府持股比例小于10%和大于90%的组别是因为实验组在该组别中没有样本,回归结果如表3-3(b)所示。可以看出,当政府持股比例低于50%时,交互项的系数不显著,说明政策没有显著地影响这部分地方国有企业跨区域投资行为;而当政府持股比例高于50%时,交互项的系数开始显著,表示其跨区域投资明显增多,第9组的交互项系数不显著,可能是由于处于这一组别的地方国有上市公司的样本量较少。

表3-3(a)和表3-3(b)展示的结果说明,地方政府放松对地方国有企业异地投资的限制时会权衡其通过不同分配方式在地方国有企业中取得的收益大小。当地方政府持股比例高于企业所得税分成比例时,地方政府通过利润分配获得的收益更多,反之,则通过税收的方式更有利。因此,对于那些地方政府持股比例高于税收分成比例的企业,所得税分享改革对其资本流动的促进作用更加明显。

表 3-3(a)　　　　　　　　　地方政府持股比例与异地投资

变量名	(1)	(2)	(3)	(4)
	地方政府持股>40%		地方政府持股<40%	
地方国有企业×2002	0.821*** (0.219)	0.644*** (0.199)	−0.026 (0.262)	0.289 (0.238)
子公司总数的对数		2.673*** (0.200)		2.737*** (0.263)
公司规模		0.293*** (0.111)		0.456*** (0.160)
资产负债率		0.310* (0.187)		0.408* (0.216)
公司年龄		0.268 (0.746)		−0.508 (0.380)
资产收益率		−0.285 (0.248)		−0.182 (0.255)
独立董事占比		0.109 (0.353)		0.008 (0.425)
政治关联		0.074 (0.105)		0.084 (0.129)
人均GDP		−0.336 (0.376)		−0.259 (0.449)
个体固定效应	Y	Y	Y	Y
年度固定效应	Y	Y	Y	Y

续表

变量名	(1)	(2)	(3)	(4)
	地方政府持股>40%		地方政府持股<40%	
观测值	6 810	6 658	5 447	5 340
Adj-R²	0.207	0.416	0.138	0.364

注：***、*分别代表在1%、10%的水平上显著，括号中的数字是经过公司层面聚类调整后的稳健标准误。

表 3-3(b) 　　　　　　地方政府持股比例与资本跨区域流动

变量名	(2) (10%, 20%]	(3) (20%, 30%]	(4) (30%, 40%]	(5) (40%, 50%]	(6) (50%, 60%]	(7) (60%, 70%]	(8) (70%, 80%]	(9) (80%, 90%]	(11) 全样本
$treat2 \times post$	0.221 (0.447)								0.219 (0.432)
$treat3 \times post$		0.322 (0.340)							0.274 (0.333)
$treat4 \times post$			0.291 (0.279)						0.274 (0.275)
$treat5 \times post$				0.573** (0.270)					0.597** (0.263)
$treat6 \times post$					0.692*** (0.236)				0.702*** (0.230)
$treat7 \times post$						0.640** (0.275)			0.684** (0.269)
$treat8 \times post$							0.534 (0.362)		0.620* (0.355)
$treat9 \times post$								0.145 (0.726)	0.176 (0.651)
控制变量	Y	Y	Y	Y	Y	Y	Y	Y	Y
个体 固定效应	Y	Y	Y	Y	Y	Y	Y	Y	Y
年度 固定效应	Y	Y	Y	Y	Y	Y	Y	Y	Y
观测值	3 691	4 245	4 280	4 203	4 475	4 426	3 823	3 483	8 560
Adj-R²	0.386	0.374	0.377	0.394	0.404	0.395	0.404	0.391	0.396

注：***、**、*分别代表在1%、5%、10%的水平上显著，括号中的数字是经过公司层面聚类调整后的稳健标准误。

(三) 稳健性检验

1. 平行趋势检验

使用双重差分模型进行因果推断的一个基本前提是实验组和控制组之间不存在变化趋势差异，也就是说，在政策实施之前两组应该具有平行趋势。因此，为了验证基准回归结果是因为企业间所有权性质不同引起的，而不是纯粹的时间效应，我们采用事件研究法来检验实验组和控制组的平行趋势假说。具体来说，用样本期间内不包含政策实施前一年的各独立年份与 $treat_i$ 的交乘项作为自变量，替换基准回归模型中的交乘项进行回归，以政策实施前一年为基准比较政策前后各年度的效应，回归模型如下所示：

$$diffsub_{it} = \alpha + \sum_{k=1999, k \neq 2001}^{2007} \beta_k D_k treat_i + \beta X'_{it} + \gamma_i + \delta_t + \varepsilon_{it}$$

式中，D_k 表示所得税分享改革实施后 k 年的虚拟变量，该模型设定以 2001 年为基期，各年度交乘项的系数 β_k 的数值及其 90% 置信区间边界如图 3-4 所示。

从图 3-4 中可以看出，在政策实施之前，实验组和控制组的异地子公司数量没有显著差异，而从改革之后一年开始，实验组的异地子公司数量显著多于控制组，这说明是由于所有制的差别导致了政策实施之后两组之间的变动，从而验证了平行趋势假设。

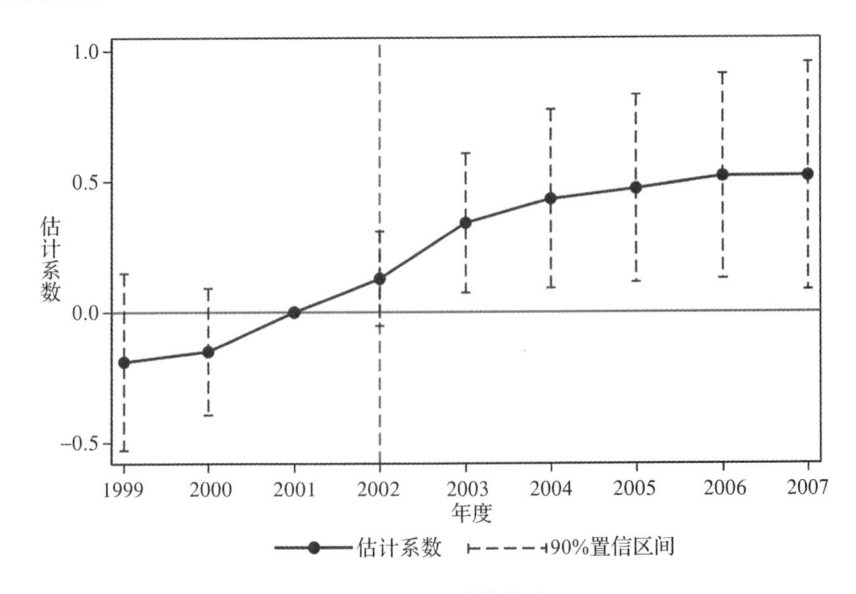

图 3-4 平行趋势检验

2. 虚拟处理效应

所得税分享改革发生在2002年,该年度发生的其他政策冲击同样可能影响资本的跨区域流动,如加入世界贸易组织(WTO)等。为了进一步验证基准回归结果是由于企业所有制差异引起的,而不是2002年其他政策因素或者噪声效应,本研究将$treat_i$在各公司之间随机分配,然后采用基准模型进行回归,如此重复500次,每次回归计算出交乘项系数的t值。重复回归交乘项的t值频率分布如表3-4和图3-5所示,交乘项的系数大多分布在0附近,显著为正或显著为负的占比很小,说明研究构造的虚拟处理效应不存在,进一步排除了噪声对实证结果的影响。

表3-4 虚拟处理效应回归结果的统计分布

样本量	变量	均值	标准差	5%分位	25%分位	中位数	75%分位	95%分位
500	系数	−0.000 8	0.033 3	−0.058 2	−0.024 2	0.000 2	0.022 6	0.051 8
500	t值	−0.019 2	0.969 5	−1.668 1	−0.715 1	0.008 1	0.645 5	1.555 8

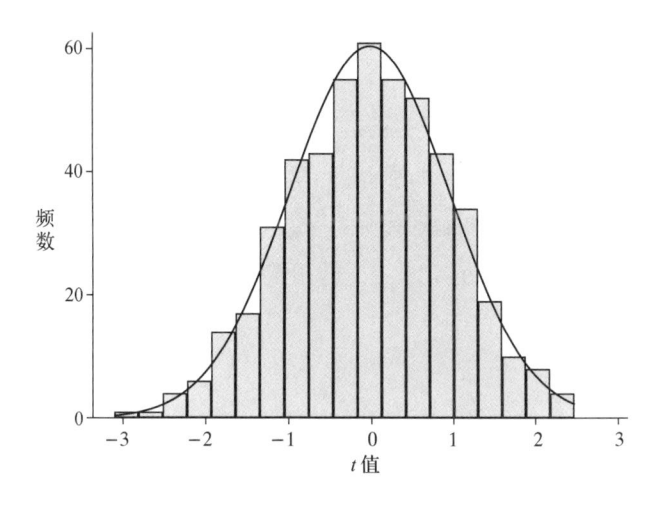

图3-5 500次安慰剂检验结果(t值分布)

3. 剔除"北上广"的样本

注册在北京市、上海市、广东省的上市公司比例很高,本研究使用的样本中29.94%的观测值属于这三个地区,同时这些地区的资本要素市场开放程度可能较高,所以容易对基准回归结果产生较大的影响,造成"伪回归"偏误。为了排除这一干扰因素,本研究剔除了北京市、上海市、广东省的观测值,考察剩下的地区受到的政策影响,回归结果如表3-5第一列所示,核心解释变量的系数为0.441,仍然保持

5%的显著性水平,表明回归结果不是由于样本选择偏误引起的。

4. 以央企作为安慰剂检验

前文发现地方国企的跨地区投资增加,既可能是我们认为的地方放松了资本管制,也可能是国有资本自身的特征导致的,接下来,我们借助于央企对此进行排除。央企受中央政府控股,其投资决策由中央政府控制,经营成果除企业所得税分成外也与地方政府无关。所以,地方政府既没有能力也没有动机影响央企的异地投资行为,但是央企和地方国企同属于国有成分,同时会受到国有资本政策的影响。本研究用非地方国企的样本重新进行回归,以央企为实验组,非国企作为控制组,回归结果如表3-5第二列所示。央企异地子公司数量在2002年前后没有显著变化,这说明所得税分享改革对地方国企的异地投资行为的影响,是因为地方政府的财政激励发生了变化,而不是国企自身的特征导致的。

5. 广延边际效应

基准回归结果反映了所得税分享改革造成地方国有上市公司异地子公司数量增多,属于集约边际效应(Intensive Margin Effect),并进一步验证了政策产生的广延边际效应(Extensive Margin Effect),考察了政策产生的促进企业"走出去"的效应。具体来说,是将基准回归模型的被解释变量替换为0—1虚拟变量,如果公司i在t年的异地子公司数量大于0,则取1,否则取0,模型采用Logit方法回归。表3-5第三列报告了回归结果,交乘项的系数在1%的水平上显著为正,说明地方国有上市公司在政策实施之后"走出去"的可能性显著提升,体现了政策的广延边际效应。

6. 替换被解释变量

考虑到存量和流量的区别,参照曹春方和贾凡胜(2020)的方法,在表3-5第四列中,本研究将被解释变量替换为公司i在t年新增的异地子公司数量。回归结果显示,地方国有上市公司在所得税分享改革后新设的异地子公司数量显著增加了0.297个,且该效应在1%的水平下显著,进一步验证了基准回归结果。

7. 聚类到城市层面

在前文的回归中,为了排除公司层面在不同时期的随机扰动项存在的自相关问题,本研究将标准误聚类到公司层面。除此之外,考虑到位于同一城市内的公司由于地理或政策的因素也可能存在自相关,所以本研究进一步将标准误聚类到城市层面,重新进行估计。回归结果如表3-5第五列所示,回归系数大小与前文采用公司层面聚类标准误的回归结果一致。

表 3-5　　　　　　　　　　　　　稳健性检验一

变量名	剔除北上广 (1)	央企安慰剂 (2)	广延边际效应 (3)	替换被解释变量 (4)	聚类到城市层面 (5)
地方国有企业×2002	0.441** (0.191)	0.365 (0.308)	0.743*** (0.202)	0.297*** (0.102)	0.504** (0.201)
控制变量	Y	Y	Y	Y	Y
个体固定效应	Y	Y	N	Y	Y
年度固定效应	Y	Y	Y	Y	Y
观测值	5 997	3 435	8 560	8 551	8 554
Adj-R^2 / Pseudo R^2	0.431	0.807	0.017	0.041	0.780

注：***、**分别代表在1%、5%的水平上显著。除第三列以外各列均采用OLS模型回归，第一、第二、第四列将标准误聚类到公司层面，第五列将标准误聚类到城市层面，第三列使用Logit模型回归。

8. 排除国有企业重组调整的影响

随着市场化改革的逐步推进，进入20世纪90年代中期后，国有企业出现大面积亏损和经营困难。为了增强国有企业的市场竞争力，调整所有制结构，政府部门开始推行以行政主导的国有经济布局结构。具体来说，一方面对处于一般性竞争行业且不具备竞争优势的中小型国有企业实施破产和兼并，另一方面对国有经济需要进入的领域中的大中型国有企业进行大规模重组。在党的十五届四中全会之后，国有经济行业调整的力度逐步加大，重组的重点是垄断行业和效益低下的行业，如煤炭、有色金属、纺织等（邵宁，2014）。国有经济结构调整的改革可能会影响国有企业子公司的地区分布，并且与所得税分享改革的时间接近，因而可能会干扰基本结论。为了排除国有企业重组调整的影响，本研究首先在基准回归模型中加入行业—年度固定效应，以控制行业层面的冲击。回归结果如表3-6第一列所示，核心解释变量的系数在5%的水平上保持显著。进一步地，本研究在样本中剔除了重组力度较大的行业（煤炭采选业、纺织业、黑色金属冶炼及压延加工业、黑色金属矿采选业、服装及其他纤维制品制造业、有色金属矿采选业、有色金属冶炼及压延加工业），如表3-6第二列显示，基本结论不变。

9. 排除加入WTO的影响

中国加入WTO使得出口环境大为改善，有利于中国产品进入国际市场，为中国企业提供新的发展机遇。对外联系越密切的企业在开放的国际贸易中获益最多,这些企业的国际竞争力增强以后,可能继而寻求在国内市场的扩张。因此,虽然本研究的基准结果通过了虚拟处理效应的安慰剂检验,但是没有考虑企业对外贸易的异质性,这可能会对基本结论构成威胁。为了排除加入 WTO 的影响,首先考虑到位于不同地区的企业受到 WTO 冲击程度不同,沿海省份的对外依存度高于内陆省份,因而受到对外开放的影响更强。基于此,本研究在表 3-6 第二列中加入了省份—年度固定效应,以控制地区层面的冲击。这里很容易看出,基本结论保持不变。进一步地,本研究从企业出口的角度考察对外开放的影响。企业的出口金额越大,受到 WTO 的冲击越大。但是,在公开披露的数据中,难以获得 2003 年以前上市公司营业收入海内外分布的数据。本研究利用 2000—2001 年海关企业数据库,根据子公司名称和年份进行匹配,计算得到上市公司在中国加入 WTO 之前两年的平均出口金额,将平均出口金额取对数再乘以 2002 年以后的虚拟变量,用来衡量对外依存度不同的企业受到 WTO 冲击的程度。回归结果如表 3-6 第四列所示,可以看出,在中国加入 WTO 之前出口金额越大的企业,2002 年以后在国内市场的扩张越明显,但是核心解释变量的系数依然在 1% 的水平上保持显著,这说明基本结论不受加入 WTO 的影响。

表 3-6　　　　　　　　　　　　稳健性检验二

变量名	排除国有企业重组调整的影响		排除加入 WTO 的影响	
	行业-时间固定效应	剔除调整行业	省份-时间固定效应	控制出口金额
	(1)	(2)	(3)	(4)
地方国有企业×2002	0.513** (0.201)	0.480** (0.204)	0.587*** (0.194)	0.464*** (0.170)
平均出口金额×2002				0.020*** (0.007)
控制变量	Y	Y	Y	Y
个体固定效应	Y	Y	Y	Y
年度固定效应	N	Y	N	Y
行业-年度固定效应	Y	N	N	N
省份-年度固定效应	N	N	Y	N

续表

变量名	排除国有企业重组调整的影响		排除加入WTO的影响	
	行业-时间固定效应	剔除调整行业	省份-时间固定效应	控制出口金额
	(1)	(2)	(3)	(4)
观测值	8 361	7 737	8 757	7 728
Adj-R^2	0.785	0.807	0.782	0.817

注：***、**分别代表在1%、5%的水平上显著，括号中的数字是经过公司层面聚类调整后的稳健标准误。

五、进一步讨论

(一) 异质性分析

1. 行业异质性

企业的行业异质性导致其主要缴纳不同的税种，而不同税种收入的地方分成比例存在明显差异，从而影响地方政府维护不同税种税基的动机。如果地方政府限制资本要素跨区域流动的目的是维护本地的财税收益，那么在市场整合过程中，地方政府不仅需要考虑因资本要素流出而导致的企业所得税损失，还要考虑其他税种收入的变化。所得税分享改革没有改变增值税、营业税等其他税种的分成比例。在2012年"营改增"试点改革之前，增值税是中央和地方共享税，除海关征收的进口环节增值税全部归中央政府以外，地方政府仅能享有增值税收入的25%，而营业税则一直是地方税，税收全部属于地方政府，占地方全部税收收入的1/3，是地方财政的第一大税种。所以，缴纳增值税企业的资本流出给地方政府税收收入造成的损失小于缴纳营业税的企业，于是地方政府更倾向于放松对前者异地投资的管制程度。在2012年之前实施的流转税"二元税制"，是按照企业所属的行业来区分增值税和营业税的，其中，制造业企业主要缴纳增值税，而非制造业企业则主要缴纳营业税。本研究按照行业将实验组的样本划分为制造业和非制造业两组，分别与对照组进行回归，结果如表3-7第一列和第二列所示。第一列表示制造业的地方国有企业在所得税分享改革之后异地子公司数量增加了0.600个，且该效应在1%的水平上显著；第二列的结果显示非制造业地方国有企业在改革前后的异地子公司数量没有显著变化。由此可见，地方政府在放松市场分割的同时，还会考虑其他税种的收益和损失，因此所得税分享改革显著促进了制造业地方国有上市公司的异地投资。

2. 地区异质性

税收是地方财政收入的主要来源,而地方国有企业对地方税收具有重要的贡献。根据中国工业企业数据库测算,2001年地方国有企业缴纳的税收占各地级市所有企业缴纳税收的比例为65.4%。与此同时,各地区财政收入对地方国有企业的依赖度具有很大的差异,地方国有企业的发展状况对地方财政的影响程度不同,从而使得地方政府有限制本地国有企业异地投资的动机。在所得税分享改革之前,那些财政收入对地方国有企业依赖程度较低的地区,出于财政收入的目的而限制地方国有企业异地投资的动机会比较弱,而且其财政收入受到所得税分享改革的冲击较小,因此可以预期,这部分地区对地方国有企业异地投资的限制在改革前后没有明显变化。相反,那些财政收入对地方国有企业依赖程度较高的地区,改革之前会严格限制国有资本的流动,分税制改革对这些地区的冲击更大,显著减少了管制资本流出的财政激励。

为了考察所得税分享改革在地区间的异质性,本研究首先以中国工业企业数据库中2001年各地级市地方国有企业缴纳的税收占所有企业税收的比重衡量该地区税收对地方国有企业的依赖程度,在计算该指标时还考虑了增值税的25%地方分成比例,具体为:

$$ratio_i = \frac{i \text{市地方国有企业的税金} + \text{企业所得税} + \text{增值税} \times 0.25}{i \text{市全部企业的税金} + \text{企业所得税} + \text{增值税} \times 0.25}$$

然后,以 $ratio_i$ 的中位数为界将实验组样本划分为两组,分别与控制组的样本进行回归。回归结果如表3-7第三列和第四列所示,地方财政对地方国有企业依赖程度较高的地区,其在改革后异地子公司数量平均而言将增加0.540个,而且该效应在5%的水平上显著。反之,那些对地方国有企业依赖度较低的地区,其地方国有企业在改革前后的异地子公司数量并没有显著变化。由此可见,所得税分享改革在很大程度上促进了国有企业依赖程度较高的地区的资本要素市场整合。

3. 投资去向

地方国有企业跨地区投资会对地方财政收入有益,但地方政府也会相应考虑与之伴随的潜在成本,这会直接影响到地方国有企业的投资去向。由上述分析可知,所得税分享改革的资本整合效应主要是通过地方国有企业的异地投资实现的,无论地方政府实行市场分割的原因是出于财政激励还是晋升激励,都可以归纳到政府竞争的框架中。地方政府依靠投资拉动经济增长,因此不惜采取"以邻为壑"的政策,阻止产品和要素流向竞争性区域。处于同一省份内的地级市发展水平接近,同省异市的投资虽然会对投资来源市产生一定的收益,但这也会改变两市在省内的排名,形成额外的成本,所以处在同一省份的各城市之间对要素的竞争更为激烈。皮建才(2008)的研究表明,当市场整合的收益较低时,市场整合的程度是有限的。与之相比,要素流向省外则不会改变来源地在省内的竞争地位,所以地方政府对此的管制较小。本研究将被解释变量"异地子公司数量"分为"异省子公司数量"和"省内异市子公司数量",然后分别进行回归,以"省内异市子公司数量"为被解释变量的回归不包括母公司位于直辖市的样本。从表3-7第五列和第六列可以看出,所得税分享改革后,地方国有上市公司显著增加了0.351个异省子公司,该效应在1%的水平上显著,而省内异市子公司数量没有显著增加。结果表明,同一省份内各城市之间的市场分割程度高于异省城市,地区竞争抑制了资本在省内的流动性,削弱了所得税分享改革对市场一体化的促进作用。

表 3-7　　　　　　　　　　　　　异质性分析

变量名	(1) 行业异质性 制造业	(2) 行业异质性 非制造业	(3) 对地方国有企业依赖度 依赖度高	(4) 对地方国有企业依赖度 依赖度低	(5) 投资去向 跨省投资	(6) 投资去向 省内异市
地方国有企业×2002	0.600*** (0.207)	0.200 (0.202)	0.540** (0.223)	0.039 (0.209)	0.351*** (0.133)	0.153 (0.095)
子公司总数的对数	2.645*** (0.195)	2.706*** (0.261)	2.653*** (0.231)	2.826*** (0.244)	1.676*** (0.117)	1.030*** (0.079)
公司规模	0.332*** (0.122)	0.393*** (0.139)	0.316** (0.125)	0.374*** (0.141)	0.268*** (0.075)	0.160*** (0.054)
资产负债率	0.290 (0.186)	0.356* (0.213)	0.204 (0.219)	0.468** (0.199)	0.214* (0.110)	0.210** (0.087)
公司年龄	0.301 (0.748)	−0.621* (0.369)	0.105 (0.613)	−0.504 (0.356)	−0.627 (1.115)	0.470*** (0.065)
资产收益率	−0.384* (0.224)	−0.117 (0.287)	−0.472* (0.251)	−0.074 (0.259)	−0.176 (0.151)	0.008 (0.114)
第一大股东持股比例	0.307 (0.673)	0.424 (0.964)	1.089 (0.775)	0.256 (0.861)	−0.060 (0.411)	−0.053 (0.304)
独立董事占比	0.020 (0.361)	0.057 (0.393)	0.028 (0.371)	0.125 (0.416)	0.112 (0.239)	−0.000 (0.177)

续表

变量名	(1) 行业异质性 制造业	(2) 行业异质性 非制造业	(3) 对地方国有企业依赖度 依赖度高	(4) 对地方国有企业依赖度 依赖度低	(5) 投资去向 跨省投资	(6) 投资去向 省内异市
政治关联	0.061 (0.103)	0.053 (0.115)	0.046 (0.117)	0.126 (0.128)	0.063 (0.072)	0.002 (0.049)
人均GDP	−0.274 (0.404)	−0.296 (0.415)	−0.344 (0.384)	−0.488 (0.468)	0.121 (0.220)	−0.063 (0.168)
个体固定效应	Y	Y	Y	Y	Y	Y
年度固定效应	Y	Y	Y	Y	Y	Y
观测值	6 909	5 089	5 388	5 553	8 560	6 650
Adj-R²	0.403	0.374	0.397	0.395	0.357	0.356

注：***、**、*分别代表在1%、5%、10%的水平上显著,括号中的数字是经过公司层面聚类调整后的稳健标准误。

(二) 异地投资对资本回报率和现金分红的影响

上述回归结果已经得出了本研究的基本结论,即所得税分享改革减少了地方政府企业所得税分成比例,从而减弱了地方政府抑制国有资本跨区域流动的动机,因此在改革之后地方国有企业的异地子公司数量显著增加,而且该效应在政府持股比例高于40%的企业中更为明显。由此产生的一个问题:地方国有企业异地扩张是否有利于改善其盈利能力?根据曹春方等(2015)的研究,地方政府对地方国有企业的"掠夺"效应会随着异地子公司比例的增加而减弱,所以地方国有企业异地扩张能够减少其过度投资并提升公司价值。因而可以判断,异地扩张对地方国有企业资本回报率的改善程度高于其他所有制企业。本研究以权益净利率(净利润/股东权益)代表企业的资本回报率,核心解释变量为 $treat_i$ 与 $diffsub_{it}$ 的交乘项,控制变量包括异地子公司数量、企业规模、资产负债率、大股东占款、第一大股东持股比例、独立董事比例,回归结果见表3-8第一、第二列。如表3-8第二列所示,异地子公司数量增加1个,地方国有企业的盈利能力增加0.005,相当于均值的11.42%,而且该效应在5%的水平上显著。这说明地方国有企业异地扩张有利于增加其盈利能力,提升资本回报率。

按照本研究的逻辑,地方政府之所以要放松对持股比例大于40%的地方国有企业异地投资的限制,是想通过利润分配的方式从中获取更多收益。本研究已经验证地方国有企业异地投资改善了资本回报率,要形成逻辑闭环,还需考察企业异地扩张是否增加了对股东的分红。进一步地,本研究以现金分红总额的对数为被解释变量,核心解释变量仍然是 $treat_i$ 与 $diffsub_{it}$ 的交乘项,控制变量中还加入了股本总额的对数以及资产净利率。本研究将样本按照地方政府持股比例是否大于 40% 划分为两组,回归结果见表 3-8 第三到第六列。可以看出,对于地方政府持股比例高于 40% 的地方国有上市公司,异地子公司数量每增加一个,则公司的现金分红数量平均提高 13.9%,该效应在 5% 的水平上显著,而且在地方政府持股比例低于 40% 的上市公司中现金分红数量没有显著增加。回归结果验证了本研究的逻辑,即地方国有企业异地扩张有利于增加地方政府收益,地方政府持有比例高于企业所得税分成比例所增加的企业现金分红数量。

表 3-8 异地投资对资本回报率和现金分红的影响

被解释变量	权益净利率		现金分红总额的对数			
	(1)	(2)	(3)	(4)	(5)	(6)
			地方政府持股>40%		地方政府持股<40%	
$treat \times diffsub$	0.005*	0.005**	0.180**	0.139**	0.112	0.050
	(0.003)	(0.003)	(0.070)	(0.071)	(0.097)	(0.089)
控制变量	N	Y	N	Y	N	Y
个体固定效应	Y	Y	Y	Y	Y	Y
年度固定效应	Y	Y	Y	Y	Y	Y
观测值	8 757	8 757	6 810	6 733	5 447	5 396
Adj-R²	0.006	0.026	0.057	0.103	0.061	0.111

注:**、*分别代表在 5%、10% 的水平上显著,括号中的数字是经过公司层面聚类调整后的稳健标准误。

六、结论与政策建议

统一市场建设是新发展阶段下的重要课题。在推动市场整合过程中,要素自由跨区域流动处于基础性地位(夏立军等,2011)。尽管随着改革的推进,中国的市场一体化程度不断提高,但是,地方政府出于财政收入限制资源流动的地方保护主义行为远未消失,尤其是在当前构建全国统一大市场与财政体制改革共同推进的背景下,政府间财政关系正在经历新一轮重构,此时研究市场统一建设的财政激励具有十分重要的意义。本研究借助 2002 年所得税分享改革这一针对地方财政激励的外生冲击,利用 1999—2007 年 A 股上市公司子公司分布的数据,采用倍差法,实证检验了企业所得税分享体制对地方国有企业异地投资的影响,对改革的市场整合效应进行评价。研究发现,所得税分享改革之后,地方国有企业的异地子公司数量相比于其他所有制企业显著增加,这一结论在经过一系列稳健性检验之后仍然成立,说明所得税分享改革促进了地方国有资本的流动,并且地方国有企业异地投资增加的效应仅在地方政府持股比例大于企业所得税分成比例的企业中存在,意味着地方政府在放松要素市场分割时仍然会对通过不同方式获取的收益大小进行权衡。异质性分析表明,基准回归的结论在制造业企业和在改革前税收收入对地方国有企业依赖度较高的地区更加显著,而且改革显著促进了资本要素的跨省流动,对省内资本要素市场整合没有明显效果。进一步分析地方国有企业异地扩张的结果,发现地方国有企业异地投资有利于提升资本回报率,而且异地子公司数量越多的地方国有企业分红金额越多,这一结论同样在地方政府持股比例大于 40% 的企业中显著,说明地方政府调整了财政收入获取方式。

本研究表明,财政激励是理解地方政府行为的关键所在。针对新发展阶段的统一市场建设,本研究从财税改革的视角提出如下政策建议:

(1) 加快构建全国统一大市场,杜绝政府在资源配置中的不合理干预。本研究结论说明,生产要素的自由流动与合理配置对提升生产效率和投资回报率具有关键作用,而地方政府的行政性垄断是造成市场分割的重要原因。因此,在新发展格局的重要背景下,中央政府部门有必要重视地方保护主义和市场分割的问题,杜绝地方政府在资源配置中的不合理干预,坚决打破区域间要素自由流动的障碍,充分发挥市场在资源配置中的决定性作用。在当前全球经济面临极大不确定性的阶段,更需要以区域协调一体化的战略塑造超大规模统一市场的独特优势。

(2) 市场一体化建设应与财政体制改革协同推进。本研究发现,财政收益是地方政府进行市场分割的重要因素,合适的财政激励能够起到促进市场整合的作用。因此,在构建全国统一大市场的过程中,要充分发挥财政在国家治理中的基础和重要支柱作用。一方面,要平衡纵向财政关系中的财权与事权,特别是明确省级以下政府的事权划分,适当上收支出责任,缓解基层政府财政压力过大的困难;另一方面,要建设协调的横向财政关系,通过完善财政收入横向分配机制,促进区域间分工协作。

(3) 适当提高流动性税基的中央集中度。在分级财政体制下,地方政府有动机为了吸引流动性税基而展开横向税收竞争,所以只有提高流动性税基的中央集中度,削弱地方财政收入与流动性税基的直接关联,才能破除地方保护主义。基于此,在财政体制改革过程中,需要进一步提高流动性税基的中央分享比重,弱化地方政府进行市场分割的动机。同时,还要完善财政收入分享机制,通过转移支付确保税收在各地区的公平分配,减少地方政府为争夺财政收入而进行无序竞争。

(4)对内开放与对外开放协同推进。扩大对内开放是对外开放的前提和基础,而市场规模和一体化程度是对内开放的关键。面对"一带一路"的重大机遇,政府部门更应消除国内产品和生产要素的流通壁垒,赋予各类市场主体平等的竞争地位,以此提升营商环境和对外商的吸引力。与此同时,应当通过扩大对外开放程度促进国内各区域、市场主体之间的交流与合作,带动国内市场整合,实现经济高质量发展。

参考文献

[1] 白重恩,杜颖娟,陶志刚,等.地方保护主义及产业地区集中度的决定因素和变动趋势[J].经济研究,2004(4).

[2] 曹春方,贾凡胜.异地商会与企业跨地区发展[J].经济研究,2020(4).

[3] 曹春方,周大伟,吴澄澄,等.市场分割与异地子公司分布[J].管理世界,2015(9).

[4] 陈刚,李树.司法独立与市场分割——以法官异地交流为实验的研究[J].经济研究,2013(9).

[5] 陈思霞,许文立,张领祎.财政压力与地方经济增长——来自中国所得税分享改革的政策实验[J].财贸经济,2017(4).

[6] 范子英,田彬彬.税收竞争、税收执法与企业避税[J].经济研究,2013(9).

[7] 范子英,张军.财政分权、转移支付与国内市场整合[J].经济研究,2010(3).

[8] 方军雄.政府干预、所有权性质与企业并购[J].管理世界,2008(9).

[9] 郭金龙,王宏伟.中国区域间资本流动与区域经济差距研究[J].2003(7).

[10] 贺颖,吕冰洋.行政性分权与地区市场分割——基于地级市的研究[J].经济学报,2019(4).

[11] 李明,李德刚,冯强.中国减税的经济效应评估——基于所得税分享改革"准自然试验"[J].经济研究,2018(7).

[12] 林毅夫,李志赟.政策性负担、道德风险与预算软约束[J].经济研究,2004(2).

[13] 刘瑞明.国有企业、隐性补贴与市场分割:理论与经验证据[J].管理世界,2012(4).

[14] 刘小勇,李真.财政分权与地区市场分割实证研究[J].财经研究,2008(2).

[15] 刘行,赵健宇,叶康涛.企业避税、债务融资与债务融资来源——基于所得税征管体制改革的断点回归分析[J].管理世界,2017(10).

[16] 刘志彪,孔令池.从分割走向整合:推进国内统一大市场建设的阻力与对策[J].中国工业经济,2021(8).

[17] 陆铭,陈钊,严冀.收益递增、发展战略与区域经济的分割[J].经济研究,2004(1).

[18] 吕冰洋,贺颖.分权、分税与市场分割[J].北京大学学报(哲学社会科学版),2019(3).

[19] 马光荣,程小萌,杨恩艳.交通基础设施如何促进资本流动——基于高铁开通和上市公司异地投资的研究[J].中国工业经济,2020(6).

[20] 皮建才.中国地方政府间竞争下的区域市场整合[J].经济研究,2008(3).

[21] 平新乔.政府保护的动机与效果——一个实证分析[J].财贸经济,2004(5).

[22] Poncet S.中国市场正在走向"非一体化"?——中国国内和国际市场一体化程度的比较分析[J].世界经济文汇,2002(2).

[23] 邵宁.国有企业改革实录(1998—2008)[M].北京:经济科学出版社,2014.

[24] 沈立人,戴园晨.我国"诸侯经济"的形成及其弊端和根源[J].经济研究,1990(3).

[25] 宋冬林,范欣.分税制改革推动了市场统一吗?[J].学习与探索,2015(10).

[26] 宋渊洋,黄礼伟.为什么中国企业难以国内跨地区经营?[J].管理世界,2014(12).

[27] 田彬彬,范子英.税收分成、税收努力与企业逃税——来自所得税分享改革的证据[J].管理世界,2016(12).

[28] 王凤荣,董法民.地方政府竞争与中国的区域市场整合机制——中国式分权框架下的地区专业化研究[J].山东大学学报(哲学社会科学版),2013(3).

[29] 夏立军,陆铭,余为政.政企纽带与跨省投资——来自中国上市公司的经验证据[J].管理世界,2011(7).

[30] 谢贞发,范子英.中国式分税制、中央税收征管权集中与税收竞争[J].经济研究,2015(4).

[31] 银温泉,才婉茹.我国地方市场分割的成因和治理[J].经济研究,2001(6).

[32] 曾庆生,陈信元.国家控股、超额雇员与劳动力成本[J].经济研究,2006(5).

[33] 郑毓盛,李崇高.中国地方分割的效率损失[J].中国社会科学,2003(1).

[34] 周黎安.晋升博弈中政府官员的激励与合作——兼论我国地方保护主义和重复建设问题长期存在的原因[J].经济研究,2004(6).

[35] 周黎安.中国地方官员的晋升锦标赛模式研究[J].经济研究,2007(7).

[36] (英)亚当·斯密(Adam Smith).国民财富的性质和原因的研究[M].郭大力,王亚南,译.北京:商务印书馆,1996.

[37] Boisot M and M W Meyer. Which Way through the Open Door? Reflections on the

Internationalization of Chinese Firms[J]. *Management and Organization Review*, 2008, 4(3).

[38] Garnaut R, L Song, Y Yao, et al. *The Emerging Private Enterprise in China*[M]. Canberra: The National University of Australia Press, 2001.

[39] Giroud X and J Rauh. State Taxation and the Reallocation of Business Activity: Evidence from Establishment-Level Data[J]. *Journal of Political Economy*, 2019, 127(3).

[40] Kornai J, E Maskin and G Roland. Understanding the Soft Budget Constraint[J]. *Journal of Economic Literature*, 2003, 41(4).

[41] Oates W. *Fiscal Federalism*[M]. New York: Harcourt Brace Jovanovich, 1972.

[42] Qian Y and B R Weingas. Federalism as a Commitment to Preserving Market Incentives[J]. *Journal of Economic Perspectives*, 1997, 11(4).

[43] Tang T, P L L Mo and K H Chan. Tax collector or Tax Avoider? An Investigation of Intergovernmental Agency Conflicts[J]. *The Accounting Review*, 2017, 92(2).

[44] Tibout C M. A Pure Theory of Local Expenditure[J]. *Journal of Political Economy*, 1956, 64(5).

[45] Young A. The Razor's Edge: Distortions and Incremental Reform in the People's Republic of China[J]. *Quarterly Journal of Economics*, 2000, 115(4).

4

干部交流与征税独立性*

本研究概要：为了能够在横向的引资竞争中胜出，中国的地方政府往往违规对投资者提供税收优惠，地方政府与企业的这种"合谋"造成了大范围的逃税和税收损失。我们以1998年实施的国税局局长异地交流制度为自然实验，利用此次改革导致的局长任职经历差异度量了地方的政企合谋，基于1998—2007年的制造业企业和国税局局长的匹配数据，检验了地方的政企合谋对企业逃税的影响。研究发现如下：(1)本地晋升的局长相比外地调入的局长，前者政企合谋更严重，由此导致的企业平均税负相差17%；(2)地方的政企合谋与国税局局长的任期有直接联系，外调局长的效应在任期8年后完全消失；(3)由于地方的政企合谋根源于引资竞争，因此合谋导致的逃税仅存在于流动性足够高的企业类型，如外企和私企；(4)地方的政企合谋的逃税效应与税种的监管难度正相关，如企业所得税逃税较多，而增值税则没有显著影响。这些发现不仅揭示了中国广泛存在的企业逃税的根源，也解释了1998年以来税收高速增长之谜。

一、引言

中国政治体制下对官员进行的GDP考核，以及改革开放以来的分权式改革，

---

* 本研究主要内容参见：范子英,田彬彬. 政企合谋与企业逃税：来自国税局局长异地交流的证据[J]. 经济学(季刊),2016(3):1303-1328。

激发了地区之间"为增长而竞争",这种地区竞争成为过去中国经济高速增长的主要制度基础(周黎安,2004;Xu,2011)。然而,由于中央政府和地方政府之间存在严重的信息不对称,基于单一显性目标的考核体制势必会引发地方政府的机会主义行为,通过政企合谋的方式来提升短期内的经济增长(聂辉华,2013)。政企合谋的广泛存在解释了中国经济高增长过程中伴随着的大量负面现象,例如信贷资源的低效率配置(王永明和宋艳伟,2010)、煤矿事故及高死亡率(聂辉华和蒋敏杰,2011)、土地违法案件的层出不穷(张莉等,2011)、环境污染事故的频发(Jia,2012),以及房价的高企(聂辉华和李翘楚,2013)等。

在中国曾经存在的企业逃税也是地方政企合谋的一个表现。根据审计署2004年的一份报告,在一项针对我国788家重点税源大户的财务审计中,大量企业被发现存在税收违规和逃税的现象,两年的逃税总额接近人民币260亿元,进一步调查发现,造成企业大量逃税的一个主要原因就是地方政府违规和越权批准的各类税收减免政策。① 对地方政府来说,税收竞争是吸引企业投资的重要手段,在缺乏调整税率和税收政策的情况下,地方政府往往违反中央的规定,采取各种手段降低企业的实际税负,这不仅损害了税法的公正性,造成企业大范围逃税和大量的税收损失,同时还加剧了企业为了追逐税收优惠而在地区之间的无序流动。

有很多文献对中国的企业逃税进行了研究。例如:研究发现中国过高的法定税率导致了企业逃税(Fisman and Wei,2004);企业的市场竞争压力过大,不得不通过逃税来维持生存(Cai and Liu,2009);政府规模膨胀带来的财政压力转移给企业,促使企业逃税(马光荣和李力行,2012);地税局税收执法力度不严(范子英和田彬彬,2013);等等。但是很少有文献从政企合谋的角度来研究企业逃税,一个主要的障碍在于很难度量与逃税相关的政企合谋。

理论上,中央可以通过提高税务系统的独立性来切断地方政府与企业合谋的渠道。其中,地税局系统属于地方政府的一个职能部门,按照"下管一级"的政府管理体制,中央政府很难干涉地税部门的工作;不过国税局是垂直管理的,并且我国的主体税种都是由国税局负责征管,因此提高国税局的独立性不仅是可行的,还是有效的。为了防范国税局与地方的合谋,1998年国税系统实施了副厅级以上干部的异地交流制度,本研究将此次改革作为刻画政企合谋的自然实验。我们以企业所在省份的国税局局长是否外派作为政企合谋程度的度量,基于1998—2007年的

---

① 参见审计署发布的《788户企业税收征管情况审计调查结果》(审计公告2004年第4号)。

企业微观数据,研究发现,相比于本地晋升的国税局局长,由异地调任的国税局局长显著减少了本地企业的逃税,两者的平均税负相差17%,并且这一效应在2002年后更加明显,原因在于2002年的所得税分享改革大幅度减少了地方政府的分享比例,从而更加凸显了干部异地交流的作用。进一步地,随着异地调任局长在当地任职年限的增加,政企合谋的程度会逐步增加,平均8年左右的任职年限会完全抵消异地交流的作用。此外,结果显示,异地交流遏制逃税的作用主要限于流动性较强的企业,如私营企业和外资企业等,而对于地方国有企业和集体企业的逃税则无显著效果,这证实了政企合谋的动机根源于引资竞争。最后,如果合谋被发现的概率显著增大,则合谋发生的概率会显著下降,这解释了为何异地交流对于企业增值税的逃税没有影响。随后进行的一系列稳健性检验,表明上述结论依然非常稳健。

这些发现一方面为官员异地交流制度提供了更多的正面支撑,已有文献发现官员异地交流有利于经济增长(张军和高远,2007;徐现祥等,2007)、司法独立(陈刚和李树,2013)等,本研究则发现国税局局长的异地交流有利于提高征税效率,并且我们还测算了国税局局长的最佳任职期限。另一方面,这也为中国税收收入高速增长之谜提供了新的解释,1995—2008年中国税收收入年均增长率为18.4%,远远超过GDP的增长速度,以往的研究认为宏观经济、制度、管理等是主要原因(曹广忠等,2007;吕冰洋和郭庆旺,2011),本研究发现国地税分设以及国税局局长异地交流制度所带来的独立性,在很大程度上破解了政企合谋的难题,进而降低了企业逃税和提升了税收征管效率,在宏观上带来了税收收入的超速增长。

二、实验背景及理论假说

(一) 制度背景

我国于20世纪80年代开始实施"财政包干制",将财政收支的权力下放到地方政府,这种财政激励使得地方之间展开竞争,通过招商引资的方式做大税基,以获取更多的财政收入(Qian and Roland,1998;沈坤荣和付文林,2006)。在政治上,集权式的官员考核和任命制度也与经济指标直接挂钩,中央政府将GDP作为最主要的考核指标,这最终导致了官员"为增长而竞争"(周黎安,2004)。地方竞争一方面表现在支出偏向上,即地方财政支出会倾向于基础设施等与招商引资紧密关联的领域,而忽视在社保、医疗、教育等领域的支出;另一方面则表现为税收竞争,为了在招商引资的竞争中胜出,地方政府往往承诺了较多的税收优惠,通过压低企业实际税率的方式来吸引资本的流入,因而税收竞争是一种逐底竞争,其结果是造成了企业大范围的逃税。

在分税制改革之前,税务系统是地方政府与企业合谋的主要渠道。首先,中国的税法是高度集中和统一的,地方政府并没有调整法定税率和税收优惠的权限,为了兑现事先承诺的税收优惠,地方政府可能会铤而走险与企业合谋,通过放松税收征管而不是降低名义税率的方式来实施减税,在宏观上造成法定税率与实际税率的脱节。其次,1994年之前的税收征缴全部由地方政府负责,全国只有一个税务局系统,并且该系统隶属于各地方政府,中央政府无权直接干涉税务局的工作,由于税务局的干部和人事完全由地方政府控制,因此地方政府很容易动用税务局来开展税收竞争。这种恶性竞争的后果是中国的宏观税负大幅度下降,全国财政收入占GDP的比重从1980年的23%下降到1993年的10.7%。

为了规避地方政府的这种合谋,中央政府在1994年实施了分税制改革。与此前包干制中"分享收入"不同的是,分税制后的中央收入来自"分税",即将所有的税种分为三类:中央税、共享税和地方税。中央收入由中央税和共享税中的共享部分构成,并且中央特意将最主要的税种都划为中央税或者共享税,如关税、增值税等,因此分税制之后,中央收入与实体经济直接相关,不再需要借助地方政府这个中间环节间接获取收入。但是,仅"分税"还远不足以降低地方政府的合谋空间,由于合谋的动机在分税制前后并没有发生实质性的变化,地方政府完全可以将那些原本需要征收共享税的部分,改征为地方税,甚至是彻底不征收,这种现象在分税制初期确实也出现过。①

分税制改革之所以能够降低地方政府的合谋动机和空间,核心因素是国税局的分设,即将原来的税务局分拆为国税局和地税局。首先,在税收征管范围方面,国税局不仅征收属于中央收入的中央税,还征收全部的共享税,例如,增值税的75%属于中央收入,但国税局征收100%的增值税,再通过财政系统将25%的增值税收入划给地方政府。由于主体税种都属于中央税或者共享税,因此征管范围的划分就已经在最大程度上压缩了地方政企合谋的空间。其次,为了使得国税局独立于地方政府,国税局采用了垂直管理的模式,国税局系统在机构、人员编制、经

---

① 国税审计的历程与展望,参见审计署网站:http://www.audit.gov.cn/n1057/n1072/n1342/14719.html。

费、领导干部职务等方面采取下管一级的原则,国家税务总局直接任命各省国税局正、副局长。① 不仅如此,国税局系统还是一个封闭的内部劳动力市场,国税局的所有干部都是从下一级别的干部中甄选,极少从系统外调入,这种"向上负责"的模式使得国税系统较少受到地方政府的干扰,因此地方的政企合谋也很难影响到中央政府的财政收入。与此不同的是,地税局延续了"属地管理"的模式,各地的地税局依然划归相应级别的地方政府管理。② 虽然地方政府可以通过地税局来实施政企合谋,但是由于地税局征管的主要税种都与制造业无关,这种合谋并不会带来资本的流入。例如地税局的第一大税种是营业税,但营业税主要是对服务业和房地产行业征收,这些企业生产的都是不可贸易品,对本地市场的依赖程度非常大,地方政府也就缺乏税收竞争的动机。因此,国地税务局系统(见图4-1)的分设极大地减少了地方的政企合谋,微观上减少了企业逃税,宏观上使得税收收入超速增长。

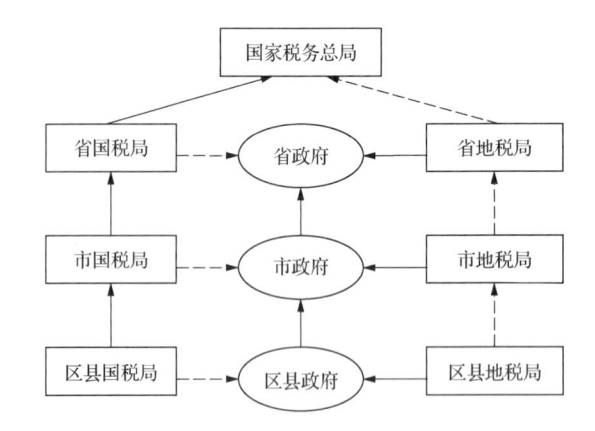

注:实线表示直接的隶属关系,虚线表示间接关系
图 4-1 中国的国税局系统和地税局系统(1994—2018 年)

虽然国税局和地税局面临的政企合谋程度不同,但是并不能将两者的税收收入差异直接归结为政企合谋的影响。有一些文献发现国税和地税的税收努力程度有所差异(周黎安等,2011),不过由于两者征管的税种完全不同,国税系统的税种往往是征收成本较低的优质税种,如增值税、关税等,而地税系统的税种征收难度较大,因此两者税收收入的差异中有很大一部分是由税种差异导致的。在实际操

---

① 从国税总局的网站上,可以看到历年来地方国税局干部的任免文件。此外,所有国税局公务员的招录都是通过统一的"国考",而地税局则是通过地方公务员的考试。

② 为了减少地方对税收执法的影响,国家税务总局要求地税局系统自1998年起实行省内垂直管理。参见《国务院关于地方税务机构管理体制问题的通知》(国发〔1997〕34号)。

作中,一个企业会同时到国税和地税缴税,但税种是没有交叉重叠的,例如到国税局缴纳增值税,到地税局缴纳教育费附加,直接比较企业不同税种的税负差异也没有意义。因此,一个显而易见的障碍是如何在微观上度量企业层面的政企合谋。

(二) 自然实验: 国税局局长异地交流

理论上,国税局的分设能够最大限度降低地方政府的干预,但在现实中,国税系统的所属地依然在地方,必然会受到地方政府各职能部门的影响,如国土、交通、教育等,因而很难完全独立于地方政府;更为严重的是,在分税制初期,由于国税局是从之前的税务系统分离出来的,因此所有的国税局干部也都在本地任职多年,他们与地方政府部门有密切联系,很难保持完全的独立性。例如,根据审计署对国税系统中央税收征管情况的审计报告,即使在分税制实施之后的 1995—1996 年,一些省市的国税局仍然应地方政府要求,对区域内的重点企业实施税收包干政策,并且将部分中央企业的所得税收入作为地方收入缴库,导致了中央税源的损失。[①]

在分税制改革完成之后,为了进一步提高国税系统的独立性,国家税务总局于 1998 年在全国范围内实施了国税局局长异地交流制度[②],规定在同一单位担任副职满 10 年或是担任正职满 5 年的干部应进行系统内外的交流,范围限定于国家税务总局、直属事业单位副司级以上干部,以及省、自治区、直辖市、副省级市国税局副厅级以上干部。在实践层面,该政策是逐步推行的,1998 年之前,国税局刚刚分设出来,其所有干部都来自本地,当异地交流制度开始实施后,1998 年有 1 位国税局局长是异地交流来的,此后异地交流的国税局局长迅速增加,到 2013 年全国 30 个省级地区(不含上海)的国税局局长中,有 20 位是从其他地方调入的,占全部国税局局长的 67%。这里值得重点说明的是,上海由于历史原因并没有分设国税和地税,在市级层面,上海的国税和地税是"两套牌子、一班人马",并且国税局局长和地税局局长是同一个人,在区一级则仅有税务局,不区分国税和地税,因此上海的国税局局长与其他地方不存在异地交流。国税局局长异地交流情况如图 4-2 所示。

1998—2007 年一共出现了 64 位[③]国税局局长(不含上海),其中直接由外地交

[①] 关于国税审计的历程与展望,参见审计署网站: http://www.audit.gov.cn/n1057/n1072/n1342/14719.html。

[②] 参见《国家税务局系统领导干部交流暂行办法》(国税发〔1997〕142 号)。

[③] 本地晋升和外地调入的局长总数之所以会超过 64 位,是因为有 6 位外调局长之前的职务也是局长,因此会重复计算。

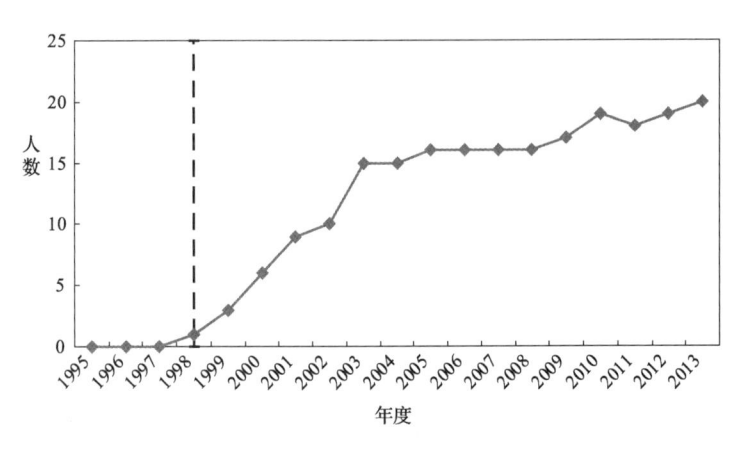

注：不含上海。

图 4-2 国税局局长异地交流情况

流的有 28 位,并且绝大多数是从外省调入,从总局交流来的国税局局长仅 6 位,这从一定程度上说明交流主要目的是增强国税系统执法的独立性,而不是为了锻炼干部。在本地晋升的 42 位局长中,仅有 22 位是完全没有交流到异地,有 5 位局长后来交流到外省或者总局,有 4 位在本地非税务系统获得晋升,如担任省政协或省人大主要干部,有 1 位直接晋升到总局任副局长(副部级),此外还有 4 位局长由于腐败问题被免职或降职,在任的 4 位局长中也大多会交流到异地。因此,完全由本地晋升并且之后没有交流到异地的局长仅占 33%,剩下的 67% 在其任职经验中都有交流经验,这些局长要么是从外地直接调入的,要么是本地副职晋升之后再交流到外地。

对比外地调入和本地晋升的国税局局长的去向可以看出(见表 4-1),本地晋升的局长在本地升迁的可能性更大[①];外地调入的局长晋升到总局的可能性更大,其行政级别一般都是由正厅级提升到副部级,如升任总局的副局长、总经济师、总会计师等,并且这些能够获得总局升迁的局长,其任期一般都非常短,最长的 3 年,最短的才 1 年。因此对于大多数国税局局长而言,由于总局的晋升空间非常有限,如果任期超过 3 年,则其晋升的可能性几乎为零。

---

① 在我们收集数据的过程中,如果局长卸任后的去向是总局升迁或异地交流,则可以从《中国税务年鉴》上获知;如果卸任的原因是受到处分,或者本地晋升,则可以从相关的新闻信息或者政府网站中得到。反之,如果我们无法查询到局长卸任后的去向,则将之定义为退休,因此 22 个退休的局长中,有很大一部分可能在退休后担任当地政府部门的非核心领导,实际发生的本地晋升应该远远超过 4 人。

表 4-1　　　　　1998—2007 年国税局局长的来源和去向

来源/去向	全部	外地调入	本地晋升
去向：交流	14	15	5
退休	27	3	22
本地升迁	6	2	4
总局升迁	4	3	1
免职降职	6	2	4
在任	7	3	4
小计	64	28	40

注：不含上海。

按照1997年政策文件的规定，国税局局长任职满5年时应该进行异地交流，但在实际的执行过程中是逐步推行的，使得有些地方的国税局局长任期远远超过5年。从图4-3可以看出，任期5年的国税局局长有11位，是各任期年限最多的；任期在5年内的国税局局长有28位，占全部国税局局长的40%。异地交流制度还要求干部的年龄不能大于55周岁（女50周岁），一旦超过这个年龄，异地交流的可能性就降低了，这也使得部分局长的任职期限超过5年，任期最长的是浙江省的国税局局长（自1995年上任，一直到2013年退休时才卸任）。此外，截至2013年，还有7位国税局局长是在任的，其中完全由本地晋升并且任期超过5年的只有3位，并且都是相对落后的欠发达地区。

注：不含上海。

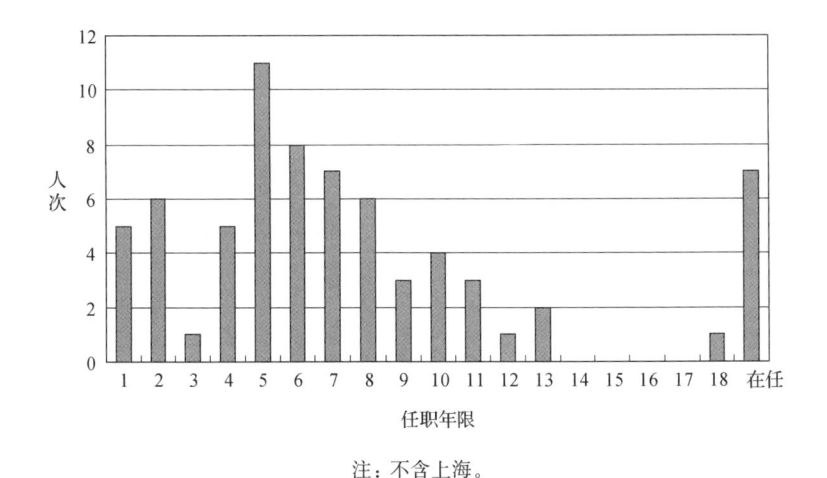

图 4-3　国税局局长的任职年限

除了国税局局长外,国税系统的干部交流还包括副厅级的副局长、经济师、会计师、审计师和巡视员,而国家税务总局的厅局级干部也经常被交流到地方担任国税局局长。因此,显而易见,国家税务总局一直尝试采用局长异地交流的方式来切断与地方政府之间的联系,从而提升国税局系统的独立性。

(三) 理论假说

事实上,官员的异地交流制度在中国具有悠久的历史传统。以法官任职为例,中国早在西周时期就产生了法官任职回避制度,以此作为保障司法独立的基本手段(巩富文,1991)。新中国成立后,中国共产党于1990年7月发布《中共中央关于实行党和国家机关领导干部交流制度的决定》,决定在省部级领导干部中开展异地交流。Huang(2002)认为,中国政治体制下的官员治理机制通常由两个层面构成:一个是显性层面,通过可度量的考核指标来激励地方官员执行中央的政策;另外一个是隐形层面,通过官员任命、任期限制和异地交流等措施来防止官员的不忠和腐败等行为。近期的一些经验研究也表明,官员的异地交流产生了积极的效果。张军和高远(2007)考察了1978年以来省长和省委书记的异地交流情况,认为官员的异地交流制度总体上对于经济增长有相当正面的推动作用。陈艳艳和罗党论(2012)的研究发现,异地调任的官员对于区域内的投资活动有着显著的正向影响。陈刚和李树(2013)研究了司法领域的异地交流情况,认为法院院长的异地轮换有利于提升司法独立性,进而有助于打破地方政府主导的市场分割,促进地方经济的增长。

不仅如此,异地交流还能降低政企合谋,如聂辉华和蒋敏杰(2011)的研究发现,如果主管煤矿安全的副省长来自外地,则矿难发生的概率会显著下降。但是,只有当主管干部与地方政府的激励兼容时,政企合谋才有可能发生。从表4-1可以看出合谋对国税局局长个人也是有利的,由于国税局局长在系统内晋升的空间很小,特别是那些一直在本地任职的国税局局长,他们几乎没有可能晋升为更高级别的官员,但是,与地方政府合作能够为他们提供系统外的晋升机会,如进入省政协或省人大。按照上述逻辑,我们有理由认为,国税局局长的异地交流同样有利于降低政企合谋的程度,提升税收执法的独立性,反映在企业层面就是降低企业的逃税水平。同时,我们还可以看到,能够晋升为总局副部级干部的国税局局长,其任期一般都很短,任期越长,其晋升的希望越小,因此,随着异地交流局长在本地任职年限的增加,政企合谋的程度也就逐步增加,企业逃税水平相应上升。基于此，我们就得到了两个有待检验的理论假说：

假说1：国税局局长异地交流降低了企业逃税水平。

假说2：随着本地任职年限的增加，异地交流的作用会被逐渐削弱，政企合谋发生的概率上升，相应的企业逃税也逐渐增加。

三、数据来源与研究设计

(一) 逃税指标

由于我们所研究的企业主要是非上市公司，因而只能采用实际税率的方法来度量企业的逃税。在合谋普遍存在的情况下，地方政府往往以税收优惠的名义来吸引企业，或是通过降低税收执法力度对企业的逃税睁一只眼闭一只眼，这些都体现为企业的实际税率普遍较低。

本研究使用的逃税指标是企业所得税的实际税率，这是因为政企合谋导致的企业逃税主要反映在所得税的逃税上。我国现有三大主要税种：增值税、所得税和营业税。其中，企业所得税的征收和监管严重依赖于征管机构的努力水平，企业所得税的应税额是将经营成本从营业收入中扣除之后的余额，因此企业很容易通过低报收入或者高报成本的方式来逃税，这时就需要基层的税务征管机构对企业的账目进行仔细的审查，即"查账征收"。从政企合谋的角度来说，中央政府和地方政府在所得税的征收方面也存在严重的信息不对称，由于稽查努力与否是很难被监督的，因此地方政府在所得税的征收方面实现与企业的合谋就很难被中央政府发现，从而其可以通过降低所得税的征收力度来吸引资本的流入。相反，增值税科学的税制设计使得人为操作的空间非常有限，增值税采取的是进销项抵扣的方式，下游企业有激励要求上游企业开具真实的增值税发票，否则下游企业将承担过高的增值税负担，因此企业之间的相互制衡避免了增值税逃税，并且一旦增值税逃税被查实，所有的中间厂商就都无法幸免，这也加大了增值税逃税的风险。此外，营业税的征税对象主要是服务业和房地产行业，这些企业依赖本地的市场需求，很难在不同地区间流动，因而地方政府也缺乏与企业合谋的动机。

(二) 数据来源

我们所使用的数据包括企业层面的数据和国税局局长异地交流的数据两个部分。其中，企业层面的微观数据来自中国工业企业数据库(1998—2007)，该数据库是目前可获得的最大的中国企业层面数据库,被广泛用于各领域的研究。根据本研究需要,我们对企业层面的数据做了相应处理,首先,我们按照 Brandt 等(2012)的做法将 11 年的截面数据合并为一个面板数据集,依据所调查企业的法人代码、企业名称、地址、电话号码等信息对不同年份间的企业进行识别,再进行组合。① 其次,我们对数据进行了基本的清理,如删除缺少关键变量的观测值、删除明显不符合逻辑关系的观测值、删除销售额明显小于 500 万元的企业、删除上下各 0.5% 分位数的样本,此外,删除了实际所得税税率小于 0 或是大于 1 的样本。最后的样本是 1998—2007 年范围内的观测值,共计 1 770 845 个,其中 2002 年后新成立企业的样本数为 376 117 个。

另外,国税局局长异地交流数据是作者手工收集整理。历年《中国税务年鉴》都列出了各省和副省级城市的正副局长姓名,我们再从各方面跟踪和汇总每一位国税局局长的个人信息和任职经历,将之整理成为一个相对完善的局长简历数据库。其中任职经历包括:上一个工作地、此前工作地、本地任职年限、任职后去向。由于局长要么是由副局长晋升,要么是外地局长平调,因此上一个工作地和本地任职年限都可以从《中国税务年鉴》中整理得到;但此前工作地需要追溯到担任副局长之前的信息,这个无法从现有数据中获得,而任职后去向如果是非国税系统也没有直接统计,这两个指标都是作者根据新闻报道和相应的记录逐个收集。此外,国税局局长的一些个人特征是无法通过公开渠道获取,如性别、年龄、籍贯等,我们是从公安部的户籍系统中整理得到的。

由于企业层面的数据年限是 1998—2007 年,因此对应的也是 1998—2007 年出现的 64 位国税局局长数据(不含上海)。我们再按照年份和地区将国税局局长的数据与企业数据进行匹配,构造出本研究所使用的面板数据集。由于全国工业企业调查只覆盖销售值在 500 万元以上的规模企业和国有企业,因而每年都会有大量企业进入或退出调查,不同年份的企业数也并不相同,所以这是一个非平衡的面板数据集。此外,需要说明的是,在使用数据样本期间,我国的企业所得税法没有发生变化,其中内资企业所得税适用 33% 的税率,外资企业根据不同情况享有优惠的法定税率,2008 年才开始将内外资所得税统一合并为 25%,税法的稳定规避了法定税率调整对企业逃税的影响。

---

① 简单来说,首先基于企业的法人代码将相同的企业匹配起来,没有匹配上的,再用企业的名称来匹配,法人代码和企业名称都没有匹配上的,接着用企业的法人代表及地区代码、行业代码来匹配,若仍然没有匹配上的,最后用企业的建厂时间、电话号码、所在街道地址和主要产品来匹配。

(三) 模型设定

1998—2007 年,国税局局长异地交流在地区和时间上都是在不断变化的。同一年内,有些省份的国税局局长是异地交流,另外则是本地晋升;对同一个省份来说,有些年份的国税局局长是异地交流,有些年份是本地晋升。理论上我们可以将那些有异地交流局长的省份作为处理组,将其他省份作为控制组,通过倍差法来估计政企合谋对企业逃税的影响,但是由于各省更换局长没有统一的时间节点,因此我们采用了一种变通的估计模型:

$$ETR_{ijt} = \beta_0 + \beta_1 Collusion_{it} + \beta_2 X_{ijt} + \gamma_i + \delta_j + \lambda_t + \mu_{ijt} \qquad (4-1)$$

式中,下标 i 是省份、j 是企业、t 是年份。ETR 是实际税率,用企业应交所得税与利润总额的比值表示。$Collusion$ 是政企合谋的度量,当某省某年的国税局局长是外地交流来的,则赋值 1,其他赋值 0,这是一个二维的变量,其作用等价于倍差法中的交互项。γ、δ 和 λ 分别是省份、企业和年份的固定效应,等价于控制了处理组虚拟变量和处置前后时间虚拟变量。β_1 估计的是倍差法的结果,如果国税局局长异地交流制度能够显著降低政企合谋,导致企业实际税负上升,则预期 β_1 显著为正。X 是控制变量,包括公司金融领域常用的变量,如企业规模、贷款能力、资本密集度、存货密集度以及企业的盈利能力等。

我们采用企业雇员数量的对数值代理企业规模,企业规模越大,越容易成为"重点税源企业",受到税务部门的稽查就越多,其逃税成本也更大,因而企业规模越大逃税越少(Zimmerman,1983;Slemrod,2007)。在公司金融领域,利息具有抵税的功能,企业可以通过更多的负债来冲减自身应缴纳的税收,因而财务杠杆率越高的企业其实际税率会越低、逃税越多,我们采用企业年末负债与总资产的比值作为企业财务杠杆的代理变量(Stickney and McGee,1982;Porcano,1986)。资本密集度和存货密集度是另外两个影响企业实际税率的因素,由于企业可以通过长期资产的加速折旧来进行逃税,因此资本密集度越高的企业其实际税负率也就越低;而资本密集度越高意味着存货密集度越低,因此企业的存货密集度与实际税负理论上存在正相关关系(Gupta and Newberry,1997;Derashid and Zhang,2003)。我们分别用年末固定资产净值与年末资产总计的比值,以及年末存货余额与年末资产总计的比值来表示资本密集度和存货密集度。最后,企业的盈利能力也与企业的实际税负存在一定的关系,但现有研究对于企业盈利能力是提高还是降低企业的实际税负尚未形成统一的结论(Wilkie and Limberg,1993;Rego,2003),我们用企业税前利润占总资产的比值来表示企业的盈利能力。

此外,异地交流的局长对企业逃税的影响还严重依赖于其在本地的任职年限。一个在本地已经任职多年的国税局局长,无论是外地调入还是本地晋升,由于与当地政府部门有着长时间的工作往来和交流,其被地方政府俘获的概率非常大,因此我们在上述模型的基础上加入了局长外调与任职年限的交互项,任职年限越长,外调局长的独立性则越差,因而我们预期 β_2 显著为负。

$$ETR_{ijt} = \beta_0 + \beta_1 Collusion_{it} + \beta_2 Collusion_{it} \times Term_{it} + \\ \beta_3 X_{ijt} + \gamma_i + \delta_j + \lambda_t + \mu_{ijt} \quad (4-2)$$

四、基本回归结果及解释

我们首先对模型(4-1)进行回归分析,以检验第一个理论假说。为了规避企业异质性对实际税负的影响,本研究所有回归均是企业层面上的固定效应模型。表 4-2 给出了基于全样本的回归结果,在第一列中,我们仅控制反映国税局局长是否外派的虚拟变量,回归之后的系数显著为正,表明相对于本地晋升的局长,异地调任的局长会使得辖区内企业的逃税减少,实际税率水平上升。第二个回归加入了主要的控制变量,此时局长外派的系数没有显著变化。国家税务总局在不同年份对税法执行有不同要求,宏观经济冲击也会影响到企业实际税负,这些都会导致企业在不同年份间的实际税负发生变化,为了剔除这种影响,我们在第三个回归中加入了时间效应,此时局长外派的系数有所下降但依然显著为正,说明不控制时间效应存在高估的风险。为了进一步剔除企业所属行业和所在地区的差异,第四和第五个回归控制了行业和地区固定效应的虚拟变量,局长外派的系数没有变化,这就基本验证了本研究的第一个理论假说,即国税局局长的异地交流能够有效降低政企合谋的程度,进而减少企业的逃税。

表 4-2　　　　　　　　　　基本回归结果(全样本)

变量名	(1)	(2)	(3)	(4)	(5)
局长外派	0.002 4*** (0.000 5)	0.002 3*** (0.000 5)	0.001 4*** (0.000 5)	0.001 4*** (0.000 5)	0.001 4*** (0.000 5)
企业规模		0.016 4*** (0.000 3)	0.016 6*** (0.000 3)	0.016 6*** (0.000 3)	0.016 6*** (0.000 3)

续表

变量名	(1)	(2)	(3)	(4)	(5)
贷款能力		−0.010 4*** (0.002 4)	−0.009 9*** (0.002 4)	−0.009 8*** (0.002 4)	−0.009 8*** (0.002 4)
资本密集度		−0.021 3*** (0.001)	−0.021 3*** (0.001)	−0.021 2*** (0.001)	−0.021 2*** (0.001)
存货密集度		0.009 1*** (0.001 2)	0.009 4*** (0.001 2)	0.009 5*** (0.001 2)	0.009 5*** (0.001 2)
盈利能力		0.008 2*** (0.000 8)	0.007 9*** (0.000 8)	0.007 9*** (0.000 8)	0.007 9*** (0.000 8)
Within-R^2	0.060 9	0.147	0.229	0.271	0.296
观测值	1 770 845	1 770 845	1 770 845	1 770 845	1 770 845
年份虚拟	N	N	Y	Y	Y
行业虚拟	N	N	N	Y	Y
地区虚拟	N	N	N	N	Y

注：***表示1%的显著性水平，括号内为标准误。

此外，在所有回归中，其他控制变量的估计结果都比较稳健，与现有文献的结论基本一致。其中，企业规模的系数显著为正，表明规模越大的企业由于稽查力度较大而逃税较少。同样，财务杠杆水平越高的企业实际税率水平越低，逃税相应也越多。资本密集度越高的企业更多通过资本的加速折旧来进行逃避税，我们的结果也证实了这一点，资本密集度越高的企业逃税越多，而存货密集度越高的企业逃税则相应较少。最后，企业的盈利能力增强了企业的逃税动机，我们的结果表明，盈利越多的企业逃税越多，实际税率水平相应也就越低。

如果说企业逃税是政企合谋的结果，是地方政府为了吸引资本的流入而付出的成本，那么，当这种成本变小时，地方政府应该更有激励与企业进行合谋，对企业实施更大程度的减税，与之相应，此时局长异地交流的作用也应该更大。中国在2002年实施的所得税分享改革为检验上述逻辑提供了良好的机会，此次改革将企业所得税由地方税变为中央-地方共享税，中央占50%，2003年后继续提高到60%。分享比例的变化从两个渠道影响到企业逃税，一方面，地方政府为吸引资本流入而损失的税收收入只有原来的40%，其余的损失将由中央政府来买单，因此会在边际上激励更多的地方加入引资竞争中。假设地方政府想给企业减税100万元，2002年之前，这100万元的成本全部是地方政府的；2002年之后，由于地方政府只能分享所得税的40%,因此减税100万元的成本也就只有40万元。换句话说,如果存在为竞争资本而发生政企合谋的话,那么这种合谋的机会成本在2002年后大为下降,因而会极大地增加合谋发生的概率。另一方面,分享比例下降也使得违规减税成为主要的引资竞争手段,此前地方政府常常采用"先征后返"的方式,先征后返虽然也会降低企业的实际税负,却不反映在企业的账面上,那么据此估计的企业逃税效应就存在严重的低估。分享比例下降使得先征后返的成本远远高于违规减税,因此那些原来采用先征后返的地方会逐渐转向采用违规减税的方式。此外,2000年后,国家税务总局多次"三令五申"禁止地方进行先征后返,并加大了对违规行为的处罚力度[①],由于先征后返相对于放松征管力度更容易被国家税务总局发现,因而是一种得不偿失的行为。无论是哪种机制,都会导致政企合谋的增加,由此可见,2002年后的局长异地交流对于遏制政企合谋、减少企业逃税的作用也就更加明显。

此外,2002年的改革还对国税和地税的征管范围做了调整。2002年之前,央企的所得税收入归中央财政所有,因此其所得税由国税局征管,而所有的涉外企业由于其特殊性也归国税局管理。按照1994年分税制改革所设定的税收分开征收原则,当所得税由地方税变更为共享税时,其征管机构也应由地税局转移到国税局,但考虑到两个系统之间衔接的困难,2002年的改革对征管范围实施了"一刀切",如表4-3所示,规定改革前在地税局的非央企/非外资企业依然保留在地税局,而所有自2002年起新成立的企业,一律在国税局缴纳企业所得税。因此,2002年之后由国税局征管的企业数量急剧上升,其征收的企业所得税占比也由2001年的41%增加至2007年的64%。

表4-3　　　　国税局和地税局征管所得税的企业类型

征管机构	2002年前	2002年后
国税局	央企+外企	央企/外企+2002年后成立的企业
地税局	非央企/非外企	2002年前成立的非央企/非外企

征管范围的划分也说明表4-3中有很大一部分样本其实与国税局无关,特别是那些2002年前成立的私营企业,因此在接下来的回归中,我们仅考虑国税局征管的企业。表4-4的回归结果证实了上述猜想,第一个回归是传统的国税局企业,

---

① 参见《关于纠正地方自行制定税收先征后返政策的通知》(国发〔2000〕2号)。

即一直由国税局征管的央企和外企,我们发现这两类企业受到政企合谋的影响显著。第二个回归放入的是 2002 年后新加入国税局的企业,即新成立的非央企/非外资企业,我们发现这一类企业受政企合谋的影响也显著。第三个回归考虑的是所有的国税局企业,结果依然非常稳健,由合谋导致的企业逃税占平均税负的 17%(0.023 3/0.138)。为了进一步细分这种合谋激励的来源,我们在第四个回归中加入了局长外派与 2002 年年度虚拟变量的交互项,以此来捕捉分享比例变化的作用,结果如我们预期的那样,地方政府分享比例的下降强化了政企合谋的作用,2002 年之后政企合谋导致的逃税是之前的 4 倍,这两个回归结果的对比也说明政企合谋导致的逃税主要发生在 2002 年之后。第五个回归在第四个回归基础之上加入了局长外派与任职年限的交互项,任职年限越长,国税局局长与地方政府的互动就越多,政企合谋的程度也越深,结果发现每多任职一年,企业平均税负下降 0.17 个百分点,这验证了本研究所提出的第二个理论假说,即本地任职年限的增加会增大异地调任国税局长被地方政府"俘获"的概率,从而加深政企合谋的程度,导致企业逃税水平的提高。因此当一个外调的局长在本地工作的时间超 8 年(0.014 2/0.001 7),其与本地晋升的局长就没有显著差异。

表 4-4　　　　　　　　　　　国税局局长的管辖范围

变量名	央企+外企	非央企/非央企	国税企业(1)	国税企业(2)	国税企业(3)
局长外派	**0.024 4***** **(0.001 3)**	**0.008 5**** **(0.004 4)**	**0.023 3***** **(0.001 3)**	**0.005 9***** **(0.001 7)**	**0.014 2***** **(0.003 8)**
局长外派× D2002				**0.020 0***** **(0.001 6)**	
局长外派× 任职年限					**−0.001 7***** **(0.000 3)**
企业规模	0.026*** (0.000 7)	0.013 9*** (0.001 2)	0.022 6*** (0.000 6)	0.022 4*** (0.000 6)	0.013 8*** (0.000 9)
贷款能力	−0.002 4*** (0.000 9)	0.012 (0.009 9)	−0.000 2 (0.002 1)	−0.000 2 (0.002)	0.016 1** (0.001)
资本密集度	−0.035 1*** (0.002 1)	−0.009 8*** (0.002 8)	−0.024 6*** (0.001 7)	−0.024 4*** (0.001 7)	−0.009 9*** (0.002 4)
存货密集度	0.005 1** (0.002 2)	0.017 8*** (0.003 5)	0.009 6*** (0.001 9)	0.009 7*** (0.001 9)	0.016 9*** (0.002 7)

续表

变量名	央企＋外企	非央企/非外企	国税企业(1)	国税企业(2)	国税企业(3)
盈利能力	0.008 6*** (0.001 9)	−0.006 1*** (0.001 9)	−6.70E−05 (0.001 3)	−0.000 2*** (0.001 3)	−0.006*** (0.001 7)
Within-R^2	0.013	0.175	0.211	0.224	0.209
观测值	377 558	298 795	676 353	676 353	376 117
年份虚拟	Y	Y	Y	Y	Y
行业虚拟	Y	Y	Y	Y	Y
地区虚拟	Y	Y	Y	Y	Y
成立时间	全部	2002年后	全部	全部	2002年后

注：***、**分别表示1%和5%的显著性水平，括号内为标准误。

但是上述回归也可能同时存在两个其他替代性假说，而这些替代性假说对本研究结论的影响是致命的。首先，可能某些遗漏变量同时影响了国税局局长的异地交流和企业逃税，使得本研究结论与政企合谋之间并无多大的关联。例如，尽管我们的统计表明，干部交流的目的主要是提高国税系统的独立性，但我们并不能排除以培养干部为目的的交流，如果培养干部的目的是提拔，则出现的情况是国家税务总局倾向于将局长调到经济发展较好的地区，这些地区的企业盈利空间更大，测算后的实际税负也更高，即经济发展水平同时导致了高税负和局长外调。因此，我们前面看到的结果可能仅是一个巧合，反映了我们未能观测到的因素的影响。接下来，我们通过两种方式排除这种可能性：一是考虑地税企业，如果是巧合或者其他因素导致了国税企业税负更高，那么这种加总层面的因素也会反映在地税企业的税负上，例如经济形势好的地区，不仅其国税局管理的企业的盈利能力更高，同样的情况还会出现在地税局管理的企业。从表4-5第二个回归可以看出，地税局的企业税负没有明显变化，这说明局长调入地没有其他因素导致国税企业税负上升，仅仅是因为外调的局长与地方的合谋较少。二是考虑增值税的变化，我国的增值税采用的是进销项抵扣的办法，这样就使得下游企业能够对上游企业的逃税进行制衡，而国税局局长很难影响到企业的增值税税负，但是如果经济发展形势趋好，那么增值税也会有所变化，从表4-5第一个回归可以看出，增值税税负不受局长外调因素的影响，这说明局长外调地区的所得税税负上升不是一个巧合。对比增值税与所得税的不同效应，前者的逃税很容易被国家税务总局发现，而后者被稽查的难度非常大，因此企业逃税与税种的监管难度正相关。

第二个替代性假说是局长能力的影响,如果调入的局长能力更强,导致了企业税负更高,这也会对结果产生影响,说明那些本地晋升的国税局局长的征税效率更低,并不是因为他们更容易被地方政府俘获,而仅仅是因为能力不足,如此上述结果就跟政企合谋没有关系。我们也可以通过两种方式来考虑能力假说:首先,能力越强的国税局局长能够征收更多的税收,其表现在国家税务总局的考核中会脱颖而出,从而获得更大概率的政治晋升。在我们的样本中,一共有 10 位局长获得了晋升,其中晋升为总局的副部级干部有 4 位,另外 6 位在本地的人大或者政协获得了相应的职位。我们在第三个回归中将所有获得晋升的国税局局长所对应的企业样本进行了删除,重新对模型(4-1)进行了回归,与基本回归相比,回归结果并没有出现明显的变化,这说明局长的能力对本研究基本结论影响不大。其次,一些文献发现,在同级别的官员中,初次任职年龄越低的官员,其能力越强(陈硕,2012),因此初次担任国税局局长的年龄可以在一定程度上度量能力的差异,在我们的数据中,虽然初次担任国税局局长的平均年龄在 50 岁左右,但年龄最小的仅为 35 岁,最大的是 57 岁。表 4-5 第四个回归中,我们采用与已有文献类似的方法,加入初次担任国税局局长的年龄,可以看出该指标与实际税率显著负相关,说明能力越强的国税局局长,其辖区内的企业逃税越少,同时我们也发现控制局长能力之后,外派的局长依然显著影响企业实际税率,因此政企合谋是企业逃税的一个主要因素。

表 4-5　　　　　　　　　　　替代性假说:巧合还是能力?

变量名	增值税	地税企业	剔除晋升	控制能力
局长外派	**−0.001 9** **(0.023 9)**	−0.004 7*** (0.000 6)	0.017 1*** −0.001 3	0.026 8*** (0.001 4)
企业规模	−0.019 3 (0.015)	0.013 9*** (0.000 4)	0.022 8*** −0.000 6	0.020 6*** (0.000 6)
贷款能力	0.01 (0.108)	−0.030 7*** (0.004 9)	0.011 1** −0.005 6	−0.000 8 (0.002 6)
资本密集度	0.039 2 (0.043 3)	−0.018 8*** (0.001 3)	−0.023 6*** −0.001 7	−0.019*** (0.001 7)
存货密集度	0.017 3 (0.052 8)	0.008 8*** (0.001 6)	0.005 6*** −0.001 9	−0.011 9*** (0.002)
盈利能力	−0.012 5 (0.035 6)	0.011 9*** (0.001)	0.004 9*** −0.001 4	0.003 1** (0.001 2)

续表

变量名	增值税	地税企业	剔除晋升	控制能力
初任局长年龄				−0.002 7*** (0.000 1)
Within-R^2	0.005	0.103	0.141	0.133
观测值	1 770 437	1 090 352	536 049	573 647
年份虚拟	Y	Y	Y	Y
行业虚拟	Y	Y	Y	Y
地区虚拟	Y	Y	Y	Y
样本范围	全部	2002年前非央企/非外资	国税企业	国税企业

注：***、**分别表示1%和5%的显著性水平，括号内为标准误。

理论上来说，地方政府之所以愿意给企业提供各种不合规的税收优惠，或是通过降低税收执法的力度来帮助企业逃避税收监管，主要是为了竞争流动性资本，提高本地的经济总量，并不是所有类型的企业都可以享受到地方政府的特殊对待，而是只有自身流动性足够强的企业才具备与地方政府讨价还价的能力，进而成为地方政府合谋所照顾的对象。因此，我们有理由认为政企合谋的程度与企业的流动性之间存在正相关关系，相应的局长异地交流的作用应该在流动性越强的企业中表现得更加明显。为此，本研究在模型(4-1)的基础上，将样本企业分为地方国有企业、集体企业、混合企业、私营企业、外资企业五种类型。① 其中，地方国有企业和集体企业由地方政府直接进行管理，很难在区域之间进行流动，地方政府也不具备与其进行合谋的动机，而私营企业、外资企业才是地方政府所要竞争的对象。

表4-6给出了基于不同所有制的回归结果，这里的样本均是国税局管辖范围内的企业，结果与上述分析一致：在不具备流动性的地方国有企业和集体企业中，国税局局长的异地交流对企业的逃税水平基本不产生作用，混合企业往往也由国有控股，其流动性一般也很差，因此不存在政企合谋的空间；而对于逐利性和流动性都较强的私营企业、外资企业（含港澳台企业），局长外派的虚拟变量显著为正，表明异地调任的国税局局长对降低这类企业的逃税水平有显著效果。特别地，对

---

① 我国的税务征管办法依据的是初始的登记注册类型，也就是说，即使后来由于企业重组等方式导致了企业类型的变化，但其税务登记机构仍然不发生变化（见国税发〔2003〕第76号）。基于此，本研究依据企业的注册类型来区分所有制。

于外资企业而言,官员异地交流的作用非常明显,相比于本地晋升的局长,异地调任的局长使得这类企业的实际税率提高了将近 3 个百分点,考虑到样本范围内外资企业的实际所得税税率不到 8%,这是一个相当大幅度的提高。这也间接表明,在我国各级地方政府开展的招商引资竞赛中,存在着大规模的税源流失。

表 4-6　　　　　　　　　　　企业所有制与流动性

变量名	地方国有企业	集体企业	混合企业	私营企业	外资企业
局长外派	**0.003 3** (0.026 7)	**0.022 3** (0.028 6)	**0.002 2** (0.006 6)	**0.018 2*** (0.006 2)	**0.028 3*** (0.001)
企业规模	0.014 9 (0.012 7)	0.008 (0.007 7)	0.010 2*** (0.002 5)	0.013 8*** (0.001 4)	0.026 5*** (0.000 6)
贷款能力	0.001 8 (0.013 5)	0.038 9 (0.06)	0.052 6* (0.030)	0.012 6 (0.012 2)	−0.001 4 (0.002)
资本密集度	−0.029 2 (0.024 3)	0.011 (0.016 7)	−0.017 2*** (0.005 6)	−0.007 8** (0.003)	−0.034 5*** (0.001 8)
存货密集度	0.006 8 (0.045 2)	0.034 2 (0.021 5)	0.024 5*** (0.007 0)	0.015 6*** (0.003 9)	0.004 5** (0.001 9)
盈利能力	0.007 2 (0.024)	−0.009 (0.005 7)	−0.000 9 (0.004 4)	−0.01*** (0.002)	0.006 5*** (0.001 7)
Within-R^2	0.008	0.012	0.097	0.186	0.177
观测值	3 553	9 497	70 086	216 362	360 707
年份虚拟	Y	Y	Y	Y	Y
行业虚拟	Y	Y	Y	Y	Y
地区虚拟	Y	Y	Y	Y	Y
成立时间	2002 年后	2002 年后	2002 年后	2002 年后	全部

注：***、**、*分别表示 1%、5% 和 10% 的显著性水平,括号内为标准误。

五、稳健性检验及进一步拓展

(一) 稳健性检验

从上述的基本回归得到的结论还存在一些可能的干扰因素,我们接下来将利用一系列的稳健性检验来排除其影响。首先是政企合谋指标的设定问题。在基本回归中,我们将国税局局长是否由异地调任作为政企合谋程度的指标,即某省国税局局长在上任前的工作地点不在本地,我们就认为其与本地的联系较少,因而代表了较低的政企合谋程度。实际中也可能存在另外一种情况,即本地国税局局长虽然是由外地调任,但在之前有过一段在本地工作的经历,因而在本地也积累了相应的社会关系。在实践中,这种例子并不少见,通常某个副职官员为解决级别问题,会被调至异地担任正职干部,然后一段时间之后又被调回本地担任正职干部,即本地国税局副局长调至外地任局长,然后再调回本地任局长。考虑到这种特殊性,为避免合谋指标的界定对于主要结论的影响,我们对局长外派重新定义,将具备本地工作经验的异地调任局长也等同于本地晋升。在我们的样本中,总共有6位省级国税局局长符合这一特征。表4-7第一个回归给出了更换指标后的结果,可以看出,合谋指标的定义对本研究基本结论并不构成影响,局长外派的系数值与基本回归非常接近。

其次是国税局局长籍贯的影响。在我国早期的官员任免中,为了尽量降低官员与地方之间的合谋,本人的籍贯也是一项重要的依据。2006年发布的《党政领导干部任职回避暂行规定》曾明确指出,县级和地(市)级党政一把手、纪委书记、组织部长、检察院检察长、法院院长和公安局局长等七个主要职位的干部,不得在本人成长地担任。1998年国税系统的干部交流限定在副厅级以上,因此各省的副局长基本都是本地籍贯,同时那些由本地副局长晋升的正局长也是本地籍贯。为了进一步考察籍贯维度的政企合谋,我们在第二个回归中将政企合谋的指标更换为当地国税局局长的籍贯,本地籍贯赋值0,外地籍贯赋值1,结果发现是否本地籍贯对于企业逃税的影响并不明显。这一方面说明籍贯并不是度量政企合谋的合适指标;另一方面也意味着政企合谋不受官员个人情感的影响,如对家乡的企业更多照顾,而是一种纯粹的政府行为。

再次是逃税指标的设定。由于逃税是违法的,为了避免国家税务总局的稽查,企业有可能同时操纵利润和逃税,如企业同时低报利润和税收,那么上文的实际税率就不是一个准确的度量方法。更严重的是,我们并不清楚企业低报利润和低报税收的幅度,如果前者高于后者,那么逃税指标是低估的,对结论影响不大,反之则结论不成立。为了考虑这种可能性,第三个回归采用新的实际税率作为因变量,即企业所得税除以企业总资产,由于总资产不受企业逃税行为的影响,因此是一个更客观的指标,从结果可以看出,替换后的逃税指标对结论没有影响。

此外,本研究的基本回归中包含了上海地区的样本。由于特殊的历史原因,1994年分税制改革时,上海的税务系统没有进行相应的改革,其国税与地税是两个机构合署办公,国税局局长同时兼任地税局局长,区县一级政府还只有税务局。在具体的税收征管过程中,所有税种统一由同一个税务局进行征收,这样一来,上海的税务机关在规模和人员上相比于其他地区要精简得多。①但同时上海的企业数量又非常庞大,所以,一种可能的情形是,上海地区由于征税能力限制使得本地区的实际税率水平较低,企业偷逃税情况较多。然而上海并没有被纳入国税系统的垂直管理体系,样本期限内上海所有的国税局局长都是由本地晋升的,上文的基本结论就有可能是因其他地区与上海之间征税能力的差异所导致,而与政企合谋没有因果联系。为了排除这一情形,我们在表4-7第四个回归中将上海地区的企业剔除,其中局长是否外派的虚拟变量显著为正,这就排除了上海特殊的税务体制对基本结论的影响。

最后,有些省份在1998—2007年一直没有局长调入,如浙江省的国税局局长从分税制改革开始,任期直至2013年,一些欠发达地区的国税局局长也是从本地晋升的,如广西、海南、西藏等。我们怀疑这些地区有些特征影响到局长的异地交流,如果此时这种特征也影响到企业税负的话,就存在遗漏变量偏误,为了排除这种可能性,我们在第五个回归中剔除了那些没有局长外派经历的省份的企业样本,此时的样本省份都至少有1位局长是外地调入的,发现结果依然非常稳健。

表 4-7　　　　　　　　　　稳健性检验

变量名	工作经历	局长籍贯	逃税指标（除以总资产）	剔除上海	剔除无外调省份
局长外派	0.024 1*** (0.001 1)	−0.000 7 (0.000 5)	0.002 3*** (0.000 3)	0.023 4*** (0.001 1)	0.023 7*** −0.001
企业规模	0.022 6*** (0.000 5)	0.016 6*** (0.000 3)	0.001 2*** (0.000 1)	0.021 6*** (0.000 6)	0.020 2*** −0.000 6
贷款能力	−0.000 2 (0.002 5)	−0.01*** (0.002 4)	0.006 1*** (0.000 6)	−9.90E−05 (0.002 5)	−0.000 7 −0.002 5
资本密集度	−0.024 6*** (0.001 5)	−0.021 3*** (0.000 1)	0.002*** (0.000 4)	−0.022 8*** (0.001 5)	−0.022 2*** −0.001 6
存货密集度	0.009 6*** (0.001 7)	0.009 4*** (0.001 2)	0.004 3*** (0.000 4)	0.010 2*** (0.001 8)	0.012*** −0.001 9
盈利能力	−6.81E−05 (0.001 1)	0.008*** (0.000 8)	0.094 7*** (0.000 3)	0.000 4 (0.001 2)	0.001 5 −0.001 2

---

① 以2010年税务系统正式职工人数为例,上海的人员规模仅大于青海和宁夏,小于全国绝大多数的省份。

续表

变量名	工作经历	局长籍贯	逃税指标（除以总资产）	剔除上海	剔除无外调省份
Within-R^2	0.189	0.012	0.149	0.112	0.126
观测值	676 353	676 353	676 353	633 040	533 148
年份虚拟	Y	Y	Y	Y	Y
行业虚拟	Y	Y	Y	Y	Y
地区虚拟	Y	Y	Y	Y	Y
样本范围	国税企业	国税企业	全部	国税企业	国税企业

注：第一个回归中局长外派的定义为：曾经在本地工作过的，赋值0，否则赋值1。***表示1%的显著性水平，括号内为标准误。

（二）异地交流与税收收入增长

在微观层面，我们发现国税局局长的异地交流能够大幅度降低企业的所得税逃税，那么在宏观层面上就应该反映为相应的所得税收入的增长。与此对应的是，在1998—2008年，中国的税收收入保持了超速增长，其增速远大于同期的GDP增速，这也被称为税收收入的高速增长之谜，对此一个主要的解释是征税效率的提高（高培勇，2006）。1998年实施的国税局局长异地交流制度能够在最大程度上维系国税局的独立性，减少政企合谋，从而提高国税局的征税效率。

我们在表4-8中对上述逻辑进行了检验。在我国的税收统计中，既有区分税种的收入，也有区分不同征税机构的收入，其中与本研究直接相关的企业所得税收入，就分别按照国税局征收和地税局征收进行统计，但是这里只包括内资企业，而涉外企业的所得税是单独统计的，我们将其收入与国税局征收的内资企业所得税合并，进而得到国税局征收的全部企业所得税收入。为了考虑地区经济特征对税收收入的影响，我们对所有的回归都控制了经济规模、产业结构、市场程度以及征税能力（人员规模）等，从第一个回归可以看出，如果国税局局长是外地交流来的，则由国税局征缴的企业所得税会增加19.2%。但是税收收入也可能受一些我们未能观测到的地区特征的影响，同时一些共同的冲击也会影响到各年的税收收入，如国家税务总局的相关规定，因此在第二和第三个回归中，逐步加入了地区和时间的固定效应，此时的系数等同于倍差法中交互项的作用，可以看出外派局长能够使得企业所得税增加14.3%。如前文所述，上海的国地税没有分设，因此第四个回归将上海的样本删除，结果没有太大的变化。

当然,上述结论也可能是相反的,即那些税收收入增长迅速的地区,更倾向于拥有异地交流的国税局局长。为了排除这种可能性,我们在第五个回归中将同期的地税局征缴的企业所得税作为因变量,如果上述结论是相反的,则地税局的企业所得税收入与局长外派也会呈现显著的正相关,结果发现这种可能性不成立。进一步地,为了考虑国税局局长的作用边界,最后一个回归估计了局长外派对国税局增值税收入的影响,结果与前文基本一致,增值税良好的税制设计使得个人影响很小,国税独立性的提高并不会增加增值税收入。

表 4-8　　　　　　　　　　异地交流的宏观税收效应

变量名	因变量＝国税所得税				地税所得税	国税增值税
局长外派	0.192*** (0.070)	0.192*** (0.070)	0.143** (0.064)	0.140** (0.065)	−0.418 (0.423)	0.013 (0.022)
经济规模	1.451*** (0.223)	1.451*** (0.228)	1.342*** (0.230)	1.310*** (0.242)	0.806 (1.518)	1.140*** (0.080)
二产比例	4.170** (1.616)	4.16*** (1.642)	2.203 (1.531)	2.079 (1.568)	−20.53** (10.11)	−0.603 (0.533)
三产比例	3.406** (1.469)	3.341** (1.43)	−1.632 (1.544)	−1.828 (1.578)	−14.18 (10.13)	−2.232*** (0.534)
市场化程度	0.049 (0.045)	0.047 (0.046)	0.067 (0.043)	0.078 (0.048)	0.478* (0.282)	0.024 (0.015)
征税能力	−0.002* (0.001)	−0.002 (0.002)	−0.002 (0.001)	−0.002 (0.001)	0.008 (0.009)	1.12E−05 (0.000 5)
Within-R^2	0.877	0.877	0.902	0.901	0.08	0.967
地区虚拟	N	Y	Y	Y	Y	Y
年份虚拟	N	N	Y	Y	Y	Y
样本范围	全部	全部	全部	剔除上海	全部	全部
观测值	307	307	307	297	308	308

注:因变量为税收收入的对数。***、**和*分别表示1%、5%和10%的显著性水平,括号内为标准误。

六、 结论和政策含义

中国的地区竞争由来已久,这种竞争一方面改善了投资效率并推进了市场化建设,另一方面则常常表现为竞次竞争。为了能够在横向的引资竞争中获胜,地方政府往往给予投资者过多的税收优惠,但地方政府并不具备调整法定税率的权限,因此不得不采取合谋的方式违规减税。但是,与制造业有关的主要税种都归国税局管理,而国税局又是垂直管理体系,地方政府需要"俘获"国税局为其服务,因此国税局局长与地方政府的关系就显得至关重要,那些在本地有过较长工作经验的国税局局长,自然很容易参与到地方政府的政企合谋中,进而造成企业的大范围逃税。

本研究基于1998—2007年中国规模以上工业企业和国税局局长的匹配数据,考察了政企合谋对于企业逃税的影响。我们发现,中国国税系统于1998年开展的官员异地交流制度能够有效降低地方政府与企业之间的合谋,从而减少企业的逃税。实证分析揭示,相比于本地晋升的国税局局长,异地调任的局长能够显著减少本地企业的逃税,并且随着异地调任局长在当地任职年限的增加,异地交流遏制逃税的作用逐步被削减,这说明任职年限的增加提高了官员被地方政府"俘获"的概率,从而导致政企合谋程度的上升。进一步地,我们还发现异地交流的作用主要体现在流动性较强的私营企业和外资企业,这间接说明了政企合谋是为资本而竞争的事实。最后,异地交流制度能够增加国税局的税收收入,这说明1998年以来的税收收入高速增长,一个重要的因素是国税系统独立性的提高。

从本研究所衍生的政策含义非常直接,由于国税局局长异地交流能够显著降低政企合谋,减少企业逃税和提高征税效率,因此应加强国税系统干部在地区间的轮换与交流。同时,由于任期会逐渐抵消异地交流的积极作用,因此需要对任期制定一个上限,从本研究的估计结果可以看出,8年应该作为国税局局长任期的上限,一旦任期超过8年,国税局局长就应该再次进行异地交流。此外,虽然我们研究的是国税系统,但其研究结论同样可以推广至其他体系,如司法、质检、环保等。

参考文献

[1] 曹广忠,袁飞,陶然.土地财政、产业结构演变和税收超常规增长:中国"税收增长之谜"的一个分析视角[J].中国工业经济,2007(12).

[2] 陈刚,李树.司法独立与市场分割——以法官异地交流为实验的研究[J].经济研究,2013(9).

[3] 陈硕.转型期中国的犯罪治理:堵还是疏?[J].经济学(季刊),2012,11(2).

[4] 陈艳艳,罗党论.地方官员更替与企业投资[J].经济研究,2012(4).

[5] 范子英,田彬彬.税收竞争、税收执法与企业避税[J].经济研究,2013(9).

[6] 高培勇.中国税收持续高增长之谜[J].经济研究,2006(12).

[7] 巩富文.中国古代法官的回避制度[J].政治与法律,1991(2).

[8] 郭杰,李涛.中国地方政府间税收竞争研究——基于中国省级面板数据的经验证据[J].管理世界,2009(11).

[9] 李永友,沈坤荣.辖区间竞争、策略性财政政策与FDI增长绩效的区域特征[J].经济研究,2008(5).

[10] 吕冰洋,郭庆旺.中国税收高速增长的源泉:税收能力和税收努力框架下的解释[J].中国社会科学,2011(3).

[11] 马光荣,李力行.政府规模、地方治理与逃税[J].世界经济,2012(6).

[12] 聂辉华.政企合谋与经济增长:反思中国模式[M].北京:中国人民大学出版社,2013.

[13] 聂辉华,蒋敏杰.政企合谋与矿难:来自中国省际面板数据的证据[J].经济研究,2011(6).

[14] 聂辉华,李翘楚.中国高房价的新政治经济学解释——以"政企合谋"为视角[J].教学与研究,2013(1).

[15] 沈坤荣,付文林.税收竞争、地区博弈及其增长绩效[J].经济研究,2006(6).

[16] 王永明,宋艳伟.地方政企合谋与信贷资源配置[J].广东金融学院学报,2010,25(5).

[17] 徐现祥,王贤彬,舒元.地方官员与经济增长——来自中国省长、省委书记交流的证据[J].经济研究,2007(9).

[18] 徐正云.我国地下经济规模测量研究[J].武汉理工大学学报,2009(11).

[19] 尹振东.垂直管理与属地管理:行政管理体制的选择[J].经济研究,2011(4).

[20] 张军,高远.官员任期、异地交流与经济增长——来自省级经验的证据[J].经济研究,2007(11).

[21] 张莉,徐现祥,王贤彬.地方官员合谋与土地违法[J].世界经济,2011(3).

[22] 周黎安.晋升博弈中政府官员的激励与合作——兼论我国地方保护主义和重复建设问题长期存在的原因[J].经济研究,2004(6).

[23] 周黎安,刘冲,厉行.税收努力、征税机构与税收增长之谜[J].经济学(季刊),2011,11(1).

[24] Brandt Loren, Johannes Van Biesebroeck, Yifan Zhang. Creative Accounting or Creative Destruction? Firm-level Productivity Growth in Chinese Manufacturing[J]. *Journal of Development Economics*, 2012, 97(2).

[25] Cai H and Q Liu. Competition and Corporate Tax Avoidance: Evidence from Chinese Industrial Firms[J]. *Economic Journal*, 2009, 119(537).

[26] Cai Hongbin and D Treisman. State Corroding Federalism[J]. *Journal of Public Economics*, 2004, 88(3).

[27] Cremer H and F Gahvari. Tax Competition and Tax Evasion[J]. *Nordic Journal of Political Economy*, 1997, 24(2).

[28] Derashid C and H Zhang. Effective Tax Rates and the "Industrial Policy" Hypothesis: Evidence From Malaysia[J]. *Journal of International Accounting, Auditing & Taxation*, 2003, 12(1).

[29] Desai M. The Degradation of Reported Corporate Profit[J]. *Journal of Economic Perspectives*, 2005, 19(1).

[30] Desai M and D Dharmapala. Corporate Tax Avoidance and High Powered Incentives[J]. *Journal of Financial Economics*, 2006, 79(1).

[31] Dyreng S, M Hanlon and E Maydew. Long-run Corporate Tax Avoidance[J]. *The Accounting Review*, 2008, 83(1).

[32] Fisman R and S J Wei. Tax Rates and Tax Evasion: Evidence from "Missing Imports" in China[J]. *Journal of Political Economy*, 2004, 112(2).

[33] Gupta S and K Newberry. Determinants of the Variability in Corporate Effective Tax Rate: Evidence from Longitudinal Data[J]. *Journal of Accounting and Public Policy*, 1997, 16(1).

[34] Huang Yasheng. Managing Chinese Bureaucrats: An Institutional Economics Perspective [J]. *Political Studies*, 2002, 50(1).

[35] Jia Ruixue. Pollution for Promotion[R]. Stockholm University, IIES working paper, 2012.

[36] Kleven Henrik J, Martin B Knudsen, Claus T Kreiner, et al. Unwilling or Unable to Cheat? Evidence from a Randomized Tax Audit Experiment in Denmark[J]. *Econometrica*, 2011, 79(3).

[37] Li Hongbin and Li-an Zhou. Political Turnover and Economic Performance: The Incentive Role of Personnel Control in China[J]. *Journal of Public Economics*, 2005, 89(9).

[38] Oates W. *Fiscal Federalism*[M]. New York: Harcourt Brace Jovanovich, 1972.

[39] Porcano T. Corporate Tax Rates: Progressive, Proportional or Regressive[J]. *Journal of American Taxation Association*, 1986, 7(2).

[40] Qian Yingyi and Gérard Roland. Federalism and the Soft Budget Constraint[J]. *American Economic Review*, 1998, 88(5).

[41] Rego S. Tax-Avoidance Activities of U. S. Multination Corporation[J]. *Contemporary Accounting Research*, 2003, 20(4).

[42] Schneider F and D Enste. Shadow Economies around the World: Size, Cause and Consequences[R]. CESifo Working Paper Series, NO. 196, 1999.

[43] Slemrod J. The Economics of Corporate Tax Selfishness[J]. *National Tax Journal*, 2004, 57(4).

[44] Slemrod J. Cheating Ourselves: The Economics of Tax Evasion[J]. *Journal of Economic Perspectives*, 2007, 21(1).

[45] Slemrod J and S Yitzhaki. Tax Avoidance, Evasion, and Administration[A]// A J Auerbach and M Feldstein. *Handbook of Public Economics*, Volume 3. Amsterdam: North Holland, 2002.

[46] Stickney Cand V McGee. Effective Corporate Tax Rates: The Effective of Size, Capital Intensity, Leverage and Other Factors[J]. *Journal of Accounting and Public Policy*, 1982, 1(2).

[47] Stowhase Sven and Christian Traxler. Tax Evasion and Auditing in a Federal Economy[J]. *International Tax and Public Finance*, 2005, 12(4).

[48] Tiebout Charles. A Pure Theory of Local Expenditures[J]. *Journal of Political Economy*, 1956, 64(5).

[49] Wilkie P and S Limberg. Measuring Effective Tax (Dis) advantage for Corporate Taxpayers: An Alternative to Average Effective Tax Rates[J]. *Journal of the American Taxation Association*, 1993(15).

[50] Wingender P. Tax Compliance and Financing: Evidence from the World Bank's Enterprise Surveys[R]. UC Berkeley Working Paper, 2008.

[51] Xu Chenggang. The Fundamental Institutions of China's Reform and Development[J]. *Journal of Economic Literature*, 2011, 49(4).

[52] Zimmerman J. Taxes and Firm Size[J]. *Journal of Accounting and Economics*, 1983, 5(1).

5

去属地化与征税独立性*

本研究概要：企业逃税在全世界都是一个普遍问题，既有企业自身的纳税因素，也有税务机关的征税因素。我们基于中国 2018 年国税局与地税局合并这一"去属地化"的机构改革，从征管机构独立性角度探究了其对企业税负的实际影响。结果显示：(1)国地税合并使得企业实际税负提高了约 0.23%，相当于平均水平的 11%，有效减少了企业逃税；(2)这次改革对纳税遵从较差的企业影响更大，例如私营企业、小规模企业和存在历史逃税记录的企业；(3)这一影响主要来自合并后的征管独立性得到了增强，进而打破了原有的征纳合谋，企业用于业务往来的招待费减少了 16%；(4)从财政收益角度来看，此次国地税合并有效提升了国家的财政能力，其为政府增加了 767 亿元的所得税收入。

一、引言

财政作为国家治理的基础和重要支柱，如何巩固完善财力保障机制是强化国家治理能力的内在要求。从中国财政收入的来源看，纳税主体分为企业和个人两个群体，其中，企业纳税占全部税收的 90%。[①] 但与企业纳税份额形成鲜明对比的是，中国的企业逃税现象十分普遍，造成了大量的税收收入流失(Fisman and Wei，

---

* 本研究主要内容参见：范子英，朱星姝，冯晨.去属地化与企业税负：基于国地税合并的研究[J].财贸经济，2022(10)：23-39。

① 详见中国人民大学发布的《中国企业税收负担报告》。

2004；李艳等，2020）。从裁判文书网公布的逃税案件来看，自 2014 年起关于逃税罪的裁判文书数量持续增长，年均增长率在 10% 左右，其中，与企业相关的文书约占 85%。[①] 2018 年税务部门在办结的 47 起审计移送的涉税违法案件中，查补的税款规模高达 102.84 亿元。[②] 除这类情节严重的逃税案件外，实际生活中还存在大量的隐性逃税方式，例如低报或瞒报利润、征纳合谋、虚开发票等（马光荣和李力行，2012；Chen et al.，2018；田彬彬和范子英，2018；金祥荣等，2019），因此，更多的逃税行为是很难被发现的（Cai and Liu，2009）。逃税现象并非发展中国家的特殊现象，在发达国家同样普遍存在，美国政府问责署（Government Accountability Office）在 2019 年的报告中指出，逃税每年导致美国联邦一级收入损失高达数千亿美元。[③]

在经典的逃税理论中，逃税是企业在利润最大化目标的驱动下，通过评估逃税行为被查处的风险后作出的最优选择（Allingham and Sandmo，1972；DeBacker et al.，2015）。从成本收益的权衡来看，提高执法力度会减少企业的逃税行为，这是因为当逃税被发现的概率增加时，其机会成本随之增加，导致逃税的收益下降，进而弱化企业的逃税动机（范子英和田彬彬，2013）。以中国的实践为例，审计署 2004 年在对 788 家重点税源企业审查时发现了大范围的逃税，并指出地方政府的征管不力是造成税收流失的主要原因，譬如在企业纳税申报时缺乏有效的监管等。[④] 对地方政府来说，为达到招商引资的目的，往往会在税收方面表现出明显的逐底竞争，而中国的税收立法权高度集中于中央，地方政府没有权力调整法定税率，因此，降低征管力度为企业减税是其常用的手段（沈坤荣和付文林，2006；郭杰和李涛，2009；龙小宁等，2014；李永友，2015；许敬轩等，2019）。

理论上，税务机关才是直接负责企业税收的部门，但从中国的典型事实来看，企业实际税率的变动是地方政府调控执法力度的结果（田彬彬和谷雨，2018；王小龙和余龙，2018）。这是因为中国长期存在两套税务机构，其中地方税务局作为地方政府的一个组成部门，其征税行为受到地方政府税收竞争的干扰，缺乏独立性和自主性。长期以来，如何提升税务机关的独立性，做到依法征管，进而保障国家税收收入的"应收尽收"，是财税领域改革的重点。国税系统的垂直管理与局长

---

① 通过在中国裁判文书网搜索关键词"（公司＋）逃税罪"得到逐年文书数量，本研究年均增长率的计算截至 2019 年。
② 详见《国务院关于 2018 年度中央预算执行和其他财政收支的审计工作报告》。
③ 详见 https://journalistsresource.org/studies/economics/taxes/tax-evasion-primer/。
④ 详见审计署发布的《788 户企业税收征管情况审计调查结果》（审计公告 2004 年第 4 号）。

异地交流制度所带来的独立性,为征管体制改革提供了经验。中国于2018年开展的国税局与地税局合并这一事件,是构建现代征管体系进程中的重要举措,为提升税务机关的独立性做出了有益尝试。国税局、地税局合并为统一的税务机构后,在国家税务总局直接领导下实施垂直管理。本研究以该事件作为刻画税务机关独立性提升的契机,探究征管独立性对企业实际税负的影响。其一,国地税合并后,打破了地税局与地方政府的行政隶属关系,避免了税务机关在征管过程中受到地方政府的干扰,切断了地方政府在招商引资过程中与企业的合谋;其二,国地税合并后通过税务机构的精简和独立,实现了管理制度上的垂直传递与扁平化,有效打破了企业与征管队伍本身之间的合谋。基于以上逻辑,征管独立性的提升在一定程度上能够有效抑制企业的逃税行为。

基于2010—2019年上市公司数据,本研究利用倍差法对国地税合并的影响进行了实证考察。研究结果显示,国地税合并在抑制企业逃税方面发挥着显著作用。具体表现为企业所得税税负的上升。考虑到征管机构的独立可能通过多渠道对企业纳税行为产生影响,在排除了一系列竞争性假说后,研究发现统一执法是提升企业实际税率的主要手段,打破了原有的征纳合谋。随后,本研究就国地税合并的异质性效果进行分析,发现改革的效果更多地反映在私营企业、小规模企业以及有既往逃税史的企业中。除此之外,本研究对2018年国地税合并进行了收益分析,结果显示,本次税收机构合并后,从税收维度看,2018—2019年为政府共带来约767.426亿元的收入(平均年收入约383.713亿元),有效提高了国家的财政收入水平。

二、 文献综述与制度背景

(一) 文献综述

有关企业逃税的问题一直是学界关注的焦点。现有文献立足于征纳双方,分别从微观企业与征管机构两条主线探究企业逃税的成因。首先,从企业自身来看,经营特征(刘行和叶康涛,2014)、管理层偏好(Dyreng et al.,2010;Rego and Wilson,2012)以及治理水平(Desai and Dharmapala,2006)等是影响其逃税的重要维度。其一,由于逃税行为在一定程度上能为企业增加现金持有、缓解融资约束、增加企业价值(张敏等,2018),因此当企业经营面临融资困难时,会强化其逃税动机(刘行和叶康涛,2014)。其二,在现代企业的委托代理关系中,管理层作为实际经营者,其个人偏好对企业的经营决策起关键性作用。Dyreng等(2010)在追踪上市公司高管变更的研究中发现,高管的变动对企业实际税负产生了显著的影响;随后,Rego和Wilson(2012)指出,高管在股权激励下使得企业更倾向于逃税。其三,企业的内在逃税动机往往受到其治理水平的影响,公司治理水平越高,其内部约束机制越有效,有助于抑制企业不合理的避税行为(陈骏和徐玉德,2015)。其四,除企业层面的特征外,来自税务机关的约束力也会对企业的逃税行为产生显著影响(田彬彬和范子英,2018;张克中等,2020)。其中,张克中等(2020)提出,现阶段信息技术的进步提升了税务机关的征管能力,进而有效压缩了企业的逃税空间。除客观存在的征管能力外,田彬彬和范子英(2018)提出,税务机关征管手段的成功还取决于其廉洁程度,在信息不对称且缺乏有效监管机制的情况下,税务机关可能会通过接受贿赂的方式与企业达成合谋,进而纵容企业的逃税行为。

以上研究从征纳双方对企业逃税的成因进行了探究,然而这一支文献还不足以解释在中国设立的企业实际税率低于法定税率的现实。第一,在中国,企业的所有权结构可能会影响企业的行为决策,如国有企业肩负更多的社会责任(陈东等,2016)。吴联生(2009)的研究表明,国有股权比例较高的企业往往要为政府承担更多的社会性支出,因此,其逃税可能性很小。第二,除了企业自身的纳税因素与税务机关自身的征税因素外,来自中国地方政府的一些力量也被认为在一定程度上纵容了企业逃税。在中国财税体制的安排下,地税局在行政关系上隶属于地方政府,因此,地方政府在纵向或横向的税收竞争中,往往会通过地税局实现其策略行为,在微观上表现为企业实际税率的变化。李明等(2014)研究发现,中央政府与地方政府间税收分成比例的变化会影响地方政府的征税收益,降低地方政府分成比例会导致企业实际税负的下降。吕冰洋等(2016)指出,在地区间的横向竞争中,地方政府会通过调控税收努力来影响企业实际税负。很显然,属地管理特征下地税局缺乏独立性,其征管行为受到地方政府的干扰是造成上述现象的关键因素(田彬彬和谷雨,2018)。

综上所述,国内外对企业逃税问题的研究已相当丰富,这为我们理解企业逃税的内在动机与外部约束提供了重要支撑。但仍存在以下几个方面值得进一步探究:第一,从研究视角上来看,现有文献在讨论外部征管因素时,主要从征管能力与地方政府的税收努力两个方面切入。但从本质上来说,提高征管机构的独立性,避免外部因素的干预力度是提高征管效率的关键因素,鲜有文章从税务机关自身的"去属地化"去考量企业逃税问题,主要的难点在于这种机构独立性的合理度量。

第二，从研究内容来看，近年来财税领域的相关政策诸多，相关研究对此也进行了经验评估，但对于政策的整体福利关注较少。事实上，政策的实际效果需要考虑对微观主体的多方面影响，如加强征管，其在影响企业实际税率之余，是否会进一步影响企业的其他行为，进而可能伴随着一定的成本损失，甚至导致政府税基的减少。因此，从整体上评估政策所带来的收益更具现实意义，但现有文献对该问题的关注非常有限。

鉴于以上背景，本研究利用国地税合并改革作为刻画征管独立性提升的准自然实验，探究征管独立性提升后是如何影响企业的实际税负，并试图从整体上对国地税合并改革的收益进行评估，为国地税改革的效果评估提供经验证据，以期推动我国税收管理现代化。

（二）制度背景

中国在1994年分税制改革时，将原来的税务局分拆为国税局、地税局两套税务机构，在经历了24年的分设后于2018年再次走向了合并，各地的国税局和地税局重新合并。看似重回1994年之前的模式，但在体制和效率上却有着本质区别。此次合并，在征管层面上有效减少了地方政府对税收执法的干扰，对提高征管效率起到了关键作用。

在分税制以前，全国只有一套税务系统，并且隶属地方政府（范子英和田彬彬，2016）。地方政府在税收竞争的激励下，便以隐性的税收优惠为主要手段来吸引资本流入，造成财政收入的流失。地方政府在"藏富于企业"之外，还会侵蚀中央财政的收入，当时的央地财政收入划分基础是预算内收入总额，各地为了减少中央的分成，通过税务机关将预算内收入转到预算外，全国财政收入占GDP比重和中央财政占全国财政收入比重快速下滑。在空前的财政危机下，中央政府不得不对央地政府间的财政关系进行调整。

1994年开始的分税制改革以提高两个比重为目标导向，特别是中央财政收入占比，通过三大手段规避地方政府的干扰。首先是将中央财政与微观企业直接挂钩，不再需要跟地方政府汇总结算，所有的税种划分为中央税、地方税和共享税三类。其中，中央税归中央财政所有，包括中央企业与外资企业所得税、消费税等；地方税归地方财政所有，包括营业税、地方企业的所得税以及个人所得税等；同时，对于税收份额较大的增值税，作为共享税在中央与地方之间按75∶25比例分配。其次，为了防止地方政府通过税务机构侵蚀中央财政收入，对税收征管体制也进行了彻底的改革，将原先的税务机构分拆成国家、地方两套机构，其中，地税局仍延续原先的属地管理体制，而国税局在国家税务总局的领导下实行垂直管理，在人员安排、干部任命等方面采取下管一级的原则。最后，为了尽可能规避地税局的影响，将中央财政收入相关的税种都划入国税局管理，即全部的中央税和中央地方共享税均由国税局征管，共享税由国税局全额征收后，再由财政系统按比例划入地方国库。值得注意的是，尽管国税系统不由地方政府直接管理，但长期的属地固定难免与当地政府、企业产生合谋等问题，进而为企业带来逃税的可能。为减少人员长期固定带来的征纳合谋等腐败问题，1998年开始实施局长异地交流制度，使得国税系统的独立性得到了有效保障。

随着经济业态的变化和信息技术的进步，上述征管范围划分在2002年之后发生了一些调整，主要方向是将部分地方税调整为中央-地方共享税，按照国税、地税征管的规则，变为共享税后所对应的征管机构也应随之调整。为支持西部大开发集中更多财力，2002年实行了所得税分享改革，将原先属于地方的企业所得税和个人所得税转变为共享税，中央财政的分享比例为50%（2003年之后为60%）。当企业所得税从地方税转变为共享税后，征管机构理应从地税局转变为国税局，但鉴于不同机构信息的衔接较为烦琐，从简化操作的角度出发，仅规定新成立的企业在国税局缴纳企业所得税，而老企业仍按照2002年之前的模式征缴。

随后，在2009年又经历了一次回调。企业缴纳的主要税种是流转税和所得税，其中流转税按照行业实施"二元税制"，制造业（含修理修配少数其他行业）征收增值税，服务业征收营业税。由于营业税是地方税，因此该流转税归地税局征管，但是要在国税局缴纳企业所得税。不同机构间信息的流通障碍，直接造成了征管上的效率损失，例如国税局无法掌握企业的实际业务数据，无法对企业所得税的申报信息进行准确判断。因此，国家于2009年对之前的规定做出调整，要求新成立企业的所得税由其主体税种征管部门一同征收，即：主营业务缴纳增值税的企业，其所得税随增值税在国税局缴纳；主营业务缴纳营业税的企业，其所得税随营业税在地税局缴纳。此后，尽管"营改增"取消了营业税，企业都在国税局缴纳主体税，但企业所得税的征管部门仍未发生改变，直至2018年国地税合并改革，将省以下的国税、地税机构合并，此时企业所得税全部由合并后的税务机关统一征收。显然，合并后的税务机关在职权划分上如之前的国税局般，受到地方政府的干扰较少，且在局长异地交流等制度下，国地税合并后执法机构的独立性得到了显著提高。

从上述背景梳理中可以看出，国地税合并为本研究探究征管独立性对企业逃税行为的影响提供了机会，具体来说有两点：一是合并后税收执法机构的独立性明显提高，减少了地方政府干扰以及征管过程中可能的合谋等问题；二是部分企业的所得税征管机构发生了转变。依据相关政策的梳理，我们将上市公司按照企业所得税征缴机构的不同进行了分类，如表 5-1 所示。可以看出，在不同的政策窗口期，部分企业向地税局缴纳所得税，而部分企业则向国税局缴纳所得税。对于地税局而言，一方面，人员长期属地固定极易带来"人情税"等企业与征管队伍间的合谋现象；另一方面，地税局与地方政府的行政隶属关系，在一定程度上意味着地方政府拥有一定的税收征管权（范子英和赵仁杰，2020），而地方政府在税收竞争的激励下更易与企业达成合谋。因此，向地税局纳税的企业存在较强的征纳问题，但对于国税局而言，在垂直管理以及局长异地交流等制度因素下，税收执法上合谋的可能性较小。在国地税合并之后，新型税务局在职权划分上如之前的国税局般，因此向地税局缴纳所得税的企业存在的合谋情境被直接打破，从而面临空前的执法力度，但是之前一直在国税局缴纳所得税的企业则不会受此次机构合并的影响。这一政策为我们使用双重差分策略提供了便利，我们将那部分在合并前不同时期在地税局缴纳所得税的企业设为实验组样本，而将一直向国税局缴纳所得税的企业设为对照组样本。

表 5-1　　　　　　　　　　所得税政策梳理与样本分布

重要时间节点		样本分类的依据政策内容	样本企业个数 实验组（地税局）	样本企业个数 对照组（国税局）
2018 年前	2002 年前	中央企业与外资企业在国税局缴纳所得税，其他企业在地税局缴纳	1 849	410
	2002 年	新成立的企业在国税局缴纳所得税	0	1 003
	2009 年	新企业中以增值税为主要税种的企业，其所得税在国税局征缴；以营业税为主要税种的企业，其所得税在地税局征缴	16	324
	营改增	"营改增"后，增值税统一归国税局，所得税仍由原来的征管部门管理	0	0
双重差分策略设定中不同组别的样本企业合计			1 865	1 737
2018 年后	国地税合并	所得税由合并后的税务局统一征管	0	3 602

注：样本分布依据手工整理，原始来源为 2010—2019 年上市企业样本。

三、识别策略与数据说明

(一) 识别策略

为检验国地税合并对企业实际税负的具体影响,我们构建了双重差分实证模型:

$$ETR_{i,t} = \gamma reform_i \times post_t + \alpha X_{i,t} + \eta_i + \delta_t + \varepsilon_{i,t} \qquad (5\text{-}1)$$

式中,$ETR_{i,t}$ 表示企业 i 在 t 年的实际税率[①],作为衡量企业的逃税程度,若 $ETR_{i,t}$ 取值越小,意味着企业实际税率越低,逃税程度越高。在 2016 年"营改增"之后,所有企业的主要流转税统一改为增值税,其征税机构也统一为国税局,因此该次机构合并主要影响的是企业所得税,并且流转税与所得税对征管强度的要求也不同,流转税与企业销售直接挂钩,相对比较容易确定,企业所得税需要重新核算企业的收入和成本费用,需要大量的征管力量。我们参考范子英和彭飞(2017)的做法,通过所得税费用与营业收入的比值来衡量企业所得税的实际税率。[②] 核心解释变量为 $reform_i$ 与 $post_t$ 的交互项,$reform_i$ 为 1,表示受国地税合并政策影响的企业,即那些在地税局缴纳企业所得税的企业,反之为 0;$post_t$ 为 1,表示时间在国地税合并之后(即 2018 年或 2019 年),反之为 0。我们还控制了企业层面的特征 X_c,如企业年龄、所有者权益、利润、总资产等。除此之外,进一步控制了个体固定效应 η_i 和年份固定效应 δ_t,以此排除企业不随时间变化的固定特征和不同年份里的宏观因素对回归结果的影响。$\varepsilon_{i,t}$ 为随机干扰项。在实证分析中,本研究在企业层面上采用聚类稳健标准误。在这里我们主要关心的是系数 γ,它测度了此次国地税合并改革对于企业逃税的实际影响。

利用双重差分法的重要前提假设在于政策冲击前的实验组和对照组样本满足平行趋势检验,即二者的实际税率并不存在显著差异。为此我们进一步采用事件研究法进行平行趋势检验,具体识别模型如下:

$$ETR_{i,t} = \sum_{k=-8}^{k=1} \gamma_k reform_i \times post_t^k + \alpha X_{i,t} + \eta_i + \delta_t + \varepsilon_{i,t} \qquad (5\text{-}2)$$

式中,k 表示国地税合并政策实施的第 k 年,由于该政策实施的年份为 2018 年,而我

[①] 国地税合并改革主要涉及企业所得税的征管机构发生了转变,因此,这里侧重于分析企业所得税实际税率,并以实际所得税税率作为企业实际税负的代理变量。

[②] 如果用企业的利润作为实际税率的分母,则企业会通过操纵利润方式来逃税,因此会夸大逃税企业的逃税幅度。

们的数据样本窗口期为2010—2019年,所以我们这里 k 的取值分别为 -8, -7, ..., 0, 1,其分别表示政策实施前的第 8 年、第 7 年……政策当年以及政策实施后第 1 年。在具体的实证估计中我们对 $post_t^k$ 进行赋值,例如:当 $k=-8$ 时,$reform_i \times post_t^{-8}$ 就度量了2010年国地税政策合并前 8 年其对当地企业实际税负的影响;$k=1$ 时,$reform_i \times post_t^1$ 就度量了2019年合并政策后 1 年的实际政策效应。在采用模型(5-2)进行平行趋势检验时需要设定基期作为政策效应可对比对象,因此我们参照既定操作将政策开始的前 1 年设定为基期,此时的 γ_k 就度量了第 k 年国地税合并政策的效果。

(二) 数据说明

本研究样本来自2010—2019年沪深两市 A 股上市公司。其中涉及的上市公司基本信息及财务数据主要来自国泰安(CSMAR)和万德(Wind)两个数据库,考虑到数据质量对回归结果的影响,首先对 ST 类上市企业进行了剔除,并对除企业年龄外的连续变量进行了上下 1% 水平的缩尾处理。主要变量的描述性统计如表 5-2 所示。

表 5-2　　　　　　　　　　　　描述性统计

变量名	实验组 观测值	实验组 均值	实验组 标准差	对照组 观测值	对照组 均值	对照组 标准差
所得税税负	16 053	0.022	0.025	9 922	0.020	0.022
企业年龄	16 053	18.273	4.652	9 922	13.092	5.294
所有者权益(万亿元)	16 053	0.004	0.009	9 922	0.006	0.016
利润(万亿元)	16 053	0.000 49①	0.002	9 922	0.001	0.002
总资产(万亿元)	16 053	0.010	0.033	9 922	0.018	0.069
营业收入(万亿元)	16 053	0.006	0.014	9 922	0.007	0.019
固定资产比率	16 051	0.217	0.157	9 922	0.214	0.165

除基准回归中涉及的变量外,本研究在后续安慰剂检验中还进一步考察了企业增值税的缴纳情况。为此,我们按照陈钊和王旸(2016)、范子英和彭飞(2017)的思路,依据国泰安数据库中公布的教育费附加、城建税对流转税进行倒推,再结合公布的营业税和消费税,反推算出增值税税额。具体来说,首先,对于明确了教育费附加额和税率的企业,直接根据教育费附加的相关信息倒推出流转税。其次,对

---

① 参照陈钊和王旸(2016)的做法,我们将所有变量的单位统一为万亿元,保留小数点后三位数则该值为 0,所以我们汇报了小数点后两位有效数字。

于未公布教育费附加税率,但明确了城建税税额和税率的企业,依据城建税的相关信息倒推出流转税。最后,对于未明确附加税税率的企业分两种情况倒推:其一,若公布的是教育费附加税额,则按照3%的税率进行倒推;其二,若公布的是教育费附加和地方教育费共同税额,则按照5%来倒推。对于倒推出来的流转税结合营业税和消费税的税额,最终得到企业年度缴纳的增值税税额。

四、基本实证结果

(一) 基准结果

表5-3报告了模型(5-1)的基准回归结果。我们在第一列中只加入了年份固定效应和个体固定效应,可以看出,国地税合并能够显著抑制企业的逃税行为,使企业实际税负提高0.23%左右[①],占样本均值比例达10.95%。我们在第二列中考虑了其他可能影响企业逃税的潜在因素,在控制了企业成立时间、所有者权益、营业状况等条件后,实证结果与第一列基本相同,国地税合并改革可以有效降低企业逃税,提高征管效率。以上分析可能忽视了地方经济发展状况对企业所得税的影响,因此,第三列在原有回归基础上加入了人口、GDP以及政府财政收入等因素,为了排除不同城市和不同行业之间的其他政策冲击(如不同地方的重点产业政策)的影响,我们还控制了城市-行业的联合固定效应,从回归结果中可以看出,国地税合并依然在1%的置信水平上提高了企业的实际税负。[②] 我们在第四列中参考范子英和田彬彬(2016)的思路重新构造了所得税实际税率指标,采用企业所得税与总资产的比值来度量企业税负,实证结果依然稳健。

表5-3　　　　　　　　　　国地税合并与所得税税负

变量名	所得税/营业收入		所得税/总资产	
	(1) 所得税税负	(2) 所得税税负	(3) 所得税税负	(4) 所得税税负
国地税合并×$Post_{2018}$	0.002*** (0.001)	0.002*** (0.001)	0.002*** (0.001)	0.001*** (0.000)

---

① 这里系数较低的原因在于我们构建企业所得税实际税率指标时使用的是所得税费用与营业收入的比值,而非与营业利润的比值,这二者都是前人文献中所普遍使用的方法。下文我们将着重利用成本收益分析的方法对此次国地税合并改革的真实经济效应进行系统评估。

② 在加入城市层面因素的回归之后,之所以样本有明显减少的原因在于我们所能得到的城市指标数据仅限于2018年之前,而没有2019年的年鉴数据,但这基本不影响本研究结论。

续表

变量名	所得税/营业收入		所得税/总资产	
	(1) 所得税税负	(2) 所得税税负	(3) 所得税税负	(4) 所得税税负
企业年龄		0.000 (0.000)	0.000 (0.000)	−0.000 (0.000)
所有者权益		0.043 (0.106)	0.013 (0.111)	−0.174*** (0.041)
利润		5.541*** (0.475)	5.166*** (0.506)	2.957*** (0.285)
总资产		−0.048 (0.030)	−0.071** (0.032)	−0.035*** (0.009)
营业收入		−0.333*** (0.054)	−0.268*** (0.050)	−0.004 (0.015)
固定资产比率		−0.028*** (0.003)	−0.024*** (0.003)	−0.005*** (0.001)
人口			−0.002 (0.003)	−0.001 (0.001)
人均GDP			−0.001 (0.003)	0.001 (0.001)
政府财政收入			0.000 (0.001)	−0.000 (0.000)
年份效应	Yes	Yes	Yes	Yes
个体效应	Yes	Yes	Yes	Yes
行业-城市效应	No	No	Yes	Yes
观测值	25 790	25 789	19 456	19 456
R^2	0.587 2	0.621 5	0.629 7	0.595 1

注：** 和 *** 分别表示在5%和1%的置信水平上显著，括号内采用聚类稳健标准误。

以上结果基本符合我们的理论预期，在国地税合并之后，原先在地税局缴纳所得税的企业现转向合并之后的税务局缴纳，这种转变打破了之前地方与当地上市企业之间的征纳合谋，国地税合并之后，税务局的执法力度更为强劲，这在很大程度上抑制了企业逃税，从而有效提高了企业的实际税负。

(二) 异质性分析

尽管国地税合并能够提高企业的实际税负，从而降低逃税，但这种效应可能并非简单的线性关系，我们需要考察它会在什么层面发挥具体效果。征税机构独立性所造成的这种执法会在企业的社会关系属性上表现出差异,企业可能因两种社会关系而具有更低的逃税可能。其一,承担社会责任越重要、受国家监管越严格的企业更不会受此次政策调整的影响,因为其前后面临的环境都较为相似;其二,社会经济地位越高、具有"明星"属性的企业更易因承受较多的社会关注和监督而具有较低的逃税动机,政策也不会对该类企业产生明显影响。因此,在合并之后的新型税务征管体系下,企业可能会在所有制特征和自身经济社会地位两个方面表现出明显差异。

首先,相对于私营企业和其他性质企业而言,国有企业往往承担了更多的社会责任,国有资本具有的"准财政"特征也使其逃税的动机相对更低。与此相反,私营企业在征纳合谋的互动体系下具有更强的逃税倾向,因此在 2018 年机构合并时会面临更强的国地税政策效应。为检验该猜想是否成立,我们首先在表 5-4 第一、第二列中考察了所有制异质性下国地税合并的真实效果,我们将所有企业按性质划分为国有企业和非国有企业,可以看出在国有企业子样本中,此次机构合并并没有明显的效果,但是在私营企业子样本中,国地税合并却显著提高了这部分企业的实际税负。

其次,企业自身的经济地位等特征也决定了其与地方政府是否具有征纳合谋的空间。从一般经验来看,地方财政对大规模企业的依赖度较高,对这些企业的监管也相对更加严格,因此这些企业更难发生明显的逃税行为,否则将面临较大的丑闻和惩罚代价。但社会经济地位较低的中小企业可能并非如此,相对于龙头企业,这类企业可以在合谋中获得高额收益而面临较低的惩罚性机会成本。因此,在国地税合并之后,中小企业有更大概率因征纳合谋被打破而迫使实际税率抬升至名义税率,即面临更显著的政策效果。于是我们在表 5-4 第三、第四列中分别检验了龙头企业和非龙头企业所面临的合并效应,其中我们对企业历年总资产取均值处理,并按照企业历史总资产均值的中位数将企业分为两类:高于中位数的为大规模企业,小于中位数的为小规模企业。检验结果可以看出,相对于大规模企业而言,小规模企业的确在 1% 的水平上于政策后面临更高的实际税率。这说明国地税合并之后,企业也越不敢具有明显的逃税动机。为进一步识别这种异质性效果,我们参考了 Ru(2018)的思路[①],将每个城市总资产规模最大的行业的企业看作"明星企业",因为它们控制着这个城市该行业的经济命脉,对于该地区的经济和就业贡献度也相对更高,其他企业则认作"非明星企业"。那么,同样对于"明星企业"而言,

---

① Ru(2018)主要识别的是国有企业中的龙头企业,而我们将这一思路扩展到了全部企业。

"非明星企业"更容易受到此次合并政策的影响,最终从第五、第六列的结果来看的确对于"非明星企业"来说,其政策效应的统计显著性更强。① 综上,我们可以发现,越是规模较小、经济社会地位较低的上市企业,其在国地税合并之后会被征收越高的实际税收。

这种惩罚性征管现象真的存在吗？我们随即在表 5-4 第七、第八列中检验了历史逃税越多的企业是否在国地税合并中会被征收更高的税率。我们根据会计分录中的递延所得税和本年产生的所得税费用加总来代理企业年度应缴纳的所得税额,并根据资产负债表中所披露的年末所得税额减去年初应缴纳值和本年度应缴纳值得到了本年实际缴纳的所得税额,最后以所得税应缴额与实际额的差来表示企业年度的逃税量。我们计算了在 2018 年国地税合并前企业的历史逃税额均值,如果均值大于 0,则表明企业具有历史逃税记录,否则表示不具备明显的历史逃税倾向。我们据此进行了分组检验,最终结果表明,具有历史逃税记录的企业的确在国地税合并后面临更高的查补情况,且该结果在 1% 的水平上显著,这说明惩罚性征管现象的确存在,与我们的理论预期相一致。

表 5-4　　　　　　　　　　　　　异质性特征

变量名	企业性质		企业规模				企业逃税记录	
	(1) 国有企业	(2) 私营企业	(3) 大规模企业	(4) 小规模企业	(5) 明星企业	(6) 非明星企业	(7) 无逃税史企业	(8) 有逃税史企业
国地税合并×$Post_{2018}$	0.001 (0.001)	0.002*** (0.001)	0.000 (0.001)	0.002*** (0.001)	0.002* (0.001)	0.002*** (0.001)	0.001 (0.001)	0.002*** (0.001)
企业年龄	0.001 (0.001)	−0.000 (0.001)	−0.001 (0.001)	0.000 (0.000)	0.000 (0.001)	−0.001 (0.001)	0.000 (0.001)	0.000 (0.000)
所有者权益	−0.086 (0.093)	−0.032 (0.238)	−0.119 (0.082)	0.004 (0.162)	−0.020 (0.099)	1.016 (1.045)	0.351 (0.237)	−0.024 (0.108)
利润	4.377*** (0.446)	9.981*** (1.340)	4.211*** (0.423)	6.577*** (0.878)	5.035*** (0.437)	34.171*** (5.254)	8.307*** (1.196)	5.053*** (0.482)
总资产	0.008 (0.029)	−0.154*** (0.059)	−0.066*** (0.019)	0.009 (0.028)	−0.035 (0.029)	−0.628 (0.641)	−0.093** (0.044)	−0.038 (0.034)
营业收入	−0.295*** (0.058)	−0.362*** (0.101)	−0.259*** (0.044)	−0.335*** (0.061)	−0.332*** (0.055)	−2.727*** (0.580)	−0.443*** (0.128)	−0.329*** (0.063)

---

① 不仅统计显著性更强,而且其系数相对更小,由于保留了小数点后三位数字,四舍五入之下没有显示。

续表

变量名	企业性质		企业规模				企业逃税记录	
	(1) 国有企业	(2) 私营企业	(3) 大规模企业	(4) 小规模企业	(5) 明星企业	(6) 非明星企业	(7) 无逃税史企业	(8) 有逃税史企业
固定资产比率	-0.015*** (0.004)	-0.034*** (0.004)	-0.028*** (0.005)	-0.027*** (0.003)	-0.028*** (0.004)	-0.022*** (0.003)	-0.025*** (0.004)	-0.029*** (0.003)
年份效应	Yes	Yes	Yes	Yes	Yes	Yes	Yes	Yes
个体效应	Yes	Yes	Yes	Yes	Yes	Yes	Yes	Yes
观测值	9 091	15 817	5 801	19 951	12 992	12 797	7 351	18 438
R^2	0.716 9	0.567 6	0.733 0	0.606 5	0.690 3	0.537 4	0.539 3	0.655 7

注：*、**和***分别表示在10%、5%和1%的置信水平上显著，括号内采用聚类稳健标准误。

五、稳健性检验

上述结果发现机构合并对企业所得税税负有显著的增加，接下来我们将对可能影响结论稳健性的各种因素进行检验，逐步排除这些因素带来的潜在影响。这些因素主要分为两类：一是双重差分法识别的前提条件；二是样本筛选和变量度量的稳健性。

（一）平行趋势检验

使用双重差分法的前提在于实证估计满足平行趋势检验，即实验组和对照组在假定没有政策干预时，其潜在的变化趋势是一致的，这样我们才可以用对照组作为实验组的反事实参照组。我们将模型(5-2)用类似于事件研究法的方式来考察实验组和对照组在国地税合并政策之前是否存在显著差别。图5-1描绘了平行趋势和动态结果，(a)(b)分别是未添加控制变量和有控制变量下的情况。由此可以看出，2017年以前，历年的交互项系数均不显著，具体表现为各年度系数的置信区间在0附近满足平行趋势。但与此同时，2018年国地税政策开展之后，这种合并效应开始逐渐产生政策效果，并且在2019年这种效果呈持续扩大的趋势。

（二）更换聚类标准误

在模型(5-1)中我们采用了聚类到企业层面的标准误，但是由于国地税合并政策的执行力度可能在行业间和地区间有所不同，因此我们将采用更为严格的聚类

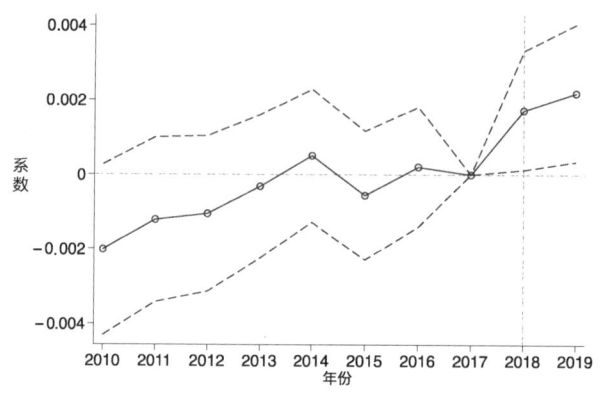

(a) 所得税税负(无控制变量)

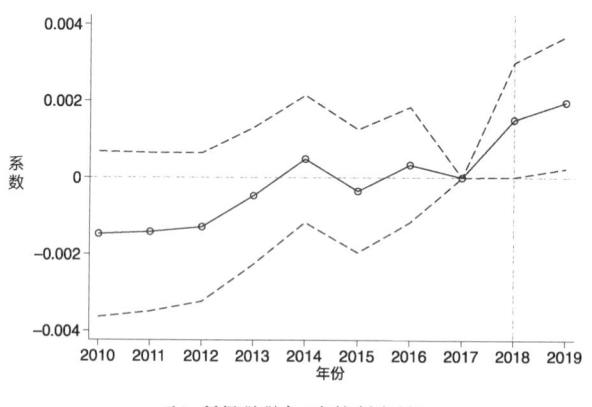

(b) 所得税税负(有控制变量)

图 5-1 平行趋势检验

形式对以上结果进行检验,具体分析如表 5-5 第一列所示。我们首先将稳健标准误聚类到省份层面,这样做的原因为:其一,类似于产业政策的实施与其他经济开发区的设立更多可能来自省政府的统一规划层面,因此在省份层面的聚类能更为有效地规避异方差和自相关等风险;其二,从技术角度而言,相比企业层面,在省份层面聚类更为严格,能够在充分消除其他差异、提高标准误的情况下反映真实的统计显著性(具体标准误如小括号所示)。在我们提高标准误聚类水平之后,国地税合并依然会对企业的实际税负产生明显的促进作用,且依然在 1% 的置信水平上显著成立。随后我们进一步考虑了所得税不同缴纳方式下的行业差异,采用省份-产业双向聚类标准误(具体标准误如中括号所示),但是也可看出所得结论基本与上述结果相似。

表 5-5 稳健性检验

变量名	替换聚类标准误形式	加入行业-年份联合固定效应	剔除上海、西藏地区企业样本	剔除2009年之后新成立企业样本	剔除金融行业企业样本
	（1）所得税税负	（2）所得税税负	（3）所得税税负	（4）所得税税负	（5）所得税税负
国地税合并×$Post_{2018}$	0.002*** (0.001) [0.001]	0.001* (0.001)	0.002*** (0.001)	0.002*** (0.001)	0.002*** (0.001)
控制变量	Yes	Yes	Yes	Yes	Yes
年份效应	Yes	Yes	Yes	Yes	Yes
个体效应	Yes	Yes	Yes	Yes	Yes
行业-年份效应	No	Yes	No	No	No
观测值	25 789	25 737	23 733	25 686	25 494
R^2	0.621 5	0.648 3	0.627 7	0.618 8	0.623 1

变量名	控制时间趋势	替换所得税税负：所得税/息前利润	检验政策对于对照组样本的影响
	（6）所得税税负	（7）所得税税负	（8）所得税税负
国地税合并×$Post_{2018}$	0.002*** (0.001)	0.009** (0.004)	−0.104 (0.109)
控制变量×时间趋势	Yes	Yes	Yes
年份效应	Yes	Yes	Yes
个体效应	Yes	Yes	Yes
行业-年份效应	No	No	No
观测值	25 789	25 788	40 447
R^2	0.621 5	0.241 8	−0.030 3

注：*、**和***分别表示在10%、5%和1%的置信水平上显著，括号内采用聚类稳健标准误。

(三) 控制行业-年份联合固定效应

以上回归中我们重点考虑了行业差异因素，但是从表5-1可以看出，除行业差异外，不同时间点的政策变动也可能对本研究的基准结果产生影响（例如2018年出台的有关企业捐赠支出在所得税税前结转扣除的政策)。因此,为吸收来自行业和时间两个维度的不可观测因素遗漏变量的影响,我们进一步在表5-5第二列中加入了行业-年份联合固定效应来消除这种可能随年份推移而存在的行业差异,从最终的结果显示中可以看出,当我们考虑了这一因素之后,国地税合并依然能够在10%的水平上提高企业的实际税率,降低企业逃税。

(四) 样本敏感性:剔除其他非正式因素影响

以上回归未能考虑国地税合并中所存在的特殊状况:其一,特殊的国地税制度模式。不同于其他省(区、市),上海因为独特的历史遗留原因使得国税局和地税局合署办公,国地税合并对该地区上市公司影响不大。与之类似的是,在西藏地区同样存在国地税部门设置的特殊性,由于经济发展滞后、企业较少等因素,国家税务总局在当地只设立了国税局而没有设立地税局,因此我们对这些地区的样本进行了剔除。回归结果如表5-5第三列所示,可以看出,最终国地税合并的政策冲击依然在1%的水平上发挥作用。其二,我们在上述基础上还剔除了2009年之后成立的企业样本,原因在于2009年之后成立的新企业即以主要税种为增值税抑或以营业税划分所得税的缴纳机构,它们在实验组和对照组的样本可能存在较为明显的行业差异[①]。与此同时,我们也进一步剔除了2009年改革中所涉及的所得税缴纳变化的部分外资、铁路运输、银行业及保险等企业样本[②],最终回归结果如表5-5第四列所示。可以看出,当我们剔除了可能存在的行业差异等因素之外,基准结果依然稳健成立。其三,剔除了金融类公司。由于上市企业中金融类公司的会计准则不同于一般企业,合并报表中的相关指标也不具备可比性,我们参考了刘啟仁等(2019)的做法,进一步在表5-5第五列中对这类样本进行了删减,但从最终回归结果来看并不会对基准结论造成实质性影响。

(五) 控制时间趋势

在双重差分策略选择下,尽管基准实证估计满足平行趋势检验,但我们仍进一步控制了不同企业在窗口期内发展的时间趋势以消除可能存在的不可观测因素。基于该考虑,我们参考了Edmonds等(2010)、Lu等(2017)的做法,更严格地控制了

[①] 以增值税为主要税种的行业更多涉及制造业、建筑业等工业企业,而营业税则更多倾向于服务行业,因此行业间差异所造成的样本分布不均可能会对估计结果造成影响。
[②] 2009年所得税缴纳改革最主要涉及的是以主税种不同而采用不同缴纳方式的企业,但是对新成立的外资、铁路运输等企业的所得税缴纳方式也进行了部分更改,这部分企业于2009年之后也转变为向国税局缴纳所得税。因此,尽管这类样本较少,但我们仍对特定少量行业的企业样本进行了剔除。

控制变量与时间趋势的交互项,最终结果如表5-5第六列所示。可以看出,即使当我们控制了控制变量及其趋势项,国地税合并的政策效应依然具有统计显著性。征管独立性下的执法效应对抑制本地企业的逃税行为的确具有实质性作用。

(六) 替换所得税税负指标

在上述被解释变量构造中我们主要以实际所得税费用与营业收入和总资产的比值作为度量指标,但是实际所得税率在考察过程中还需剔除税率优惠、不同的适用税率等影响因素(吴文锋等,2009)。在表5-5第七列中,我们参考了吴联生(2009)针对上市企业实际税率的计算方法,以企业产生的所得税费用与息税前利润的比值作为新的所得税税负变量重新进行回归,从结果中可以看出,即使我们剔除了税率优惠等因素的影响,国地税合并政策仍会对企业的实际税率产生显著的促进作用,且从系数上也可看出,在扣除税收优惠并以利润获得作为比值分母时,这种国地税合并的政策效应也会相应增大。

(七) 随机抽样检验

为了避免估计结果是一种纯粹的巧合,即处理组的样本恰好是某一类特殊企业,某种巧合因素导致了这样的估计结果,我们采用随机抽样的方法来检验。如果国地税合并对于抑制企业逃税的政策效应并不成立,则模型(5-1)中交互项估计系数的值应趋近于0。我们随机抽样并生成此次政策所涉及的实验组和对照组企业名单,如果所得到的基准结果是因为其他因素在起作用,则随机生成的样本分布中进行政策实验的系数就不为0,说明国地税合并的政策效应并不存在。我们对此进行了随机抽样500次实验,所得估计系数分布如图5-2所示,可以看出,随机生成

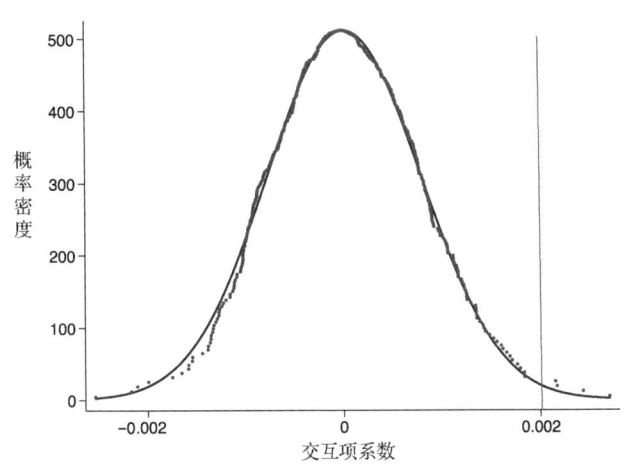

图 5-2 安慰剂检验

的系数基本符合正态分布且接近于0,其中竖线表示基准回归中核心解释变量的系数,随机抽样检验进一步支持了本研究结论。

(八)政策的溢出效应

在上述分析中我们主要利用双重差分法检验了实验组样本(相对于对照组样本)在受到国地税合并政策冲击下的企业实际税负的变化程度,此时还要求实验组和对照组样本之间不能存在溢出效应,即实验组的政策效应不会对对照组产生实质性作用。对照组样本企业一直在国税局缴纳所得税,但是国地税合并也同步充实了用于企业所得税的征管力量,原地税人员的加入,是否同时也提高了对照组企业的实际税负呢?尽管这会对我们的估计结果造成低估,但不会影响结论。为得到更为准确的估计系数,我们还采用断点回归策略对对照组样本的政策冲击效应进行检验。由于年度层面的企业样本量较少,因此我们手动重新整理了2010—2019年各季度上市企业的所得实际税率数据,考虑到国地税合并的具体执行日期约为2018年6月伊始,我们将在此之后的时间认定为合并政策发生时期,并设置"是否政策发生"虚拟变量为1,之前为0。随后我们又控制了各季度、各月份到2018年6月的时间长度,以此生成驱动变量。最终,我们在表5-5第八列中检验了在国地税政策发生后,对照组样本是否会存在实际税率的明显变化,但是从结果中可以看出,这并不具备统计意义,直接说明了此次政策并不会对对照组样本产生显著作用。①

六、进一步分析:作用机制与财政收益

(一)作用机制分析

通过以上分析,我们发现国地税合并的确提高了企业实际税负,这种提升作用可能主要来自机构改革后的"去属地化"打破了原有地方的征纳合谋,这种征管的独立性提高了征税效率。与此同时,我们还进一步排除了其他可能存在的影响机制,巩固了以上推断。

首先是信息不对称问题所造成的影响。一个潜在的可能在于国地税合并主要是通过降低执法部门与企业间的信息不对称来抑制逃税行为。一方面,在国地税

---

① 我们在回归中控制了驱动变量的二次项。同时,我们也尝试了控制一次项、三次项和四次项等不同程度的高阶项,所得结果基本稳定不变。

改革完成后,厅级税务局数量减少45个,省级、市级、县级税务局内设机构、事业单位和派出机构分别减少709个、5 349个和2.49万个,撤销县局稽查局3 900多个。① 显然,改革后通过机构精简,打破了信息的流动壁垒,使得执法部门充分掌握企业涉税信息,进而有效地加强对税源的监控。另一方面,上市企业往往因业务需要会成立异地子公司,国地税合并前,在不同地区之间存在税率差异的前提下,子、母公司可能通过利润转移、共性费用分摊等方式进行逃避税活动。此时地税局掌握的涉税信息往往局限于本地企业,对其异地子公司的了解较少。但在国地税合并后,统一的税务机关促进了信息的整合优化,充分掌握了子、母公司的纳税信息。为验证信息不对称机制是否发挥了作用,我们先参照 Dhaliwal 等(2011)、林晚发等(2020)的做法构造"分析师预测偏误"②指标来反映企业信息不对称的程度,并将其与政策交互项相乘来检验这一潜在的信息机制。回归结果如表5-6 Panel A 第一列所示,可以看出,交互项的系数并不显著③,在一定程度上说明信息不对称效应并没有发挥实质影响。随后,我们又借鉴许红梅和李春涛(2020)的做法构造了分析师预测偏误二,当分析师预测偏差值大于样本中位数时取值为1,反之为0,并在第二列中重新回归,该结果依然不具备显著性。最后,从信息整合能力的角度来说,如果机构合并带来了更多异地子公司的涉税信息,从而抑制了企业的逃税行为,那么国地税合并将会对异地子公司数量较多的上市企业产生更明显的影响。为此,我们在第三列中采用政策交互项与异地子公司数量的交乘项对企业实际税负进行检验④,结果显示系数并不具备显著性,这再次说明了机构改革并没有通过降低信息不对称的渠道来影响企业税负。⑤

---

① 具体新闻报道参见 https://baijiahao.baidu.com/s?id=1681584933049667279&wfr=spider&for=pc。

② 具体以"分析师盈余预测值与实际值的平均误差"来构造分析师预测偏误,构建方式为 $FE_{i,t} = \dfrac{\text{Mean}[Abs(FEPS_{i,t} - EPS_{i,t})]}{Abs(EPS_{i,t})}$。其中,$FE_{i,t}$ 表示分析师预测偏误值,值越大表示预测信息偏误越高;变量 $FEPS_{i,t}$ 表示分析师对企业每股盈余($EPS_{i,t}$)的预测值。

③ 为了与第二列中另一个分析师偏误指标相区分,我们在这里以"分析师预测偏误一"来表示。

④ 其中各企业异地子公司的数量数据主要来自对每一家上市企业母公司财务报表中"长期股权投资"附注的手工整理,我们在此特别感谢上海财经大学公共经济与管理学院周小昶对这一宝贵数据的提供。

⑤ 根据张克中等(2020)的研究,信息技术手段的应用对于企业逃税的影响也具有重要作用,尤其是近年来金税三期工程的实施促使企业面临更为严格的信息监管和审查力度,从而有效提高了税务局的征管效率。因此我们还参考了张克中等(2020)的办法手动采集了不同地区开展"金税三期"工程的时间并对此变量进行了控制,但结果显示,即使我们控制了征税信息技术的提升,国地税合并对于企业实际税负的影响依然成立,限于篇幅我们不再报告结果。

表 5-6　　作用机制分析

变量名	Panel A 信息不对称与征税能力效应				
	(1)	(2)	(3)	(4)	(5)
	分析师预测偏误一	分析师预测偏误二	异地子公司	税收征管完成度	安慰剂检验增值税税负
国地税合并×$Post_{2018}$×信息不对称变量	−0.000 (0.000)	−0.000 (0.001)	−0.000 (0.000)		
国地税合并×$Post_{2018}$×征税能力变量				−0.001 (0.001)	
国地税合并×$Post_{2018}$					−0.023 (0.017)
分析师数量	Yes	Yes	Yes		
观测值	22 030	23 397	25 204	25 789	25 764
R^2	0.675 6	0.663 2	0.623 7	0.621 6	0.572 6

变量名	Panel B 征纳合谋效应				
	(1)	(2)	(3)	(4)	(5)
	所得税税负	招待费	招待费机器学习（补齐）		
招待费	−0.001*** (0.000)				
国地税合并×$Post_{2018}$		−0.108*** (0.038)	−0.128*** (0.036)		
分析师预测偏误一	Yes	Yes	Yes		
分析师预测偏误二	Yes	Yes	Yes		
税收征管完成度	Yes	Yes	Yes		
观测值	16 446	16 446	18 635		
R^2	0.675 8	0.765 9	0.823 6		

注：(1) 在 Panel A 和 Panel B 中我们都加入了控制变量和个体、年份的双向固定效应，由于篇幅有限，未予展示；(2) 在 Panel A 第一至四列中我们分别加入了交互项的水平项变量，篇幅有限，未予展示；(3) *** 表示在1%的置信水平上显著，括号内采用聚类稳健标准误。

其次，我们还考虑了税收能力是否会影响企业实际税负。理论上，相对于地税局，国税局具有更高的征税能力。在国地税合并后随着两套班子的精简整合，新型税务局相对之前地税局是否拥有更高的征税能力①,从而提高了企业税率。为验证这一可能的渠道,我们先构造了税收能力变量,现有学者一般采用"税柄法"(Tax Handle)来估计税收能力(胡祖铨等,2013),但"税柄法"无法剔除征税时滞和信息不对称等因素,会造成结果低估(赵永辉等,2020)。因此,我们以"税收目标完成度"来代理地方政府的税收能力,如果每年地方征收的税收实际额赶上甚至超过计划额,则说明其能力越强,反之越弱。我们参考白云霞等(2019)、田彬彬等(2020)的思路,用一般公共预算收入目标增长率反映地方政府的税收目标增长率②,并利用实际财政收入增长率与其做差来衡量该地的税收征管完成度。该指标在一定程度能够避免国地税合并带来的地方税收努力等其他混杂因素的变化,这是因为地方政府每年税收目标的制定通常是基于实际情况进行的合理预测,不仅考虑了地方征税努力等内生因素,同时随着外界影响还会进行动态调整。我们在第四列中考察了征税能力效应,结果显示政策交互项与征税能力变量的交乘项系数不具备统计显著性。③ 我们在第五列中利用增值税税负作为被解释变量进行了安慰剂检验,如果国地税合并政策对企业所得税税负的提升主要来自征管能力的不同,那么企业增值税税负也应"无差别"得到提升,但从最终结果来看,国地税合并对增值税税负的影响并不显著,安慰剂检验说明,税收能力的提升可能并非潜在机制。

最后,我们还进一步验证了征纳合谋机制。由于这种行为往往具有隐蔽性,因此我们参照 Cai 等(2011)、田彬彬和范子英(2018)的做法,利用企业招待费支出(取对数)来刻画这种潜在的合谋关系。为进一步排除以上因素的影响,我们在验证征纳合谋机制时还进一步控制了信息不对称变量与征管能力变量,回归结果如表 5-6 Panel B 所示。第一列回归系数依然在 1% 的置信区间显著为负,证实了向征管方的寻租性贿赂确实会给企业带来逃税空间;如果征纳合谋机制成立,那么在国地税合并后,合谋的局面应该被打破。我们在第二列中用"招待费支出(取对数)"对政策交互项进行回归,不难看出,国地税合并后显著降低了企业的寻租性贿赂支出,在一定程度上反映出征管方与企业合谋程度的降低,进而抑制了企业的逃税行为。

---

① 最起码国税局的征税能力拉高了整体税务局能力的平均值水平。
② 田彬彬等(2020)指出,一般公共预算收入当然还包含了一部分非税收入部分,但是从各地区的实际执行情况发现,税收收入占到了其中的主要成分。
③ 由于部分地方政府工作报告中还公布了财政收入目标增长率这一数据,但是缺失值太多,因此我们没有使用这一数据,尽管我们也用该数据进行了实证回归,但结果基本不变,就不予展示了。

更进一步地,由于在 2014 年之后因"天价招待费"问题受到广泛关注,部分上市企业取消了这一指标的公布①,为避免缺失值对估计结果的影响,我们基于机器学习中的奇异值分解(Singular Value Decomposition,SVD)填充算法②对缺失值进行了有效补充。最终得到了 21 941 个实际观测值,相比原始样本量增加了 13.7%,即:(21 941－19 294)/19 294。针对这一样本我们重新进行了回归检验,从第三列结果可以看出,当我们考虑了招待费缺失隐患后,征纳合谋机制依然成立。综上,我们基本证实了国地税合并后主要是打破了原有的征纳合谋关系,从而抑制了企业的逃税行为。③

(二) 收益分析

通过上述分析表明,国地税合并的确显著地提高了企业所得税税负,其作用机制主要是打破了企业与征管方的合谋关系,进而压缩了企业的逃税空间。然而,此次机构改革所带来的收益效果究竟如何还是不清晰的。我们借鉴了 Busso 等(2013)、Chaurey(2017)以及 Lu 等(2019)采用的封底计算(Back-of-the-Envelope)

---

① 本研究中所涉及的缺失值约 1 000 余个。

② SVD 填充算法是机器学习和数据挖掘领域中处理数据缺失值的经典方法之一。在该算法下,数据补全基于矩阵形式,当矩阵中存在数据缺失时,可以用 SVD 进行填充。因此,本研究在对缺失的招待费数据进行填充之前,先将招待费数据转化为矩阵形式 $M \in \mathbb{R}^{m \times n}$。其中,每一行代表一个公司,每一列代表某一年,每个元素对应该公司在特定年份的招待费数额。如果某公司在某一年的招待费没有公布,则矩阵中对应的位置即为缺失值。通过这样的转化,预测没有公布的招待费等于填补矩阵中的缺失值。该算法的简要原理步骤如下:(1)首先将矩阵 M 中每一行缺失的数据用该行的均值填补,填补后的矩阵记为 X;(2)对矩阵 X 进行 SVD 分解得到 $X = U\Sigma V^T$,这里 $U \in \mathbb{R}^{m \times n}$, $\Sigma \in \mathbb{R}^{n \times n}$, $V \in \mathbb{R}^{n \times n}$;(3)求解优化问题 $\mathop{\mathrm{argmin}}\limits_{\hat{X} \in \mathbb{R}^{m \times n}, rank(\hat{X})=k} \|\hat{X} - X\|_F$,找到秩为 k 的最优近似矩阵 $\hat{X}$,$\|\cdot\|_F$ 表示矩阵的 Frobenius 范数,该问题的闭式解为 $\hat{X} = U_k\Sigma_k V_k^T$,$U_k$、$V_k$、$\Sigma_k$ 分别对应矩阵 U、V、Σ 的前 k 列;(4)重新将矩阵 M 中缺失值用矩阵 $\hat{X}$ 中对应位置的值填补,填补后的矩阵覆盖掉上述矩阵 X;(5)重复步骤(2)至步骤(4),直至收敛得到最终的填补矩阵。

③ 招待费直接受到国地税合并政策的影响,因而在 2018 年前后存在差别,无法作为一个相对外生的调节变量来观察国地税政策的差异,我们在此以未检验招待费与国地税冲击的交互效果验证该影响机制是否成立,这里我们使用了中介效应检验方法,尽管中介效应检验近期遭受广泛质疑。假设 Y 为被解释变量,X 为解释变量,Z 为中介机制变量,Y 对 X 和 Z 的回归系数分别为 β^X、β^Z,Z 对 X 的回归系数为 γ^X。当在回归中同时加入 X 和 Z 之后,其回归结果分别为 $\hat{\beta}^X \xrightarrow{p} \beta^X - \gamma^X \frac{\mathrm{Cov}(\varepsilon^Y, \varepsilon^Z)}{\mathrm{Var}(\varepsilon^Z)}$ 和 $\hat{\beta}^Z \xrightarrow{p} \beta^Z + \gamma^X \frac{\mathrm{Cov}(\varepsilon^Y, \varepsilon^Z)}{\mathrm{Var}(\varepsilon^Z)}$。由此可知,在 Z 与 Y 中存在不可观测遗漏变量时,$\mathrm{Cov}(\varepsilon^Y, \varepsilon^Z) \neq 0$(在这里,招待费和企业税负变量必然无法满足),二者的回归系数都不是一致估计,中介效应检验是有问题的,但是我们仍然利用该模型验证了征纳合谋效应是否存在。我们同时将国地税合并解释变量与招待费指标加入后,发现招待费变量吸收了部分国地税政策效应,使得后者系数出现了显著下降,但招待费变量本身仍具有 1% 的置信水平的显著性。因此,我们认为尽管中介效应检验存在一定问题(这里不再展示),但是所得结果却基本符合我们的理论分析及实证预期,能够在一定程度上说明问题。

方法,评估了此次国地税合并所带来的潜在收益。

为估算国地税合并所带来的实际所得税净收入,我们需要分别计算国地税合并下真实的所得税收入($\omega^{income\,tax}$)与反事实情况下的"假想"所得税收入($\widehat{\omega}^{income\,tax}$),从而通过下列公式得到净收益($\widetilde{\omega}^{income\,tax}$):

$$\widetilde{\omega}^{income\,tax}=\omega^{income\,tax}-\widehat{\omega}^{income\,tax} \tag{5-3}$$

式中,反事实所得税收入的计算方法为$\widehat{\omega}^{income\,tax}=\omega^{income\,tax}/(1+\widehat{\delta})$,系数$\widehat{\delta}$通过"所得税费用"对"政策交互项(国地税合并$\times Post_{2018}$)"回归得到,如表5-7第一列(0.076①)所示,不难看出,国地税合并能够显著提高企业的所得税费用。我们在表5-8中列出了相关结果,通过梳理得到,国地税合并的当年(2018年)实际所得税费用征缴额为5986.519亿元,2019年该值为4852.102亿元;进一步结合系数$\widehat{\delta}$得到反事实所得税征缴额,分别为5562.645亿元和4508.55亿元。可以看出,机构改革在2018年和2019年两年中就税收维度为政府带来了767.426(423.874+343.552)亿元的收益。这一收入还是相当可观的,分别占2018年和2019年上市企业所得税总收入的12.819%和15.816%。②

表 5-7　　　　　　　　　　　　对企业其他行为的影响

变量名	(1) 所得税费用	(2) 增值税费用	(3) 固定资产投资	(4) 短期贷款	(5) 长期贷款	(6) 贷款总额
国地税合并 $\times Post_{2018}$	0.076** (0.038)	−0.099 (0.066)	0.013 (0.042)	0.009* (0.005)	−0.002 (0.003)	0.004 (0.004)
企业年龄	−0.058** (0.027)	0.136* (0.074)	0.000 (0.045)	−0.002 (0.002)	−0.004 (0.002)	−0.005 (0.003)
所有者权益	−1.304 (6.102)	10.265 (7.806)	13.737* (7.441)	0.102 (0.282)	−0.317* (0.180)	−0.269 (0.332)
利润	304.613*** (27.795)	−17.394 (24.140)	30.467* (16.243)	−3.662* (2.090)	−0.120 (0.688)	−4.339** (2.098)
总资产	−2.949** (1.284)	−2.640 (1.986)	2.259* (1.299)	0.062 (0.040)	0.089** (0.035)	0.155*** (0.058)
营业收入	20.232*** (3.592)	3.023 (4.046)	20.583*** (3.102)	0.391** (0.176)	0.117 (0.077)	0.616*** (0.199)

---

① 更精确的系数值为0.0762,下面的福利计算我们将基于该系数进行。

② 另外我们还在表5-7第二列中使用增值税费用对国地税合并政策变量进行了相应回归,可以看出此次国地税合并的确不会对增值税的增收产生显著影响,这与我们前文所进行的安慰剂检验结果相一致。

续表

变量名	(1) 所得税费用	(2) 增值税费用	(3) 固定资产投资	(4) 短期贷款	(5) 长期贷款	(6) 贷款总额
固定资产比率	−1.600*** (0.183)	0.508** (0.239)	0.083 (0.269)	−0.020 (0.013)	−0.051*** (0.010)	−0.046** (0.019)
年份效应	Yes	Yes	Yes	Yes	Yes	Yes
个体效应	Yes	Yes	Yes	Yes	Yes	Yes
观测值	24 217	24 771	25 773	21 649	18 568	18 169
R^2	0.748 0	0.523 5	0.693 5	−0.007 6	−0.021 9	0.027 5

注：*、**和***分别表示在10%、5%和1%的置信水平上显著，括号内采用聚类稳健标准误。

另外，我们也进一步考察了国地税合并可能对企业其他行为所造成的影响，如固定资产投资和银行贷款等行为。为此，我们在表5-7第三至六列中分别利用上市企业固定资产投资、短期贷款、长期贷款和贷款总额进行了检验，可以看出，除短期贷款外，国地税合并没有进一步影响企业的其他行为。换言之，国地税合并后，针对企业所得税征管力度的提升在短期内并没有影响企业在投资和贷款等其他方面的行为。

表 5-8　　　　　　　　　　国地税合并的收益效应

年份	(1) 实际所得税费用（亿元）	(2) 政策效应系数	(3) 反事实所得税费用（亿元）	(4) 收益（亿元）
2018	5 986.519	0.076	5 562.645	423.874
2019	4 852.102	0.076	4 508.55	343.552
总收益(亿元)				767.426

七、结论与政策含义

本研究基于2018年国地税合并这一重要的财税体制改革，从征管独立性的角度探究了其对企业逃税行为的影响，并进一步考察了改革效果的具体作用机制。结果显示如下：(1)相对于国地税两套税务机关，此次国地税合并能够显著提高此前在地税局缴纳所得税企业的实际税负;(2)通过异质性分析发现,此次改革对纳税遵从度低的企业影响更为明显,如私营企业、小规模企业以及存在历史逃税记录的企业,这种异质性特征初步支持了打破合谋效应的合理性;(3)进一步验证得到,改革的效果主要来源于征管独立性的提升,打破了原有征管方和企业之间的合谋,企业寻租性贿赂支出减少了16%,与此同时,排除了其他潜在的竞争性假说,即降低信息不对称和税收能力的提高均不足以解释企业所得税税负的提升;(4)从收益分析的角度入手,此次国地税合并为政府在所得税追缴方面带来了约767亿元的收入,有力遏制了企业逃税,实现了国家财政能力的有效提升。

本研究具有明确的政策含义和导向。尽管中国在税收征管和税务稽查方面不断地在进行探索,但关于企业逃税的有效治理和制度规范仍存在明显不足。在此基础上,本研究以国地税合并这一机构改革作为契机,探究"去属地化"后征管机构独立性的提升所发挥出的实际效果,并准确评估这一改革的效果具有一定的现实意义,垂直管理系统有效减少了征税效率的损失,在今后的税制改革中,应继续坚持垂直管理模式。更重要的是,这一改革的效果为财税乃至其他领域执法机构独立性的实现提供了有益的借鉴。

参考文献

[1] 白云霞,唐伟正,刘刚.税收计划与企业税负[J].经济研究,2019(5).
[2] 陈冬,孔墨奇,王红建.投我以桃,报之以李:经济周期与国企避税[J].管理世界,2016(5).
[3] 陈骏,徐玉德.内部控制与企业避税[J].审计研究,2015(3).
[4] 陈钊,王旸."营改增"是否促进了分工:来自中国上市公司的证据[J].管理世界,2016(3).
[5] 范子英,彭飞."营改增"的减税效应和分工效应:基于产业互联的视角[J].经济研究,2017(2).
[6] 范子英,田彬彬.税收竞争、税收执法与企业避税[J].经济研究,2013(9).
[7] 范子英,田彬彬.政企合谋与企业逃税:来自国税局局长异地交流的证据[J].经济学(季刊),2016(4).
[8] 范子英,赵仁杰.财政职权、征税努力与企业税负[J].经济研究,2020(4).
[9] 郭杰,李涛.中国地方政府间税收竞争研究——基于中国省级面板数据的经验证据[J].管理世界,2009(11).
[10] 胡祖铨,黄夏岚,刘怡.中央对地方转移支付与地方征税努力——来自中国财政实践的证

据[J].经济学(季刊),2013(3).

[11] 金祥荣,李旭超,鲁建坤.僵尸企业的负外部性:税负竞争与正常企业逃税[J].经济研究,2019(12).

[12] 李明,毛捷,杨志勇.纵向竞争、税权配置与中国财政收入占比变化[J].管理世界,2014(5).

[13] 李艳,杨婉昕,陈斌开.税收征管、税负水平和税负公平[J].中国工业经济,2020(11).

[14] 李永友.转移支付与地方政府间财政竞争[J].中国社会科学,2015(10).

[15] 林晚发,赵仲匡,刘颖斐,等.债券市场的评级信息能改善股票市场信息环境吗?——来自分析师预测的证据[J].金融研究,2020(4).

[16] 刘行,叶康涛.金融发展、产权与企业税负[J].管理世界,2014(3).

[17] 刘啟仁,赵灿,黄建忠.税收优惠、供给侧改革与企业投资[J].管理世界,2019(1).

[18] 龙小宁,朱艳丽,蔡伟贤,等.基于空间计量模型的中国县级政府间税收竞争的实证分析[J].经济研究,2014(8).

[19] 吕冰洋,马光荣,毛捷.分税与税率:从政府到企业[J].经济研究,2016(7).

[20] 马光荣,李力行.政府规模、地方治理与企业逃税[J].世界经济,2012(6).

[21] 沈坤荣,付文林.税收竞争、地区博弈及其增长绩效[J].经济研究,2006(6).

[22] 田彬彬,范子英.征纳合谋、寻租与企业逃税[J].经济研究,2018(5).

[23] 田彬彬,谷雨.征管独立性与税收收入增长——来自国税局局长异地交流的证据[J].财贸经济,2018(11).

[24] 田彬彬,陶东杰,李文健.税收任务、策略性征管与企业实际税负[J].经济研究,2020(8).

[25] 王小龙,余龙.财政转移支付的不确定性与企业实际税负[J].中国工业经济,2018(9).

[26] 吴联生.国有股权、税收优惠与公司税负[J].经济研究,2009(10).

[27] 吴文锋,吴冲锋,芮萌.中国上市公司高管的政府背景与税收优惠[J].管理世界,2009(3).

[28] 许敬轩,王小龙,何振.多维绩效考核、中国式政府竞争与地方税收征管[J].经济研究,2019(4).

[29] 许红梅,李春涛.社保费征管与企业避税——来自《社会保险法》实施的准自然实验证据[J].经济研究,2020(6).

[30] 赵永辉,付文林,冀云阳.分成激励、预算约束与地方政府征税行为[J].经济学(季刊),2020(1).

[31] 张克中,欧阳洁,李文健.缘何"减税难降负":信息技术、征税能力与企业逃税[J].经济研究,2020(3).

[32] 张敏,刘耀淞,王欣,等.企业与税务局为邻:便利避税还是便利征税[J].管理世界,2018(5).

[33] Allingham M G and Sandmo A. Income Tax Evasion: A Theoretical Analysis[J]. *Journal of Public Economics*, 1972, 1(3-4).

[34] Busso M, Gregory J and Kline P. Assessing the Incidence and Efficiency of A Prominent Place Based Policy[J]. *American Economic Review*, 2013, 103(2).

[35] Cai H and Liu Q. Competition and Corporate Tax Avoidance: Evidence from Chinese Industrial Firms[J]. *The Economic Journal*, 2009, 119(537).

[36] Cai H, Fang H and Xu L. Eat, Drink, Firms, Government: An Investigation of Corruption from the Entertainment and Travel Costs of Chinese Firms[J]. *Journal of Law and Economics*, 2011, 54(1).

[37] Chaurey R. Location-Based Tax Incentives: Evidence from India[J]. *Journal of Public Economics*, 2017(12).

[38] Chen Z, Liu Z, Serrato J C S, et al. Notching R&D Investment with Corporate Income Tax Cuts in China[J]. *National Bureau of Economic Research*, 2018, 111(7).

[39] DeBacker J, Heim B T and Tran A. Importing Corruption Culture from Overseas: Evidence from Corporate Tax Evasion in the United States[J]. *Journal of Financial Economics*, 2015, 117(1).

[40] Desai M and Dharmapala D. Corporate Tax Avoidance and High-powered Incentives[J]. *Journal of Financial Economics*, 2006, 79(1).

[41] Dhaliwal D, Li O, Tsang A, et al. Voluntary Nonfinancial Disclosure and the Cost of Equity Capital: The Initiation of Corporate Social Responsibility Reporting[J]. *The Accounting Review*, 2011, 86(1).

[42] Dyreng S, Hanlon M and Maydew E. The Effects of Executives on Corporate Tax Avoidance[J]. *The Accounting Review*, 2010, 85(4).

[43] Edmonds E V, Pavcnik N and Topalova P. Trade Adjustment and Human Capital Investments: Evidence from Indian Tariff Reform[J]. *American Economic Journal: Applied Economics*, 2010, 2(4).

[44] Fisman R and Wei S. Tax Rates and Tax Evasion: Evidence from "Missing Imports" in China[J]. *Journal of Political Economy*, 2004, 112(2).

[45] Lu Y, Tao Z and Zhu L. Identifying FDI Spillovers[J]. *Journal of International Economics*, 2017(7).

[46] Lu Y, Wang J and Zhu L. Place-Based Policies, Creation and Agglomeration Economies: Evidence from China's Economic Zone Program[J]. *American Economic Journal: Economic Policy*, 2019, 11(3).

[47] Rego S O and Wilson R. Equity Risk Incentives and Corporate Tax Aggressiveness[J]. *Journal of Accounting Research*, 2012, 50(3).

[48] Ru H. Government Credit, a Double-Edged Sword: Evidence from the China Development Bank[J]. *The Journal of Finance*, 2018, 73(1).

第二篇
房(地)产税博弈

不同的经济发展阶段,有不同的税制结构。在经济起步阶段,居民收入水平较低,绝大部分收入都用来维持消费,即收入的边际消费倾向较高。此时的主体税种就是消费(类)税,即把税收加在商品或者服务的价格上,从而实现最大范围的征税。随着经济发展到一定阶段,居民收入在维持消费之外还有一些剩余,此时就要逐步加入所得税体系。进一步地,当居民的收入累积形成一定的财产之后,就需要引入财产税体系。

早在1986年,我国就颁布了《房产税暂行条例》,不过此时的房产税主要是针对商业用房,个人所有的非营业用房产则免征房产税,因此城市的居住房产一直没有征税。自2004年起,我国主要城市的房价开始进入高速增长阶段,住房市场上的投机炒作行为盛行,同时也出现了严重的两极分化,高收入人群拥有多套住房,而工薪阶层却面临买房难的局面。为了遏制住房市场的投机行为,国家在大多数城市实行了管制政策,包括限购、限贷、限售等,但管制政策难免会产生负面效应,例如一些家庭通过"假离婚"来规避限购政策,同时管制政策也相对较为僵硬。如果能够通过税收降低住房的投资收益,则可能甄别住房的投资需求和居住需求,即在住房持有环节征收房产税。

2010年5月国务院提出要推进房产税改革,2011年1月国务院开始在部分城市试点房产税的征收,重庆和上海成为首批试点城市,这两个城市的入选主要有两个方面的原因:一是两者都是直辖市,在行政上更有利于管理;二是两者的房价具有很好的代表性,上海市作为东部沿海城市,房价水平是最高的几座城市之一,而重庆作为西部城市,房价处于全国平均水平。按照税收资本化的基本原理,对房产持有环节征税,相当于在房屋收益里抽走一个固定比例,这部分税收会被提前贴现到房屋的成交价格,因此房产税会带来住房价格的下降。当然,这种下降是相对于其潜在水平的相对变化,而不一定是实际房价的下降。这是第6个研究"房(地)产税与住房价格"的主要内容。

与住房价格变化相比,更加重要的是房产税对于投机需求的甄别和抑制。一个理想的房产税应该同时满足两个目标：一是满足基本的居住需求；二是打击投机需求。上海的房产税设定了一个人均 60 平方米的免税门槛，一个三口之家的居住面积在 180 平方米以内，可以免征房产税，家庭如果只有一套住房，那么无论该住房面积多大，也不用交税，这属于房产税的居住需求功能。反之，当家庭拥有两套(含)以上住房，同时人均住房超过 60 平方米时，则需要按照一定的税率缴纳房产税。在门槛的左右，住房持有环节的平均税率会从 0 上升到 0.4%。由于该税种是持有环节征收，意味着购房者每年都要缴纳此项税收，必然会抑制其购房需求，这就是房产税的第二重功能，也是第 7 个研究"房(地)产税与住房投机"的主要内容。

房产税的引入会改变价格体系，并且这种价格效应还具有结构差异，对其中一部分类型的住房市场的影响更大，不同的住房市场对应了不同的收入阶层，价格效应最终也会产生收入分配效应。重庆的房产税政策采用了跟房屋面积挂钩的政策，规定房屋可以免税的面积为 100 平方米，超过 100 平方米的部分则需要交税。在这样的税收政策下，小面积住房都是不用交税的，这样带来的结果是小面积住房需求的突然增加，在短期供给未能调整之前，小面积住房市场的价格会明显上升。这些住房市场的潜在购买者是中低收入阶层，房价的上涨，也直接压缩了他们的购房空间，房产税反而损害了中低收入阶层的福利。与价格效应伴随的收入分配效应，是政策设计初衷未能考虑的事情，这也是第 8 个研究"房(地)产税的收入分配效应"的主要内容。

房地产税试点至今已有 13 年，但依然没有明显的改革进展。一是因为试点城市的政策相对较为保守，例如上海的政策，只针对新购住房的行为，而重庆主要针对高端住房消费，由于两个城市覆盖面积有限，因此也很难完全判断是政策的问题还是政策试点的问题。二是因为房产税天然就不适合用政策试点，房产税需要计算家庭(或个人)层面的住房存量，住房的管理机构在地区之间是分割的，在政策试点初期，试点城市既没有激励，也没有能力统计其他城市的住房数据，因此无法计算家庭(或个人)层面的真正应税面积。三是房产税政策与地方政府的激励不兼容，对地方政府来说，需要住房市场的相对繁荣，进而才能在土地一级市场上抽取租金，形成良好的土地财政，房产税属于长期政策，虽然有利于地方财政的长期可持续性，但也会冲击短期的土地财政，因此没有其他地区积极跟进。

试点的缺陷也就催生了顶层设计的酝酿。自 2013 年起，中国提出要"立法先行"，从顶层设计开始统筹推进房地产的税收改革。过去很长一段时间的房产税缺位,也给其他政策预留了空间,在土地交易和住房建设等环节添加了太多的税种。一旦在住房持有环节征收税收,这些与土地挂钩的税种也就需要进行清理归并,因此重新设计了一个税种,即房(地)产税。由于这是一个全新的税种,按照《立法法》,只能通过全国人大进入立法程序,才可能正式实施。

房(地)产税一端与千万个家庭相关,另一端与房地产市场相关,房地产市场的上游关联产业体量庞大,这个税种非常重要且敏感,立法工作推进艰难,多年来未取得实质进展。2021年10月,全国人大授权国务院在部分城市开展房(地)产税试点,"立法先行"又回到地方试点。不过,2022年开始,中国房地产市场开始下行,国家只能暂停房(地)产税试点。2023年,随着房地产市场的进一步下行,限购、限贷等管制政策也在逐步退出,这就给未来的房(地)产税预留了空间。

6

房(地)产税与住房价格*

本研究概要： 房产税的实施增加了购房者的持有成本，抑制了高档房的需求和房地产的投机行为，进而在一定程度上影响了房价的变动情况。我们利用 2011 年 2 月在重庆实施的房产税试点作为自然实验，采用项目评估中的合成控制法（Synthetic Control Methods）估计了房产税对试点城市房价的影响，基于 2010 年 6 月到 2012 年 2 月 40 个大中城市的面板数据，研究发现房产税对试点城市的房价上涨有显著的抑制作用，房产税使得试点城市的平均房价相对于其潜在房价下降了 140.883～341.785 元/平方米，下降幅度达到 5.375%。通过对这种效应的进一步分解，我们发现受房产税政策影响的主要是大面积住房，小户型住房由于受到大面积住房市场挤出的需求冲击，其价格反而出现了更剧烈的上涨，这提醒我们要谨慎考虑现阶段的房产税政策。

一、引言

自 2000 年起，我国的住房价格持续走高，平均每年增长 8.58%，远远超过了同期的 CPI 增长率和银行存款利率(见图 6-1)。过高的房价带来了一系列的影响，如消费不足、收入差距、结构失衡和投资泡沫等(况伟大，2011；陈彦斌和邱哲圣，

---

* 本研究主要内容参见：刘甲炎,范子英. 中国房产税试点的效果评估：基于合成控制法的研究[J]. 世界经济,2013(11)：117-135。

2011；高波等，2012；王永钦和包特，2011）。在这样的背景下，国家多次出台调控政策以缓和房价的上涨势头，早期房地产调控主要是从供给角度着手，如先后出台的减免税费、调整住房供给结构等措施。最近几年政府转向需求管理，例如限购限贷、提高首付比例等，同时加大对保障性住房的投入，尝试建立多维度的住房供给结构。不过以上这些政策都是短期的，旨在短时间内抑制房价的上涨，为了能够建立一个长期稳定的房地产市场，国家开始考虑对房地产的持有环节征税。由于商品房价格的增速远远高于CPI的增长率和银行利率，加上普通居民的投资渠道有限，住房不仅仅是消费品，更多的是投资品，对持有环节进行征税能够使得投资需求的成本上升，降低房地产投资的收益，进而在长期中抑制房价的上涨。不仅如此，由于房产税在绝大多数国家都属于地方税种，在中国征收房产税还能够在一定程度上缓解地方政府的土地财政困境，规范地方政府的行为，并建立一个可持续的地方政府收入来源（刘洪玉，2011）。

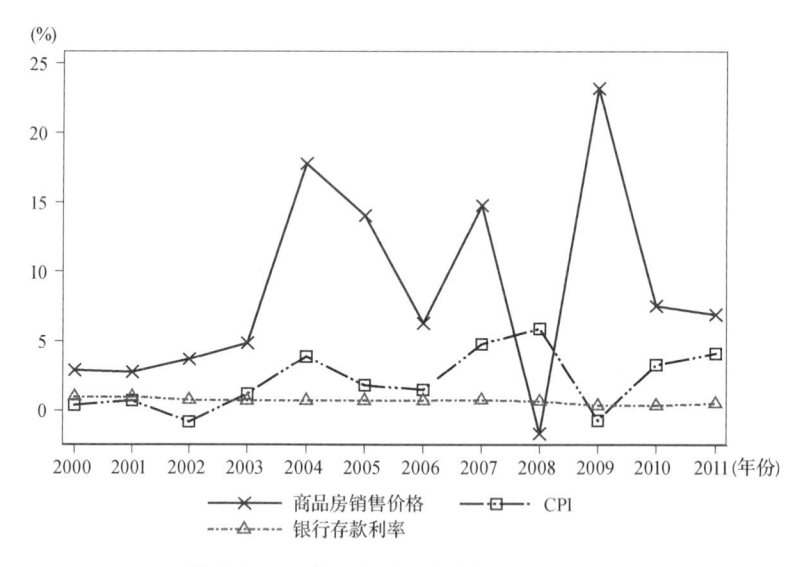

资料来源：根据历年《中国统计年鉴》整理而成。

图 6-1　商品房销售价格增速、CPI 和银行存款利率

2011 年 1 月 28 日，国务院在上海和重庆试点征收房产税，焦点问题集中于房产税对房价是否有影响，以及影响程度是多少。到目前为止，学术界并没有对该政策量化研究，主要障碍有两个：一是评估方法的缺陷，在传统的政策评估中，倍差法是最常用的一种方法，该方法要求处理组（试点城市）和对照组（非试点城市）在改革之前是可比的，但是由于试点城市的特殊性，传统的倍差法在这里并不适用；二是多种政策的干扰,在房产税试点的同时,政府还采取了其他多种调控政策,如限购、限贷等,这些政策的效果与房产税混在一起,很难将其剥离出来。

我们采用 Abadie 和 Gardeazabal(2003)提出的合成控制法(Synthetic Control Methods)来估计房产税政策的影响。合成控制法正是为了弥补倍差法的上述缺陷,充分考虑到了处理组的特殊性,通过其他城市的加权平均来构造一个"反事实"的参照组,真实房价水平与反事实的房价之间的差距即该政策的作用。基于 2010 年 6 月到 2012 年 2 月 40 个大中城市的月度平衡面板数据,在控制了土地价格、经济发展水平、人口密度、限购政策、产业结构等因素后,我们发现房产税使得试点城市房价相对于潜在房价下降了 140.883～341.785 元/平方米,下降幅度达 5.375%,并且通过了一系列稳健性检验。

与房产税的价格效应相比,更为重要的是其产生的结构性扭曲。当我们将价格效应进一步分解后,发现不同面积类型的住房价格走势完全相反,在大面积住房(144 平方米以上)价格下降的同时,小面积住房(90 平方米以下)价格反而出现了更大幅度的上涨,这至少说明两个问题:一是住房平均价格的下降主要是由大面积住房导致的;二是房产税政策将大面积住房市场需求挤出到小面积住房市场,导致这些类型的住房价格反而增长更快。这种结构性扭曲一方面与现阶段试点的"窄税基"房产税政策有关,另一方面也与户籍制度直接相关。这种扭曲政策的结果产生了巨大的福利分配效应,由于小面积住房对应的是城市的中低收入阶层,房产税的本意是要减轻他们的购房负担,但实际结果却完全相反,这些群体不得不支付更高的房价,房产税反而降低了他们的福利,在未来推广房产税时,这一点尤其要引起重视。

二、理论分析及研究假说

传统的房(地)产税收理论主要是从要素流动的角度来考虑税收对房价的影响。由于资本的流动性一般都比较高,因此资本并不承担任何税负,房产税最终会转嫁给消费者,从而以更高的房价表现出来(Simon,1943;Netzer,1966)。在此基础之上,一些财政学文献开始将房产税与公共服务联系起来,认为在劳动力自由流动的情况下,"用脚投票"(Voting with Feet)的机制会与辖区的房产税和公共服务相匹配,那些提供更多公共服务的地区的房产税负也会更重,反之亦然,因此房产税是一种收益税,影响当地的公共支出,而不直接影响住房价格和资源配置(Tiebout,1956;Hamilton,1975;Fischel,1992,2001)。不过,任何的税收都会导致效率损失，房产税也会导致资本错配，扭曲辖区内的资本使用，并产生两种效应：一是利润税效应（Profits Tax Effect），在全国范围内财产税降低了资本总体收益；二是流转税效应（Excise Tax Effect），从辖区来看，房产税导致了当地不可移动的住房的价格发生了变化（Mieszkowski，1972；Mieszkowski and Zodrow，1986）。

虽然不同理论在房产税对房价的影响方面没有得出一致结论，但是大部分的实证文献都发现两者是一种负向关系。例如，Oates（1969）通过对美国新泽西州东北部53个城镇的调查发现房地产价值与财产税呈负相关，与地区的公共支出水平呈正相关。Rosen（1982）通过研究北加利福尼亚推出的第13号法案[①]对房价的影响，发现在当地公共服务没有下降的情况下，平均每年下降一美元的财产税则会相应增加7美元的财产价值。Rosenthal（1999）对英国马其赛特郡（Merseyside）等县市的实证研究发现税收对房价有抑制作用。我国早期的房产税的征税范围并不包括居民自用住房，一些学者研究了这种房产税与房价的关系。例如：杜雪君（2009）利用中国31个省（市/自治区）的数据资料为研究样本，发现中国房（地）产税对房价有抑制作用，而地方公共支出则对房价有促进作用，且后者的影响较大，因此房（地）产税负和地方公共支出对房价的净影响为正；况伟大（2009）利用理论模型表明，在其他条件不变时，开征房产税将导致房价下降，并利用1996—2006年中国30个省份的面板数据对理论模型进行了经验检验。

与发达国家不同的是，由于房价的快速上涨，我国的住房市场不仅是一个消费市场，更是一个投资市场，预期及投机需求对中国城市房价波动具有较强的解释力（况伟大，2010）。在现实中，收入、要素成本等经济基本面在短期内发生较大变动的可能性较小，而购房者的预期和投机对房价短期波动的影响更大。Malpezzi 和 Wachter（2005）以住房存量调整（Stock Adjustment）模型和适应性预期为基础，建立了房地产投机模型，他们发现不仅供给会对房价波动产生重大影响，投机也会对房价波动产生重大影响，尤其是当供不应求时，投机对房价波动影响更大。沈悦和刘洪玉（2004）对1995—2002年中国14个城市的实证研究发现，在不添加年度虚拟变量的情况下，城市经济基本面是能够解释住宅价格变动的，但如果加入年度虚拟变量，则城市经济基

---

① 20世纪70年代越战结束后，大批美国退役士兵回国后选择在加州安家。由于这些退役士兵们购置土地，大兴土木导致加州房地产价格上涨，物业税的税基也随着上涨，虽然加州财政收入大幅度提高，但是很多居民不得不变卖家产，移民他乡，同时留下来的居民则和加州政府进行抗议斗争。1978年公共选择学派代表人物之一布坎南提出了第13号法案，该法案规定物业税税率不得超过市场价值的1%，并且税基由1974年公开市场价值为基准，每年税基增加量不得超过2%，同时不能增加其他额外税费。第13号法案通过后，加州又陆续通过第4、6、98、218等多项与税收和支出相关的法案。

本面的解释力大幅度下降,这说明适应性预期对住宅价格变动具有显著影响。况伟大(2010)考察了预期和投机对房价的影响,虽然他认为经济基本面对房价波动影响要大于预期和投机,但预期和投机对中国城市房价也有很强的解释力。

根据理性泡沫理论,当投资者期待未来资产价格上涨时,会囤积资产,从而获取更大的收益(Wong,1998)。房产税是针对住房持有环节进行征税,不仅加大了房地产投资者的持有成本,同时还影响到投资者预期收益,投资需求的降低会进一步拉低房价。况伟大(2011)通过建立投资者和开发商的理论模型,证实了开征房产税对住宅价格有抑制作用。昌忠泽(2010)分析了房地产泡沫形成的根源,并提出开征房产税和住宅空置税能够抑制房地产市场的过度投机行为。

我国的房产税实际上由来已久,1949年中华人民共和国成立后,国务院公布的《全国财政实施要则》便将房产税列为14个主要税种之一,随后经历了一系列的演变。现行的房产税来源于1986年9月15日国务院颁布的《中华人民共和国房产税暂行条例》,不过此时的房产税主要是针对商业用房,个人所有的非营业用房产则免征房产税,因此对房地产的影响较小。自2004年起,我国主要城市的房价一直处于高速增长阶段,住房市场上的投机炒作行为盛行,同时也出现了严重的两极分化,高收入人群拥有多套住房,而工薪阶层却面临买房难的局面。因此,中央政府希望通过对住房持有环节征税,这里主要有两个方面的原因:一方面通过增加住房持有成本、打击投机炒作的政策手段,引导居民合理性住房消费;另一方面还可以取得稳定的税收来源,用于保障房的建设,从而调节住房供给结构。最早进入决策层的不是房产税,而是物业税,不过很快物业税就面临立法上的难题。因此,2010年5月国务院提出要推进房产税改革,扩大原有的房产税征收范围[①],将个人所有的居住房产也作为征收对象,从而绕开物业税所面临的难题。2011年1月国务院开始在部分城市试点房产税的征收,重庆和上海成为首批试点城市,这两个城市的入选主要有两个方面的原因:一是两者都是直辖市,在行政上更有利于管理;二是两者的房价具有很好的代表性,上海作为东部沿海城市,房价水平是最高的几座城市之一,而重庆作为西部城市,房价处于全国平均水平。

虽然上海和重庆同时入选试点城市,不过两者的征收细则方面还是存在巨大差异,如表6-1所示。从实施细则来看,上海在征收对象上采取"老人老办法、新人新办法",只对新建住房征收房产税,而重庆对新房和存量住房同时征收房产税。

---

① 参见《关于2010年深化经济体制改革重点工作的意见》(国发〔2010〕15号)。

在税率方面,重庆的税率高于上海的税率,并且重庆按全额征税,上海则有70%的税额折扣。上海和重庆作为这次房产税的试点城市,虽然征税细则不同,但是两个试点城市都有很强的针对性,对高档住房和超标准多套住房开征房产税,这对限制住房市场的投机炒作、抑制住房消费的两极分化等方面可以起到一定的积极作用,理论上不会影响居民合理的自住性需求。这里值得重点注意的是,虽然房产税试点政策在一定程度上考虑了中低收入者的自住性需求,如重庆允许每个家庭新购的商品房享有100平方米的免税面积,但这对于低收入家庭而言却是不利的。那些原本准备购买大面积住房的家庭,在房产税政策的免税条款的影响下会转向小户型住房,短期内的供给结构虽未出现大幅度变化,但小户型住房市场上高涨的需求会显著增加其价格。因此,那些原本可以购买小户型住房的家庭,在新的房产税政策的影响下,反而无法满足其自住性的住房需求。重庆在此期间还实施了其他房地产政策,特别是在保障房建设方面有较大的投入,2011年重庆计划建设保障性住房49.45万套,截至当年7月底,已开工建设37.56万套,计划量和开工量均居全国前列。

表 6-1　　　　　　　　　　　　　重庆和上海房产税细则

城市	重庆	上海
适用范围	主城九区	所辖行政区域
征税对象	独栋商品住宅,房价达到当地均价两倍以上的高档公寓,包括存量房;重庆"三无"人员新购第二套住房(含第二套)以上普通住房	上海本市家庭新购的第二套及以上住房(包括二手房);非本市家庭所购住房(包括第一套住房)
房产税率	0.5%～1.2%	0.4%或0.6%
计算方式	全额缴纳	应纳税额＝住房纳税面积×住房单价×房产税税率×70%
免税面积	一个家庭只能对一套住房扣除免税面积,存量的独栋商品住宅,免税面积为180平方米;新购的独栋商品住宅和高档住房,免税面积为100平方米	以家庭为单位,按人均60平方米(含)为起征点

本研究待检验的两个假说:(1)试点城市通过对住房进行房产税的征收,将提高住房的持有成本,进一步抑制住房的投资性需求,在短期内还可抑制房价的上涨;(2)由于房产税改革主要针对的是大面积住房,在房产税政策的免税条款的影响下,导致房产税挤出的需求会进一步抬高小户型住房的价格,因此房产税还将产生结构效应。

三、估计方法

重庆和上海于 2011 年 1 月 28 日开始试点房产税的征收,由于其他城市未受此次改革的影响,我们把这看作是对试点城市实施的一项自然实验。根据项目评估理论,试点城市 2011 年 2 月之后作为处理组,国内其他城市为对照组,比较处理组和对照组之间的差异,可以估计房产税改革对房价的影响。一个直观的想法就是利用倍差法对比房产税改革之后试点城市房价水平的变化和其他地区房价的变化,二者的差距就反映了房产税改革对试点城市房价的影响。不过倍差法在处理此问题时有两大障碍:(1)参照组的选取具有主观性和随意性,不具有说服力;(2)政策是内生的,试点城市与其他城市之间有系统性差别,而这种差别恰好是该城市成为试点城市的原因(Abadit et al.,2010)。特别是第二个障碍,我们并没有充足的理由能够排除政策的内生性,因而直接用倍差法进行估计会产生偏差。

针对倍差法的这些缺陷,Abadie 和 Gardeazabal(2003)以及 Abadie 等(2010)提出合成控制法(Synthetic Control Methods)来估计政策的效果,其背后的基本逻辑是通过对多个参照组进行加权以优于主观选定的一个参照组。该方法的基本思路如下:虽然寻找与处理组完全类似的对照组是困难的,但我们可以根据没有房产税改革的其他地区的组合来构造出一个良好的对照组。合成控制法早已得到了广泛的应用。例如:Abadie 和 Gardeazabal(2003)利用西班牙其他地区的组合来模拟没有恐怖活动的巴斯克地区的潜在经济增长,进而估计恐怖活动对巴斯克地区经济的影响;Abadie 等(2010)用同样的方法研究加州的控烟法对烟草消费的影响,他们利用其他州的数据加权模拟了加州在没有该法案时的潜在烟草消费水平。与此同时,国内学者也逐渐采用该方法。例如:王贤彬和聂海峰(2010)利用合成控制法将全国其他省份作为对照组的集合,分析了重庆 1997 年被划分为直辖市对相关地区经济增长的影响;余静文和王春超(2011)研究了海峡两岸关系演进对福建省经济发展的影响。

合成控制法的基本特征为:清楚地知道对照组内每个经济体的权重,即每个经济体根据各自数据特点的相似性,构建"反事实"事件中其所做的贡献;按照事件发生之前的预测变量来衡量对照组和处理组的相似性。合成控制法提供了一个根据数据选择对照组来研究政策效应的方法,该方法具有以下两个优点:(1)扩展了传统的倍差法,是一种非参数的方法;(2)在构造对照组的时候,通过数据来决定权重的大小,从而减少主观判断。该方法是根据所有对照组的数据特征构造出反事实状态(Counterfactual State),明确地展示处理组和合成地区政策实施之前的相似程度,这一反事实状态是根据对照组各自贡献的一个加权平均,权重的选择为正数并且之和为1,这样就避免了过分外推(Temple,1999)。

假设我们观测到 $J+1$ 个地区的房价增长情况,其中第1个地区(试点城市)在 T_0 受到了房产税改革的影响,其他 J 个地区为对照组地区。我们可以观测到这些地区 T 期的房价增长情况。P_{it}^N 表示城市 i 假如在时间 t 没有房产税改革时的房价,P_{it}^I 则表示有房产税改革时的房价。

这里我们设定模型 $P_{it}=P_{it}^N+D_{it}\alpha_{it}$。$D_{it}$ 为是否接受试点的虚拟变量,如果地区 i 在时刻 t 接受试点,那么该变量等于1,否则等于0。对于不受房产税改革影响的城市,我们有 $P_{it}=P_{it}^N$。因为只有第1个地区在时刻 T_0 之后开始受到房产税改革实验的影响,我们的目标就是估计 α_{it}。当 $t>T_0$ 时,$\alpha_{it}=P_{it}^I-P_{it}^N=P_{it}-P_{it}^N$。$P_{it}$ 是试点城市的住宅均价,是可以观测到的。为了得到 α_{it},我们需要估计 P_{it}^N,P_{it}^N 是试点城市没有进行房产税改革时的房价增长情况,是无法观测到的。我们就通过构造"反事实"的变量(Counterfactual Variable)来表示 P_{it}^N:

$$P_{it}^N=\partial_t+\theta_t Z_i+\lambda_t\mu_i+\varepsilon_{it} \quad (6-1)$$

式(6-1)为潜在房价的决定方程,其中 Z_i 是不受房产税改革影响的控制变量,∂_t 是时间趋势,λ_t 是一个 $(1\times F)$ 维观测不到的共同因子,μ_i 是 $(F\times 1)$ 维观测不到的地区固定效应误差项,ε_{it} 是每个地区观测不到的暂时冲击,均值为0。为了得到房产税改革的影响,我们必须估计房产税试点城市假设没有进行房产税改革时的 P_{it}^N,解决方案是通过对照组城市的加权来模拟处理组的特征。为此,我们的目的就是求出一个 $(J\times 1)$ 维权重向量 $W^*=(w_2^*,\cdots,w_{J+1}^*)$,满足对任意的 J,$W_J\geqslant 0$,并且 $w_2+\cdots+w_{J+1}=1$。

$\sum_{j=2}^{J+1}w_j P_{it}=\partial_t+\theta_t\sum_{j=2}^{J+1}w_j Z_j+\lambda_t\sum_{j=2}^{J+1}w_j\mu_i+\sum_{j=2}^{J+1}w_j\varepsilon_{it}$,假设存在一个向量组,则 $W^*=(w_2^*,\cdots,w_{J+1}^*)'$ 需满足如下:

$$\sum_{j=2}^{J+1}w_j^* P_{jt}=P_{11},\cdots,\sum_{j=2}^{J+1}w_j^* P_{jT_0}=P_{1T_0} \text{ 并且 } \sum_{j=2}^{J+1}w_j^* Z_j=Z_1 \quad (6-2)①$$

---

① 这里我们不仅要在房产税改革前使每个月份的房价与通过对照组加权得出的房价相同,同时还要使影响房价的因素也相同。

如果 $\sum_{i=1}^{T_0} \lambda'_t \lambda_t$ 是非奇异的(Non-Singular)，则我们可得：

$$P_{it}^N - \sum_{j=2}^{J+1} w_j^* P_{jt} = \sum_{j=2}^{J+1} w_j^* \sum_{s=1}^{T_0} \lambda_t (\sum_{i=1}^{T_0} \lambda'_t \lambda_t)^{-1} \lambda'_s (\varepsilon_{js} - \varepsilon_{is}) - \sum_{j=2}^{J+1} w_j^* (\varepsilon_{jt} - \varepsilon_{it})$$

(6-3)

Abadie 等(2010)证明在一般条件下，上式的右边将趋近于 0。因此，对于 $T_0 < t \leqslant T$，我们可以用 $\sum_{j=2}^{J+1} w_j^* P_{jt}$ 作为 P_{it}^N 的无偏估计来近似 P_{it}^N，从而 $\hat{\alpha}_{1t} = P_{it} - \sum_{j=2}^{J+1} w_j^* P_{jt}$ 就可以作为 α_{1t} 的估计。①

四、房产税对房价影响的平均效应

由于合成控制法是利用对照组城市来拟合一个处理组的反事实状态，通过处理组和对照组的一些性质进行匹配，该方法要求处理组可以通过对照组加权估计，但是上海地区住宅均价在我国住宅均价中基本处于第一位置，并且其他经济特征也比较特殊，无法通过其他城市进行加权平均。②③ 不过，幸运的是重庆符合本方法的要求。

---

① 在求 $\hat{\alpha}_{1t}$ 时，需要知道 W^*。我们可以通过近似解来确定合成控制向量 W^*。选择最小化 X_1 和 $X_0 W$ 之间的距离 $\|X_1 - X_0 W\|$ 来确定权重向量 W^*。其函数表达式为 $\|X_1 - X_0 W\|_v = \sqrt{(X_1 - X_0 W)' V (X_1 - X_0 W)}$。$W$ 满足的条件为：对任意的 $j = 2, \cdots, J+1$，有 $w_j \geqslant 0$ 并且 $W_2 + \cdots + W_{J+1} = 1$。$X_1$ 是房产税改革试验前试点城市的 $(k \times 1)$ 维特征向量；X_0 是 $(k \times J)$ 矩阵，X_0 的第 j 列为地区 j 的房产税改革试验之前的相应特征向量。特征向量为方程组(6-2)式中决定房价增长的因素或者房价增长变量的任意线性组合。V 是一个 $(k \times k)$ 的对称半正定矩阵。V 的选择会影响估计均方误差，我们使用 Abadie 等(2009)开发的 Synth 程序包进行模型的估计。详见 Abadie 等(2010)附录 B。

② 这恰恰说明倍差法在评估房产税政策时是无效的，其他城市加权平均方法都无法获得可靠的参照组，主观选择单一的城市作为上海的对照组会造成更大的偏误。我们曾经采用普通的倍差法将上海和重庆作为处理组，其他所有城市作为对照组进行估计，结果发现显著高估了政策的效果，通过合成控制法与倍差法的比较，重庆的高估程度高达 67%。

③ 在稳健性检验中，王贤彬和聂海峰关于《行政区规划调整与经济增长》的论文，就将上海删除，原因为上海是研究地区预测误差的 36 倍；还有 Abide 在《Synthetic Control Methods for Comparative Case Studies: Estimating the Effect of California's Tobacco Control Program》中删除了新罕布什尔州，原因是在烟草改革之前，该州就是所有州中平均消费烟草最多的州。

本研究使用的数据为 2010 年 6 月到 2012 年 2 月 40 个①大中城市的平衡面板数据,房价和土地成交均价数据来自中国指数研究中心,其他数据来自《中国城市统计年鉴》以及各城市统计局网站。我们的目标是用其他城市的加权平均来模拟没有进行房产税改革的重庆潜在房价,然后跟真实的重庆房价进行对比来估计房产税改革对重庆房价波动的影响。根据合成控制法的思想,我们选择权重时要使得房产税改革前合成重庆的各项决定房价的因素和重庆尽可能的一致。我们选择的预测控制变量包括土地成交均价②、人均 GDP、人口密度、限购变量、第三产业比重以及被解释变量城市住宅均价作为当地房价的代理变量。其中土地成交均价属于房地产市场重要的成本因素,地价的高低对房地产市场供给方面有重要的影响,地价越高将导致房地产商开发成本上升,从而使房价上涨(陈超,2011)。人均 GDP 和人口密度属于房地产市场需求方面重要的影响因素,人均 GDP 越高的城市,其房价也会越高;人口密度越大的城市,会导致房地产市场的需求增长大于供给增长,所以房价也会越高。2010 年 4 月北京出台"国十条"后,我国部分城市先后公布限购细则,限购政策在一定程度上抑制了房地产市场的购房需求,从而抑制了房价的上涨。由于各个城市出台限购政策的时间不一致,政策影响又具有时滞性,限购政策出台的先后在一定程度上也反映了城市房价水平,例如我国 2011 年前就实施限购政策的城市(上海、北京、广州等)都是房价水平较高的城市,所以我们根据 40 个城市出台限购细则的顺序赋予虚拟变量,在 2011 年前实施限购的赋值 3,在 2011 年 1 月到 2011 年 5 月的为 2,之后的为 1,没有实施限购的为 0,此外沈阳、长沙是部分限购,赋值相应地减 1。

(一) 房产税对重庆房价的影响

通过合成控制法的计算,表 6-2 展示了构成合成重庆的权重组合,共选取 7 个城市,其中湛江为权重最大城市。③ 表 6-3 给出了在 2011 年 2 月重庆房产税改革之前真实重庆和合成重庆的一些重要经济变量的对比,其中我们关注的房价数据,即真实重庆和合成重庆的差异度仅 1‰。此外,我们还随机选取试点前的 4 个月来

---

① 40 个城市包括所有省会城市(除拉萨、香港和澳门),同时由于数据的可获得性,以及考虑到重庆没有实施限购政策,我们又选择了一些与重庆房价差别不大,并且未实施限购政策或限购政策实施较晚的城市,其中包括北海、大连、惠州、泉州、温州、无锡、徐州、湛江、包头。

② 各个城市土地成交均价由中国指数研究中心提供,由于少数月份没有土地成交,我们通过插值法获得。

③ 这 7 个城市间的权重不是线性关系,当我们在这 7 个城市中更换一个目标城市进行模拟时,其合成的城市名称和权重都会发生变化,这说明不存在线性内推的问题。

检验该方法的拟合效果,这4个月的房价差异度极小,仅为2‰左右,拟合优度 R^2 高达0.99,可以说合成重庆的房价增长路径很好拟合了真实的增长路径。在所选取的影响房价因素的变量中,从表6-3可以看出土地成交均价①、人均GDP、人口密度、限购变量和第三产业比重预测变量都比较接近,其差距与重庆的真实变量和40个城市的平均真实变量的差距都要小,其中土地成交均价、人均GDP、人口密度和第三产业比重两者差异度对比为17%<34%、19%<21%、33%<130%和6%<41%,限购变量也比较接近真实的情况,这说明在较好地拟合房价的基础上,其表现的影响房价因素的变量的相似度也比较高。因此,合成控制法比较好地拟合了重庆在房产税改革之前的特征,该方法适合估计房产税政策的效果。

表 6-2　　　　　　　　　　　合成重庆的城市权重

城市	北海	惠州	三亚	韶关	温州	湛江	天津
权重	0.027	0.283	0.007	0.015	0.008	0.506	0.153

表 6-3　　　　　　　　　　　预测变量的拟合与对比

预测变量	重庆市	40个城市	重庆的合成组
土地成交均价(元)	4 834.18	6 473.721	4 031.85
人均GDP(元)	3 718.551	4 489.67	4 434.472
人口密度(人/平方千米)	592.44	1 363.141	792.775
限购变量	0	1.85	0.519
第三产业比重(%)	38.13	53.892	40.49
2010年6月商品房价格(元)	6 407	9 426.875	6 390.879
2010年7月商品房价格(元)	6 325	9 296.95	6 307.552
2010年12月商品房价格(元)	6 452	9 491.575	6 439
2011年2月商品房价格(元)	6 629	9 657.85	6 611.385
商品房价格(元)	6 422.125	9 657.4	6 407.027

图6-2是在表6-3的基础之上扩展到所有的月份,从图中我们可以看到,在房产税改革之前,合成重庆和真实重庆的房价路径几乎可以重合,这说明合成控制法

---

① 土地价格与房价可能出现内生性问题,房价的下降可能是由于土地价格下降导致的,而不是房产税改革的作用。但是我们所研究的时间是一个短期效应,同时土地成交均价中,房产税改革之前为4 834.18元,而改革之后为6 301.961元。在房产税改革前后土地价格是上涨的,从而排除因为房产税改革影响了地价而导致房价下降这一机制。感谢审稿人对此问题的指正。

非常好地复制了房产税改革之前重庆房价的增长路径。在房产税改革之后,前4个月重庆的房价高于合成重庆,但是其上涨的幅度很小,最高只有65.79元,其原因可能是房产税改革对房价的影响有一定的滞后性。2011年5月重庆房价出现拐点开始下降,并在6月以后持续低于合成重庆的住宅样本均价,二者的差距逐步拉大。两者之间的差距意味着相对于没有实施房产税改革的重庆,开征房产税降低了重庆的住宅样本均价。从图6-2中我们可以看出,假设没有实施房产税政策,2012年2月重庆的潜在房价为6 657.322元,与实际样本房价均值相差315.322元,下降幅度为4.97%。

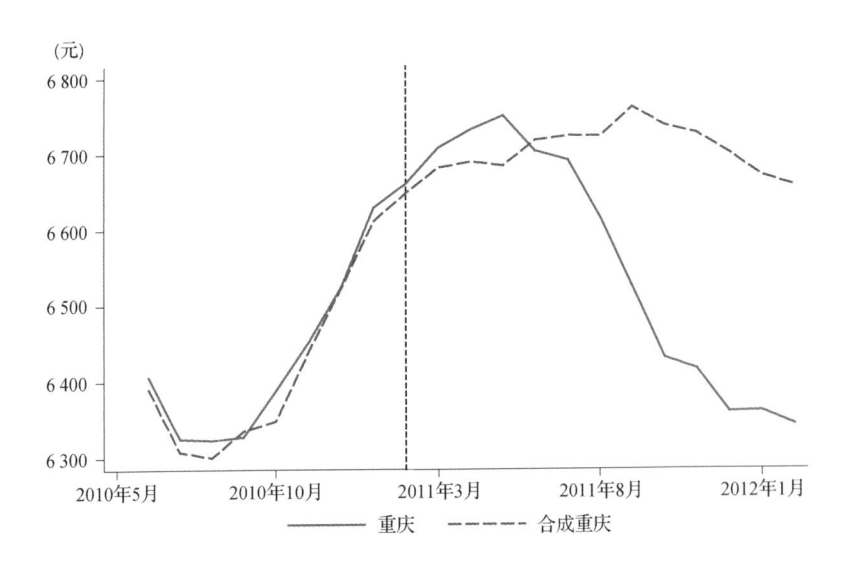

图6-2 重庆实际和合成的样本房价均值

为了更直观地观察房产税改革对重庆房价增长路径的影响,我们计算了房产税改革前后实际重庆和合成重庆的样本房价均值的差距。图6-3显示,2010年6月到2011年2月,两者房价差距在正负40元范围内波动,波动幅度仅为6‰。自2011年6月起两者的差距开始为负,并且差距持续扩大。2011年6月至2012年2月,重庆的样本房价均值分别比合成重庆低14.448、32.426、106.685、235.634、305.903、310.35、341.785、310.585、315.322元/平方米。房产税改革后的一周年内,平均每月样本房价均值低于合成重庆样本房价均值140.448元。由此可见,2011年2月后,由于房产税的实施使得高档房的持有成本升高,一方面抑制了高档房屋的需求,另一方面使得投资者预期收益下降,抑制了高档房的投资,从而使得房价泡沫被挤出,该政策显著降低了重庆的房价水平。

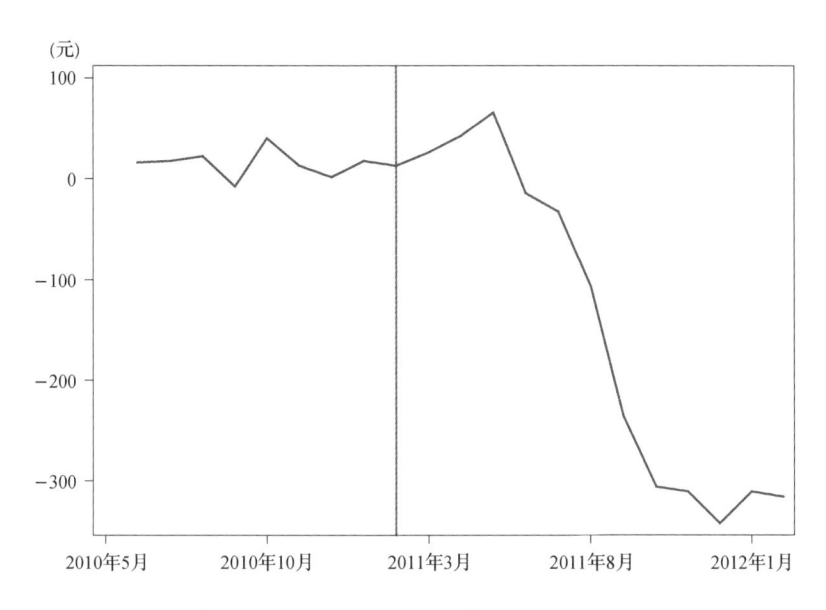

图 6-3　重庆实际和合成的样本房价均值差距

(二) 稳健性检验

虽然我们在上述实证中发现重庆市实际住宅样本均价与合成重庆住宅样本均价存在显著差异,但这种差异是不是由于房产税改革造成的,或者说是不是一个偶然? 即这种现象也可能是一些未观测到的外在因素导致的,比如当地政府部门限购令的执行程度、炒房团资金的撤离或进入等。为此,我们将通过两个检验来排除其他政策的干扰和偶然性。

1. 稳健性检验一:处置组变换

我们借鉴 Abadie 和 Gardeazabai(2003)、Abadie 等(2010)的稳健性检验中的安慰剂检验方法,这一方法类似于虚假实验(Falsification Test)。基本思想如下:选择一个没有房产税改革的城市进行同样的分析,如果发现该城市的实际样本房价均值和合成样本房价均值之间也有很大的差距,并且和重庆的情况一样,那就说明合成控制法并没有能够提供一个有力的证据来说明房产税改革对重庆市房价的影响。

这里我们考虑两个城市:一个为合成重庆权重最大的城市湛江,权重最大说明在所有的城市中,湛江与重庆最为相似;另外一个是没有权重的城市之一北京,没有权重即表明北京与重庆在各种特征上都相差较远。我们将湛江和北京这两个极端情况作为处置组来检验房产税改革前后、实际样本房价均值和合成样本房价均值的情况。表 6-4 反映了湛江和北京预测变量与重庆的比较,其中,湛江和重庆都没有公布限购细则,并且这两个城市的土地价格非常接近,其他变量的差距与 40 个城市平均值比较来看也不是很大,说明在所有的城市中,湛江与重庆最相似,反之,北京的预测变量和重庆相比差异程度较大。

表 6-4　　　　　　　　权重最大和无权重城市的预测变量均值

预测变量	重庆	40 个城市	湛江	北京
土地成交均价(元)	4 834.18	6 473.721	4 907.389	11 562.68
人均 GDP(元)	3 718.551	4 489.67	2 818.84	9 527.058
人口密度(人/平方千米)	592.44	1 363.141	891.45	973.08
限购变量	0	1.85	0	3
商品房价格(元)	6 422.125	9 444.081	4 836.25	22 190.38
第三产业比重	38.13	53.892	41.28	75.11

图 6-4 显示了对湛江进行的安慰剂检验结果,图 6-5 显示了北京的检验结果。我们可以看到,湛江和北京在房产税改革前后的实际样本房价均值始终沿着合成样本房价均值的走势变化,即使有所波动也是围绕着合成样本房价上下波动,与图 6-2 相比这种波动的幅度都非常小。这说明合成控制法非常好地拟合了两者的房

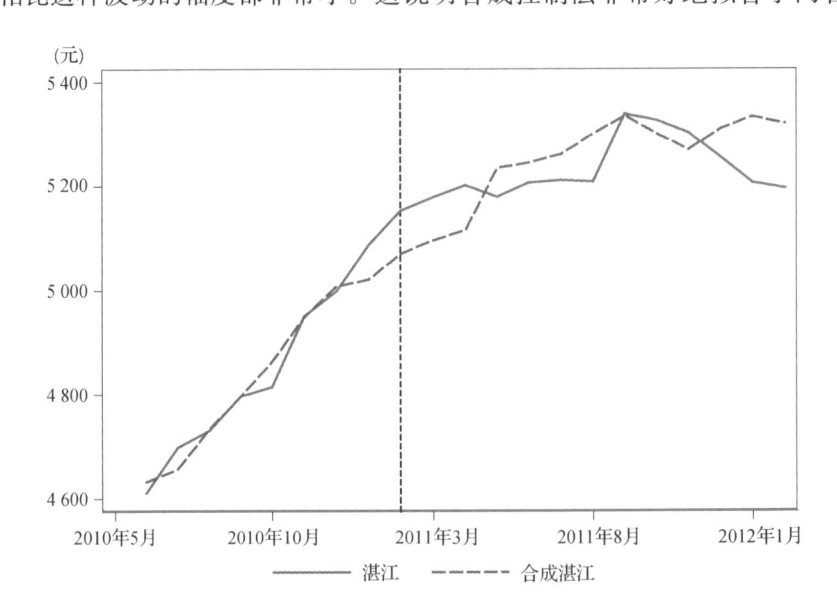

图 6-4　湛江实际和合成的样本房价均值

价走势,并且两个城市在房产税改革前后的拟合情况没有发生突变,因此在一定程度上证明了是房产税改革影响了重庆的实际住宅样本均价,而不是其他共同的偶然因素。

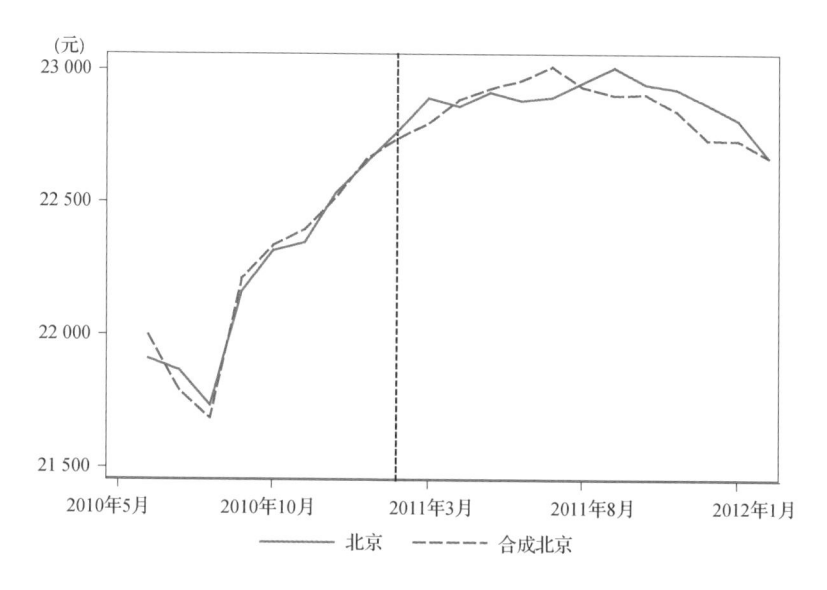

图 6-5　北京实际和合成的样本房价均值

2. 稳健性检验二：排序检验

虽然我们在上述的估计中发现重庆的房产税使得房价下降了 5.375%,但并不清楚这种效应是否在统计上显著异于 0。Abadie 等(2010)提出了一种类似统计中秩检验(Rank Test)的排序检验方法(Permutation Test)来检验估计政策效果是否在统计上显著,判断是否还有其他城市的样本房价均值和合成样本房价均值出现和重庆一样的特征,并且其概率为多少？主要思想是先分别假设对照组内的城市在 2011 年 2 月经历了房产税改革,使用合成控制法构造它们的合成样本房价,估计在假设情况下产生的政策效果。然后比较重庆实际的效果和对照组城市假设的效果,如果二者的政策效果有足够大的差异,说明房产税改革对重庆房价的影响是显著的,并不是偶然的现象,反之则说明即使房产税对重庆房价有影响,这种影响在统计上也是不显著的。因为所选取的城市房价的绝对水平差距较大,我们改进了 Abadie 的方法,通过计算每个城市的样本房价的均值和合成城市样本房价的均值之差除以当期的房价再乘以 100% 来衡量房价的变动程度,如果这一变动程度的分布有显著的不同,这就说明我们在重庆房价变化的发现是显著的。

我们模拟了2011年2月之前的样本住宅均价和一些影响因素来构造合成版本的房价,如果一个城市在2011年2月之前的平均标准变动程度(实际的样本房价均值和预测的样本房价均值差距与房价的百分比,再取平方根)比较大,那么这在一定程度上意味着模型对该城市的近似程度比较差,进而利用2011年2月之后的房价差距作为对比的作用就比较弱。通过计算,重庆的平均标准变动程度为0.286%,我们在对照组中去掉了平均标准变动程度为0.65%以上的城市[①],这些城市的数量为18个,这些城市在2011年2月之前的平均标准变动程度比较大,都在重庆2倍之上,也就是说在房产税改革之前这些城市的房价特征并没有很好的拟合出来,从而对房产税改革之后房价的变化解释力下降。其中深圳最大,是重庆的16倍,上海也达到10倍。图6-6显示了去掉这18个城市之后的变动程度分布情况,我们可以看出重庆的变动程度在2011年2月之前和其他城市的差距并不大,但是2011年2月之后,重庆与其他城市的差距开始变大,其分布位于其他城市的外部。这表明房产税改革对重庆的房价有一定的影响,也说明仅有1/22,即4.55%的

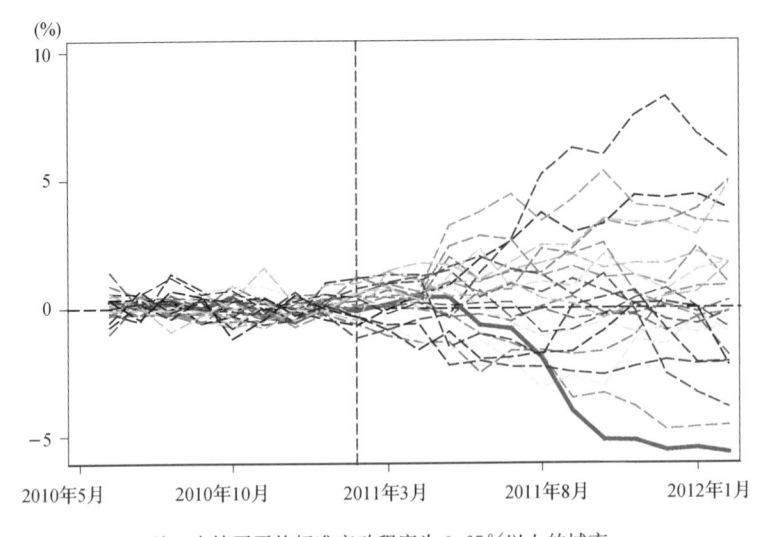

注:去掉了平均标准变动程度为0.65%以上的城市。

图6-6 重庆和其他城市预测变动程度分布

[①] 在所用合成控制法的文献中,关于对照组平均标准变动程度的规定都不一样,没有一个统一的标准,本研究对选取的这一指标相对比较严格。我们在去掉合成期间标准变动程度较大的对照组后,保留了22个城市,有较多的在对照组与处理组中进行对比;而王贤彬和聂海峰在《行政区划调整与经济增长》中,按选择标准将29个样本去掉了22个,仅保留7个。Abadie在《*Synthetic Control Methods for Comparative Case Studies: Estimating the Effect of California's Tobacco Control Program*》中有去掉11个左右的样本,保留28个对照组,制定的标准各不一样。

概率出现重庆和合成的样本房价均值之间这么大的变动程度,类似于传统统计推断的显著性水平,因此,我们可以认为重庆市样本房价均值的下降是在5%的水平上显著。

此外,我们还计算出2011年2月之后与之前平均变动程度的比值,并考察了这一比值的分布。因为2011年2月前的变动程度越小表示合成样本房价均值对实际样本房价均值拟合得越好,而2011年2月后的变动程度越大则表示受到房产税改革的影响越大。如果我们预测的房产税改革对重庆的样本房价均值有重要的影响,并且这一影响是显著的话,则我们前面所说的比值应当是比较大的。图6-7描述了所有城市在2011年2月前后平均标准变动程度的比值,其横轴表示这一比值(这里我们进行了四舍五入),纵轴表示位于这一比值的城市个数。我们发现大多数城市的比值都在两倍以内,其中比值最高的两个城市是重庆和厦门,高达13倍。但是如图6-8所示,厦门是因为在2011年2月后房价的上涨而不是房价的下跌,所以没有一个城市平均标准变动程度比值达到该水平并且房价是下行的。如果通过随机给予处置的方法,那么要获得和重庆一样的情况的概率为1/40,即2.5%,这表示我们可以在97.5%的显著水平下接受房产税改革对重庆样本房价产生显著负影响的原假设,并不是偶然因素引起的。

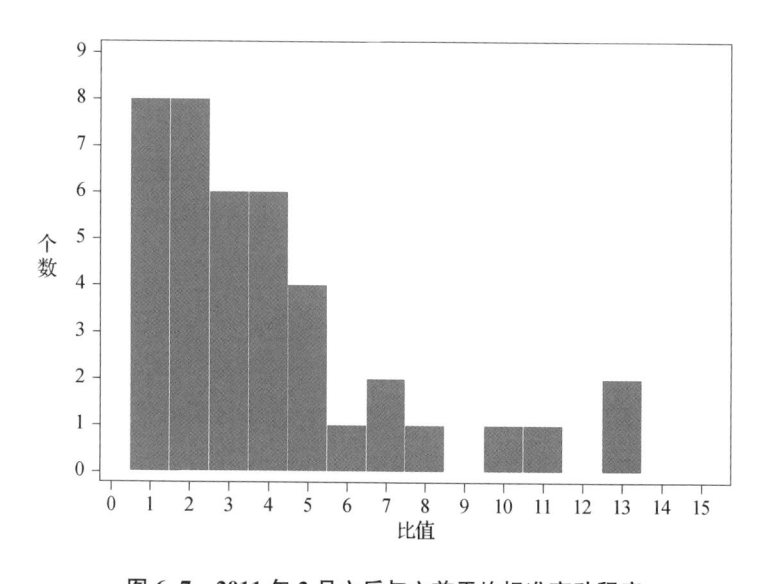

图 6-7 2011 年 2 月之后与之前平均标准变动程度

通过上述稳健性检验,我们可以认为房产税改革对重庆的房价产生了影响,因为与重庆潜在的房价增长趋势相比有一定程度的下降。而且从2011年5月至

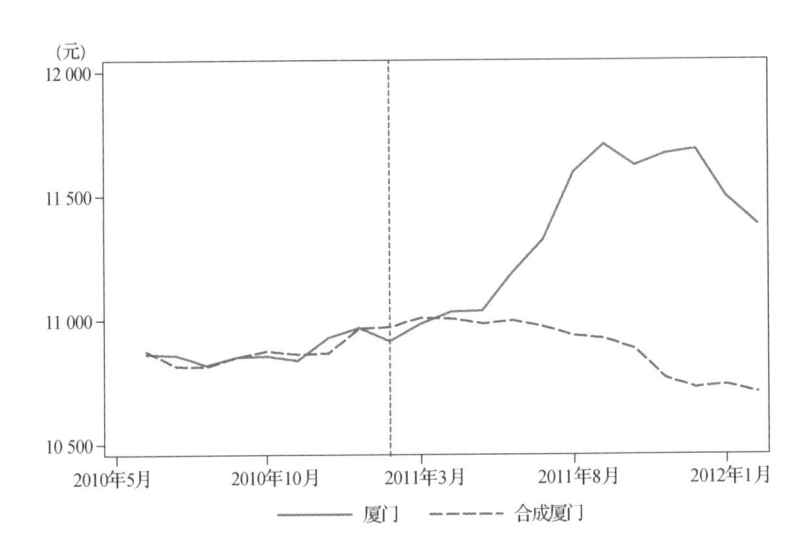

图 6-8　厦门实际和合成厦门样本房价均值

2012 年 2 月,二者的差距呈现出不断扩大的趋势,表明重庆市的样本房价增长情况与潜在的样本房价增长情况偏离越来越大,随着时间的推移房产税政策的效果正在逐步显现。

五、 房产税影响了谁?

在大多数国家实施的房产税都是"宽税基"的房产税,即在征收时不区分住户类型和房屋类型,统一征收,然后按照各自税收优惠条件进行减免。我国 2011 年试点的房产税是典型的"窄税基"房产税,例如重庆的房产税主要是针对大面积和均价较高的住宅,对小面积并且价格较低的住宅没有开征房产税,更为重要的是,房产税还规定了免税面积,重庆将 100 平方米作为免税面积,这意味着即使是均价较高的住宅,只要房屋面积小于 100 平方米也可以免征房产税。窄税基的房产税意味着居民可以通过改变自身的购买行为进行避税,再加上与户籍挂钩的限购政策,那些原本准备购买大面积住房的居民预期会承受较大的税负,同时又无法到非试点城市购置住房,因此他们出于避税的动机将主动转向其他类型的住房市场,进而对住房市场产生结构性扭曲。对于重庆来说,100 平方米以下的住房依然是投资的热点,房产税挤出的需求会进一步抬高小户型住房的价格。这一猜测得到了重庆房管局的证实,重庆房管局的公告显示,房产税改革后主城区高档住房项目访客量下降 30%~50%,截至 2011 年 11 月 30 日主城区建筑面积 200 平方米以上的住房新开工面积与上年相比下降了 4.5%,与此相反的是,建筑面积在 100 平方米以下的住房上市量同比增加了 17.8%。将重庆与全国平均水平进行对比更能说明该问题,2011 年重庆高档住宅的销售面积同比下降了 36.3%,而全国高档住房销售面积的下降幅度仅为 11%,重庆的下降幅度明显高于全国平均水平。在大面积住房销售面积下降的同时,其价格也大幅度下降,2012 年第一季度重庆的应税住房均价为 13 140 元/平方米,较房产税实施前的 14 678 元/平方米下降了 10%。

不过重庆大面积住房价格的下降并不足以说明全部问题,全国很多城市受信贷政策和限购政策的影响,其大面积住房价格都出现了不同程度的下降。国家统计局自 2011 年起持续公布了主要城市①的 90 平方米以下和 144 平方米以上的住房价格指数,我们在图 6-9 中比较了重庆与全国的 144 平方米以上的住房价格指数,可以很明显看出,房产税实施之前至之后的 3 个月中,重庆的大面积住房保持了与全国一致的增长势头,不过自第 5 个月起,房产税政策的效果开始显现出来,重庆的大面积住房价格的增长势头显著低于全国平均水平,并且此后的差距持续扩大,这表明重庆实施的房产税大幅度挤出了大户型的住房需求。

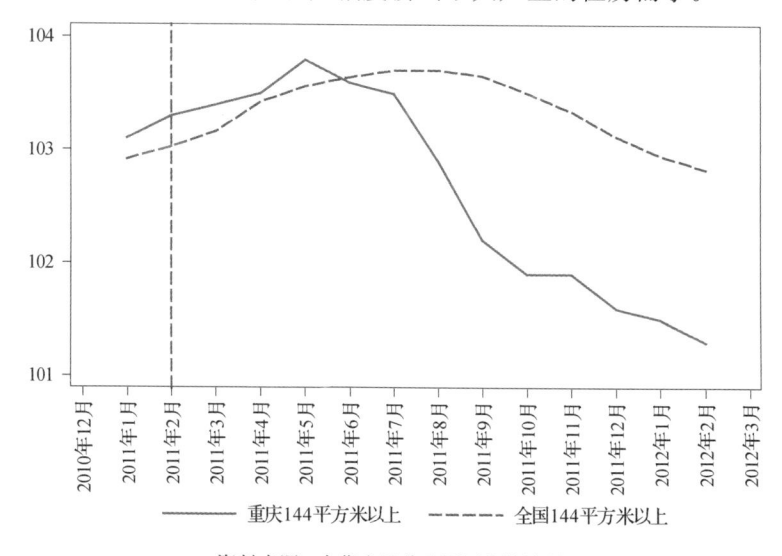

资料来源:中华人民共和国国家统计局。

图 6-9 重庆和全国 144 平方米以上新建商品住宅定基指数(以 2010 年为基期)

---

① 中华人民共和国统计局统计了全国 70 个大中城市的城市住宅销售价格指数,其中华北 8 个、华东 13 个、华南 13 个、华中 15 个、东北 8 个、西南 8 个和西北 5 个。

不过令人遗憾的是,重庆的小户型住房市场价格没有出现大面积住房类似的下降趋势,呈现了完全相反的走势。图 6-10 显示,重庆的小户型住房价格相比全国平均水平增长更快,这种增幅的差距自房产税改革初期就一直存在,在我们观察到的样本期间内没有出现明显的逆转,由于这里房价的增速,其对房价绝对水平的累积效应是巨大的。

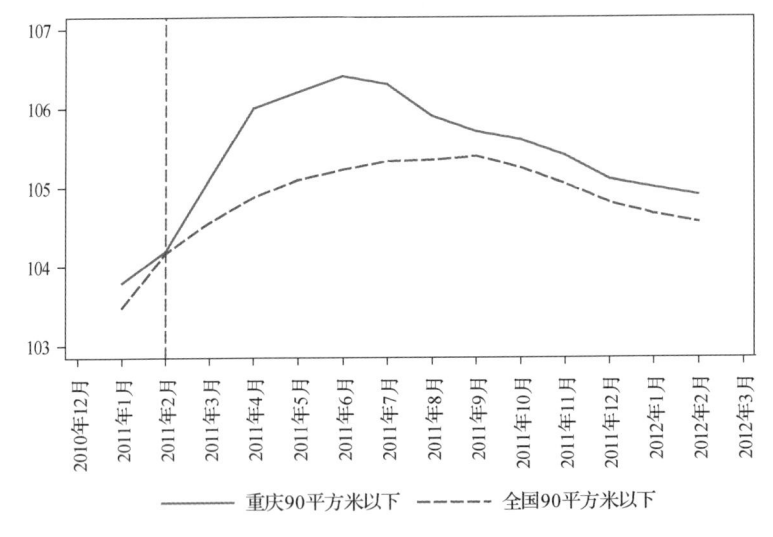

资料来源:中华人民共和国国家统计局。

图 6-10　重庆和全国 90 平方米以下新建商品住宅定基指数(以 2010 年为基期)

两种住房面积价格走势的差异也说明本研究结论不是其他特殊因素造成的。重庆房产税改革期间还有其他的房地产相关政策同步实施,特别是在保障房建设方面位居全国前列①,而保障房的价格一般都是低于市场平均价格,大量保障房投入市场会显著降低住房价格,因此我们看到同期的住房价格下降不一定是房产税政策的作用。不过大多数保障房面积都偏小,理论上小户型住房的价格更应该出现大幅度的下降,而我们在重庆看到的却是相反的情况,这说明如果保障房在一定程度上抵消了大面积住房市场的挤出需求,那么房产税对小户型住房市场的实际影响应该更大。重庆的大面积住房价格大幅度下滑与保障房市场其实没有关系,纯粹是由房产税政策导致的,因此,我们通过合成控制法得到的平均效应也不是其

---

① 2011 年重庆计划建设保障性住房 49.45 万套,截至 7 月底,已开工建设 37.56 万套,计划量和开工量均居全国前列;公租房计划建设 21 万套,廉租房 17 万套,都达到全国公租房和廉租房建设总量的 1/10。当年 1—7 月公租房已开工 16.86 万套,廉租房开工 11.34 万套,计划建设量和开工量均居全国第一,并且上年开工建设的公租房已陆续竣工并部分投入使用,3 月 2 日、5 月 28 日和 8 月 27 日已进行三次摇号配租。

他特殊政策所导致的。

两种不同面积的住房价格增速的对比说明三个问题:(1)房产税确实降低了重庆的住房价格;(2)这种作用在大面积住房市场上更为明显,房产税的平均效应主要是由大面积住房市场构成的;(3)由于存在挤出的需求,小面积住房市场价格反而增长更快。如果房产税政策的出发点是为了增进低收入群体的福利的话,希望通过房产税的征收来挤出市场投机,从而降低房价,使得那些低收入者也能买得起住房,那么上述的分析至少表明该政策没有达到预期的效果,反而降低了低收入群体的福利。

六、结论

至2012年,房产税改革试点已经开展了一年多的时间,房产税改革的成效一直备受关注,尤其是对房价的调控作用。因此房产税改革对房地产住宅价格产生什么样的影响是一个重要的理论和实证问题,房产税改革的研究对指导房产税在全国开展具有重要的现实意义。本研究利用重庆房产税改革这一案例,首次实证分析了房产税改革对房地产住宅价格的影响。

在案例研究中存在如何选取对照组和如何统计推断的问题。本研究所采用的合成控制法,是通过挖掘数据的信息赋予对照组适当的权重,得到一个事件发生前拟合最优的对照组,通过合成控制法构造出"反事实"状态与真实的重庆房价进行比较。研究表明,重庆的房产税改革在针对高档房屋征税时,提高了房屋持有者的成本,影响了购房者的需求、投资者的预期收益和投资需求。重庆地区实际样本住宅均价与没有出现房产税改革的样本住宅均价出现了负的差距,并且最大差距为-341.785元,平均每月的差距值为-140.448元,月均差距率约2.197%。可以认为,从2011年2月到2012年2月,重庆市的房价增长水平比潜在房价增长水平平均低了2.197%,最高达到5.375%。

更为重要的是,研究还发现房产税政策产生了扭曲效应。房产税主要是降低了大面积住房价格,但由于从大面积住房挤出的需求流向了小户型住房,房产税反而提高了小面积住房价格。房产税的本意是通过增加持有成本降低房价,特别是要提高低收入群体购买住房的可能性,但实际效果却完全相反,由于低收入群体对应的恰好是小面积住房,房产税实际上反而增加了他们的购房成本,降低了这些群体的福利水平。因此,在未来大面积推广房产税时,需要谨慎评估现阶段的"窄税基"房产税对不同群体的影响,特别是对低收入群体的不利影响。

参考文献

[1] 昌忠泽.房地产泡沫、金融危机与中国宏观经济政策的调整[J].经济学家,2010(7).

[2] 陈超,柳子君,肖辉.从供给视角看我国房地产的"两难困境"[J].金融研究,2011(1).

[3] 陈彦斌,邱哲圣.高房价如何影响居民储蓄率和财产不平等[J].经济研究,2011(10).

[4] 杜雪君,黄忠华,吴次芳.房地产价格、地方公共支出与房地产税负关系研究——理论分析与基于中国数据的实证检验[J].数量经济技术经济研究,2009(1).

[5] 高波,陈建,邹琳华.区域房价差异、劳动力流动与产业升级[J].经济研究,2012(1).

[6] 况伟大.房产税、地价与房价[J].中国软科学,2012(4).

[7] 况伟大.房价变动与中国城市居民消费[J].世界经济,2011(10).

[8] 况伟大.预期、投机与中国城市房价波动[J].经济研究,2010(9).

[9] 况伟大.住房特性、物业税与房价[J].经济研究,2009(4).

[10] 刘洪玉.房产税改革的国际经验与启示[J].改革,2011(2).

[11] 沈悦,刘洪玉.住宅价格与经济基本面:1995—2002年中国14城市的实证研究[J].经济研究,2004(6).

[12] 王贤彬,聂海峰.行政区划调整与经济增长[J].管理世界,2010(4).

[13] 王永钦,包特.异质交易者、房地产泡沫与房地产政策[J].世界经济,2011(11).

[14] 余静文,王春超.政治环境与经济发展——以海峡两岸关系的演进为例[J].南方经济,2011(4).

[15] Abadie A, A Diamond and J Hainmuelle. Synthetic Control Methods for Comparative Case Studies: Estimating the Effect of California's Tobacco Control Program[J]. *Journal of the American Statistical Association*, 2010, 105(490).

[16] Abadie A, J Gardeazabal. The Economic Costs of Conflict: A Case Study of the Basque Country[J]. *American Economic Review*, 2003, 93(1).

[17] Fischel William A. Homevoters, Municipal Corporate Governance, and the Benefit View of the Property Tax[J]. *National Tax Journal*, 2001, 54(1).

[18] Fischel William A. Property Taxation and the Tiebout Model: Evidence for the Benefit View From Zoning and Voting[J]. *Journal of Economic Literature*, 1992, 30(1).

[19] Hamilton Bruce W. Zoning and Property Taxation in a System of Local Government[J]. *Urban Studies*, 1975, 6(12).

[20] Kenneth T Rosen. The Impact of Proposition 13 on House Prices in Northern California: A

Test of the Interjurisdictional Capitalization Hypothesis[J]. *Journal of Political Economy*, 1982, 90(1).

[21] Leslie Rosenthal. House Prices and Local Taxes in the UK[J]. *Fiscal Studies*, 1999, 20(1).

[22] Malpezzi Stephen, Susan M Wachter. The Role of Speculation in Real Estate Cycles[J]. *Journal of Real Estate Literature*, 2005, 13(2).

[23] Mieszkowski P M. The Property Tax: An Excise Tax or A Profits Tax? [J]. *Journal of Public Economics*, 1972, 1(1).

[24] Mieszkowski Peter M, George B Zodrow. The New View of The Property Tax: A Reformulation[J]. *Regional Science and Urban Economics*, 1986, 16(3).

[25] Netzer Dick. *Economics of the Property Tax*[M]. Washington: Brookings Institute, 1966.

[26] Oates Wallace E. The Effects of Property Taxes and Local Public Spending on Property Values: An Empirical Study of Tax Capitalization and the Tiebout Hypothesis[J]. *Journal of Political Economy*, 1969, 77(6).

[27] Rosen Kenneth. The Impact of Proposition 13 on House Price in North California: A Test of the Interjurisdictional Capitalization Hypothesis[J]. *Journal of Political Economy*, 1982, 90(1).

[28] Rosenthal Leslie. House Prices and Local Taxes in the UK[J]. *Fiscal Studies*, 1999, 20(1).

[29] Simon Herbert A. The Incidence of a Tax on Urban Real Property[J]. *Quarterly Journal of Economics*, 1943, 57(3).

[30] Temple Jonathan. The New Growth Evidence[J]. *Journal of Economic Literature*, 1999, 37(1).

[31] Tiebout Charles M. A Pure Theory of Local Expenditure[J]. *Journal of Political Economy*, 1956, 64(5).

[32] Wong Karjiu. Housing Market Bubbles and Currency Crisis: The Case of Thailand[R]. Presented at the International Conference on "The Asian Crisis: The Economics Front" Held in Seattle, 1998.

7 房(地)产税与住房投机*

本研究概要：房(地)产税是我国财税体制改革的重大举措，其政策核心是抑制住房投机，能够同时达到"房住"和"不炒"两个目标。与以往研究仅关注住房整体价格效应不同，我们利用2011年上海房产税试点的政策，基于人均60平方米免税的特殊规定，采用上海30万套住房微观数据和群聚分析法(Bunching)，首次估计了房产税对住房投机行为的"精准"打击作用。结果显示，在人均60平方米的免税门槛附近，投机性购房减少了2.94平方米，用于购房的总货币资产减少了3.92%，应税总值的弹性高达−14，这意味着仅7%的房产税税率就可以完全挤出投机性购房。即使把合买住房的干扰因素排除在外，上述结论依然成立。这对即将推出的房地产税的立法、税率设定、地方主体税种建设等都有直接的借鉴意义。

一、引言

1998年商品房改革以来，中国的住房市场得到了蓬勃发展，住房价格保持了高速增长。据统计，中国的房价在过去20年间保持着年均8.54%的增长，四大一线城市的增速更是达到年均12.45%。[①] 房地产市场的快速发展也重塑了中国经济，一方面挤出了正常的居民消费，提高了居民部门的债务率，至2018年，全国购房支

---

* 本研究主要内容参见：张航,范子英.房产税能抑制住房投机吗[J].世界经济,2021(9)：154-179.
① 数据来源于《中国统计年鉴》，统计区间为1999—2018年。

出占居民可支配收入的比重高达32.1%;另一方面也改变了中国地方财政的生态,国有土地出让收入占财政总收入的比重达35.5%[①],土地财政与土地融资绑定在一起,催生了地方债困境。此外,高房价也对企业生产和投资行为带来了扭曲,企业"脱实向虚"、杠杆化率攀升、劳动力错配、结构性失衡等问题愈演愈烈(范子英和刘甲炎,2015;李江一,2018;周广肃和王雅琦,2019;高波等,2012;张莉等,2017;佟家栋和刘竹青,2018)。

为此,党的十九大报告再次重申稳定房地产市场的重要性,并将矛盾的源头定位于投机性炒房行为,提出"房住不炒"的调控目标,要求各级政府综合运用多种政策工具,在兼顾居民基本居住需求的同时,挤出市场中的投机成分。然而,传统的逆周期调控,诸如限购、限贷和限售等,虽然能在短期内达到"不炒"的目标,但却破坏了价格机制在市场中的基础性作用,无法同时兼容"房住"的目标,甚至还导致了诸多负面的外部影响(范子英,2016;汤韵和梁若冰,2016;朱恺容等,2019)。相比之下,税收政策内嵌于市场中,通过改变相对价格的方式影响供需,是更为温和、有效的政策工具。因此,房产税也被看作是能够同时实现"房住"和"不炒"两个目标的重要途径。按照党的十九大的工作部署,房地产税的立法是我国近几年财税改革的首要工作之一,按照"立法先行、充分授权、分步推进"的原则,稳步推进房地产税实施。

与交易环节的税收不同,房产税是针对持有环节进行征税,能够降低住房投机的收益,进而挤出住房投机的购买行为。为了测试房产税对住房市场的作用,国务院于2011年1月28日分别在上海和重庆对房产税进行改革试点,首次将个人住房纳入房产税的征收范围,但试点改革十年以来,学术界尚未对政策效果给出完整的量化评估,为数不多的经验分析也仅将视角定位于对房价的整体影响(刘甲炎和范子英,2013;Bai et al., 2014),并未关注到政策的核心指向——对住房投机的抑制作用。其中的限制因素有二:一是在数据上,既有研究常用的宏观数据和微观住房交易数据无法在家庭拥有多套住房时捕捉其住房总量,因此无法区分居住性住房和投机性房产;二是在实证策略上,房产税与地方公共品供给直接挂钩,而地方公共品又会内生地提升房价(Hamilton,1976;Fischel,2001),因此通过跨市场对比来评估房产税与房价的关系时,将不可避免地包含由地方财政支出带来的政策

---

① 购房支出占居民收入比重=全国商品住宅销售总额/(居民可支配收入×全国总人口),数据来源于《中国统计年鉴》和《中国财政统计年鉴》。

内生性问题,使估计结果存在低估偏误。[①]

本研究在有效解决上述问题的基础上,评估了房产税对住房投机的抑制效果。首先,研究数据来自上海某主要城区税务局住房管理部门,包含在试点开始后辖区内每笔住房交易的基本信息、购房家庭的基本信息以及购房家庭在此前已有的住房面积,以此获得每户购房家庭所拥有的总住房面积。其次,在政策上,为保证居民的基本居住需求,上海试点政策包含了人均 60 平方米的免税面积,只对超过人均 60 平方米的部分征税,而我国城镇家庭的人均居住面积仅为 39 平方米,上海为 36.7 平方米,人均 60 平方米以上的住房拥有量显然超过了正常的居住需求,因此该政策本身所针对的就是投机性购房。最后,在识别策略上,本研究的基本估计方法是群聚分析法(Bunching),使用该方法有两大优势:一是群聚分析法评估的是家庭人均 60 平方米处的局部效应而非市场的全局效应,其估计结果可以准确反映房产税对住房投机的影响;二是群聚分析法不以现实样本做对照组,其反事实对照组由处理组通过高阶非参数回归拟合而来,从而在根本上消除了由跨市场对比带来的内生性偏误。

研究结果表明,房产税有效抑制了住房投机。在人均住房 60 平方米处,群聚分析法的结果显示,房产税的征收使家庭的投机性购房减少了 2.94 平方米,由此计算的应税面积弹性为 −7.71;该效应不存在于非应税样本中。虽然在理论上,多户家庭合资买房的行为同样可能造成单个家庭住房面积减少的结果,但经过检验,这一替代性假说并不是形成面积效应的主导因素。基于以非应税组别为对照组的双重差分模型,我们发现房产税还使应税家庭的每平方米购房价格下降了 1.76%。结合面积效应与价格效应,我们得到家庭用于住房投机的总货币资产下降了 3.92%,应税价值弹性为 −14,这意味着 7% 的房产税税率即可完全挤出住房市场中的投机性资金。本研究的发现在理论上填补了房产税在抑制住房投机方面的研究空白,并首次测算出中国财产税的税收弹性,为住房领域的长期福利分析打下了基础,同时在政策上对房产税兼顾"住"和"不炒"的两个目标给出了理论支撑。

二、 文献回顾及评述

房产税是世界各国普遍征收的重要税种,不仅是地方政府筹集资金的主要来

[①] 由于地方公共品供给与房产税改革同步变动,因此传统的双重差分法或合成控制法也无法有效剔除这一内生性问题。

源,还是调控住房市场的重要手段,因此其政策效果长期受到学术界的关注。Oates(1969)提出,房产税虽然不发生在住房交易环节,但增加了住房的持有成本,相当于压缩了住房的使用价值,最终这部分价值减损会通过折现的方式体现在交易价格中,即发生税收资本化。税收资本化理论为 Tiebout(1956)提出的"用脚投票"模型提供了可供检验的范例,是地方公共财政模型的重要组成部分。

后续的经验研究对该理论进行了广泛的验证。Rosen(1982)研究了北加利福尼亚州于 1978 年推出的降低房产税的第 13 号法案对当地住房市场的影响,结果显示房产税的年均缴税额每下降 1 美元将带来住房 7 美元的增值。Rosenthal(1999)基于英国的研究,结果同样显示房产税与房价之间存在负相关关系。我国针对个人住房的房产税试点改革始于 2011 年 1 月,上海和重庆根据自身的市场特征分别制定了不同的征管模式。刘甲炎和范子英(2013)利用合成控制法研究了"重庆模式"的实施效果,发现房价自房产税实施后 3 个月开始显著下降,至 2012 年 2 月较潜在水平下降了 5.27%。Bai 等(2014)利用同类方法研究了"上海模式",得到类似的结论。

虽然抑制房价是房产税的主要调控目标,但住房市场并非单纯的消费品市场,房价除了反映住房作为消费品的使用成本外,还包括了住房作为投机品的机会成本(Henderson and Ioannides,1983;杨赞等,2014)。在我国住房市场尚不健全的背景下,投机性炒房是推动房价快速上涨的重要原因。况伟大(2010)基于中国 35 个大中城市 1996—2007 年数据的研究显示,预期和投机需求对房价的波动有着极强的解释力。在微观层面,住房投机的一个重要表现就是家庭非居住性用房的扩张。何兴强和费怀玉(2018)基于 CHFS 数据的研究显示,在家庭居住需求不变的情况下,投资性需求的增加会显著提升家庭非居住性住房的数量。由于住房市场存在供给弹性不足的特征,这种少数家庭占据大量住房的现象会进一步压缩普通家庭的居住面积,加剧财富的阶层分化。陈彦斌和邱哲圣(2011)通过构建 Bewley 模型发现富裕家庭的住房投机是推高房价的重要因素,而高房价进一步导致了贫困家庭无法获得足够的住房。吴开泽(2019)利用 CHIP 和 CFPS 数据,从住房套数、面积和资产等多个维度揭示了住房投机驱动下家庭财富的加速分化现象。

面对分化严重的住房市场,房产税虽然能通过降低预期收益来挤出市场中的投机泡沫(昌忠泽,2010),但若普遍性开征,则会进一步加剧普通家庭的居住压力。为此,上海和重庆的房产税试点政策均制定了差异化的征管办法,以期在抑制炒房的同时保障居民的基本居住需求。然而,现有研究多集中在讨论房产税对整体房价的影响,尚未就抑制住房投机这一政策的核心指向给出有效评估。仅有刘甲炎和范子英(2013)从住房面积的角度分解了价格效应,发现房产税导致了大面积住房降价而小面积住房涨价的结构性扭曲。住房投机则更多体现为家庭拥有多套住房而非单套大面积住房。因此,对住房投机问题的有效检验,必须以家庭层面的住房保有总量数据为基础,并对超出基本居住需求的投机部分进行局部效应检验。

除税收资本化外,房产税还会通过地方公共服务间接地影响房价。在世界各国,房产税均是地方公共服务的主要资金来源,高房产税地区的公共服务也相应更为优质。根据住房特征价格理论,公共服务作为住房的附带价值被包含在房价中(Rosen,1974;贾生华和温海珍,2004),众多经验研究也发现地方公共服务与房价之间存在显著的正向相关性(Gibbons et al.,2013;胡婉旸等,2014;范子英等,2018)。这意味着房产税在通过税收资本化压低房价的同时,也会间接提高公共服务质量,进而推高房价。杜雪君等(2009)利用省级面板数据证明了房产税对房价的双向作用关系在我国确实存在。由于反向效应的存在,Hamilton(1976)在对Oates(1969)的补充中就提出,房产税如果完全用于地方公共服务,则在整体上不会对房价产生影响。然而,现有文献的实证思路均是对比房产税征收力度不同时期(地区)的房价,而这些时期(地区)的公共服务质量也相应存在差异,所以估计结果可能因包含公共服务的反向效应而存在低估风险。[①] 另外,该内生性问题内嵌于房产税政策中,无法通过传统的双重差分法予以剥离。

解决上述政策内生性问题,最优的途径就是在政策恒定的环境下展开分析,其难点在于如何找到不征税情况下的反事实对照组。群聚分析法能有效解决这一问题。群聚分析法是相对新兴的重要实证方法,基础模型由 Saez(2010)和 Chetty 等(2011)建立,用以检验超额累进税率下边际税率的跳升在累进点处造成的局部政策效应。该方法的优势在于,其反事实对照组基于累进点附近的群聚式分布,通过高阶非参数回归拟合而来,即可以实现恒定政策环境下的政策效果检验,因此是解决房产税政策评估中内生性问题的最优方法。在之后的研究中,Kleven 和

[①] 根据 Hamilton(1976)的分析框架,跨市场对比所得到的政策效果实质上反映的是房产税没有用来提供地方公共服务部分的资本化结果。有研究试图通过控制地方财政支出减轻这一问题(Rosen,1982),但我国细化的地方财政支出数据难以获得,又因为不同类别支出所转化的公共服务对房价的影响差别极大,所以总体的一般公共预算支出无法准确捕捉公共服务对房价的影响,从而使政策内生性问题无法通过这一途径得到完全解决。

Waseem(2013)拓展了该模型,使其可以估计全额累进制下平均税率跳跃的情况。在税收领域之外,该方法也被广泛应用于养老、医疗、交通管制等同样存在断点型制度的领域(Brown,2013;Einav et al.,2015;Traxler et al.,2018;Best et al.,2018)。就住房领域而言,Kopczuk 和 Munroe(2015)、Slemrod 等(2017)、Best 和 Kleven(2018)分别利用该方法检验了累进型房产交易税的政策效果,但尚未有研究将其应用于持有环节的房产税。张航和范子英(2019)对群聚分析法进行了系统性介绍,而本研究是该方法在我国的第一批应用。

三、制度背景与理论分析

我国现行的房产税制度源于1986年国务院颁布的《中华人民共和国房产税暂行条例》(以下简称《条例》)。彼时在改革开放的制度红利下,我国第一批民营经济逐渐成长,城镇化大潮也正拉开帷幕。但市场繁荣的同时,一些社会矛盾逐渐显现,其中重要的两个问题便是收入差距拉大和固定资产投资过度。对此,中央决定利用房产税从财产的角度进行调控(贾康等,2002)。但当时我国还处于公有住房阶段,城镇居民个人住房的产权归国有且不能交易,由其带来的社会矛盾并不突出,因此《条例》将"个人所有的非营业性房产"列入免征范围,仅对商业用房征税。

1998年国务院推行商品房改革,自此我国的个人住房逐步进入市场化阶段,房价也开始在经济增长和城镇化的双重推动下快速上升,住房作为投资品的金融属性逐渐被市场发现。特别是在2008年金融危机之后,实体经济的投资回报率大幅下降,住房成为获得资本收益的重要途径(吴开泽,2019)。随着大量投机性资金的涌入,住房市场逐渐与正常的消费品市场特征相背离,一方面房价的增速远超其他消费品,在2009—2019年房价年均涨幅9.25%,而同期CPI增长率仅为2.236%;另一方面,家庭住房保有量也与家庭实际需求相背离,出现了明显的财富分化。如图7-1所示,我们利用相关数据对家庭人均住房面积做了分位数排序,可以看到人均住房面积在各家庭之间存在巨大的不平等,最小的家庭人均住房面积仅为10.25平方米,最大的家庭人均住房面积则为139.80平方米,已经大大超出了正常的居住需求。根据吴开泽(2019)基于调查数据的测算,相比于居住面积的分化,住房资产价值的分化在我国更为严重。由住房投机导致的房价不合理上涨已成为中国经济的一大症结。

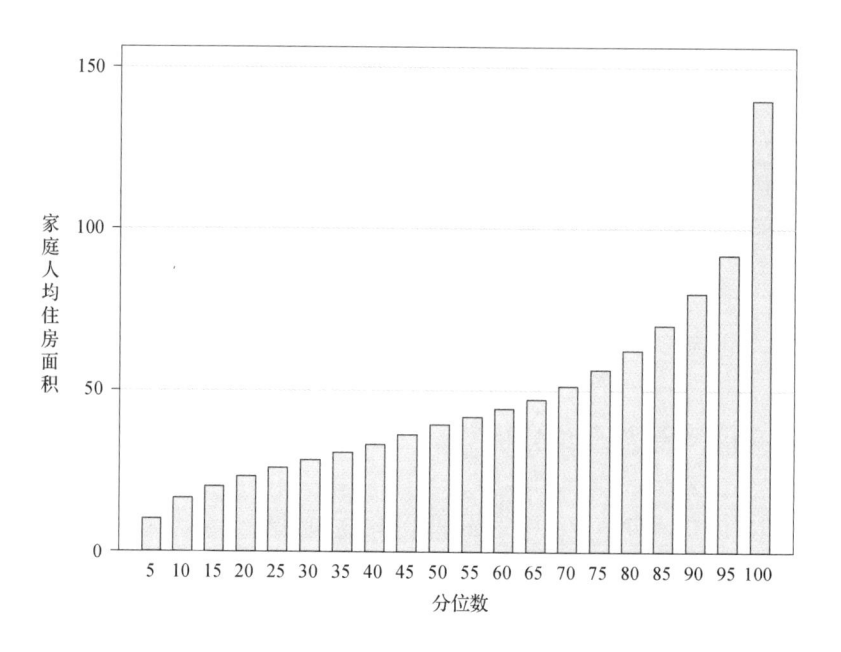

资料来源：上海市某区税务局。
图7-1 家庭人均住房面积的分位数排序

随着社会矛盾的转移，房产税的调控重点也进行了相应的调整。国务院于2010年5月提出，在原有《条例》的基础上将房产税的征收扩围至个人的居住性房产，希望通过增加住房持有成本的方式压低获利空间，以此来挤出市场中的投机成分。但顾及财产税并未在我国普遍开征过，需先以试点的形式测试市场反应，故国务院于2011年1月28日决定，选择东部地区高房价的代表性城市上海和西部地区平均房价的代表性城市重庆作为首批房产税改革试点城市。由于上海和重庆的市场环境存在较大差别，故允许两市在原有《条例》的框架下，结合自身特点拟订实施细则。

就本研究对象——上海市而言，住房市场中由投机导致的高房价已经严重侵蚀了居民的自住性需求。若普遍开征房产税则必然使该问题雪上加霜。因此，为了在实现"不炒"的同时保证"房住"的目标，上海在实施细则中充分考虑了调控的针对性和税制的累进性。首先，上海将应税住房限定为2011年2月之后的新购住房，存量住房若无二次交易则不进入征纳范围之内。其次，针对上海户籍家庭[①]设定了较高的免征条款，如果是首套住房（以下简称"沪籍首套"），则无论面积

[①] 家庭成员中只要有一人拥有上海户籍，该家庭在房产税的征缴中即可被认定为沪籍家庭。

多少都是免征房产税;如果购买的是家庭的第二套住房(以下简称"沪籍非首套"),则先按家庭人均 60 平方米的面积扣除标准,再对超出扣除标准的面积征税。虽然首套房不征税,但在计算扣除标准时仍需将首套房的面积囊括进来。① 据入户调查数据显示,上海的人均居住面积仅为 36.7 平方米,事实上即使在英法等发达国家,人均居住面积也不超过 50 平方米。因此,人均 60 平方米的住房已经完全可以满足一般的居住需求,超出部分应被认为是以赚取买卖差价为目的的住房投机行为。

应税住房房产税的税基为应税面积的市场价值②,并按照《条例》最初版本的优惠规则,给予了 30%的减免,即实际计税基础为[应税面积×交易价格×70%]。税率设置了高低两档,低档为 0.4%,当交易价格高于上年度上海新建商品住房平均销售价格 2 倍及以上时,税率为 0.6%。具体的实施细则参见表 7-1。

表 7-1　　　　　　　　　　　上海市房产税细则

税制要素	政策内容
征税对象	试点开始后在上海市辖区范围内新购住房(包括新建住房和二手房)
税率	0.4%或 0.6%
计税方式	应纳税额＝住房应税面积×交易单价×70%×对应税率
税收减免	沪籍家庭首套住房免征
	沪籍家庭按家庭成员数量,给予每人 60 平方米的扣除标准
	非沪籍但持有本市居住证满 3 年的家庭,首套房免征
	非沪籍且持有本市居住证未满 3 年的家庭,首套房先按规定计征房产税,待居住证满 3 年后可返还已缴税款

人均 60 平方米的扣除标准实际上产生了一个面积维度的超额累进型税制。"沪籍非首套"家庭若在购房后所保有的住房总面积超过人均 60 平方米,则边际税率从 0 上升到 0.4%或 0.6%。纳税责任与家庭住房总面积之间的关系如图 7-2 所示。更为重要的是,由于房产税是持有环节税收,进入征税范围意味着住房在持有期间每年都需缴纳一次房产税,且计税基础可能随着市场价格的上涨而增加③,对

---

① 例如,一个两口之家一共拥有 120 平方米的扣除标准,若首套房为 100 平方米,则在购买二套房时还剩 20 平方米可供扣除。
② 在实际操作中,从试点开始至今一直按照交易时的价格来计算市场价值。
③ 虽然至今为止计税基础依然按照交易价格计算,但试点政策中有明文规定,房产的价值以评估值确定,评估值按规定周期进行重估。因此从长期来看,税基极有可能随房价而上涨。

纳税人而言是一项持续且不可控的纳税义务。因此,纳税人有巨大的激励减少其购房面积,使其住房面积保持在人均60平方米以下,以保证自己不进入房产税的征税行列,我们将这类行为称为跃迁行为。

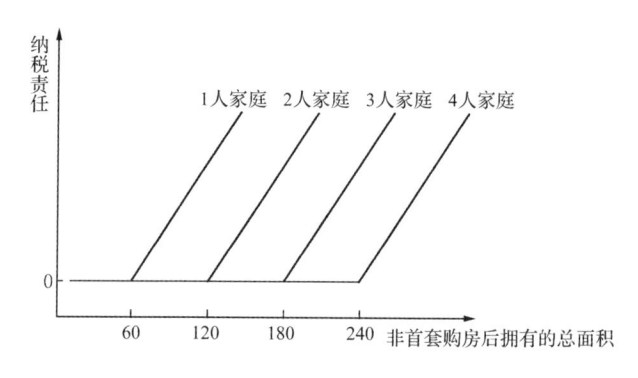

图 7-2 房产税的纳税责任

根据 Kleven 和 Waseem(2013)的理论,若大量家庭从人均60平方米门槛值的右侧向左侧跃迁,则市场中家庭数量的分布将呈现为图 7-3(a)和图 7-3(b)所示的形态。其中虚线代表在征收房产税前市场中不同住房面积家庭的数量分布(设该分布曲线为 φ_0),由于此时家庭无跃迁的激励,所以 φ_0 为平滑曲线;实线代表开征房产税后的市场分布(设该分布曲线为 φ_1),即征税市场中可实际观测到的分布;φ_0 为 φ_1 在不征税情况下的反事实分布。

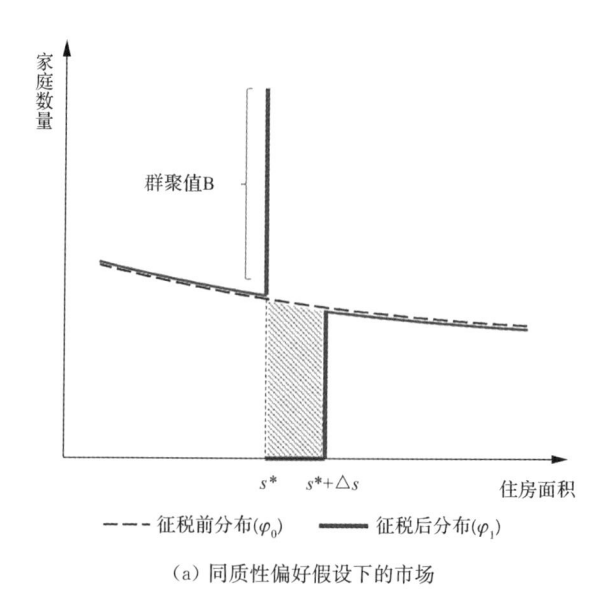

(a) 同质性偏好假设下的市场

图中文字:
- 纵轴: 家庭数量
- 群聚值B
- 横轴: 住房面积
- s^* $s^*+\Delta s$
- --- 征税前分布(φ_0)
- —— 征税后分布(φ_1)

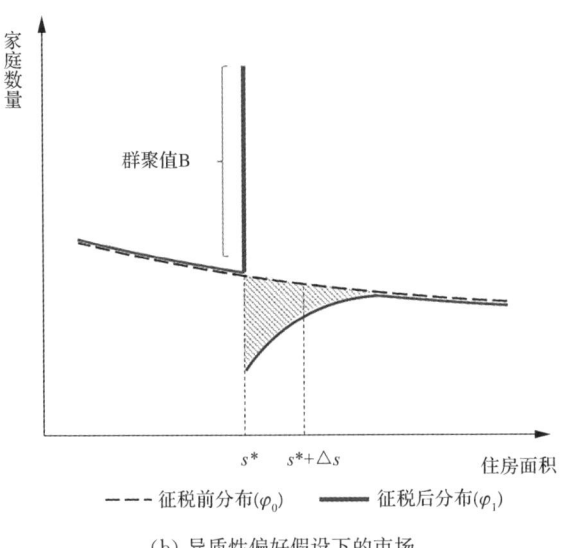

(b) 异质性偏好假设下的市场

图 7-3　群聚式分布

根据上海市的征收模式，s^* 为免税门槛①，家庭在总住房面积超过 s^* 后将成为房产税的纳税人。为减免税责，家庭会考虑减少住房面积，但与此同时将偏离其原始最优的资源配置点，造成效用损失。因此，家庭的跃迁行为将遵循以下两条规则：第一，家庭的住房面积减少越多，偏离原最优资源配置点的程度就越大，所以为了最小化跃迁成本，所有跃迁家庭都将最终停留在 s^* 处，造成 s^* 处的群聚现象；第二，只有当跃迁收益（房产税减免带来的效用增益）大于跃迁成本（减少住房面积带来的效用减损）时，家庭才会做出向 s^* 跃迁的决策。我们假设市场中的家庭为同质，则跃迁收益对所有家庭相同，跃迁成本也同质性地随跃迁距离的增加而增加。当跃迁距离大于某一值时，跃迁收益将无法弥补跃迁成本，所有跃迁行为会随之停止。我们设这一最长跃迁距离为 Δs，则征税前的家庭住房面积在 (s^*, $s^*+\Delta s$] 区间内的所有家庭都将做出向 s^* 跃迁的决策，征税市场的家庭分布曲线 φ_1 如图 7-3(a) 所示，在 s^* 处出现群聚分布，在 (s^*, $s^*+\Delta s$] 区间内无家庭存在，在小于 s^* 和大于 $s^*+\Delta s$ 的区间内与 φ_0 重合。Δs 是家庭愿意为避免征收房产税而减少的最大住房面积，即房产税在人均 60 平方米处所产生的局部面积效应。

---

① 由于免税面积依家庭人数而定，所以现实中不同人数家庭所面对的 s^* 也不相同。本研究在理论部分对该问题进行统一的简化处理，在实证估计时通过平移的方式将不同 s^* 叠加在一起，以估计市场的总体反应。

现实中家庭间的资产水平、信息充分程度和调整难度等均存在差别,其进行同等距离跃迁的成本和获得相同税收减免的效用增益也不尽相同,因此异质性偏好假设更符合实际的市场情况。此时,s^* 右侧邻域内的每一面积水平上仅一部分家庭符合跃迁条件,且随着跃迁距离的增加,符合条件的家庭比例将逐渐减少,最终 φ_1 曲线将以一个平缓的趋势与 φ_0 相重合。异质性偏好下征税市场的分布 φ_1 将如图 7-3(b)所示。

我们设 s^* 处 φ_1 超出 φ_0 部分的家庭数量为群聚值 B,s^* 右侧 φ_1 低于 φ_0 部分的家庭数量(阴影部分)为缺失值 M,$B=M$,即为跃迁家庭的总数。Δs 群聚值 B 之间存在如下关系:

$$B = \int_{s^*}^{s^*+\Delta s} \varphi_0(s) ds \approx \varphi_0(s^*) \cdot \Delta s \tag{7-1}$$

式(7-1)第一个等式表示跃迁家庭的数量等于在征税前分布水平上 $(s^*, s^*+\Delta s]$ 区间内的家庭数量。第二个近似相等关系的含义是,当 Δs 的取值较小时,$\varphi_0(s)$ 在 $(s^*, s^*+\Delta s]$ 区间内取值的变动不大,其均值可以近似地用 $\varphi_0(s^*)$ 代替,因此在该区间内 $\varphi_0(s)$ 曲线以下部分的面积可以用 $\varphi_0(s^*) \cdot \Delta s$ 近似代替。由式(7-1)可知,s^* 处的局部面积效应 $\Delta s = B/\varphi_0(s^*)$。由此我们提出本研究的假设 1:房产税将对住房投机产生面积上的抑制效应,具体表现为沪籍家庭在购买其非首套住房时,将减少购房面积以保证人均居住面积在 60 平方米的扣除标准以内。

虽然征税与否仅和住房面积有关,但房产税的计税基础为应税面积与交易价格的乘积。理论上为降低税负,纳税人不仅会减少购房面积,还会在应税的前提下选择价格较低的住房。房产税对投机性住房总价值的抑制作用可通过如下公式分解:

$$totalvalue = area \times price \tag{7-2}$$

根据全微分公式计算:

$$d\ totalvalue = d\ area + d\ price \tag{7-3}$$

可得:

$$\frac{d\ totalvalue}{d\ tax} = \frac{d\ area}{d\ tax} + \frac{d\ price}{d\ tax} \tag{7-4}$$

式中，$\frac{d\,area}{d\,tax}$ 为房产税的面积效应 Δs，$\frac{d\,price}{d\,tax}$ 则是房产税的价格效应，房产税对家庭用于住房投机的总货币资产的抑制效应 $\frac{d\,totalvalue}{d\,tax}$ 由两者相加而来。由此我们提出本研究的假设 2：房产税将对住房投机产生价格效应，具体表现为应税家庭将选择价格更低的住房以减轻税负。

四、研究设计

（一）数据来源及处理

研究数据来自上海市某主要城区的住房管理部门，应要求隐去具体城区，下文以 A 区代替。数据的样本期为 2011 年 4 月到 2019 年 7 月，包含 A 区范围内在样本期间的所有新建住房和二手住房交易，覆盖了所有房产税的应税家庭。A 区是上海市主要的市辖区之一，住房交易量在全市各区中常年保持在前三的水平。此外，A 区并非上海的核心城区，但多数地区到市中心的距离并不远，因此其住房市场对上海住房市场的整体水平具有很强的代表性。在图 7-4 中，我们以 2014 年 1 月的市场情况为基准，对比了上海市与 A 区二手房交易的波动情况。可以看到，无论是成交面积还是交易价格，A 区均与上海市的总体情况保持了良好的同步。其间，上海市于 2016 年 3 月和 2016 年 11 月分别推出了一系列限贷和限购

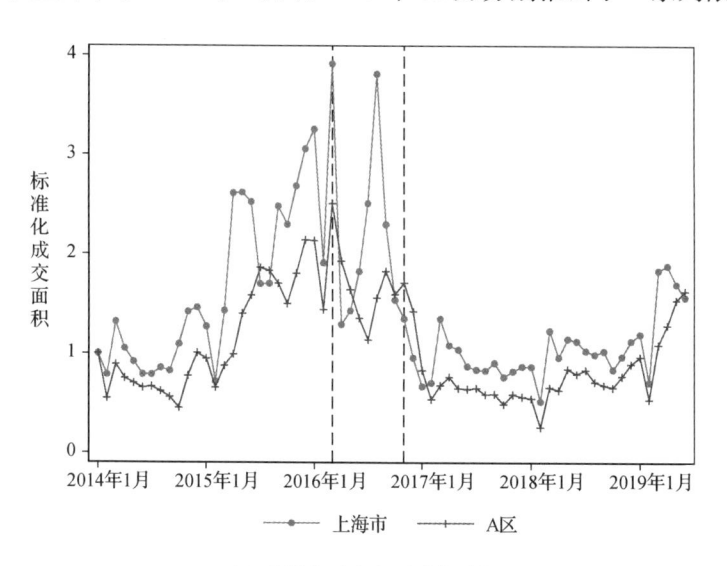

(a) 上海市对比 A 区成交面积
注：2014 年 1 月＝1(纵轴)。

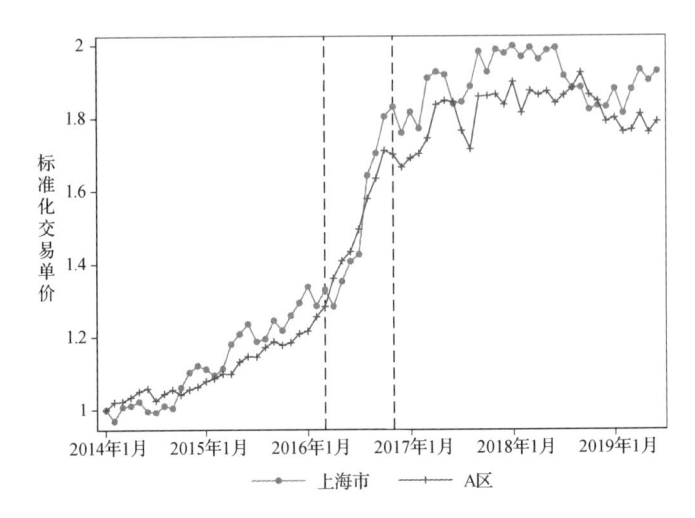

（b）上海市对比 A 区交易价格

注：2014 年 1 月＝1（纵轴）。

图 7-4　上海市与 A 区二手房市场波动情况对比

政策[①]，以期通过行政性调控稳定楼市。从图 7-4 的结果来看，这些政策虽然在短期内遏制了交易量的上涨，但在一段时间后均出现了不同程度的反弹，而对交易价格则几乎没有抑制作用，说明直接的政策干预在住房市场中缺乏长期有效性。

本研究所使用的原始数据以单次住房交易为一个观测值，包含三部分的信息。一是本次所购住房信息，包括交易价格、住房面积、楼层、地址。二是合买信息，当多个家庭合资购买一套住房时，其实质相当于将住房按一定的资产占比进行分割后分别出售给各个家庭，各家庭实际购买的面积为住房总面积×资产占比，房产税的征收仍以家庭为单位按其实际购买面积分别计征。当住房为合买时，我们的数据记录了合买家庭的数量和每个家庭的编号。三是每户购房家庭的具体情况，包括家庭成员数量、是否为沪籍家庭、此次交易是否首套购房以及此次交易前在上海已拥有的住房面积。区别于单纯的交易数据，该数据包含了每户家庭在上海拥有的总住房面积，是甄别投机性购房不可或缺的基础。

在样本期内，A 区共成交住房 24 万余套，其中 14.58％为合买，所以一共涉及近 30 万家庭。由于征税以家庭为单位，因此我们将合买交易按照资产占比拆分成单

---

① 2016 年 3 月 25 日，上海市将二套房首付比例由原先的 30％（无贷款记录）和 40％（有贷款记录）统一上调为 50％（普宅）和 70％（非普宅），并且将非沪籍家庭的购房资质由连续缴纳 2 年社保或个税调升至 5 年。2016 年 11 月 28 日，上海市进一步将有贷款记录的首套房首付比例由 30％上调为 50％（普宅）和 70％（非普宅），并且将沪籍单身人士的可购住房数量由 2 套调减为 1 套。

独的观测值,并保留了其余合买家庭的信息。如此拆分后,我们对数据进行了一系列标准化处理:首先剔除了少量存在记录错误的样本,包括交易日期缺失、住房面积为0、住房楼层缺失和已有住房面积缺失的样本;其次剔除了非沪籍家庭的交易,由于非沪籍家庭的应税情况不明确,存在先缴后退的可能,在识别中无法将其准确地归类,因此将其剔除;最后按照交易单价对上下 0.1% 的极端交易进行截尾处理。

表 7-2 为最终样本的描述性统计。经过拆分和清洗,剩余交易数量为 279 848 次,交易分为"沪籍非首套"的应税交易和"沪籍首套"的免税交易两大类,其中"沪籍非首套"的占比为 17%。交易量和应税交易占比在各年间的分布如图 7-5 所示,虽然交易量的波动较大,但"沪籍非首套"交易的占比在各年间保持平稳,说明交易人群的构成在时间上是稳定的,并没有受到市场波动的影响。其余变量中的二手房占比为 57.9%;本次购房面积和已有面积的均值分别为 71.98 平方米和 12.07 平方米;家庭的平均人数为 1.98 人;合买同一套住房的家庭数量最多时达到 7 个,但拆分后的数据会在合买家庭中重复计算该变量,导致均值偏高,还原调整后,住房的平均合买家庭数量为 1.16 个。

表 7-2　　　　　　　　　　　　　描述性统计

变量名	N	mean	sd	min	max
价格/平方米	279 848	19 137	10 825	761.9	58 254
楼层	279 848	5.982	4.803	1	36
是否二手房	279 848	0.579	0.494	0	1
此次购房面积	279 848	71.98	39.91	0.296	2 603
已有住房面积	279 848	12.075	33.23	0	8 000
保有住房总面积	279 848	84.054	53.07	1	8 031
人均住房面积	279 848	47.446	32.75	0.25	2 677
是否首套房	279 848	0.830	0.375	0	1
家庭人数	279 848	1.982	0.804	1	7
合买家庭数量	279 848	1.289	0.503	1	7

人均 60 平方米的标准是家庭进入房产税征税行列的门槛,在样本估计中也尤为关键,因此我们根据家庭已有住房面积和本次购房面积计算了本次购房后家庭保有的住房总面积,其均值为 84.05,再以此为基础计算家庭人均住房面积,得到均值为 47.45。可见,即使是在有房群体中,人均居住面积也远未达到 60 平方米。由于政策对首套房和非首套房差别对待,因此我们在图 7-6 中对比了首套与非首套

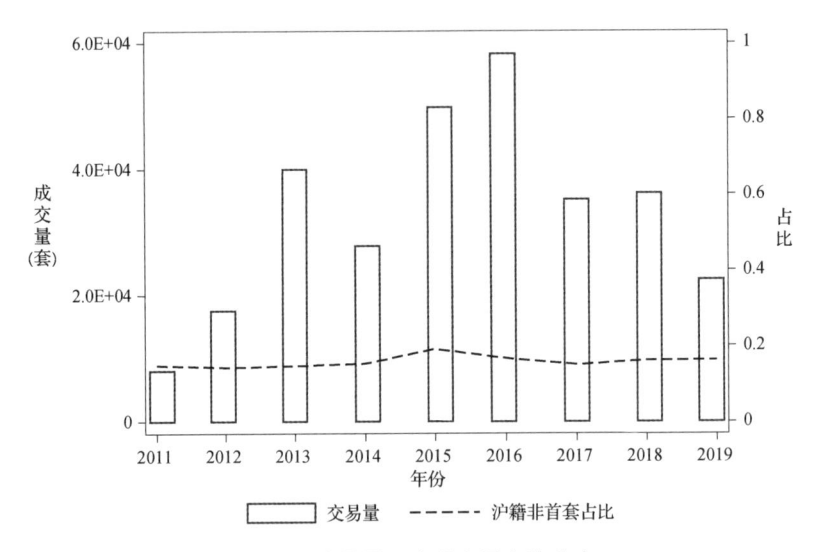

图 7-5 交易量及应税交易占比分布

家庭的人均住房面积分布。可以看到,相比于只有一套住房的家庭,拥有更多住房的家庭的人均住房面积更大,超过人均 60 平方米的家庭比例也更多,但由于非首套家庭在超过人均 60 平方米后会进入房产税征税行列,因此部分家庭通过减少购房面积的方式跃迁至临界值的左侧,导致在图 7-6(a)的分布曲线中人均 60 平方米右侧出现了明显的断层式下降,与图 7-3(b)所描述的群聚式分布完全相符,而首套房由于免税所以家庭数量在人均 60 平方米左右并未出现明显差异。

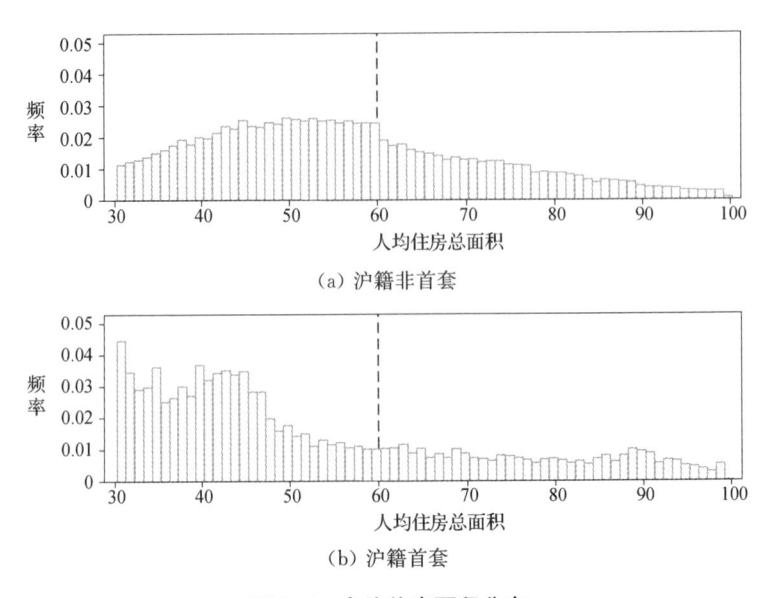

图 7-6 人均住房面积分布

(二) 实证策略

图 7-6(a)的结果说明群聚分析法适用于人均 60 平方米处面积效应的检验。但市场中不同人数家庭面临的免税门槛存在差别，为检验市场的整体效应，我们需要先将不同的免税门槛合并到一起。最直接的思路是取每个家庭的人均住房面积，就可得到图 7-6(a)中的分布。但这样得到的税收效应也将是人均效应，与房产税以家庭为单位的征缴模式存在差别。因此，我们选择的策略是将每个家庭的住房总面积减去其可扣除面积来得到家庭的应税调整面积：

$$应税调整面积 = 家庭此次购房面积 + 家庭已有住房面积 - 60 \times 家庭人数 \tag{7-5}$$

用式(7-5)调整之后，所有家庭均以应税调整面积等于 0 为免税门槛，超过 0 的家庭将成为房产税纳税人。家庭的纳税责任与应税调整面积之间的关系如图 7-7 所示。

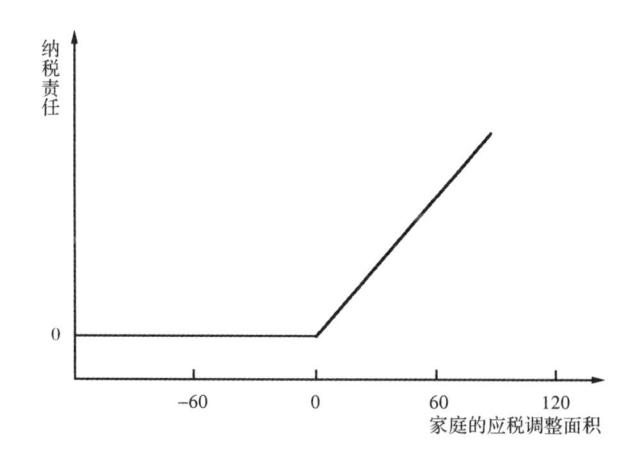

图 7-7　应税调整面积下的纳税责任

此时，市场中所有"沪籍非首套"应税家庭均面临图 7-7 中的纳税责任，其分布将呈现为如图 7-3(b)所示的群聚式分布，其中横轴为家庭的应税调整面积，s^* 为 0。要估计面积效应 Δs，关键在于利用征税市场的现实分布曲线 φ_1 拟合出不征税情况下的反事实分布曲线 φ_0。对此，群聚分析法给出了具体的估计方法。首先我们以 1 平方米为统计区间宽度，统计出应税调整面积在各个区间内的家庭数量，从而获得现实分布曲线 φ_1。然后用如下公式对 φ_1 进行拟合，分离出其中的整体分布趋势和被制度扭曲的部分：

$$c_j = \sum_{i=0}^{q} \beta_i \cdot (s_j)^i + \sum_{i=s_-}^{s_+} \gamma_i \cdot I[s_j = i] + \sum_{r \in R} \tau_r I\left[\frac{s_j}{r} \in N\right] + \varepsilon_j \qquad (7\text{-}6)$$

式中，c_j 为应税调整面积在第 j 个区间内的家庭数量，s_j 为区间 j 对应的应税调整面积。等式右侧除残差外共分为三部分：第一部分 $\sum_{i=0}^{q} \beta_i \cdot (s_j)^i$ 为一个高阶多项式，用以捕捉 φ_1 曲线的整体趋势，q 为高阶回归的最高阶数。第二部分 $\sum_{i=s_-}^{s_+} \gamma_i \cdot I[s_j = i]$ 用以捕捉 φ_1 对 φ_0 的偏离。根据理论部分的分析，家庭的跃迁行为将导致 φ_1 曲线在一个包含 s^* 的区间内偏离 φ_0，在该区间之外与 φ_0 重合，s_- 和 s_+ 即为该被扭曲邻域的起点和终点。① $I[s_j = i]$ 为指示函数，当 $s_j \in [s_-, s_+]$ 时取 1，否则取 0，系数 γ_i 为 $[s_-, s_+]$ 内 φ_1 偏离 φ_0 的程度。式(7-6)的设计思路就是通过第二部分来吸收 φ_1 对 φ_0 的偏离，从而用剩余部分还原出不征税情况下的反事实分布 φ_0。第三部分 $\sum_{r \in R} \tau_r I\left[\frac{s_j}{r} \in N\right]$ 是对整数效应的捕捉。现实中住房的面积可能在某些整数点处出现聚集，导致 φ_1 曲线在这些点位的异常波动，由于第一部分的高阶回归无法很好地捕捉这一波动，因而 Kleven 和 Waseem(2013)提出可以单独对整数效应进行控制，以此来提高 φ_0 对 φ_1 的拟合程度。$I\left[\frac{s_j}{r} \in N\right]$ 同样为指示函数，当 s_j 为集合 R 中任一数值的整数倍时取 1，否则取 0。

在完成式(7-6)的估计后，我们就可以抽掉其中被税制扭曲的第二部分，用式(7-6)的剩余部分拟合出反事实分布 φ_0：

$$\hat{c}_j = \sum_{i=0}^{q} \hat{\beta}_t \cdot (s_j)^i + \sum_{r \subset R} \hat{\tau}_r I\left[\frac{s_j}{r} \in N\right] \qquad (7\text{-}7)$$

式(7-7)中 $\hat{\beta}_t$ 和 $\hat{\tau}_r$ 是从式(7-6)的估计结果中提取的估计系数，通过将 $\hat{\beta}_i$、$\hat{\tau}_r$ 和 s_j 代入式(7-7)，我们即可获得反事实分布曲线 φ_0 在区间 j 内的家庭数量 $\hat{c}_I$。利用 φ_0 和 φ_1，我们可以计算出群聚值 B，B 值为临界值左侧群聚区域 $[s_-, s^*]$ 内 φ_1 高出 φ_0 的部分，即 $B = \sum_{i=s_-}^{s^*} (c_j - \hat{c}_j)$。基于群聚值 B 和反事实曲线在临界值点的取值 $\varphi_0(s^*)$，我们就能利用式(7-1)计算出房产税在人均 60 平方米处的

---

① 在理论上，如果所有跃迁家庭都能准确地跃迁到 s^*，则 $s_- = s^*$，然而由于现实中各种最优化摩擦的存在，多数家庭的跃迁行为将最终落在 s^* 左侧一个邻域内，导致 $s_- < s^*$。

局部面积效应 Δs。

面积效应反映的是一部分家庭通过减少住房面积来避免纳税,而剩余没有成功实现跃迁的家庭,则会通过购买低价格住房的方式减少其税收责任,即产生房产税的价格效应。由于价格效应仅存在于应税调整面积大于 0 的应税住房,而对应税调整面积小于 0 的非应税住房不产生作用,所以价格效应可以通过这两类住房每平方米价格的对比得到,其估计模型如下:

$$Ln(Price_{ijt}) = \beta_0 + \beta_1 tax_{ijt} + \gamma X + \delta_j + \mu_t + \varepsilon_{ijt} \quad (7\text{-}8)$$

式中,下标 i 为家庭,j 为本次购房所在小区,t 为购房时间。$Ln(Price)$ 为本次所购住房单位面积价格的对数。tax 表示家庭的应税调整面积是否大于 0 的虚拟变量,当应税调整面积大于 0 时,tax 取 1,否则取 0,其系数 β_1 为房产税的价格效应。X 为一系列控制变量,包括所购住房的面积、楼层、是否二手房、家庭人数、合买家庭数量。δ 和 μ 分别为小区和年月固定效应,用以保证回归结果不受区域和时间维度市场差异的干扰。此外,为了获得房产税对投机资本的总效用,我们需要价格效应是与面积效应相对应的人均 60 平方米处的局部效应,因此我们选择 $[s, s_1]$ 区间内的样本来估计式(7-8)。最后,对于标准误,我们在小区层面取 cluster,以消除住房的自相关性对估计结果的干扰。

已有文献指出,住房的单位面积价格与住房总面积存在相关性(范子英等,2018),而家庭的应税与否又是以住房拥有量为划分。这意味着 β_1 不仅包含房产税的价格效应,还包含由住房面积差别导致的自然价格差异。为纠正该问题,我们考虑在模型中加入"沪籍首套"样本作为对照组。由于"沪籍首套"免征房产税,所以该组别中 $tax=1$ 的住房与 $tax=0$ 的住房的单价差异将不包含房产税的价格效应,仅包含由住房面积导致的自然价格差异。以其为对照组的双重差分模型可以有效剔除自然价格差异的干扰,进而获得房产税对住房单价的净效应:

$$Ln(Price_{ijt}) = \beta_0 + \beta_1 tax_{ijt} + \beta_2 type_{ijt} + \beta_3 tax_{ijt}^* type_{ijt} + \gamma X + \delta_j + \mu_t + \varepsilon_{ijt} \quad (7\text{-}9)$$

式中,$type$ 表示家庭购房类型的虚拟变量。当类型为"沪籍非首套"时,$type$ 取 1;类型为"沪籍首套"时,$type$ 取 0。$type$ 与 tax 的交互项系数 β_3 为房产税对购房价格的净效应。综合群聚分析法所估计的面积效应和双重差分法所估计的价格效应,我们就可以利用式(7-4)计算出房产税对用于住房投机的总货币资产的抑制效应。

五、 房产税抑制住房投机的面积效应

(一) 基准回归结果

我们先基于"沪籍非首套"样本,利用群聚分析法估计房产税的面积效应。在估计过程中,我们将最高阶数 q 设为 7,自助法迭代 200 次,并控制应税调整面积为 5 和 10 的整数效应。① 针对被扭曲邻域的选择,我们参照 Best 和 Kleven(2018)的做法,先通过 φ_1 的走势确定 s,然后以群聚值 B 与缺失值 M 相等为准则,通过逐步迭代确定 s_1。 最终我们以[−25,30]为被扭曲邻域完成了如图 7-8 所示的群聚估计。其中,在小于−25 和大于 30 的区间内,φ_0 曲线与 φ_1 曲线的拟合程度很高,说明我们的参数选择是合理的,所估得的 φ_0 曲线能够很好地反映不征税情况下市场中的家庭分布。在[−25,30]区间内,φ_1 曲线呈现出如理论部分图 7-3(b)所预期的群聚式分布,即在[−25,0]上 $\varphi_1 > \varphi_0$,在(0,30]上 $\varphi_1 < \varphi_0$,说明从人均 60 平

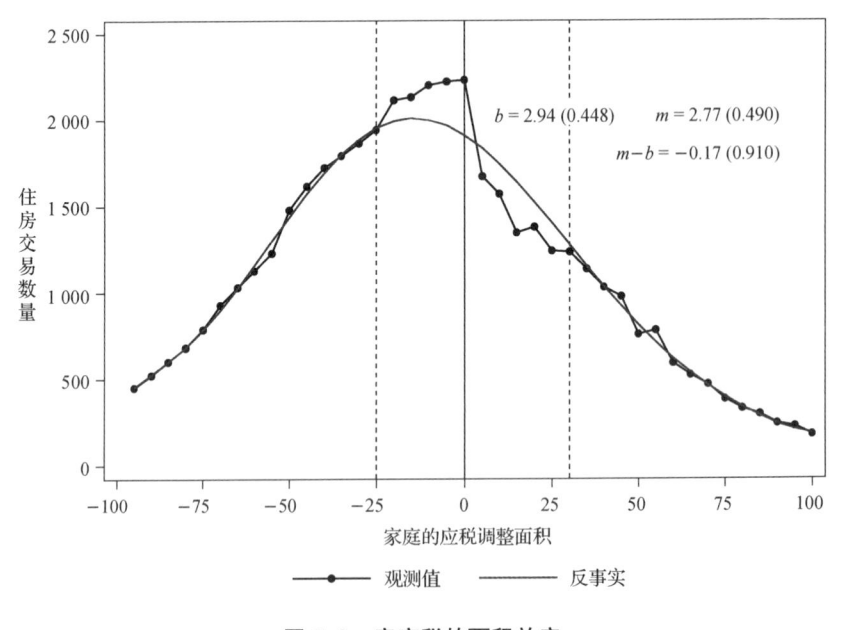

图 7-8 房产税的面积效应

---

① 所有参数的选取都是为了得到与 φ_1 曲线拟合程度更高的 φ_0,基准回归中的参数设定已是这一目标下的最优值。

方米门槛值右侧向左跃迁的现象确实存在,房产税的面积效应由之形成。

基于反事实曲线 φ_0,我们可获得群聚值 B 和缺失值 M,进而计算出局部面积效应 Δs。图 7-8 中的 $b = B/\varphi_0(0)$,即为 Δs,结果显示房产税的征收使家庭在人均 60 平方米处的投机性购房减少了 2.94 平方米。由自助法算得的标准误仅为 0.448,表示该面积效应在 99% 的置信度水平上保持显著。[①] $m = M/\varphi_0(0)$,而 $m - b$ 在统计意义上不显著异于 0,说明本次估计对 s_- 和 s_+ 的选取是合理的。在"沪籍非首套"样本中,位于免税门槛上的家庭的平均人数为 2.27 个,因此家庭平均住房保有总量为 136.2 平方米。2.94 平方米住房面积的减少相当于在这一水平上抑制了 2.16% 的住房投机量。

2.16% 的面积效应由人均 60 平方米处 0.28% 的实际税率跃升所致[②],由此我们可以计算出房产税的税收弹性。税收弹性指税率变动引致市场相对变化的程度,不仅可以直观反映税收与市场的关系,为税制优化提供现实支撑,还是长期福利分析的重要参数(Feldstein,1999)。我们用如下公式将面积效应转换为应税面积弹性:

$$e = \frac{\Delta s/s^*}{\Delta t/(1+t)} \tag{7-10}$$

式中,$\Delta s/s^*$ 为房产税在人均 60 平方米处造成住房面积下降的比例,Δt 为边际税率在 s^* 处的变动值,代入具体数值后可得房产税的应税面积弹性为 -7.71,表示在家庭住房面积为人均 60 平方米处,1% 的税率上升将带来家庭的投机性购房面积减少 7.71%。由于既有文献尚未给出财产税税收弹性的有效估计,因此这一结果无法进行横向对比。但与 Best 和 Kleven(2018)同样利用群聚分析法估计的房产交易税税收弹性相比,本研究结果要高出一个数量级,这主要是由交易税一次性征缴而房产税按年征缴的模式差异所造成的。

(二) 稳健性检验

群聚效应的出现是由于房产税在人均 60 平方米处的税率跃升所致,因此在无税率变动的情况下,市场理应不会出现群聚式分布。按此逻辑,我们可以用"沪

[①] 群聚分析法的显著性水平所反映的是参数选择的合理性和 φ_0 曲线的拟合程度。当参数选择合理时,φ_0 曲线能很好地拟合 φ_1 曲线;在自助法的重复自抽样过程中,各次的估计结果差异越小,结果的标准误也就越小。

[②] 在所有应税样本中,适用 0.6% 税率的仅占 3.27%,因此绝大部分住房适用 0.4% 税率,再乘以 70% 的税率减免,可得房产税的实际税率为 0.28%。

籍首套"样本做安慰剂检验。"沪籍首套"免征房产税,即使家庭住房面积超过人均 60 平方米也不会产生向前跃迁的激励。在图 7-9(a)中,我们观察了"沪籍首套"的分布曲线,发现其在应税调整面积为 0 时左右呈现平滑分布,并没有出现"沪籍非首套"分布中的群聚现象,因而从反向证明了市场中的群聚效应是由房产税的征收带来的。

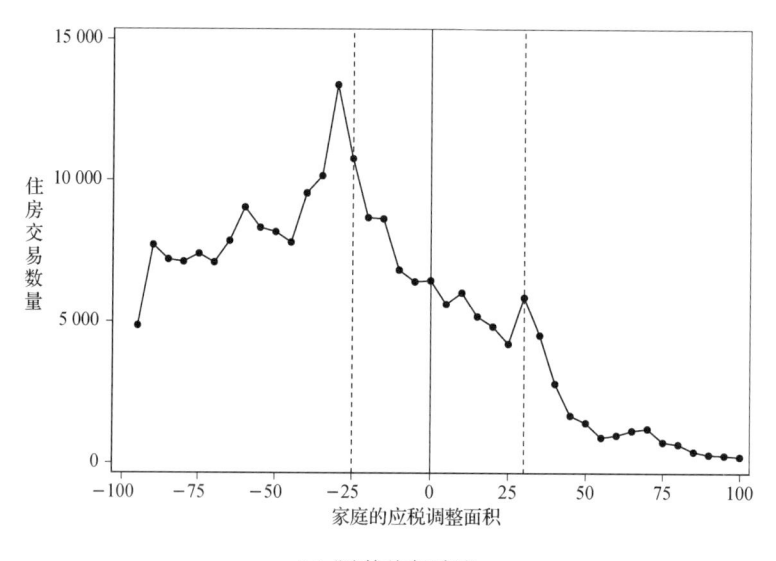

(a) "沪籍首套"家庭

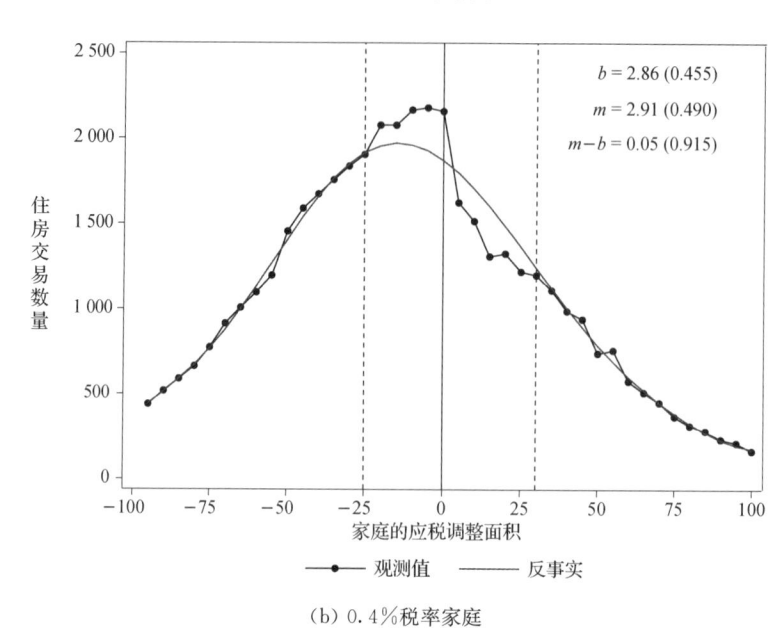

(b) 0.4%税率家庭

$b = 2.86\ (0.455)$
$m = 2.91\ (0.490)$
$m-b = 0.05\ (0.915)$

——— 观测值　——— 反事实

图 7-9　稳健性检验

税率差异是另一个潜在的影响因素。房产税有 0.4% 和 0.6% 两档税率,虽然在所有应税家庭中只有 3.27% 适用 0.6% 的高档税率,但由于这部分家庭拥有更强的跃迁激励,所以很可能平均提高面积效应的估计结果,因此我们考虑将这部分样本剔除。但如果仅在应税样本中剔除适用于高税率的样本,就会导致分布曲线在免税门槛两侧的不平衡,进而影响 φ_0 的整体水平,所以我们按照高税率的分档标准,剔除了所有单价高于上年新建住房均价两倍以上的观测值。图 7-9(b) 的结果显示,低税率家庭的面积效应为 -2.86 平方米,与基准结果基本持平,说明高税率家庭虽然有着更强的跃迁激励,但其比例太少,并未对基准结果产生显著影响。

(三) 替代性假说:合资购房

图 7-8 中的群聚式分布由居民的跃迁行为导致,但跃迁行为所反映的除了家庭住房面积的真实减少外,还可能包含一些策略性调整。由于减少住房面积会导致家庭的效用减损,因此在制度允许的情况下,居民可能会通过一些策略达到既不减少实际住房面积又避免缴纳房产税的目的。在税收政策中,最常见的策略性调整就是最大化税收优惠 (Fack and Landais, 2016; Chen et al., 2018)。在上海市房产税试点制度中,房产税的优惠面积以家庭人数计算,因此家庭只要增加成员数量即可获得更多减免。但试点政策已经考虑到虚报家庭成员的可能,对家庭成员的认定做了严格规定:仅包括成年人、其配偶以及其未成年子女。[①] 直接增加家庭成员的漏洞已被堵死。

在这种情况下,唯一可行的策略就是合资购房。相比于单独购房,合买住房包含更多的人头数,总的可扣除面积也相应增加,因此在理论上,家庭在住房投机时如果将一部分住房面积划拨给其他可信赖且有剩余可扣除面积的家庭,即可在不减少实际购房面积的同时,避免自身的账面住房面积超过人均 60 平方米。与真实的跃迁行为类似,合资购房同样以减免税责为目的,且存在一定的行为成本——让渡部分资产蕴含潜在风险,因此同样会在免税门槛处引起群聚式分布。在我们的样本中,合资购房的现象并不罕见,有 14.58% 的住房由两个及以上家庭共同购买。虽然合资购房也是房产税的市场反应之一,但其所反映的事实与抑制住房投机的目的相悖,若其在总效应中占主导地位,则会对本研究结论构成挑战。

为检验合买现象对基准结果的影响,我们的策略是剔除合买的样本,仅对单独

[①] 当成年人的父母或成年子女拥有上海户口且户口落在应税住房中,同时其名下无房时,可申请同住人政策,该家庭可多扣除 60 平方米。但这类情况在现实中非常少。

购房家庭进行检验。图 7-10(a)的群聚分析结果显示,单独购房样本的面积效应 $\Delta s=2.72$ 平方米,相当于在此样本的免税门槛处引起了住房投机量 1.89% 的减少。相比基准回归结果,单独购房的面积效应有略微下降,但差异并不显著,说明合资购房并不是引起面积效应的主要因素。根据 Kleven 等(2011),策略性操作空

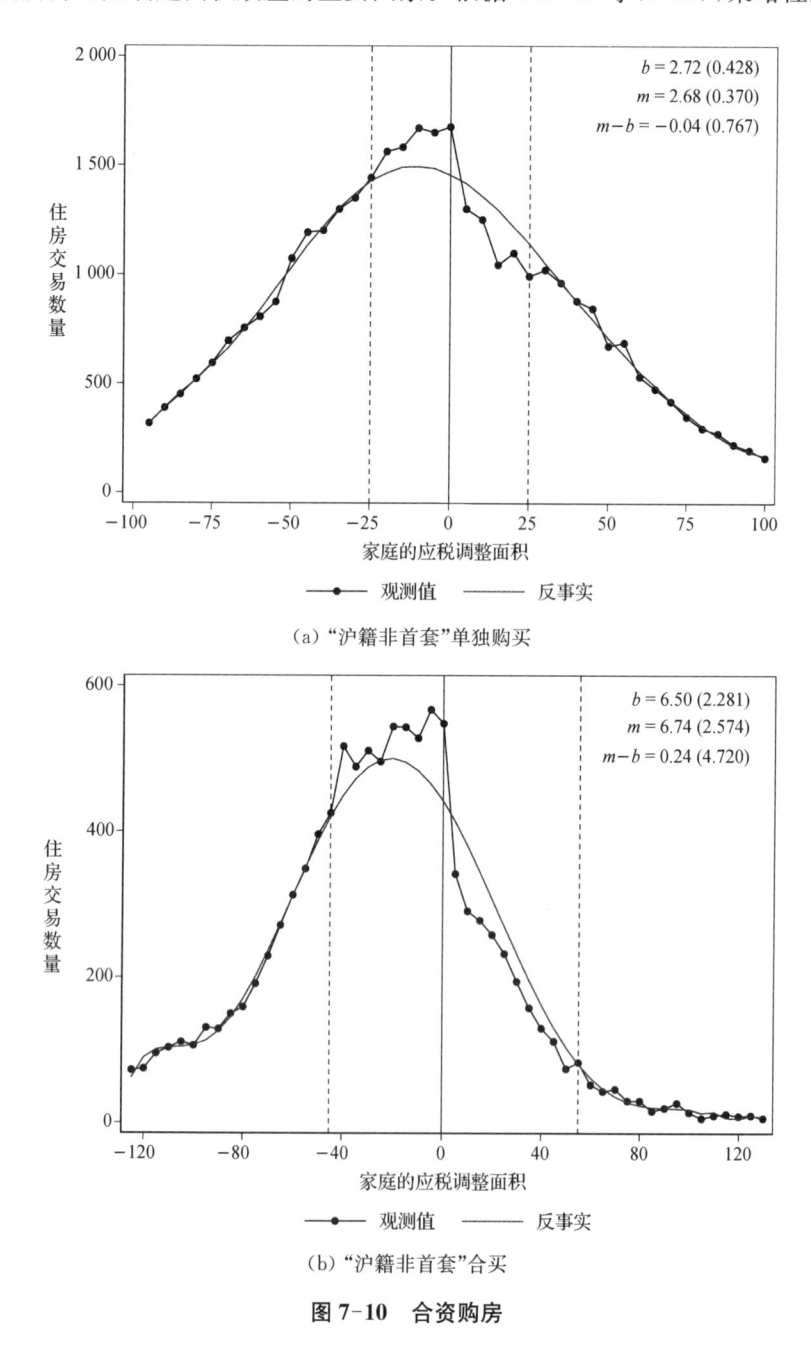

(a) "沪籍非首套"单独购买

(b) "沪籍非首套"合买

图 7-10 合资购房

间的存在会放大税收的市场反应。针对合买家庭而言,其跃迁行为除了可以通过住房面积的真实减少达到之外,还可以通过共同购房家庭之间的资产转让达到,因而房产税的面积效应也将被放大。图 7-10(b)中我们对合买家庭进行了单独的群聚分析,发现其面积效应确实得到放大,$\Delta s = 6.50$ 平方米,是基准效应的 2.21 倍。

六、房产税抑制住房投机的价格效应

量和价是市场不可分割的两个部分。房产税在引起面积效应的同时,也会对应税家庭产生价格效应,驱使其购买价格更低的住房来降低应纳税额。理论上,房产税的价格效应对所有应税住房均存在,但以式(7-4)为框架,我们需要统一价格效应和面积效应的估计区间,才能获得房产税对投机性货币资产的总效用。因此,我们选择应税调整面积在[−25, 30]范围内的样本来估计房产税的价格效应。

在表 7-3 的第一列中,我们先用式(7-8)来简单对比应税住房和非应税住房的单位面积价格。从结果来看,在控制了住房和家庭层面的控制变量以及双重固定效应后,应税住房的价格要比非应税住房低 1.17%。诚然,如刘甲炎和范子英(2013)的研究所示,房产税的征收对市场均衡价格存在整体上的冲击,供求双方均会受到影响,但供给方在此背景下所受的影响属于市场的整体波动,在我们选择的局部样本中,应税住房和非应税住房在供给侧理应不存在差异,因此 1.17% 的价格差来自购房者为降低房产税而做出的自主性选择。

表 7-3 房产税的价格效应

变量名	沪籍非首套 Ln(单价)	沪籍首套 Ln(单价)	DID Ln(单价)
tax	−0.011 7** (0.005 45)	−0.001 98 (0.009 02)	0.011 9** (0.004 92)
$type$			0.000 216 (0.007 54)
$tax \times type$			−0.017 6*** (0.006 65)
面积	−0.001 01*** (0.000 180)	−0.001 40*** (0.000 340)	−0.001 78*** (0.000 171)

续表

变量名	沪籍非首套 Ln(单价)	沪籍首套 Ln(单价)	DID Ln(单价)
住房类型	0.711*** (0.073 5)	0.783*** (0.070 8)	0.777*** (0.070 2)
楼层	0.003 15*** (0.000 639)	0.002 48*** (0.000 566)	0.002 69*** (0.000 521)
家庭人数	0.020 7*** (0.005 20)	−0.027 1 (0.017 5)	0.005 67 (0.005 36)
合买家庭数量	−0.088 3*** (0.011 6)	−0.129*** (0.009 80)	−0.124*** (0.009 19)
小区固定效应	Yes	Yes	Yes
年月固定效应	Yes	Yes	Yes
观测值	19 408	68 290	87 838
R^2	0.813	0.845	0.836

注：***、**分别表示1%、5%的显著性水平，括号中为标准误，已经过小区层面cluster的调整。

然而，不同面积住房的价格存在自然性差异，应税住房与非应税住房的面积又存在差别，导致表7-3第一列的回归结果因包含自然价格差异而存在偏误。为纠正这一问题，我们以应税调整面积在[−25，30]区间内的"沪籍首套"家庭作为对照组构建双重差分模型，通过对照组中同样存在的自然价格差异来剔除上述内生性问题。在表7-3第二列中，我们先对"沪籍首套"样本进行单独的检验，结果显示该组别中应税调整面积大于0和小于0的住房在价格上不存在显著差别，但这并不能排除自然价格差异的存在对第一列回归的潜在干扰。因此在表7-3第三列中，我们将"沪籍首套"样本作为对照组放入模型中，交互项结果显示在消除内生性问题后，房产税对应税家庭购房价格的净效应为−1.76%。

根据式(7-4)，房产税对投机性购房总值的抑制效应由面积效应和价格效应两部分组成。综合以上分析，房产税的征收导致在人均60平方米处，家庭的投机性住房面积减少了2.16%，投机性购房的单位面积价格下降了1.76%，因此市场中家庭用于住房投机的总货币资产下降了3.92%。该效应用式(7-10)转换后，可得房产税的应税总值弹性为−14，表示房产税税率上升1%将带来家庭在人均60平方米处的购房总值下降14%。这意味着征收7%的房产税即可挤出市场中全部的投机性资本。

七、结论

住房市场的合理与稳定牵系着百姓民生和国家经济。但近年来住房金融化趋势日益严重,由投机性购房推动的房价上涨更是严重抬高了居民正常的居住成本。为抑制住房投机,中央及地方各级政府相继推出了各类政策组合,但尚未能建立稳定住房市场的长效机制。因此,政府与学界逐渐将制度改革的重点转移到房产税。相比于以往政策,房产税内嵌于市场价格中,将增加拥有多套住房的家庭的持有成本,理论上可以有效挤出超出正常居住需求的投机性购房。但房产税试点政策于2011年初实施以来,学界尚未对房产税抑制住房投机的政策效果给出量化评估,导致政策的后续铺开缺乏理论支撑。

本研究利用来自上海市税务部门的微观数据填补了上述空白。结果显示,房产税对市场中的住房投机行为产生了显著的抑制作用,在家庭人均住房面积60平方米方面,投机性购房面积在房产税的作用下减少了2.16%,应税面积弹性为−7.71,家庭用于住房投机的总货币资产因房产税而下降了3.92%,应税价值弹性为−14。上述结论经过稳健性检验后仍然成立。虽然多个家庭合资购房的现象同样会造成家庭住房面积的减少,但通过分析家庭单独购房的样本,我们发现这一替代性假说并不是引起房产税面积效应的主要因素。

结论证明房产税可以显著抑制住房投机,是稳定住房市场、实现"房住不炒"政策目标的有效手段。但与此同时,房产税的税收弹性较大,说明市场对房产税的反应极为剧烈。在房产税立法过程中,需以各地住房市场的特征为基础,谨慎考虑税率和起征点的设置,保证政策在有效打击住房投机的同时不侵害居民的自住性需求。

参考文献

[1] 昌忠泽.房地产泡沫、金融危机与中国宏观经济政策的调整[J].经济学家,2010(1).

[2] 陈彦斌,邱哲圣.高房价如何影响居民储蓄率和财产不平等[J].经济研究,2011(10).

[3] 杜雪君,黄忠华,吴次芳.房地产价格、地方公共支出与房地产税负关系研究——理论分析与基于中国数据的实证检验[J].数量经济技术经济研究,2009(1).

[4] 范子英.为买房而离婚——基于住房限购政策的研究[J].世界经济文汇,2016(4).

[5] 范子英,刘甲炎.为买房而储蓄——兼论房产税改革的收入分配效应[J].管理世界,2015(5).

[6] 范子英,张航,陈杰.公共交通对住房市场的溢出效应与虹吸效应:以地铁为例[J].中国工业经济,2018(5).

[7] 高波,陈健,邹琳华.区域房价差异、劳动力流动与产业升级[J].经济研究,2012(1).

[8] 何兴强,费怀玉.户籍与家庭住房模式选择[J].经济学(季刊),2018(2).

[9] 胡婉旸,郑思齐,王锐.学区房的溢价究竟有多大:利用"租买不同权"和配对回归的实证估计[J].经济学(季刊),2014(3).

[10] 贾康,白景明,颜云初.我国房产税税制改革研究[J].财贸经济,2002(6).

[11] 贾生华,温海珍.房地产特征价格模型的理论发展及其应用[J].外国经济与管理,2004(5).

[12] 况伟大.预期、投机与中国城市房价波动[J].经济研究,2010(9).

[13] 李江一."房奴效应"导致居民消费低迷了吗?[J].经济学(季刊),2018(1).

[14] 刘甲炎,范子英.中国房产税试点的效果评估:基于合成控制法的研究[J].世界经济,2013(11).

[15] 汤韵,梁若冰.限购为何无法控制房价——来自婚姻市场的解释[J].经济学动态,2016(11).

[16] 田彬彬,范子英.征纳合谋、寻租与企业逃税[J].经济研究,2018(5).

[17] 佟家栋,刘竹青.房价上涨、建筑业扩张与中国制造业的用工问题[J].经济研究,2018(7).

[18] 吴开泽.住房市场化与住房不平等——基于CHIP和CFPS数据的研究[J].社会学研究,2019(6).

[19] 杨赞,张欢,赵丽清.中国住房的双重属性:消费和投资的视角[J].经济研究,2014(S1).

[20] 张航,范子英.群聚分析法:原理、争议及应用前景[J].数量经济技术经济研究,2019(9).

[21] 张莉,何晶,马润泓.房价如何影响劳动力流动?[J].经济研究,2017(8).

[22] 周广肃,王雅琦.住房价格、房屋购买与中国家庭杠杆率[J].金融研究,2019(6).

[23] 朱恺容,李培,谢贞发.房地产限购政策的有效性及外部性评估[J].财贸经济,2019(2).

[24] Bai C E, Li Q and Ouyang M. Property Taxes and Home Prices: A Tale of Two Cities[J]. *Journal of Econometrics*, 2014, 180(1).

[25] Best M C and Kleven H J. Housing Market Responses to Transaction Taxes: Evidence from Notches and Stimulus in the UK[J]. *The Review of Economic Studies*, 2018, 85(1).

[26] Best M C, Cloyne J, Ilzetzki E, et al. Estimating the Elasticity of Intertemporal Substitution Using Mortgage Notches[R]. NBER Working Paper No. 24948, 2018.

[27] Brown K M. The Link between Pensions and Retirement Timing: Lessons from California Teachers[J]. *Journal of Public Economics*, 2013, 98(2).

[28] Chen Z, Liu Z, Serrato J C S, et al. Notching RandD Investment with Corporate Income Tax Cuts in China[R]. NBER Working Paper No. 24749, 2018.

[29] Chetty R, Friedman J N, Olsen T, et al. Adjustment Costs, Firm Responses, and Micro Vs. Macro Labor Supply Elasticities: Evidence from Danish Tax Records[J]. *Quarterly Journal of Economics*, 2011, 126(2).

[30] Einav L, Finkelstein A and Schrimpf P. The Response of Drug Expenditure to Nonlinear Contract Design: Evidence from Medicare Part D[J]. *Quarterly Journal of Economics*, 2015, 130(2).

[31] Fack G and Landais C. The Effect of Tax Enforcement on Tax Elasticities: Evidence from Charitable Contributions in France[J]. *Journal of Public Economics*, 2016, 133(1).

[32] Feldstein M. Tax Avoidance and the Deadweight Loss of the Income Tax[J]. *Review of Economics and Statistics*, 1999, 81(4).

[33] Fischel W A. Homevoters, Municipal Corporate Governance, and the Benefit View of the Property Tax[J]. *National Tax Journal*, 2001, 54(3).

[34] Gibbons S, Machin S and Silva O. Valuing School Quality Using Boundary Discontinuities [J]. *Journal of Urban Economics*, 2013, 75(3).

[35] Hamilton B W. Capitalization of Intrajurisdictional Differences in Local Tax Prices[J]. *The American Economic Review*, 1976, 66(5).

[36] Henderson J V and Ioannides Y M. A Model of Housing Tenure Choice[J]. *The American Economic Review*, 1983, 73(1).

[37] Kleven H J and Waseem M. Using Notches to Uncover Optimization Frictions and Structural Elasticities: Theory and Evidence from Pakistan[J]. *Quarterly Journal of Economics*, 2013, 128(2).

[38] Kleven H J, Knudsen M B, Kreiner C T, et al. Unwilling or Unable to Cheat? Evidence from a Tax Audit Experiment in Denmark[J]. *Econometrica*, 2011, 79(3).

[39] Kopczuk W and Munroe D. Mansion Tax: The Effect of Transfer Taxes on the Residential Real Estate Market[J]. *American Economic Journal: Economic Policy*, 2015, 7(2).

[40] Oates W E. The Effects of Property Taxes and Local Public Spending on Property Values: An Empirical Study of Tax Capitalization and the Tiebout Hypothesis[J]. *Journal of Political Economy*, 1969, 77(6).

[41] Rosen K T. The Impact of Proposition 13 on House Prices in Northern California: A Test of

the Interjurisdictional Capitalization Hypothesis[J]. *Journal of Political Economy*, 1982, 90(1).

[42] Rosen S. Hedonic Prices and Implicit Markets: Product Differentiation in Pure Competition [J]. *Journal of Political Economy*, 1974, 82(1).

[43] Rosenthal L. House Prices and Local Taxes in the UK[J]. *Fiscal Studies*, 1999, 20(1).

[44] Saez E. Do Taxpayers Bunch at Kink Points? [J]. *American Economic Journal: Economic Policy*, 2010, 2(3).

[45] Slemrod J, Weber C and Shan H. The Behavioral Response to Housing Transfer Taxes: Evidence from a Notched Change in DC Policy[J]. *Journal of Urban Economics*, 2017, 100(7).

[46] Tiebout C M. A Pure Theory of Local Expenditures[J]. *Journal of Political Economy*, 1956, 64(5).

[47] Traxler C, Westermaier F G and Wohlschlegel A. Bunching on the Autobahn? Speeding Responses to a "Notched" Penalty Scheme[J]. *Journal of Public Economics*, 2018, 157(1).

8

房(地)产税的收入分配效应*

本研究概要：中国的居民储蓄率水平一直居于高位,并且保持了持续上升的势头,同期的住房价格也快速上涨,为买房而储蓄是储蓄率上升的一个主要原因。我们利用2011年房产税试点政策作为自然实验,采用倍差法首先估计了房产税对不同类型住房价格的影响,进而估计房价对试点城市居民储蓄率的影响。我们发现房产税对住房市场产生了结构效应,由于此次改革对不同类型的住房设定了不同的免税方案,因此在大面积住房价格下降的同时,试点城市的小面积住房价格反而上升。这种结构效应会对不同收入群体的居民储蓄行为产生不同的影响,我们发现试点城市低收入阶层的储蓄率由此增加了0.9个百分点,并且我们还发现低收入群体主要是通过压缩衣着和交通通信支出来提高其储蓄率水平。因此,这不仅验证了住房市场对中国高储蓄率的贡献,还揭示了房产税改革带来的收入分配效应。

一、引言

改革开放以来,我国的经济增长速度维持在年均10%。与此同时,居民储蓄率

---

* 本研究主要内容参见：范子英,刘甲炎.为买房而储蓄——兼论房产税改革的收入分配效应[J].管理世界,2015(5)：18-27。

也一直大幅上升，2000 年的居民储蓄率为 31.1%，2009 年居民储蓄率已高达 40.4%；自 1992 年起，平均每年居民储蓄率上升 0.56%，而 2000 年以来，平均每年储蓄率的上升约为 1%，居民部门储蓄也构成国民储蓄率上升的主要原因（陈斌开等，2014）。有很多文献对中国过高的储蓄率进行了研究：第一种解释基于生命周期理论，认为中国的人口结构是导致高储蓄率的主要原因（Modigliani and Cao, 2004；刘生龙等，2012；汪伟，2010）。第二种解释基于预防性储蓄理论，认为中国的社会服务体系不够健全，居民承担了较为严重的养老、教育、医疗等负担，他们出于预防性动机而将收入用于储蓄，以应对未来不确定的支出需求（Meng, 2003；Blanchard and Giavazzi, 2005；Giles and Yoo, 2007；Chamon and Prasad, 2010；何立新等，2008；易行健等，2008；杨汝岱和陈斌开，2009；周绍杰等，2009）。第三种解释发现东亚国家的储蓄水平普遍较高，因此将中国的高储蓄率归结为文化、习惯、家庭偏好等方面的因素（杭斌，2009；程令国和张晔，2011）。第四种解释认为中国的金融市场欠发达，居民大多面临一定的流动性约束，因而相对于发达国家不得不进行更多的储蓄（万广华等，2001；Kujis, 2005；Aziz and Cui, 2007）。

上述这些研究只能解释中国储蓄率的第一个特征事实，即相比于其他发达国家和发展中国家，中国的居民储蓄率都更高，但是却无法解释第二个特征事实，即中国居民储蓄率的持续上升。因为近年来，无论是金融市场还是社会保障体系都是在逐步改善，理论上储蓄率应该出现下降，且人口年龄结构变化缓慢，文化等因素又是相对固定的，但这些都无法解释储蓄率的动态变化。Wei 和 Zhang(2011)开创性的研究认为中国存在所谓的"竞争性储蓄"（Competitive Saving），他们发现中国的计划生育政策和男孩偏好导致了男女性别比持续上升，这样男性在婚姻市场上的谈判能力就随之下降，因而不得不通过其他方式来提升自己的竞争力，其父母会通过更多储蓄的方式为孩子增加竞争优势，最后纳什均衡的结果就是整体储蓄率的上升。他们的研究是以房价作为中间机制，即住房才是婚姻市场竞争力的表现，因此"丈母娘现象"推动了房价的上升，进而推高了储蓄率。但是也有学者进一步指出，该文并没有建立性别比与房价之间的逻辑链条，因为性别比失衡主要发生在农村，而住房市场却在城市（陈斌开等，2014）。

从时间趋势来看，房价的变化与储蓄率紧密相关。1998 年之前，住房价格一直维持适度上升的趋势，而当时的居民储蓄率和国民储蓄率却能保持相对稳定。

1998年我国开始取消"住房实物分配"①,全面进行住房市场化运行,中国住房体制改革也取得了巨大的进步,住房自有率从1988年的13.8%上升至2007年的88.8%(赵西亮等,2013)。住房市场化带来了房价的快速上涨,2002—2007年住房价格增速远远超过居民收入的增速,同期居民储蓄率也开始出现快速上升的趋势,并由此带动了国民储蓄率的攀升。

有一些文献尝试研究住房和储蓄率的关系,但是并没有获得一致的结论。例如陈斌开和杨汝岱(2013)认为住房市场制度的改革将新进入者推向了市场,这些群体不得不为买房而储蓄;但是也有研究认为购房的负储蓄和准备购房的正储蓄相互抵消,房价上涨不一定能带来储蓄率的上升(Wang and Wen, 2012)。既有的实证研究存在两个明显的不足:一是仅估计了房价水平与储蓄率水平的关系,而不是房价上涨与储蓄率上升的关系,使得研究与假说存在一定程度的脱节;二是没有将房价与购房群体进行匹配,而是将一个城市的平均房价与全体居民对应,但是房价上升对高收入阶层和低收入阶层的影响是完全不同的,这些研究忽视了群体间巨大的异质性。

本研究以2011年的房产税试点政策作为自然实验,以此来估计房价变化对居民储蓄率变化的影响。首先,我们采用标准的倍差法估计房产税对房价的影响,发现重庆的房产税政策针对不同住房类型制定了差异化的免税条款,将高端住房的潜在购买群体挤出到低端市场,由此对房价产生了结构性效应,在平均住房价格下降的同时,却只有大面积住房价格下降,小面积住房价格由于需求激增反而上升,这种结构性效应会对不同的收入阶层产生异质性影响。然后,我们采用了中国家庭追踪调查(China Family Panel Studies,CFPS)的微观数据库,该数据库恰好覆盖重庆在内的25个省市,并且在2010年和2012年各进行了一轮调查,时间跨度也刚好覆盖房产税试点。在将居民按照收入阶层与具体的住房市场进行匹配后,研究发现,相对于国内其他城市,住房均价对重庆低收入阶层储蓄率的影响更大,这主要是因为重庆房价上涨主要体现在小面积住房,这种房屋类型对低收入阶层的冲击更大。进一步地,我们发现这些家庭主要是通过衣着和交通通信的消费支出来

---

① 我国为了解决住房建设资金不足以及居民居住问题,1978年以来先后经历了三个阶段的住房体制改革:第一阶段,探索试点阶段(1978—1988年),主要目的是筹集住房建设资金,其中包括提高住房租金等内容;第二阶段,1988—1998年住房体制改革全面开展,主要内容来自1994年7月国务院下发的《关于深化城镇住房制度改革的决定》,基本内容可概括为"三改四建",政策的核心是建立货币化分房制度、建立住房公积金制度、发展住房信贷制度等;第三阶段,取消"住房实物分配",住房市场化运行,中国住房体制改革取得了巨大成就,2010年全国城镇居民人均建筑面积已经提高到31.6平方米,城镇居民住房自有率由1988年的13.8%提高到2007年的88.8%(赵西亮等,2013)。

增加其储蓄率,进而弥补未预期的房价上涨。

与既有文献相比,本研究贡献主要为两个方面:一是我们不仅度量了与住户匹配的房价,而且这种房价的变化完全是外生和未预期到的,因此房价与储蓄率的因果链更加清晰,并且也不存在反向因果关系的困扰。二是有些文献研究了房产税的价格效应(刘甲炎和范子英,2013),却没有进一步研究其收入分配效应,而所有针对价格的改革都会带来收入分配的变化,此次房产税改革的初衷是为了提高低收入阶层的购房能力,实际上却恶化了收入分配,加剧了低收入阶层的购房负担,因此本研究对未来的房产税扩围具有重大的启示作用。

二、房产税改革:价格效应与结构效应

我国的房产税实际上由来已久,1949年中华人民共和国成立后,国务院公布的《全国财政实施要则》便将房产税列为14个主要税种之一,随后经历了一系列的演变。现行的房产税来源于1986年9月15日国务院颁布的《中华人民共和国房产税暂行条例》,不过此时的房产税主要是针对商业用房,个人所有的非营业用房产则免征房产税,因此对房地产的影响较小。随着福利房制度的改革以及土地"招拍挂"制度的逐步建立,地方政府由20世纪80年代的"经营企业"转向"经营城市",并助推了城市房价的快速上涨。2008年全球金融危机爆发,我国主要城市的房价上涨趋势有过短暂的下滑,但是随着"四万亿财政刺激"计划,以及向实体经济注入了过量的流动性,房价在2010年开始了又一轮的快速上涨。

房地产市场既牵涉地方财政收入的可持续性,也与居民生活紧密相关,因此中央政府一直在谋求房地产市场的平稳发展。早期调控房价的主要手段是从供给方进行管理,例如减免税费、调整住房市场结构等,但是供给方管理的效果甚微,并且其效应有一定的时滞性,因此中央政府开始转向需求方管理,主要的手段包括限购限贷、提高首付比,其中对个人居住用房的持有环节进行征税也逐渐被提上日程。2010年5月国务院提出要推进房产税改革,将原有仅针对商业用房的房产税扩围到个人居住用房,而不是重新开征物业税,因为后者面临人大立法的难题。理论上,房产税扩围能产生三个作用:第一,由于对持有环节征税,等价于增加住房持有成本,能够在一定程度上打击投资性住房需求,从而降低住房价格;第二,房产税是"使用者付费",公共服务(如教育、医疗)和基础设施更好的地方其房价更高,由于房产税是从价税,因此居民能够"用脚投票"来为其享受的公共服务付费;第三,

房产税每年都征收,能够构成地方政府稳定的财政收入来源,以解决现阶段地方财政收入的可持续难题。

2011年1月国务院同意在部分城市试点房产税,重庆和上海成为首批试点城市,不过两者的房产税细则完全不同,形成了所谓的"重庆模式"和"上海模式"。首先,重庆涵盖了存量,上海则主要针对增量,重庆所有的存量高档住房都需要缴税,而上海的家庭无论其已购住房的面积和类型,只要不再新购住房就不需要缴税,因此上海是"老人老办法、新人新办法"。其次,在税率方面,重庆要高于上海,考虑到重庆是全额征收,而上海有70%的税额折扣,因此重庆的房产税综合税负要比上海严重。最后,在免税面积上两者差异巨大,重庆是按住房套数进行抵扣,只允许对一套住房进行抵扣,并且将普通商品住宅的面积限制在100平方米以下,而上海是以家庭为单位,按人均60平方米进行抵扣,假设有一个"三口之家",出于避税动机的考虑,在重庆的话会购买100平方米以下的住房,在上海则会购买180平方米以下的住房,因此房产税对两个城市的房价影响也会不同。

由于房产税是针对持有环节进行征税,因此会对住房价格产生直接影响。一些学者利用合成控制法(Synthetic Control Methods)评估过房产税对重庆房价的影响(刘甲炎和范子英,2013),他们发现在2010年6月到2012年2月,房产税使得重庆的真实房价相对于其潜在房价下降了156.612~350.8元/平方米,下降幅度达到5.27%。从图8-1中可以看出,在房产税实施之前,重庆的真实房价与潜在房

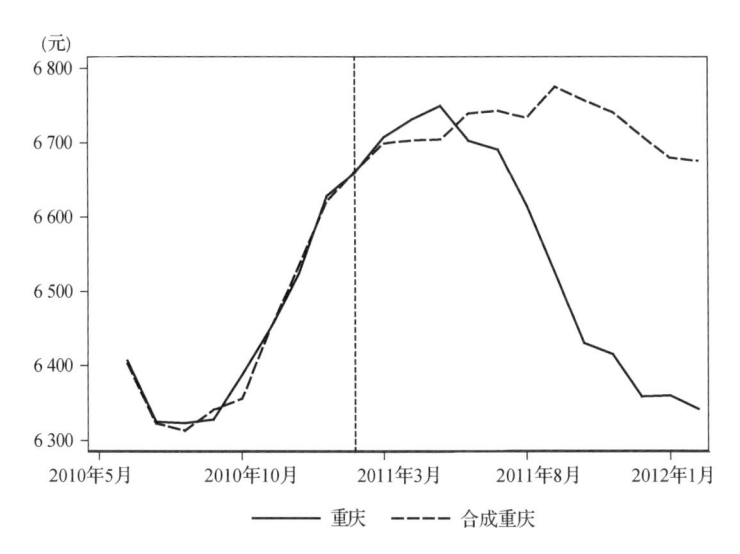

资料来源:刘甲炎和范子英(2013)。

图8-1 重庆实际和合成的样本房价均值

价几乎是一致的,这说明模型拟合的效果很好,在房产税实施的 3 个月之后,真实房价相对于潜在房价开始出现明显的下降,并且在全国所有的城市中,仅重庆出现如此大幅度的房价下降。从这个意义上来说,2011 年在重庆实施的房产税能够起到遏制房价的目的。另一些学者利用类似的方法评估了"上海模式",也发现类似的结论(Bai et al., 2014)。

大多数发达国家采用的是"宽税基"的房产税,即在征收的过程中不区分房屋类型和住户类型,做到"见房就征税",但在核算环节可以按照不同条件进行减免;而我国在重庆和上海试点的房产税都属于"窄税基",即在征收之前就设定了不同的免税条款,例如重庆房产税主要针对大面积的高档住宅,上海则只针对新购住宅征税,因此两个城市的应税住房和应税收入都较少。重庆 2011 年划定的主城区房产税应税住房仅 8 563 套,房产税收入还不到 1 亿元;上海 2011 年认定的应税住房仅 2 万套,房产税收入为 22.1 亿元,其中还包括企业经营性用房,而不仅仅是个人非营业住房。为了照顾中低收入者的自住性需求,这种房产税模式还设定了免税面积,重庆将 100 平方米作为免税面积,这意味着即使是均价较高的住宅,只要房屋面积小于 100 平方米也可以免征房产税。这种模式会影响住房市场的需求,产生扭曲,那些原本计划购买大面积住房的家庭出于避税的动机会改变自身的行为,在没有限购之前,他们可以通过异地购房来规避政策的冲击,但是同期实施的限购政策与户籍直接挂钩,因此他们只能主动转向小面积住房市场,对重庆来说,100 平方米以下的住房市场会成为新的投资热点,房产税将大面积住房市场的需求挤出到小面积住房市场,进而抬升了后者的住房价格。

上述猜测得到了重庆房管局的证实,重庆房管局的公告显示,房产税改革后主城区高档住房项目访客量下降 30%～50%,截至 2011 年 11 月 30 日,主城区建筑面积 200 平方米以上的住房新开工面积与上年相比下降了 4.5%,与此相反的是,建筑面积在 100 平方米以下的住房上市量同比增加了 17.8%。将重庆与全国平均水平进行对比更能说明该问题,2011 年重庆高档住宅的销售面积同比下降了 36.3%,而全国高档住房销售面积的下降幅度仅为 11%,重庆的下降幅度明显高于全国平均水平。重庆大面积住房价格也大幅度下降,2012 年第一季度重庆的应税住房均价 13 140 元/平方米,较房产税实施前的 14 678 元/平方米下降了 10%。我们可以从国家统计局公布的数据得到类似的结论。国家统计局自 2011 年 1 月起,持续公布了 70 个大中城市的住房价格指数,住房价格指数分为新建商品住宅和二手房两大类,并进一步细分为 90 平方米以下、90～144 平方米和 144 平方米以上三种类型。图 8-2 是重庆市新建商品住宅的定基价格指数,可以看出在房产税实施之后(2011 年 2 月),小面积住房和大面积住房的价格指数出现了显著的差异,其中 90 平方米以下的住房价格维持了较为稳定的增长趋势,而 144 平方米以上的住房价格则持续下降,更有意思的是,90~144 平方米的住房价格指数与 144 平方米以上几乎完全一致,这是因为 90~144 平方米的住房类型中很大一部分都是在 100 平方米以上,而 100 平方米是重庆抵扣房产税的面积上限。

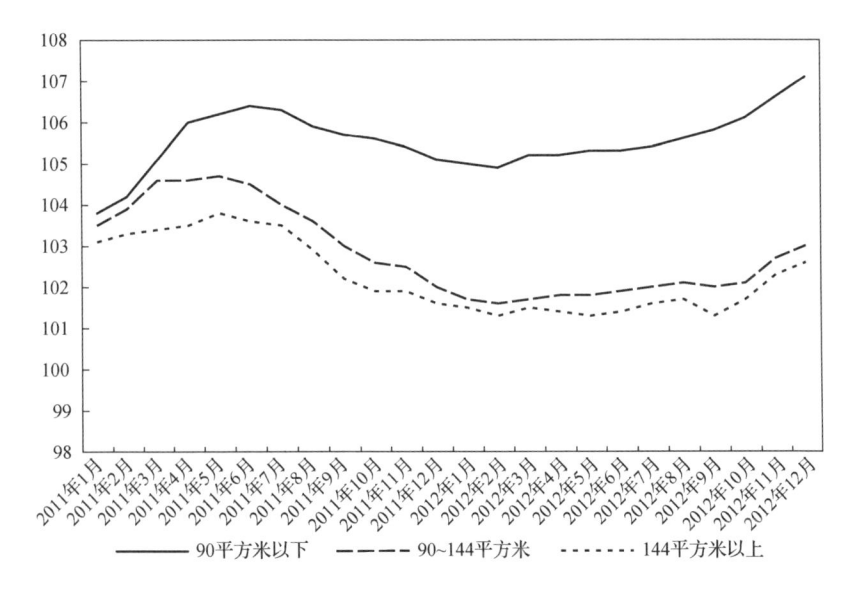

图 8-2　重庆新建商品住宅定基价格指数(以 2010 年为基期)

作为对比,我们在图 8-3 中画出了上海不同面积类型的价格指数,可以看出上海与重庆的价格指数存在明显差异。无论是 90 平方米以下、144 平方米以上,还是 90~144 平方米的住房价格指数都保持了相同的变化趋势。2011 年 1 月至 7 月,三种类型的住房都保持了上升趋势,7 月至 10 月的价格较为稳定,11 月起三种类型的住房价格开始同步下降。上海三种类型住房价格指数之所以与重庆不同,其背后的原因在于上海房产税的抵扣面积是以人均面积为基准,抵扣的总面积与家庭人数有关,而与住房套数无关,对一个平均规模的家庭来说,人均 60 平方米的抵扣面积足以涵盖三种类型的住房面积,因此不会产生结构性影响。

我们从图 8-2 中只能看出重庆大面积和小面积住房价格指数不同,并不能直接认为这种差异就是房产税政策的效果,原因是一些共同冲击也会导致其他城市出现类似的现象。为了评估房产税对重庆住房结构的影响,我们在表 8-1 采用标

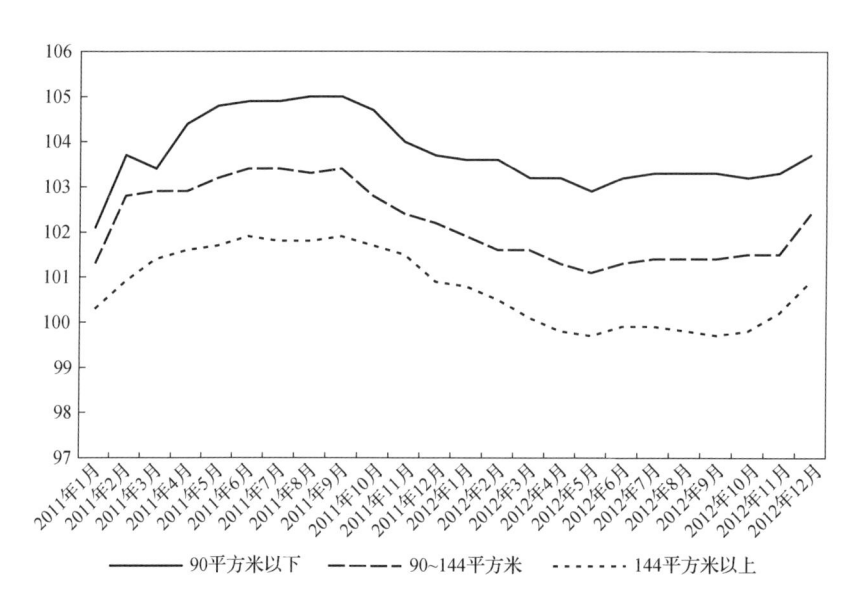

图 8-3　上海新建商品住宅定基价格指数（以 2010 年为基期）

准的倍差法进行研究，其中，关键的"房产税"变量是将重庆在 2011 年 2 月之后的赋值 1，其他为 0，由于我们在固定效应模型中控制了时间效应，因此这个变量就捕捉了房产税政策的影响，同时，为了将限购政策与房产税的效应区分开，我们也构造了限购政策变量，即该城市某月份开始实施限购的赋值 1。此外在回归中也控制了人均 GDP 和土地价格，其中人均 GDP 是在季度 GDP 基础上通过插值法得到月度 GDP 数据，月度的土地均价来自搜房网，但是该网站只收集了 39 个城市的土地价格[①]，因此接下来我们以这 39 个城市为基本样本。

表 8-1 分别报告了 144 平方米以上和 90 平方米以下面积的估计结果。第一个回归仅放入了房产税的政策变量，此时的政策变量显著为负，说明房产税使得重庆的大面积住房价格相对于其他城市下降更多，但是由于没有考虑其他影响因素，这里可能会高估政策效应。第二个回归加入了其他控制变量，此时的政策变量依然显著为负，平均来说，房产税使得重庆大面积住房相对于国内其他城市下降了 0.377 个百分点。后两个回归考察的是小面积住房的效应，可以看出房产税使得小面积住房价格上升了 0.8 个百分点，考虑到这段时间重庆的小面积住房价格指数仅上升了 2 个百分点，房产税的作用是非常大的。除房产税外，其他变量对价格的

---

① 包括所有省会城市以及北海、大连、惠州、泉州、温州、无锡、徐州、湛江。

影响与住房面积类型无关。其中,限购政策使得住房价格下降,人均 GDP 与价格指数负相关,说明发达地区受到的冲击更大;土地价格没有显著影响,可能是因为地价对房价的传导效应需要较长的时间。

表 8-1 房产税改革的价格效应

变量名	144 平方米以上	144 平方米以上	90 平方米以下	90 平方米以下
房产税	−1.272 *** (0.000)	−0.377 ** (−2.89)	4.068 *** (0.000)	0.800 ** (0.348)
限购		−0.443 ** (0.210)		−0.738 ** (0.286)
人均 GDP		−0.000 4 *** (0.000 1)		−0.000 4 *** (0.000 1)
土地价格		0.000 04 (0.000 03)		0.000 03 (0.000 06)
时间 Dunmy		1.574 *** (0.201)		3.200 *** (0.347)
FE	Yes	Yes	Yes	Yes
Within-R^2	0.004	0.390	0.019	0.629
城市数量	39	39	39	39
观测值	739	739	739	739

注:***、**分别表示 1%、5%的显著性水平,括号中为标准误。

综上,我们可以得到三个基本结论:(1)房产税确实降低了重庆的住房价格;(2)这种作用在大面积住房市场上更为明显,房产税的平均效应主要是由大面积住房市场构成的;(3)由于存在挤出需求,小面积住房市场价格反而增长更快。如果房产税政策的出发点是为了增进低收入群体的福利的话,希望通过房产税的征收来挤出市场投机,从而降低房价,使得那些低收入者也能买得起住房,那么上述的分析至少表明该政策没有达到预期的效果,反而降低了低收入群体的福利。

由于重庆房产税改革的免税条款对住房市场产生挤出效应,房产税改革主要针对的是大面积住房,在房产税政策的免税条款的影响下,导致房产税挤出的需求会进一步抬高小户型住房的价格,因此房产税还将产生结构效应,并对不同收入阶层的居民产生影响。本研究要检验的假说为:由于低收入群体面对的主要是小面积住房,而这些住房价格却因房产税而上升,造成重庆的低收入阶层不得不储蓄更多。

三、数据来源及研究设计

(一) 数据来源

本研究采用的数据来自北京大学的中国家庭追踪调查(China Family Panel Studies,CFPS)数据库。该数据库旨在通过跟踪收集个体、家庭、社区三个层次的数据,反映中国社会、经济、人口、教育和健康的变迁,为学术研究和公共政策分析提供数据基础。CFPS样本覆盖25个省/市/自治区[①],分布于中国的华北、东北、华东、华南、西南、西北,在地理位置和经济发展水平等方面具有较好的代表性,并且是一个跟踪调查数据。本研究目标样本规模为16 000户,调查对象包含样本户中的全部家庭成员。本研究选用的数据是2010年和2012年两年的家庭问卷调查数据[②],由于房产税试点是在2011年,因此CFPS刚好能够覆盖改革前后,CFPS也是我们目前唯一能够获得的可用于本研究的微观数据库。

CFPS数据库中追踪统计了家庭详细的收入和支出数据,我们遵循既有文献的做法,将储蓄率定义为:1－家庭消费支出/家庭可支配收入,其中消费支出按照国家统计局的归类,分别包括食品、衣着、医疗保健、居住、文教娱乐等八大类。

表8-2是本研究用到的主要变量的描述性统计,由于调查是区分城市和农村的,因此这里的描述性统计也按照城乡进行区分。从时间趋势上来看,无论是城市家庭,还是农村家庭,其储蓄率都出现了不同程度的上升,这与国家统计局的趋势基本一致;横向对比,可以看出2010年和2012年,农村居民的储蓄率都要高于城市,考虑到城市居民的收入更高,这符合边际消费倾向递减的规律。家庭人均收入方面,2012年相较于2010年有不同程度的增加,同时城市居民人均收入是农村的两倍多。家庭人口规模方面,2012年相比2010年有所下降,但是农村家庭人口规模还是显著大于城市,城市基本是"三口之家",而农村的平均家庭人口规模超过4人。从人口抚养比来看,农村重于城市,这有可能是因为农村家庭的小孩数量多于城市。

---

① CFPS样本覆盖25个省/市/自治区,具体包括:北京市、天津市、河北省、山西省、辽宁省、吉林省、黑龙江省、上海市、江苏省、浙江省、安徽省、福建省、江西省、山东省、河南省、湖北省、湖南省、广东省、广西壮族自治区、重庆市、四川省、贵州省、云南省、陕西省、甘肃省。

② 经2010年基线调查界定出来的所有基线家庭成员及其今后的血缘/领养子女将作为CFPS的基因成员,成为永久追踪对象。CFPS调查问卷共有社区问卷、家庭问卷、成人问卷和少儿问卷四种主体问卷类型,并在此基础上不断发展出针对不同性质家庭成员的长问卷、短问卷、代答问卷、电访问卷等多种问卷类型。

表 8-2　　　　　　　　　　　　　主要变量的描述性统计

主要变量	2010 年 城市家庭	2010 年 农村家庭	2012 年 城市家庭	2012 年 农村家庭
储蓄率	0.225	0.287	0.235	0.291
人均收入(万元)	1.719	0.796	2.235	1.027
家庭规模(人)	3.375	4.213	3.348	4.138
抚养比	0.238	0.246	0.259	0.262

(二) 研究设计

我国目前的房价数据分两种：房屋销售价格指数和商品房销售均价。前者来自房地产企业的直报数据，后者是企业的投资报表，相对来说后者准确度更高，也是目前文献上使用最多的住房价格数据。在《中国区域经济统计年鉴》中单列了地级市层面的商品房销售额和销售面积，并进一步细列了商品住宅的数据，由于本研究主要关注个人非营业用住房，因此我们用商品住宅销售额除以面积，即得到地级市层面的房价指标。CFPS 数据库中包含了调查样本的所在地，我们再根据该信息将城市层面的加总数据与微观样本进行匹配。

无论是房屋销售价格指数还是住宅销售均价，我国目前均没有按照面积进行分类统计，而国家统计局公布的新建商品住宅价格指数只涵盖了 70 个大中城市，无法与 CFPS 的调查样本进行匹配。因此，我们采用标准的房价与储蓄率的回归模型，并在此基础之上进行扩展：

$$S_{c,j,t} = \beta_0 + \beta_1 Ln(Hp_{c,t}) + \beta_2 Ln(Hp_{c,t}) \cdot Ch50_{c,j} + \beta_3 Ln(Hp_{c,t}) \cdot Ch50_{c,j} \cdot Pt_c + \gamma X + \varepsilon_{i,t}$$

式中，c 表示城市，j 代表家庭，t 代表数据的年份；被解释变量 S 为居民储蓄率。这里的 $Ln(Hp)$ 是城市层面的商品住宅均价的对数。$Ch50$ 表示该家庭是否属于所在城市平均收入以下，是则赋值 1，否则赋值 0。Pt 表示房产税试点城市，图 8-2 显示只有重庆的房产税产生了结构效应，因此当该家庭来自重庆时，Pt 赋值 1，其他赋值 0。这种方法类似于三重差分(Difference-in-Difference-in-Difference, DDD)，β_3 是我们关注的系数，捕捉的是房价对重庆低收入群体的影响(相对于其他城市的低收入群体)，如果该系数显著为正，则表明住房均价对重庆低收入群体的影响显著高于其他城市，联系到之前的结构效应，房产税使得重庆小面积住房价格与大面积背离，小面积住房构成城市房屋均价的主要部分，因此住房均价对居民储蓄率的影响主要是由低收入群体来承担，而大面积住房是住房的消费主体。β_1 反映的是房价对高收入群体储蓄率的影响，β_2 反映的是对低收入群体的影响（相对于高收入群体），在具体的操作中，我们同时加入了 $Ln(Hp)$ 和 Pt 的交互项。X 为影响储蓄率的一些控制变量，这里包括家庭人均收入、家庭人口规模、抚养比，以及户主的特征，如教育、性别、年龄，此外我们还控制了城市层面的人均 GDP、家庭层面的固定效应以及时间效应。为了缓解面板数据模型中标准误的低估风险，我们在所有的模型中都将标准误在省层面聚类。

四、结果分析

（一）基本回归结果

我们首先按照以往文献的做法，估计房价与居民储蓄率之间的关系。既有文献由于缺乏大样本的跟踪调查，一般都选择截面数据，采用混合回归的方式。2010—2012 年，我国房地产市场变化较大，既有限购限贷，也有房产税试点，为了与以往文献相一致，表 8-3 前三个回归选取 2010 年的样本。其中，第一个回归放入了住户所在城市的房价以及其他一些家庭层面的变量，其结果与文献非常接近，房价每上升 1%，会使得储蓄率增加 0.018 个百分点，但是值得重点注意的是，第一个回归并没有加入家庭的人均收入，这一做法也是既有文献的常规处理方法（如陈斌开和杨汝岱，2013）。但是当我们在第二个回归中加入家庭人均收入之后，房价对居民储蓄率就没有显著影响了，这说明那些房价越高的城市，居民人均收入也越高，而经典的消费倾向递减规律会使得人均收入与储蓄率正相关，因此第一个回归中房价对居民储蓄率的系数就包含了人均收入的影响，或者说在不控制人均收入时，实证研究会高估房价对储蓄率的影响。第三个回归是在第二个回归基础之上，将标准误 Cluster 到省层面，以获得更稳健估计，可以看出此时房价对储蓄率的系数依然不显著，这提醒我们要谨慎对待以往文献中房价影响储蓄率的结论。前三个回归的其他变量与我们预期是一致的，人均收入与储蓄率显著正相关，家庭规模也与储蓄率正相关，这说明消费具有规模经济性。抚养比越高，储蓄率越低，消费越多，年龄越大的户主越倾向于储蓄，教育程度越高反而储蓄更少。同时城市人均 GDP 与储蓄率负相关，说明发达地区物价更高使得储蓄减少。第四个回归是将 2010 年和 2012 年两年的数据放到一起，采用面板数据的固定效应模型进行估计，同时还考虑了时间效应,可以看出此时房价对储蓄率的影响也是不显著的。第五个回归是在第四个回归基础之上,仅放入了城市居民的样本,其原因在于城市居民才是城市住房的主要购买者,房价只会影响城市居民的储蓄率,对农村居民的储蓄行为影响较小,从回归结果来看,住房价格对城市居民的平均储蓄率是没有显著影响的。

表 8-3　　　　　　　　　　房价对居民储蓄率的影响

变量名	(1)2010年	(2)2010年	(3)2010年	(4)全部	(5)城市
房价	0.018* (0.010)	−0.002 −0.01	−0.002 (0.021)	0.066 (0.043)	0.06 (0.065)
人均收入		0.027*** (0.001)	0.027*** (0.006)	0.018** (0.007)	0.011** (0.005)
家庭规模	0.010*** (0.002)	0.014*** (0.002)	0.014*** (0.003)	0.008** (0.004)	0.018* (0.010)
抚养比	−0.037*** (0.010)	−0.033*** (0.010)	−0.033** (0.013)	−0.019 (0.029)	0.019 (0.037)
户主性别	0.01 (0.006)	0.011* (0.006)	0.011* (0.006)	−0.002 (0.004)	−0.006* (0.003)
户主年龄	0.002*** (0.0002)	0.002*** (0.0002)	0.002*** (0.0003)	0.003*** (0.001)	0.001 (0.001)
户主教育	−0.007*** (0.002)	−0.018*** (0.002)	−0.018*** (0.003)	−0.006 (0.004)	−0.005 (0.006)
城市人均GDP	−0.005*** (0.001)	−0.006*** (0.001)	−0.006** (0.002)	−0.01 (0.008)	−0.011 (0.010)
Cluster	否	否	省	省	省
时间趋势	否	否	否	是	是
固定效应	否	否	否	是	是
Within-R^2	0.027	0.072	0.073	0.054	0.054
家庭数	8 238	8 238	8 238	10 710	3 086
样本数	8 238	8 238	8 238	14 550	4 418

注：***、**、*分别表示在1%、5%和10%的水平上显著,括号内为标准误。

表 8-3 中房价的系数不显著,并不能说明房价本身不影响居民储蓄行为,这是由于我们目前能够使用的房价数据是城市的住房均价,但是城市内部不同收入阶层所对应的住房类型也是不同的,高收入阶层需求的是靠近市区的大面积住房,低收入阶层对应的是远离市区的小面积住房,而城市住房均价往往都是由高收入阶层所对应的大面积住房市场推高的,因此住房均价更多反映的是对高收入阶层的影响。接下来我们将居民按照所在城市平均收入进一步区分为高收入和低收入,以考虑房价对不同收入阶层的影响。表 8-4 第一个回归基本证实了我们前面的猜测,房价对储蓄率的正向作用主要体现在高收入阶层,对这些群体来说,房价每上升 1%,储蓄率会增加 0.211 个百分点,但是房价上升并不会增加低收入阶层的储蓄率。为了考察房产税试点带来的结构效应对所在城市居民储蓄率的影响,我们在第二个回归中引入了三维交互项,此时的三维交互项显著为正,说明相对于其他城市的低收入阶层,房价对重庆低收入阶层储蓄率的影响更大。由于中国不同地区之间差异巨大,地区间的这种异质性也会对居民储蓄率产生影响,为了在最大程度上缓解这种影响,我们在后两个回归中仅放入了与重庆相邻的省份的调查样本。可以看出,此时的房价对高收入阶层的影响依然显著,并且系数更大,房价每上升 1%,高收入阶层的储蓄率相应增加 1.958 个百分点。相对于其他城市来说,房价对重庆低收入阶层的影响更大,这是因为房产税对重庆房价产生了结构性影响;住房价格主要是小面积住房导致的,由于低收入家庭主要购买小面积住房,这些家庭不得不为房价攀升提供更多的储蓄,因此城市住房均价就会使得重庆低收入家庭储蓄率增加。

表 8-4　　　　　　　　　　房产税、房价与储蓄率

变量名	全部省份		相邻省份	
	(1)	(2)	(3)	(4)
房价	0.211*** (0.076)	0.206** (0.076)	1.921** (0.273)	1.958** (0.203)
房价×低收入群体	−0.607*** (0.082)	−0.607*** (0.082)	−0.639* (0.187)	−0.716* (0.185)
房价×低收入群体×重庆		0.449*** (0.095)		0.908*** (0.091)
房价×重庆		0.479*** (0.070)		−0.12 (0.174)

续表

变量名	全部省份 (1)	全部省份 (2)	相邻省份 (3)	相邻省份 (4)
人均收入	0.011** (0.005)	0.011** (0.005)	0.054** (0.012)	0.055** (0.013)
家庭规模	0.022** (0.009)	0.021** (0.009)	0.094 (0.038)	0.097 (0.044)
抚养比	0.033 (0.037)	0.033 (0.037)	−0.048 (0.134)	−0.052 (0.129)
户主性别	−0.006* (0.003)	−0.005 (0.003)	−0.025 (0.032)	−0.026 (0.033)
户主年龄	0.002* (0.001)	0.002* (0.001)	0.007*** (0.001)	0.008** (0.001)
户主教育	−0.003 (0.006)	−0.003 (0.006)	−0.005 (0.044)	−0.005 (0.043)
城市人均GDP	−0.009 (0.008)	−0.008 (0.008)	−0.057 (0.044)	−0.058 (0.047)
Cluster	省	省	省	省
时间趋势	是	是	是	是
固定效应	是	是	是	是
Within-R^2	0.084	0.085	0.361	0.367
家庭数	2 849	2 849	202	202
样本数	4 181	4 181	283	283

注：***、**、*分别表示在1%、5%和10%的水平上显著，括号内为标准误。

(二) 稳健性检验

我们接下来进行三方面的稳健性检验。首先是低收入组设定的主观性，表8-5是以居民所在城市的平均收入为标准，但并不是说低收入家庭就与小面积住房完全对应，按照中国目前的收入分配状况，很多在平均收入以上的家庭也只能购买小面积住房，因此如何划分与住房类型相关的收入组别就存在一定的主观性。为了解决这一问题，我们在表8-5的回归中不再使用高低收入组别的虚拟变量，而是直接将房价与家庭人均收入交互相乘，这样就可以把原来离散变量替换为连续变量。从第一个回归可以看出，相对于其他城市，房价对重庆低收入家庭的储蓄率影响更大,同样的房价水平对重庆低收入家庭的影响也比高收入家庭影响更大,这一结论与表 8-5 是一致的。

表 8-5　　　　　　　　　　　稳健性检验

变量名	全部	无新增住房	无房或 1 套房	成都样本
房价	0.098 (0.063)	0.136** (0.064)	0.047 (0.058)	0.103 (0.063)
房价×人均收入	−0.012*** (0.004)	−0.009*** (0.003)	−0.010** (0.003)	−0.012*** (0.004)
房价×人均收入×重庆	−0.252*** (0.026)	−0.233*** (0.063)	−0.237*** (0.048)	2.010*** (0.157)
房价×重庆	0.869*** (0.074)	0.813*** (0.152)	0.863*** (0.117)	−1.525*** (0.196)
人均收入×重庆	−0.026* (0.014)	−0.003 (0.036)	−0.008 (0.028)	0.835*** (0.065)
人均收入	0.010*** (0.002)	0.008*** (0.002)	0.008*** (0.002)	0.010*** (0.002)
家庭规模	0.020* (0.010)	0.011 (0.015)	0.013 (0.014)	0.021* (0.011)
抚养比	0.011 (0.036)	−0.011 (0.059)	−0.012 (0.043)	0.019 (0.036)
户主性别	−0.005 (0.004)	−0.001 (0.005)	−0.005 (0.003)	−0.005 (0.004)
户主年龄	0.001 (0.001)	0.001 (0.001)	0.001 (0.001)	0.001 (0.001)
户主教育	−0.004 (0.007)	−0.008 (0.009)	−0.012 (0.008)	−0.005 (0.004)
城市人均 GDP	−0.009 (0.010)	−0.012 (0.126)	−0.014 (0.011)	−0.009 (0.009)
Cluster	省	省	省	省
时间趋势	是	是	是	是
固定效应	是	是	是	是
Within-R^2	0.082	0.07	0.079	0.08
家庭数	3 086	1 807	2 695	3 086
样本数	4 418	2 746	3 684	4 418

注:***、**、*分别表示在 1%、5% 和 10% 的水平上显著,括号内为标准误。

其次，为买房而储蓄是一种事前行为，如果已经发生了购买行为，房价变化则不会对家庭的储蓄率产生影响，只有那些准备购房的家庭才会对房价做出反应。在表 8-5 第二个回归中，仅包括那些在 2010 年和 2012 年没有新增住房的家庭样本，这些家庭在此期间没有发生购房行为，因此只要他们有购房意愿，房价变化就会对他们的储蓄行为产生影响，我们发现此时的三维交互项依然显著为负，说明重庆低收入家庭为购房做了更多的储蓄。另外，我们在第三个回归中仅考虑无房或者只有 1 套房的家庭，这样处理的目的是因为这些家庭的购房意愿相对于多套房家庭更大，这些家庭受住房价格影响也更大，从结果来看，即使是这些具有强烈购房意愿的家庭，房价对重庆低收入家庭的储蓄率的影响也更加明显。

最后，我们担心导致这种结论的不是房产税的结构效应，而是一些针对特殊收入阶层的政策的影响，例如同期在重庆推动的土地市场改革等。为了解决这一问题，我们选取了与重庆在地理上相邻的成都做反事实检验，很多在重庆发生的改革，后来也很快在成都实施了，但是成都没有进行房产税的试点，在此期间其住房市场结构也没有发生显著改变。在表 8-5 第四个回归中，我们将"重庆"这个虚拟变量全部替换为"成都"，住户所在地为成都时赋值 1，其他为 0。从结果来看，反事实检验拒绝了其他假说，房产税并没有使得成都的低收入家庭储蓄更多。

(三) 作用机制研究

重庆房产税使得小面积住房价格攀升，进而提高了低收入阶层的储蓄率，但这种作用机制到底是什么？房价不会对居民收入产生直接影响，这说明在收入给定的情况下，房价只能通过影响居民消费进而影响储蓄率，即家庭为了购房不得不压缩消费、增加储蓄。与本研究直接相关的是，城市低收入阶层的储蓄率因为房产税政策而上升，这些家庭的消费就会相应出现下降。在我国的居民消费统计中，居民消费可以分为八大类，而在 CFPS 的问卷调查中，基本覆盖了每一个大类的消费数据，因此我们可以通过分析每一种大类的消费变化来厘清房价对储蓄率的作用渠道。在表 8-6 中，我们分别列出了食品、衣着、居住、医疗保健、交通通信和文教娱乐六大类消费，为了与前面的储蓄率可比，这里的消费支出是用每一种消费支出除以总消费支出，因此是与储蓄率类似的消费占比。

我们采用与表 8-4 类似的设定，所有回归样本均是城市家庭，并且将低收入阶层同样定义在所在城市平均收入以下的家庭，因此能够与表 8-4 第二个回归直接对比。从表 8-6 中可以看出，重庆低收入家庭主要是通过压缩衣着和交通通信的支出来提高储蓄率,这两类可调整的弹性较大,而类似于食品、居住、医疗和文教娱乐的消费支出占比没有明显下降,可能是因为这些支出调整的空间较小。

表 8-6　　　　　　　　　　　储蓄率增加的作用机制

变量名	食品	衣着	居住	医疗	交通通信	文教娱乐
房价	−0.023 (0.047)	0.008 (0.015)	−0.023 (0.030)	−0.033 (0.040)	0.027 (0.019)	−0.032 (0.024)
房价× 低收入群体	0.120* (0.061)	−0.058* (0.029)	−0.026 (0.050)	−0.005 (0.051)	−0.027 (0.037)	0.046 (0.030)
房价×低收入 群体×重庆	0.480*** (0.062)	−0.259*** (0.032)	0.026 (0.051)	0.337*** (0.050)	−0.253*** (0.035)	0.154*** (0.034)
房价×重庆	0.174*** (0.048)	0.101*** (0.014)	0.035 (0.026)	−0.295*** (0.030)	−0.085*** (0.018)	0.190*** (0.022)
人均收入	0.001** (0.000 5)	−0.000 1 (0.000 2)	−0.000 5 (0.000 5)	0.000 02 (0.000 5)	−0.003*** (0.001)	−0.000 03 (0.000 3)
家庭规模	0.000 3 (0.006)	0.001 (0.003)	−0.001 (0.004)	0.004 (0.004)	−0.001 (0.004)	−0.004 (0.005)
抚养比	0.084** (0.033)	−0.016* (0.009)	0.009 (0.013)	0.011 (0.018)	−0.004 (0.017)	−0.096*** (0.016)
户主性别	−0.008** (0.004)	0.003** (0.001)	0.000 2 (0.001)	0.007 (0.005)	−0.002 (0.002)	0.000 4 (0.002)
户主年龄	0.001 (0.001)	−2.53e−06 (0.000 3)	−0.000 2 (0.000 3)	−0.000 3 (0.001)	0.001** (0.000 4)	−0.000 3 (0.001)
户主教育	−0.004 (0.008)	0.000 3 (0.002)	−0.008*** (0.003)	0.001 (0.005)	0.002 (0.003)	0.005 (0.004)
城市人均 GDP	0.01 (0.006)	−0.003 (0.003)	−0.000 2 (0.006)	0.001 (0.004)	−0.005 (0.004)	−0.001 (0.003)
Cluster	省	省	省	省	省	省
时间趋势	是	是	是	是	是	是
固定效应	是	是	是	是	是	是
Within-R^2	0.028	0.06	0.076	0.009	0.053	0.316
家庭数	2 849	2 849	2 849	2 849	2 849	2 849
样本数	4 181	4 181	4 181	4 181	4 181	4 181

注:***、**、*分别表示在1%、5%和10%的水平上显著,括号内为标准误。

五、 研究结论及政策建议

中国的居民储蓄率一直居高不下,并且还保持了连年攀升的趋势,有很多文献对此进行了研究,但多数的研究都没有解释储蓄率攀升的事实。近年来有少数几个研究开始将重点放在解释储蓄率的上升,这些研究也基本上认为住房市场化是一个主要因素,而 2003 年以来房价的大幅度攀升则构成了储蓄率上升的动因,但是这些文献并没有直接检验房价与储蓄率之间的因果关系,特别是没有将房价与具体的居民群体进行匹配。

本研究以 2011 年的房产税试点作为自然实验,其中重庆的房产税政策针对家庭的免税条款限定了 100 平方米,因此那些原本准备购买大面积住房的家庭,出于避税的动机也会转向小面积住房市场,在短期内增加了小面积住房市场的需求,进而提高了这些住房的价格,反之亦然,大面积住房的需求下降,房价也随之下降。我们研究发现,90 平方米以下住房价格呈下降趋势,而 144 平方米以上的住房价格呈上升趋势。与小面积住房相对应的是城市的中低收入阶层,因而重庆的房产税改革对这些阶层产生了不利影响,进一步研究发现,相对于国内其他城市,住房均价对重庆低收入阶层储蓄率的影响更大,房价每上升 1%,这些群体的储蓄率会额外增加 0.9 个百分点。由于不同类型的住房价格的变化不同,导致不同阶层储蓄率的差异,因此本研究验证了为买房而储蓄的假说。

更为重要的是,研究结果与房产税的政策目标完全相悖。理论上来说,任何产生价格效应的政策都会带来收入分配效应,但是重庆的房产税恶化了收入分配。房产税的初衷是为了遏制房价的上升势头,为中低收入阶层提供更多购房的可能性,但是我们在细分住房结构之后,发现与中低收入阶层对应的小面积住房价格反而大幅度上升,这些阶层不得不增加他们的储蓄来应对上升的房价。因此,在未来推广房产税时,既要考虑到房产税的价格效应,也要注意其结构效应和收入分配效应。

参考文献

[1] 陈斌开,陈琳,谭安邦. 理解中国消费不足:基于文献的评述[J]. 世界经济,2014(7).
[2] 陈斌开,杨汝岱. 土地供给、住房价格与中国城镇居民储蓄[J]. 经济研究,2013(1).

[3] 程令国,张晔. 早年的饥荒经历影响了人们的储蓄行为吗?[J]. 经济研究,2011(8).

[4] 杭斌. 习惯形成下的农户缓冲储备行为[J]. 经济研究,2009(1).

[5] 何立新,封进,佐藤宏. 养老保险改革对家庭储蓄率的影响:中国的经验证据[J]. 经济研究,2008(10).

[6] 刘甲炎,范子英. 我国房产税试点的效果评估:基于合成控制法的研究[J]. 世界经济,2013(11).

[7] 刘生龙,胡鞍钢,郎晓娟. 预期寿命与中国家庭储蓄[J]. 经济研究,2012(8).

[8] 万广华,张茵,牛建高. 流动性约束、不确定性与中国居民消费[J]. 经济研究,2001(11).

[9] 汪伟. 计划生育政策的储蓄与增长效应:理论与中国的经验分析[J]. 经济研究,2010(10).

[10] 杨汝岱,陈斌开. 高等教育改革、预防性储蓄与居民消费行为[J]. 经济研究,2009(8).

[11] 易行健,王俊海,易君健. 预防性储蓄动机强度的时序变化与地区差异——基于中国农村居民的实证研究[J]. 经济研究,2008(2).

[12] 赵西亮,梁文泉,李实. 房价上涨能够解释中国城镇居民高储蓄率吗?[J]. 经济学(季刊),2013,13(1).

[13] 周绍杰,张俊森,李宏彬. 中国城市居民的家庭收入、消费和储蓄行为:一个基于组群的实证研究[J]. 经济学(季刊),2009,8(4).

[14] Aziz J and L Cui. Explaining China's Low Consumption: The Neglected Role of Household Income[R]. IMF Working Paper,2007.

[15] Bai Chong-En, Qi Li and Min Ouyang. Property Taxes and Home Prices: A Tale of Two Cities[J]. *Journal of Econometrics*,2014,180(1).

[16] Blanchard O J and Francesco Giavazzi. Rebalancing Growth in China: A Three-Handed Approach[R]. MIT Department of Economics Working Paper No. 05-32,2005.

[17] Chamon M and E Prasad. Why Are Saving Rates of Urban Households in China Rising? [J]. *American Economic Journal: Macroeconomics*,2010,2(1).

[18] Giles J and K Yoo. Precautionary Behavior, Migrant Networks, and Household Consumption Decisions: An Empirical Analysis Using Household Panel Data from Rural China[J]. *The Review of Economics and Statistics*,2007,89(3).

[19] Kuijs L. Investment and Saving in China[R]. Policy Research Working Paper No. 3633 (Washington: World Bank),2005.

[20] Meng X. Unemployment, Consumption Smoothing, and Precautionary Saving in Urban China[J]. *Journal of Comparative Economics*,2003,31(3).

[21] Modigliani F and S L Cao. The Chinese Saving Puzzle and the Life Cycle Hypothesis[J]. *Journal of Economic Literature*,2004,42(1).

[22] Wang X and Y Wen. Housing Prices and the High Chinese Saving Rate Puzzle[J]. *China Economic Review*，2012，23(2).
[23] Wei S and X Zhang. The Competitive Saving Motive：Evidence from Rising Sex Ratios and Savings Rates in China[J]. *Journal of Political Economy*，2011，119(3).

第三篇
税收征管权博弈

一个国家的税收政策,在缺乏税收征管约束时,是没有实际意义的。国家层面的宏观税收收入、企业层面的微观税收负担、导向性的税收优惠政策,都要依赖于运转良好的税收征管体系。例如,为了激励私营企业的投资,中国在2014年实施了固定资产的加速折旧,降低了企业投资的资金滞留成本,我们曾经估算过该政策的效应,发现同样强度的加速折旧政策,其对投资的激励效应只有美国的一半左右,其中一个特别重要的因素,就是这些企业根本就不需要类似政策,因为在政策实施之前,大量企业的所得税缴纳并不完整。"应收尽收"是"应减尽减"的前提,如果企业自身拥有足够的避(逃)税空间,产业政策工具箱里的税收优惠就会失效。

1994年分税制改革之后,税收收入划分权和税收政策制定权都划归中央政府,这有利于全国范围内的税政统一,但还是将大量的税收征管权留给了地方政府。在改革初期,地方政府也曾利用税收征管权,侵蚀中央的税收收入划分权和税收政策制定权,例如在浙江省,就曾出现过将原本属于中央的收入划入地方国库的事情。税收政策的落地,依赖于地方税务机构的税收征管行为,一些地区为了在横向竞争中胜出,往往就会利用税收征管权来行使实质的税收政策权,将承诺给企业的税收优惠,转化为税收的弹性征管。

为了规避地区之间的这种逐底竞争,中央政府不断调整税收征管权。1994年设立独立垂直的国税局体系,并将事关中央收入的税种都划归国税局;2002年继续将所得税的征管权也划入国税局。随着中央政府税收征管集中程度的加强,地方政府以税收征管为策略工具的横向税收竞争关系会弱化得多,这迫使地方政府选择其他可控的策略工具,特别是营商环境的改善,从而形成一种良性的政企关系。这是第9个研究"税收征管权与企业税负"的主要内容。

宏观上,税收征管权是政府间的权力配置;微观上,税收征管权还是每一个专管员的权力。中国的税收征管体制同样存在巨大的征纳互动空间,无论是早期的税收专管员制度还是后期的税收管理员制度,基层税收执法人员在有关企业的涉税事项上都拥有极大的税收执法权和自由裁量空间,这在企业所得税中尤其突出,例如在企业所得税中的费用扣除以及资产损失的认定过程中,税收征管人员的个人判断将直接决定企业税负的高低。从基层税收执法人员的激励出发,加强税收征管虽然是其职责所在,但与其自身的经济收益关联度较小,征纳双方长期互动和演化的结果,就是双方形成了合谋的约定。企业会通过输送一定的经济利益,换取较低的实际税负和更好的便利,在会计账目的编制上,企业常常将这些费用计入业务招待费。企业业务招待费越多,其获得的税收收益也越多,这就是第 10 个研究"自由裁量权与征纳合谋"的主要内容。

在更早的改革开放初期,中央政府将财政事权和财权都下放给地方政府,赋予了地方发展经济的强激励,并由此带来了地区之间的横向税收竞争,表现在税收执法权的滥用。一个自然而然想到的问题是,如果提高了财政事权和财权的集中度,地方滥用税收执法权的行为会得到改善吗?在中国的地方政府构成中,县的独立性比市辖区强很多,从财政角度来说,县的财政收支是完全独立的,与市之间的收入分成、事权划分都相对较为清晰,而区的财政则依附于市财政。一些经济发展较好的县,一旦变成区之后,就会被市政府统筹安排,比如在浙江省湖州市长兴县的撤县设区过程中,由于县政府官员和社会大众的一致抗议,长兴县撤县设区最终被搁置,而反对的主要原因就是撤县设区后长兴的财权将部分划归给湖州市。自 2000 年起,中国经历了一波快速地撤县设区,1994—2015 年共完成 215 个撤县设区,其中 70% 是 2000 年之后完成的。

撤县设区同步强化了财政事权和财权的集中度,区的财政收入和财政支出同步上移到市财政。区财政的收支挂钩程度下降,其征税努力也同步下降,地方税务部门的征税力度也开始放松,导致的结果就是地方实际财政收入和企业实际税负的下降。这就是第 11 个研究"财权集中与征税努力"的主要内容。

税收征管权的博弈不仅仅体现在正式的制度上,还体现在非正式的制度上。2018 年 6 月之后,国地税机构合并,严格属于地方的税务部门消失了,但依然有税收征管权的博弈空间。在一些沿海发达地区,新成立的税务局的运行经费无法得到足够的拨款,此时还得依赖地方财力的支持,虽然从预算安排来看,这些部门已经不属于地方政府,地方没有安排预算的法定责任,但是考虑到软性的税收征管权,地方还是积极给予经费支持,与之相应,这些地区的税务局也要考虑地方发展的政策诉求。更何况税务局工作人员的公共服务还要依赖于当地,例如子女教育、就医、养老、安全等,要想维系税务局绝对的独立性,既不可能,亦不可行。

9

税收征管权与企业税负 *

本研究概要： 我们以企业所得税制改革为研究对象，将中央政府的动态作用纳入中国地区间税收竞争关系的研究中。理论上，我们认为，辖区间税收竞争假说相比"自上而下的标尺竞争"假说更适合解释中国地区间税收策略互动关系；中国式分税制基本避开了纵向税收竞争问题；共享税制下中央政府有动机提高税收征管集权度来压缩地方政府税收竞争的空间。在实证上，我们采用空间工具变量模型以2002年为界分段估计地区间横向税收竞争关系，并重点检验2002年之后中央税收征管集权对地区间横向税收竞争的影响。实证结果显示，2002年企业所得税制改革显著降低了地区间企业所得税的横向竞争程度；中央税收征管集权提高了实际税率，且中央税收征管集权"中和了"地区间横向税收竞争程度。

一、引言

中国改革开放以来经济增长的成功，许多研究将其主要归因于地方政府发展经济的活力被激发了，地方政府"为增长而竞争"（张军，2005）成为学术界普遍接受的定理式结论，而中央政府的作用主要是建立了以GDP增长为主要导向的晋升锦标赛机制（周黎安，2004，2007）。因此中央政府的作用被外生给定了，研究的重心

---

* 本研究主要内容参见：谢贞发，范子英.中国式分税制、中央税收征管权集中与税收竞争[J].经济研究，2015(4)：92—106。

也就转向了以地方政府竞争为核心的方向上。这已经成为研究中国经济增长和中国财政问题的基本路径。但是,仔细研究中国经济增长和财政体制变迁的轨迹,我们可以发现,忽视或低估中央政府在整个博弈过程中的动态作用的故事是不完整的。在中央与地方政府的博弈中,中央政府不仅是一个简单的制度设定者以及规则的监管者,还是一个积极的参与者,它不断动态地修改规则,从而使得整个博弈变得异常复杂,这不是简单的同时行动的纳什博弈或中央政府先行动的斯塔克伯格博弈所能清晰刻画的。陶然等(2009)就曾指出,在理解中国转轨期高速增长的政治学背景上,一个简单、统一的分析框架是不断变化的博弈规则(包括中央-地方财政关系和地方政府-企业关系)下地方追求财政收入的激励。因此,要更真实和完整地认识中国经济增长以及政府间财政竞争关系,需要充分考量中央政府的动态作用。基于这一认识,本研究以地区间税收竞争为着眼点,深入考察被现有研究所忽略的中央政府的动态作用对地区间税收竞争的影响,以期更好地认识央地财政关系问题。

资本的流动性会引起地区间为争夺流动税基的横向税收竞争问题,一个地区提高税率会导致资本流向其他地区,从而对其他地区产生一个税收的正外部性,而每个地区在设定自身税率时忽略了这一正外部性,出现了"逐底竞争"的结果,导致均衡税率过低。这是横向税收竞争文献的基本结论。这一思想可追溯到 Oates(1972),并由 Wilson(1986)、Zodrow 和 Mieszkowski(1986)进行了更严格的正式化。许多实证研究从这一基本思想出发,估计了不同国家、不同税种、不同级次地方政府之间的横向税收竞争关系。[①] 但 Keen(1998)认为,预测加剧的横向税收竞争会减少税收收入,只有在当且仅当没有至关重要的联邦政府存在的情形中才更可能是正确的。因此,他提出,要把"联邦政府"纳入"财政联邦主义"中。我们认为,这一观点对认识中国地区间税收竞争问题显得更为重要,因为相对于以美国为代表的联邦体制中的联邦政府,中国地区分权式体制(Xu,2011)中的中央政府的地位和作用显得更为突出,它是央地博弈关系更为积极的参与者,它不断修改规则从而动态地影响了地区间横向税收竞争关系,若忽视它的作用则可能存在认识偏误的风险。

与西方联邦体制中的分税制不同,中国式分税制是中国地区分权式体制中的财政体制设计,其重要特征是中央政府对税权的高度统一和控制。这使得中国式

---

① 具体参见本研究第二部分的文献整理。

分税制下的地区间横向税收竞争显著不同于西方联邦体制中的地区间横向税收竞争,其中一个重要差别是竞争的策略工具不同。以美国为代表的联邦体制中,各州拥有相对完整的税权(包括立法权、税率调整权和征管权),因此它们的税收竞争的策略性工具是税率;而中国地方政府只拥有非常有限的不完全税权(征管权),因而地方政府税收竞争的策略性工具是"征管效率"①(汤玉刚和范程浩,2010)。在分税制的共享税制设计中,地方政府之间的横向税收竞争不仅减少了地方政府的税收收入,还侵蚀了中央政府的税收收入。中央政府为了保障自身的财力增长,有动机限制地方政府的横向税收竞争行为。虽然可以通过各种方式,如集中立法权、税率调整权以及税收优惠权等,但若征管权在地方政府手中,则地方政府仍然可以通过"征管效率"来弱化中央政府的约束。因此,对于中央政府来说,限制地方政府税收竞争行为的最有效手段是压缩地方政府可控的"征管空间",即提高中央税收征管集权程度,由国税系统逐步"蚕食"地税系统的征管范围。中央税收征管集权必然会对地方政府的横向税收竞争行为产生重要影响。若没有充分考量这一影响,则无法真实反映中国地区间税收的竞争关系。本研究试图把中央税收征管集权纳入地方政府横向税收竞争关系的考量中。

与其他税种相比,企业所得税是研究地区间横向税收竞争问题最为合适的对象。第一,企业所得税的税基是资本所得,相比其他税基,如消费和劳动所得,资本的流动性使得企业所得税的税基是流动的,以来源地为基础征收的企业所得税,使得地方政府为了争夺税源产生典型的横向税收竞争行为,这与横向税收竞争的理论逻辑是一致的。第二,企业所得税是地方政府主要税种之一,在地方政府税收收入中的占比较高,因此地方政府在决策时对其关注较多。第三,1994年以来企业所得税制的丰富改革,尤其是2002年企业所得税收入分享改革中实施的中央税收征管集权改革为我们的研究提供了很好的素材。

1994年开始实施分税制时,中国实行内外资有别的企业所得税制。在税收收入划分和征管上,对内资企业所得税主要按照企业行政隶属关系来划分收入级次以及征管归属;外资企业所得税收入主要归中央政府,地方所得税为应纳税额的3%,外资企业的税收征管权归于国税局。2002年1月1日起实施企业所得税收入分享改革,打破了按企业行政隶属关系划分所得税收入的办法,实行中央与地方按

---

① 汤玉刚和范程浩(2010)指出,这里的"征管效率"是广义的,不仅仅指技术层面的税务管理效率,更重要的是地方政府为吸引外部资本而给出的各种名目的税收优惠和返还等因素所造成实际征管效率的内生变动。

比例分享企业所得税收入。同时,内资企业所得税的征管范围也做了相应调整:改革实施前的企业征管范围不变,但自改革方案实施之日起新登记注册的企事业单位的所得税,由国税局负责征收管理。2008年1月1日起实施统一的内外资企业所得税改革,统一并适当降低税率至25%,统一并规范税前扣除范围和标准,统一并规范税收优惠政策,统一并规范税收征管要求。2009年起企业所得税的征管范围再一次调整:在2009年起新增的企业所得税纳税人中,应缴纳增值税的企业,其企业所得税由国税局管理;应缴纳营业税的企业,其企业所得税由地税局管理。

通过上述简单梳理,我们可以发现,企业所得税制的改革与其征管范围调整是相伴进行的,且主要调整方向是逐步提高中央税收征管集权度。图9-1列示了2002—2012年企业所得税率和中央税收征管集权度的变化。其中,企业所得税率=内外资企业所得税/营业盈余;中央税收征管集权度=国税组织的企业所得税/全国税务部门组织的企业所得税。由图9-1可见,虽然企业所得税税率有所波动,但总体趋势是上升的。它与横向税收竞争的理论预测背离,这使得重新审视中国政府间企业所得税横向税收竞争关系以及中央税收征管集权改革的影响变得更有意义。中央税收征管集权度在2002—2007年是逐年上升的,这与征管改革是一致的;2008—2012年则维持在较高水平上。中央税收征管集权度的变化为我们的实证研究提供了良好的条件。

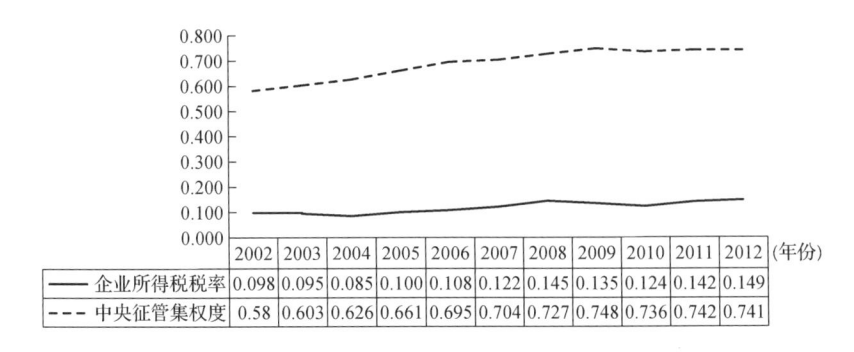

(年份)	2002	2003	2004	2005	2006	2007	2008	2009	2010	2011	2012
企业所得税率	0.098	0.095	0.085	0.100	0.108	0.122	0.145	0.135	0.124	0.142	0.149
中央征管集权度	0.58	0.603	0.626	0.661	0.695	0.704	0.727	0.748	0.736	0.742	0.741

图9-1　2002—2012年企业所得税率、中央税收征管集权度的变化

本研究以企业所得税为研究对象,在系统梳理比较现有文献信息基础上,首先对三个理论问题进行辨析:辖区税收竞争是否用"自上而下的标尺竞争"更适合解释中国同级政府间横向税收策略互动关系?中国是否存在不同级次政府间的纵向税收竞争?共享税制下中央为何要提高税收征管集权度?对于这些理论问题,我们的基本观点为:辖区间税收竞争理论更适合解释中国同级政府间横向税收策略互动关系;中国地区分权式体制下的分税制设计使得中国可以基本避开不同层级政府间的纵向税收竞争问题;地方政府企业所得税收入分成比例下降以及不流动要素租金汲取比例上升,诱使地方政府加剧横向税收竞争,从而损害了中央政府的财政利益,这迫使中央政府通过提高税收征管集权度来降低地方政府间横向税收竞争的空间。在理论辨析基础上,本研究采用现有文献的主流实证方法——空间工具变量模型(Spatial Instrumental Variables),通过比较2002年前后省级地区间横向税收竞争程度的变化来考察2002年改革的效应,并重点检验中央税收征管集权对省级地区间横向税收竞争的影响。实证结果显示,1997—2001年所有权重下的相邻地区税率的系数都要显著大于2002—2012年的系数,说明2002年企业所得税制改革以及征管集权改革显著降低了地区间企业所得税的横向竞争程度;中央税收征管集权增加了实际税率,更为重要的是,在所有权重下,中央税收征管集权与相邻地区税率的交叉项的系数和相邻地区税率的系数方向刚好相反,说明中央税收征管集权"中和了"地区间税收互动关系。

二、 文献综述

本研究附表列示了我们所收集和整理的关于辖区间税收策略互动关系的相关实证文献的主要信息。通过比较这些信息,我们能够更好地了解现有相关实证研究的基本方法、结论及理论依据,有利于比较这些文献的异同点,为我们的研究提供良好的起点。通过分析并总结附表的信息,我们可以了解以下几点:

第一,国际文献主要集中于以美国为代表的欧美国家内的辖区间税收策略互动关系研究,中国的相关研究起步较晚。附表中列示的31篇文献中,23篇是关于欧美国家内的相关研究,其中,9篇是研究美国国内的,3篇文献是关于国家间税收策略互动关系的,5篇文献是关于中国地方政府间税收策略互动关系研究的代表性文献。从这些文献的分布情况来看,早期主要以美国国内辖区间税收策略互动关系研究为主,后逐步延伸到欧洲其他国家,近年来部分研究考察了国家间的税收策略互动关系,而中国的相关研究则起步较晚。

第二,研究的辖区级次及税种选择主要取决于一辖区对某一税种有相当程度的自主权。从辖区级次来看,虽然各地方层级都有研究,但主要还是集中在州(省)这一级次上,最重要的原因在于辖区间税收策略互动关系主要研究的是相邻辖区的税收政策对一个辖区自身税收决策的影响,因此要求一级辖区对税收政策的变化有一定程度的自主权。相对来说,高层级政府在税收上拥有较大的自主权,从而更可能发生辖区间的策略互动关系。这点也体现在研究税种的选择上。现有研究主要以公司(商业)所得税和(商业)财产税为主,其中在较高层级辖区上研究所得税的较多,尤其是国家层次上,而在较低层级辖区上则主要以财产税为主。这主要是因为州(省)级政府在所得税上拥有较大的自主权,而更低层级政府则在财产税上拥有较大的自主权。除此之外,一个税种在本辖区内的重要程度以及税基的流动性等也是选择合适税种的重要参考依据。

第三,估计方法以空间工具变量模型(Spatial Instrumental variables,SIV)和空间滞后模型(Spatial Lag,SL)为主,且空间工具变量模型是更为常用的方法。在31篇文献中,22篇文献采用了空间工具变量模型。在估计辖区间税收策略互动关系中,存在明显的内生性问题(Lyytikäinen,2012):一是相邻辖区之间税收决策的相互依赖性导致了双向因果关系,这使得反应函数的OLS估计不一致;二是相邻辖区间的税率可能受到空间相关的不可观测因素的驱动,导致税率的伪相关。因此,选择合适方法处理这些内生性问题就成为实证估计的重点。现有文献主要采取两种方法进行处理:一是空间工具变量模型。如果相邻辖区的税收政策变量被工具化了,则剩下的且被识别的空间参数的空间相关性就不是归因于其他空间相关冲击,即它不是由空间误差依赖所产生的虚假相关性。现有文献中工具变量的选择主要以相邻辖区中其他外生社会经济变量的空间加权变量作为工具变量,只有少部分文献(2篇)采用了系统GMM方法,因此它们的工具变量也包括被解释变量的滞后项。部分文献担心一些社会经济变量也存在内生性问题,因此只选择部分认为是强外生性的变量作为工具变量。二是用空间滞后模型来估计反应函数,它采用非线性回归和最大似然方法。与SIV模型一样,SL模型也假设决定税率的辖区特征是外生的,而且SL模型还强加了限制性分布和函数形式假设。大部分选择SL模型的文献主要采取的是空间自回归模型(Spatial Auto-Regressive Model,SAR),只有少部分文献是空间误差模型(Spatial Error Model,SEM)。当然,严格的估计是在经过相关检验(LM检验和LR检验)后做出模型选择的。

第四,空间权重主要以地理相邻为主或基准,不同权重选择反映了不同学者对相邻辖区的理解,空间权重基本都进行了行标准化(Row-Standardized/Row-Normalized)处理。因为要检验辖区间税收决策的空间相关性,所以合适的空间权重选择就变得至关重要。大多数文献都以最直观的地理相邻作为主要或基准空间权重,即以是否共享同一边界为标准判断是否相邻,相邻辖区赋值为1,其他为0。

另一个比较常用的是地理距离权重,主要有两种方法:一是以一个辖区为圆心的一定半径范围内的辖区作为相邻辖区,对界定的相邻辖区赋值为 1,其他为 0;二是以地理距离的倒数($w_{ij}=1/d_{ij}$)来反映不同辖区的影响权重。在这些权重基础上,有些学者设计了其他权重。例如在地理相邻或地理距离基础上增加人口或经济权重,这样处理的理由为:虽然地理上相邻的辖区对一个辖区有影响,但不同规模(人口规模或经济规模)的辖区的影响程度是不同的。还有一些学者选择经济距离作为权重,即以经济差距的倒数来反映相邻关系,其理由是经济发展水平相近的辖区之间的竞争关系更为显著。

第五,绝大部分文献的估计结果显示辖区间税收策略反应函数的系数显著为正,证实了辖区间正向税收策略互动关系的存在。具体系数的大小与国别、辖区级次、税种、年份以及权重选择有关。只有少数文献的结果显示不显著,甚至为负。出现负数的情形中部分原因与税种相关,如 Rork(2003)估计的非流动税基的税种(个人所得税、一般销售税),郭杰和李涛(2009)估计的营业税、个人所得税。这些税种的特征之一是流动性较低。

第六,从试图验证的理论假说来看,并没有一致的结论。关于辖区间税收策略互动关系的理论根源主要有两个:一个是辖区间竞争流动税基的策略性税收互动,另一个是信息不对称下选民以相邻辖区的税收政策及绩效为标尺来约束本辖区政治家。两个理论简化形式的空间反应函数是完全一样的(Brueckner,2003)。在 31 篇文献中,除了少部分文献未明确说明理论依据外,20 篇文献均是以横向税收竞争为理论依据的,仅有 8 篇文献以标尺竞争为其理论基础。部分文献同时考虑了不同级次政府间的纵向税收竞争和相同级次政府间的横向税收竞争,丰富了辖区间税收竞争的研究。大部分以横向税收竞争为理论依据的文献都是以理论模型预测的结果以及经验观察为依据,尚缺乏比较可信的实证证据,部分文献以税基流动性与相邻辖区的税率设定的关系来佐证横向税收竞争。与此相反,虽然以标尺竞争为理论依据的文献较少,但一些文献对该理论假说进行了一定的实证检验,如比较面临再次参选压力的在位者与没有这种压力的在位者相比,在做出税收决策时是否受到更多相邻辖区税收政策变化的影响。

上述文献信息的梳理及比较为本研究奠定了良好的基础,如为方法选择提供了重要参考。与现有文献相比,本研究有几个显著差别:一是针对中国不同于以美国为代表的联邦体制中的政府间税收策略互动关系,首先从理论上辨析了中国式分税制下地区间税收策略互动关系中的三个理论问题,为实证研究奠定了良好的理论基础;二是不限于研究地区间横向税收竞争关系,进一步增加了中央政府作用的考量,考察了中央税收征管集权对地区间横向税收竞争关系的影响,从而丰富了该领域的研究;三是不同于简单以各种空间权重进行估计的实证研究,本研究对各种空间权重设计所蕴含的经济逻辑进行了剖析,这有利于更好地理解中国政府间横向税收竞争关系的实证估计结果。

三、中国式分税制下政府间税收策略互动关系的三个理论问题

(一)辖区间税收竞争假说是否以"自上而下的标尺竞争"假说更适合解释中国政府间横向税收策略互动关系?

中国是否存在地区间横向税收竞争关系,许多学者对此是存在疑问的。因为一国的政治制度,构成了地方政府权力形成和运行的制度基础和制度约束,地方政府能够操控的空间很小,从而其政策会呈现相似性,因此,由空间正相关性难以得出地区竞争的推论来。我们认为,以企业所得税为例,可以推导出地方政府间存在典型的横向资本税收竞争关系的理由有两点:第一,改革开放以来中国的经济增长是典型的以资本投资拉动为主的,这使得吸引资本成为各级政府的重要任务。资本的流动性决定了企业所得税的税基是流动的,因而地方政府存在为争夺流动税基的策略税收行为动机。第二,虽然企业所得税的税收政策由中央统一控制,但并不意味着地方政府在决定企业所得税的实际税率上没有作用空间。实际上,当名义税率确定时,实际税率取决于税务机关的征管效率。地方政府(地税部门)拥有相当部分企业所得税的征管权,尤其是在2002年进行税收征管集权改革之前,地方政府基本上拥有地方所属企业的企业所得税征管权。这意味着地方政府可以通过征税努力等来影响实际税率的高低,从而形成以征管效率为表征的地区间企业所得税竞争关系。由此我们认为,中国存在横向税收竞争假说的理论逻辑所要求的基本要素,因而该理论可以作为解析中国政府间横向税收策略互动关系的一个理论基础。

虽然中国不存在类似于国外文献所述的经典的选民通过横向比较来约束地方政府官员税收决策的"自下而上的标尺竞争",但由于地方政府官员的委任权隶属于上级政府,因此可以形成地方政府为政绩与升迁而展开标尺竞争的激励,从而形成基于上级政府评价的策略性行为的"自上而下的标尺竞争"(王守坤和任保平,2008)。现在的问题为:"自上而下的标尺竞争"是否也可以解释中国地方政府之间

的横向税收策略互动关系呢？我们认为，这种可能存在的"自上而下的标尺竞争"假说在税收领域是不充分的，或者说解释力相对弱得多。

首先，财政（税收）收入指标远不如 GDP 等指标来得直接和有效。改革开放以来，中国的首要目标是发展经济，因此直接以 GDP 指标来考核地方官员要比财政收入指标来得直接得多。另外，若以财政（税收）收入指标作为主要考核指标，更容易异化地方政府的行为，如激励地方政府向下汲取资源的"逆向软预算约束"行为（周雪光，2005），产生"竭泽而渔"的现象，反倒不利于经济增长。

其次，虽然中央政府可以利用地区之间的比较来减少信息不对称的约束，但是，如果各地区都有动机降低税率，使得税收模仿是向下偏向的，则中央政府的税收标尺本身就是扭曲的。对于发达地区，由于没有横向税收竞争的压力，因而没有足够的动机加强征管：其税基的丰盈程度足够大，使得其没有动机加强征管，做到"应收尽收"，或有意采取"放水养鱼"的策略；而且税收超收过多，也面临着中央政府重新分配税收收入的风险。对于欠发达地区，为了满足财政支出需要有动机加强征管，甚至会出现"收过头税"的现象，但这些更多的是为了应付上级的"税收计划"所采取的缓解压力式的应对策略。实际上，欠发达地区为了吸引资本，促进当地工商业发展，会比发达地区有更强的动机放松征管或给予其他财政优惠或牺牲环境质量来获取经济增长和财政收入的增长。另外，欠发达地区为了持续获得中央政府的转移支付，也有动机降低征管，这也是为什么在转移支付制度设计中要考虑地方财政能力的重要原因。因此，无论是发达地区还是欠发达地区，在面临税基流动约束下都没有动机加强征管，这使得"税收标尺"对中央政府来说是不适宜的，或至少是不可全信的。

最后，历史教训也使得中央政府难以信任"税收标尺"的有效性。1994 年分税制实施之前的财政体制是财政包干制，它是中央政府基于土地联产承包制成功经验的基础上在财政体制上的推广应用。它的目标是通过放权让利激发微观主体，包括个人、企业、基层政府发展经济的积极性。在实际运行过程中，虽然财政包干制激活了地方政府的积极性，搞活了经济，但也产生了明显的副作用，典型表现便是削弱了中央政府的财权财力。虽然中央政府通过不断调整具体包干制度和分成比例试图改变这一困境，如多种财政包干制度共存，财政包干合同从"五年一变"到"三年一变"，甚至"一年一变"等，但收效甚微。这说明，虽然在财政包干制下，中央政府可以利用"税收标尺"来减少信息不对称问题，但其效果是不理想的。这迫使中央政府从根本上转变了财政体制，这是分税制实施的最主要历史背景。1994 年分税制改革中的重点内容之一是分机构,即划分国地税,中央税收和共享税收主要由国税系统征收。因此,历史教训使得中央政府认为,为了保证自身税收收入的增长,依赖于"税收标尺"来监督地方政府的征管努力是存在风险的。

基于上述分析,我们认为,虽然"自上而下的标尺竞争"假说对理解中国地方政府之间的横向税收策略互动关系具有一定的吸引力,但其难以作为恰当的理论基础。综合比较,我们认为辖区间税收竞争假说是解释中国政府间税收策略互动关系更为合适的理论依据。因此,本研究的理论逻辑都是基于辖区间税收竞争假说的。

(二) 中国是否存在不同层级政府间的纵向税收竞争?

Keen(1998)认为,传统的辖区间税收竞争理论忽略了联邦政府的作用,因此建议将联邦政府的作用纳入税收竞争框架中考量,并引入不同层级政府之间的纵向税收竞争。一些学者沿着这一思路,进一步丰富了相关研究,并提供了部分实证证据。我们的问题为:将中央政府纳入政府间税收竞争问题的考量时,中国式分税制是否也存在类似的"纵向税收竞争"呢?为了解答这个问题,我们有必要对"纵向税收竞争"理论有一个清晰的认识。

与横向税收竞争会产生横向税收外部性类似,纵向税收竞争会产生纵向税收外部性。对于纵向税收外部性的界定,Keen(1998)、Dahlby(1996)、Dahlby和Wilson(2003)进行了详细的说明。纵向税收外部性是指不同层级政府对相同税基共同课税(Concurrent Taxation),每一层级政府的税基潜在地受到其他层级政府实施的税收政策的影响。对于纵向税收外部性的定义,需要注意几点:第一,该概念强调的是不同层级政府对相同税基都拥有部分税收权力,而不是多层级政府分享税收收入。如果仅仅是分享税收收入,则不是严格意义上的"共同课税"。Keen(1998)举例说明了这点:在德国和俄罗斯,增值税收入是在联邦和州政府之间以固定比例共享的,税率和税基由联邦政府设定,州政府没有实际税收政策权力,所以这里不是一个共同课税的例子;而在俄罗斯、加拿大和美国,联邦和州政府都对公司所得课税,每级政府在税率设定上执行部分自由裁量权,这是共同课税的情形。第二,税基必须对税收政策变化作出反应,即税收是扭曲性的(Esteller-Moré and Solé-Ollé, 2001)。

纵向税收竞争产生了税基重叠(Tax-Base Overlap),它创造了一个公共部门版本的"公共地悲剧"问题(Dahlby, 1996; Dahlby and Wilson, 2003)。由税基重叠所引起的纵向税收外部性可以用图 9-2 来演示。假设联邦和州政府分别对每单位商品 X 征收消费税①T 和 t,商品 X 有完美弹性的供给曲线 S 和向下倾斜的需求曲线 D。州政府的初始税率为 t_0,总税率是 $\tau_0 = T + t_0$,商品价格是 P_0。联邦政府的税收收入等于面积 $c+e$。州政府的税收收入是面积 $b+d$。如果州政府增加税率到 t_1,则商品的价格将增加到 P_1,而税基从 X_0 下降为 X_1。如果面积 a 大于面积 d,则州政府的税收收入将增加,而联邦政府税收收入将下降面积 e。一种可能的情况是,联邦政府税收收入的下降超过了州税收收入的增加,从而政府可能处于总税收收入拉弗曲线向下倾斜的部分。即使它们可能处于总税收收入拉弗曲线向上倾斜的部分,州政府仍然会低估来自这个税源的公共资金的边际成本,因为州政府所认为的公共资金的边际成本是 $MCF = X/(X + tdX/d\tau)$,而公共资金真实的社会边际成本是 $SMCF = X/(X + (t+T)dX/d\tau)$。

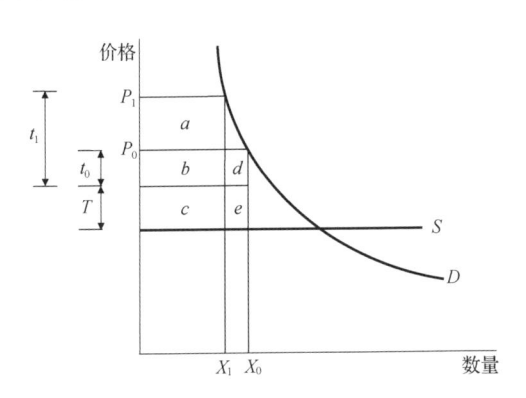

图 9-2 税基重叠下的纵向税收竞争

Dahlby(1996)指出,上述情形是对称的,联邦政府税率的增加可能减少州政府的税收收入。如果两个层级政府在做出各自税收决策时都忽视其他层级政府承受的收入损失,则两个层级政府都将低估从共同税基中增加税收收入的社会边际成本,从而税率会被设定得太高。因此,不同于横向税收竞争中一个地区增加税率将增加其他地区的税基,从而横向税收外部性是正的,纵向税收外部性中一个层级政府增加税率则会减少其他层级政府的税基,从而纵向税收外部性是负的。明显地,联邦体制中的税收竞争会同时存在横向和纵向外部性问题,而最终的均衡税率取决于两者的综合作用(Keen and Kotsogiannis,2002,2003)。

上述对纵向税收竞争理论的详细描述,为我们辨别中国式分税制下是否也存在类似的纵向税收竞争问题提供了重要依据。根据纵向税收外部性的定义,我们认为,中国地区分权式体制下的分税制设计基本可以避开西方联邦体制中所谓的纵向税收竞争问题。一方面,中国式分税制是税权高度统一的制度,它没有赋予地

---

① 这里的例子主要来自相关文献,以消费税来演示的好处是简单直观,但其基本逻辑在企业所得税的情形中也是成立的。

方政府对相同税基共同课税的权力,以征管权为表征的有限税权不构成"共同课税"所要求的税收权力,而分享税收收入不属于"共同课税"的情形。另一方面,通过严格划分税收征管范围和集中共享税收的征管权限定了地方政府利用征管效率侵蚀中央政府财政利益的空间,不会出现"税基重叠"下"公共地悲剧"的问题。以企业所得税来看,2002年之前按行政隶属关系划分企业所得税收入时,税收征管的范围也是按照行政隶属关系划分的,从而上下级政府间的税基是分开的。在这种制度中,地方政府利用征管效率增加实际税率不会损害中央政府的税基。如果税基可以在地方级企业和中央级企业间流动,则地方政府提高实际税率反而会增加中央政府的税基,这明显不同于纵向税收外部性所刻画的负外部性的情形。2002年之后的企业所得税分享改革和征管集权的情形中,首先,分享税收收入不属于"共同课税"的情形,且中央政府通过逐步集中税收征管范围也压缩了地方政府的"征管空间",使得地方政府在企业所得税上的权力更小。其次,中国式分税制下的共享税制是对同一税基制定统一税率,并将相应的税收收入在各级政府间分成,因此一级政府通过征管效率提高实际税率会增加所有层级政府的收入,而不会出现纵向负外部性的问题。

(三) 共享税制下中央为何要提高税收征管集权度?

为了解答这个问题,我们在横向税收竞争框架中分析共享税制下地方政府的行为,借鉴 Keen 和 Kotsogiannis(2003)的基本模型框架来探究地方政府(地税系统)负责税收征管情形下的均衡税率及其与相关变量的变化关系,论证中央政府提高税收征管集权度的意义所在。由于地方政府以"征管效率"表征的竞争行为的最终结果会体现在实际税率的变化上,因此,为了直观描述和简化表述,本研究模型分析中直接以实际税率表征地方政府的资本税收竞争行为。

假设经济中包括 $N \geqslant 2$ 个相同的地区,每个地区有数量相同的不可流动的同质居民,从而每个地区居民数可以被标准化为1。资本 K 可以在地区间完美流动,一个封闭经济体①中总资本供给量是固定的 $\bar{K}$,且每个地区居民初始拥有的资本量是相同的,即 $\widetilde{K}_i = \bar{K}/N$。地区中产出是 $F(K_i)$,其中 K_i 表示地区 i 使用的资本;F 是递增的、严格凹的、最少三阶连续可微的。由于资本可以无成本流动,因此会重新选址直到每个地区都获得相同的税后净回报 ρ。地区 i 内每单位资本课税

---

① 我们这里没有考虑国际资本流动下的国家间横向税收竞争的影响,即使考虑这点,也不影响一国内中央政府与地方政府之间的基本财政关系,所以不影响我们这里的基本结论。

的实际税率为 τ_i。根据分税制的安排,假设地方政府的分成比例为 α,中央政府的分成比例为 β,且 $\alpha+\beta=1$。根据套利条件,可得:

$$F'(K_i)-\tau_i=\rho, \forall i \tag{9-1}$$

式(9-1)隐含地定义了 i 的资本需求 $K_i=K(\rho+\tau_i)$,且对于所有的 i,

$$K'(\rho+\tau_i)=\frac{1}{F''(K^i)}<0 \tag{9-2}$$

ρ 的均衡值隐含地由市场出清条件决定,

$$\bar{K}-\sum_j K_j(\rho+\tau_j)=0 \tag{9-3}$$

由此,可得:

$$\frac{\partial \rho}{\partial \tau_i}=\frac{-K'_i}{\sum_j K'_j}\in[-1,0) \tag{9-4}$$

参考 Wildasin(1988,1989)做法,定义地区 j 的资本需求弹性为 $\varepsilon_j=\partial \log K_j/\partial \log(\rho+\tau_j)$,且由 F 的凹性,可知 $\varepsilon_j<0$,则:

$$\frac{dK_i}{d\tau_i}=K'_i\left(1+\frac{\partial \rho}{\partial \tau_i}\right)=K'_i\left(\frac{\sum_{j\neq i}K'_j}{\sum_j K'_j}\right)=\frac{\varepsilon_i K_i}{\rho+\tau_i}\frac{\sum_{j\neq i}\frac{\varepsilon_j K_j}{\rho+\tau_j}}{\sum_j \frac{\varepsilon_j K_j}{\rho+\tau_j}}<0 \tag{9-5}$$

$$\frac{dK_j}{d\tau_i}=K'_j\frac{\partial \rho}{\partial \tau_i}=\frac{-K'_j K'_i}{\sum_j K'_j}=-\frac{\frac{\varepsilon_j K_j}{\rho+\tau_j}\frac{\varepsilon_i K_i}{\rho+\tau_i}}{\sum_j \frac{\varepsilon_j K_j}{\rho+\tau_j}}>0, j\neq i \tag{9-6}$$

上述两式清晰地反映了一个地区税率变化对资本在地区间流动的影响,产生了典型的横向税收外部性问题。其他情形保持不变,税率变化对资本流动的模式依赖于资本的需求弹性。特别地,$\varepsilon_i\to 0$,$dK_i/d\tau_i\to 0$;$\varepsilon_j\to 0$,$dK_j/d\tau_i\to 0$。这意味着若资本需求变化对利率变化不敏感,税收外部性问题就变得无关紧要,因为 τ_i 变化对资本配置的影响很小了。

地区 i 产生的租金为 $\prod_i\equiv F(K_i)-F'(K_i)K_i$,利用式(9-2),可得:

$$\Pi'(\rho+\tau_i)=-K(\rho+\tau_i) \tag{9-7}$$

假设地区 i 提取租金(或征税)的比例为 x，中央政府提取比例为 X，则综合提取比例为 $\chi = x + X$。为了简化分析，这里将 x 和 X 作为给定。

假设不存在政府间转移支付，包括政府层级间的纵向和地区之间的横向转移支付，则每个地区中地方和中央政府的财政收入分别为：

$$r_i = \alpha \tau_i K_i(\rho + \tau_i) + x \Pi_i(\rho + \tau_i) \tag{9-8}$$

$$R = \frac{1}{N} \sum_j [\beta \tau_j K_j(\rho + \tau_j) + X \Pi_j(\rho + \tau_j)] \tag{9-9}$$

假设政府的行为目标是财政收入最大化，由地方政府（地税系统）负责资本税收的征管，则地区 i 的地方政府将其他地区的资本税率给定，选择 τ_i 最大化式(9-8)给定的财政收入，可得一阶条件：

$$\frac{\partial r_i}{\partial \tau_i} = \alpha K_i(\rho + \tau_i) + \alpha \tau_i K_i'(\rho + \tau_i)\left(\frac{\partial \rho}{\partial \tau_i} + 1\right) + x \Pi_i'(\rho + \tau_i)\left(\frac{\partial \rho}{\partial \tau_i} + 1\right) = 0 \tag{9-10}$$

由式(9-4)、式(9-5)、式(9-7)、式(9-10)可整理得到地区 i 的税率的最优反应函数：

$$\tau_i^* = \frac{x K_i}{\alpha K_i'} - \frac{K_i}{dK_i/d\tau_i} \tag{9-11}$$

根据式(9-5)、式(9-11)的结果，一个地区实际税率的高低受到资本流动下的横向税收竞争的制约。

为了简化分析，我们取对称纳什均衡，$K_i = K_j = \bar{K}/N$，$\varepsilon_i = \varepsilon_j = \varepsilon$，$\tau_i = \tau_j = \tau^*$，则式(9-5)、式(9-6)可以简化为：

$$\frac{dK_i}{d\tau_i} = \frac{\varepsilon \cdot (\bar{K}/N)}{F'(\bar{K}/N)} \frac{N-1}{N} < 0 \tag{9-12}$$

$$\frac{dK_j}{d\tau_i} = -\frac{\varepsilon \cdot (\bar{K}/N)}{F'(\bar{K}/N)} \frac{1}{N} > 0, \quad j \neq i \tag{9-13}$$

利用式(9-2)和式(9-12)，可得对称纳什均衡税率：

$$\tau^* = \frac{x}{\alpha} \frac{\bar{K}}{N} F''\left(\frac{\bar{K}}{N}\right) - \frac{N \cdot F'(\bar{K}/N)}{(N-1)\varepsilon} \tag{9-14}$$

式(9-14)更为直观地说明,其他因素不变,资本需求弹性$|\varepsilon|$越大,即资本需求对利率变化越敏感,对称纳什均衡税率越低。

横向资本税收竞争限制了税率的水平,意味着地方政府协同提高税率有利于增加各级政府的税收收入。由式(9-8)、式(9-9)可得对称纳什均衡税率下的每个地区中地方政府和中央政府的财政收入水平:

$$r^* = \alpha \tau^* \cdot (\bar{K}/N) + x[F(\bar{K}/N) - F'(\bar{K}/N) \cdot (\bar{K}/N)] \quad (9-15)$$

$$R^* = \beta \tau^* \cdot (\bar{K}/N) + X[F(\bar{K}/N) - F'(\bar{K}/N) \cdot (\bar{K}/N)] \quad (9-16)$$

明显地,由于所有地方政府协同提高税率不会引起地区间资本流动,所以当$\tau > \tau^*$时,$r > r^*$,$R > R^*$。这意味着对各级政府来说,横向税收竞争下的纳什均衡税率显然限制了各级政府财政收入扩张的规模。由此,我们可得命题1。

命题1:在地方政府(地税系统)负责资本税收征管的体制中,地方政府财政收入最大化目标受到横向资本税收竞争的制约,且资本需求弹性越大,对称纳什均衡税率越低。

由式(9-14)可以得到对称纳什均衡税率与地方政府分成比例的关系:

$$\frac{d\tau^*}{d\alpha} = -\frac{x}{\alpha^2} \frac{\bar{K}}{N} F''\left(\frac{\bar{K}}{N}\right) > 0 \quad (9-17)$$

由式(9-17)的结果可得命题2。

命题2:在地方政府(地税系统)负责资本税收征管的情形中,对称纳什均衡税率与地方政府分成比例呈正向关系。

命题2表明,地方政府资本税收分成比例的降低,在仍然由地方政府负责资本税收征管的体制中,实际税率会下降。这是因为地方政府从资本税收中得到的利益降低了,从而降低了其提高征管的努力程度。从另一个角度来说,分成比例的降低意味着资本竞争的代价降低了,因为部分代价由中央政府承担了,从而地方政府可以通过更低的资本税收来吸引资本,获得更大的租金收益。这一结果对理解2002年企业所得税收入分享改革之后的税收征管范围调整具有特别重要的意义。如果中央政府未改变税收征管范围,则收入分享改革后地方政府分成比例的降低将引起总体实际税率的降低,这将侵蚀中央政府的资本税收收入。换句话说,正是这种情况的存在为中央政府进行税收征管集权改革提供了重要合理性。

进一步地,由式(9-14)我们还可以发现对称纳什均衡税率与租金提取比例之间的关系:

$$\frac{d\tau^*}{dx} = \frac{1}{\alpha}\frac{\bar{K}}{N}F''\left(\frac{\bar{K}}{N}\right) < 0 \qquad (9\text{-}18)$$

由式(9-18)的结果可得命题3。

命题3：在地方政府(地税系统)负责资本税收征管的体制中，地方政府的对称纳什均衡税率与地方政府租金提取比例之间呈现出相互替代的关系。

命题3意味着当税收分成比例不变，地方政府提取不流动要素(如土地)的租金的比例越高，则其对资本课税税率越低。这一结果具有很强的经济合理性：由于横向税收竞争的约束，各地区为了吸引资本，竞相压低资本税率，而如果地方政府可以从不流动要素中获得更多的财政收入，就可以进一步降低资本等流动要素的税率。这一结果进一步为中央政府集中税收征管范围提供了合理性。分税制改革后，财政压力的增强迫使地方政府不断拓展其他财源，而土地等要素资源价格的快速上升诱使地方政府利用手中所控制的土地资源汲取财政收入，从而产生所谓的"土地财政"。在这种情形中，依据命题3，意味着地方政府有更大动机降低实际税率来吸引资本，从而侵蚀中央财政利益，这是促使中央政府进行税收征管集权改革的另一重要动因。

不同于地方政府负责资本税收征管的情形，中央政府负责资本税收征管的均衡结果要简单得多，因为其可以规避国内横向税收竞争的制约，从而在其最大化目标下自主选择统一税率。在封闭经济中，统一税率下资本不会在地区间流动，因此，财政收入最大化的中央政府可以在现有征管能力约束下将实际税率提高到尽可能接近名义税率[①]的水平上。

由于资本在统一税率下不会在地区间流动，因此中央政府来自一个地区的财政收入为：

$$R = \beta\tau(\bar{K}/N) + X[F(\bar{K}/N) - F'(\bar{K}/N)\bar{K}/N] \qquad (9\text{-}19)$$

明显地，$\partial R/\partial \tau = \beta(\bar{K}/N) > 0$，意味着实际税率$\tau$越高，中央政府的财政收入越高。因此，以财政收入最大化为目标的中央政府，有动机努力提高征管效率；而且相比地方政府，中央政府也更有能力提高征管效率，从而给定名义税率，实际税率有渐进收敛于名义税率的倾向。

相比地方政府负责资本税收征管时的均衡结果，在相同名义税率和现有征管

---

① 这里假设名义税率的水平不至于高到使得资本退出市场。

技术水平下,由于没有横向税收竞争的制约,我们可以合理地认为,中央政府(国税系统)负责资本税收征管的实际税率 $\tau^{**} > \tau^*$。由式(9-8)、式(9-9)可分别得到一个地区中央政府和地方政府的财政收入 $R^{**} > R^*$,$r^{**} > r^*$。

由此我们得到命题4。

命题4:相比由地方政府(地税系统)负责资本税收征管的情形,由中央政府(国税系统)负责资本税收征管时资本税收的实际税率更高。

这一结果很好地解释了2002年企业所得税收入分享改革和征管范围调整的效应。中央政府意识到地方政府的税收竞争导致大量的所得税流失,因此才将所得税的征管权限由地税局转移到国税局(范子英和田彬彬,2013)。虽然地方政府分成比例的降低会抑制地方政府征管效率的提高,但中央政府通过提高征管集权程度,克服了横向税收竞争的制约,有助于提高国税系统的征管效率,而且中央政府拥有更多的征管信息也有助于提高其对地方政府资本税收征管的监控,从而有效提高企业所得税的总体征管效率和资本税收收入。这一结果与王剑锋(2008)的结论是一致的,他认为中央政府的征收集权程度越高,其对税务机构征管能力建设的规划和实施能力就越强。这不仅有助于中央税务机构征管能力的建设,还可以通过"示范效应"来监督地方政府加大对所属税务机构征管能力建设的力度。

虽然可能存在的一种情形是地方政府"俘获"当地国税部门,利用政府奖励金或其他非货币利益诱使国税部门服务于地方政府利益,但我们认为,地方政府"俘获"影响是相对有限的。一方面,国税系数是垂直管理体系,其人事权、财权控制在上级部门手中,使得地方政府可以"俘获"的空间有限;另一方面,中央政府对自身财政利益的关切使得国税部门必须以完成上级下达的"税收计划"为主要任务,从而受地方政府影响的作用空间很有限。因此,本研究不特别考虑这种情形对结果的影响。

四、实证检验

(一) 实证策略

不同于已有研究,本研究是基于中国企业所得税制变迁,深入探究地区间横向税收竞争关系的变化以及中央税收征管集权对地方政府横向税收竞争的影响。因此,我们的实证策略不是简单地估计地区间企业所得税实际税率的横向互动关系,而是需要考虑税制变化和征管改革的影响。

2002年企业所得税收入分享改革和征管范围调整,使得地区间在2002年前后的企业所得税的竞争关系发生明显变化。2002年之前,地方政府拥有隶属于本行政级次的企业所得税的征管权和收入所有权,因此可以利用自己所拥有的征管权进行一定程度的资本税收竞争。2002年之后,一方面,企业所得税收入分享改革之后,地方政府只享有部分企业所得税收入,因此其可用于企业所得税竞争的收入下降;另一方面,更为关键的是,中央政府通过税收征管集权,逐步"侵蚀"了地方政府的征管权,使得地方政府利用征管权进行税收竞争的空间被极大压缩。由此我们可以估断,2002年前后地区间企业所得税的横向竞争关系会存在显著差别,中央税收征管集权会限制地方政府之间的税收竞争关系。

基于这样的认识,我们的实证策略如下:

首先,我们利用空间工具变量模型分别估计2002年[①]前后时期内地区间企业所得税互动关系,通过比较相邻地区间税收策略互动关系系数的变化来观察改革的影响。估计模型如下:

$$t_{it} = \rho \sum_{j \neq i} w_{ijt} t_{jt} + X_{it}\beta + \mu_i + v_t + \varepsilon_{it} \tag{9-20}$$

式中,t_{it}是地区i在时期t的企业所得税实际税率,t_{jt}是地区j在时期t的企业所得税实际税率,w_{ijt}是地区i与地区j在时期t的空间权重,ρ是反映相邻地区间税收策略互动关系的系数,X是影响实际税率的其他控制变量,μ_i是地区固定效应,v_t是时间固定效应,ε_{it}是随机扰动项。为了处理地区间税收互动关系存在的内生性问题,我们以各地区经济社会控制变量的空间加权变量作为相邻地区税率的工具变量。

其次,为了估计中央税收征管集权对地区间税收策略互动关系的影响,我们在2002年之后的估计模型中加入了中央税收征管集权变量的影响。具体的实证模型如下:

$$t_{it} = \rho_0 \sum_{j \neq i} w_{ijt} t_{jt} + \rho_1 \sum_{j \neq i} w_{ijt} t_{jt} \times TCC_{it} + TCC_{it} + X_{it}\beta + \mu_i + v_t + \varepsilon_{it} \tag{9-21}$$

[①] 我们没有把2008年两税合并改革独立出来,原因如下:第一,我们在计算企业所得税实际税率时已经把内外资企业所得税合并计算了,所以2008年的合并前后没有根本性变化;第二,2008年的改革没有调整中央与地方之间的收入分成关系,因此不会改变2002年分成改革对地方政府行为的影响;第三,虽然2008年的企业所得税税率为25%,不同于之前33%的名义税率,但我们考察的是相同层级政府在同一年度的横向税收互动关系,因此名义税率的变化不影响我们的实证检验。

式中,TCC_{it}表示中央税收征管集权度,交叉项反映的是中央税收征管集权对横向税收竞争的影响。

(二) 变量及数据来源

实证估计的变量主要包括三大类:

第一类是核心回归变量,包括企业所得税实际税率(t_{it})和中央税收征管集权度(TCC)。各地区企业所得税率＝各地区税务部门(国地税)征收的内外资企业所得税收入/各地区的营业盈余,中央税收征管集权度＝国税组织的内外资企业所得税收入/国地税组织内外资企业所得税收入合计。其中,税收数据来自《中国税务年鉴》,营业盈余的数据来自《中国统计年鉴》。需要说明的是,在计算企业所得税率时我们采用内外资企业所得税收入的原因有二:一是因为我们的估计期间包括2008年前后,而2008年的两税合并改革要求我们把2008年之前的内外资企业所得税一并考虑,这样才能更好地反映税率的变化;二是以营业盈余作为企业所得税的税基,它是所有企业营业盈余的总和,难以分离出内外资企业的税基。需要注意的是,《中国税务年鉴》中统计的是2001年前的企业所得税,只包括国有和集体企业所得税,自2001年起,企业所得税还包括除国有企业和集体企业外的其他所有制企业所得税,与以前各年不可比。①

第二类是控制变量。参考国内外主要文献做法和中国国情,我们选择的经济社会控制变量包括:人口规模和结构,如人口数(POP)、人口密度(DEN)、年龄结构(AGE)、教育程度(EDU);经济发展变量,如人均实际GDP(GDP)、经济波动(EF)、产业结构(PRI)、投资率(INV)、FDI占比(FDI)、开放度($OPEN$)、城镇化率($URBAN$);财政压力变量(FP)。各变量的定义如下:$POP=LN(1+$人口数$)$,$DEN=LN(1+$人口密度$)$,$AGE=15\sim64$岁人口数/各年段人口总和,$EDU=$大专及以上人口数/小学、初中、高中、大专及以上人口总和,$URBAN=$城市、镇各年龄段人口总和/城市、镇、乡村各年龄段人口总和②,$GDP=LN(1+$人均实际

---

① 这一问题并不影响本研究基本结论,因为我们关心的是同一年份相邻地区之间企业所得税实际税率的互动关系。

② 由于《中国统计年鉴》上没有以前年份的城镇人口数,且不同来源的数据口径往往不一致,而用非农业人口比重替代难以真正反映中国的城镇化水平,因此,本研究利用CEIC上各地区1997年以来抽样调查的城市、镇和乡村各年龄段的人口数据,用城市、镇各年龄段人口总和/城市、镇、乡村各年龄段人口总和表示城镇化率。

GDP），EF＝实际 GDP 增长率①＝GDP 指数－100，PRI＝第一产业产值/GDP，INV＝固定资产投资/GDP，FDI＝外商直接投资实际使用额/GDP，$OPEN$＝进出口总额/GDP，FP＝财政自给率②＝财政收入/财政支出。各变量的数据主要来自中国经济数据(CEIC)。其中，2000 年因缺失大专及以上人口的数据，我们用前后一年的平均值来替代；人均实际 GDP 以 1997 年为基期；吉林省 2010 年的外商直接投资实际使用数额缺失，用前后一年的平均值替代；外商直接投资实际使用额的转换用每年的基准汇率换算。

第三类是空间权重指标。借鉴现有文献关于空间权重的设计，我们选取了三类空间权重指标：一是地理相邻权重，即以是否共享同一边界为标准判断是否为相邻，相邻辖区赋值为 1，其他为 0。③ 在地理相邻权重基础上，参考一些文献的做法，我们增加了人口和经济规模因素的影响，因此，又有两个空间权重指标："地理相邻＋人口"权重用相邻地区中的人口数替代 1，表示相邻地区中人口规模越大的地区的权重越大；"地理相邻＋GDP"权重用相邻地区中的人均实际 GDP 替代 1，表示相邻地区中经济发展水平越高的地区的权重越大。④ 不同于 0—1 地理相邻权重，"地理相邻＋人口"权重和"地理相邻＋GDP"权重随着人口、人均实际 GDP 的变化而每年不同。二是地理距离权重，我们以现有文献常用的地理距离的倒数（$w_{ij}=1/d_{ij}$）来反映不同地区的影响权重。d_{ij} 的计算是基于各地区省会城市中省级政府所在地的经纬度坐标（我们利用百度地图的拾取坐标系统获取该数据）；距离函数为 dhaversine，用于计算空间单位之间的球面距离。三是经济距离权重，我们以各地区人均实际 GDP 的差的倒数（$w_{st}=1/d_{st}$）来反映不同地区的影响权重，其中 d_{st} 是地区 s 和 t 之间的 Euclidean 距离，$d_{st}=\sqrt{(x[s]-x[t])^2}$。为了反映经济发展水平相近且地理距离更近的地区的竞争强度更大的可能性，我们设计了一个"经济距离＋地理距离"权重：$w_{eg}=w_{ij} \cdot w_{st}$。明显地，每年的经济距离权重和"经济距离＋地理距离"权重不同。所有空间权重变量都进行了行标准化处理。

实证估计期间为 1997—2012 年，从 1997 年开始的一个主要原因是许多可得数

---

① 本研究以实际 GDP 增长率的变化来反映经济波动，而不是用国外文献中常用的失业率来反映，这是因为中国经济增长率的变化相比失业率能更好地反映经济波动。
② 以财政自给率反映财政压力或财政依赖度，财政自给率越高意味着该地区对中央政府的依赖度越低，财政自主度也就越高。
③ 我们把广东和海南作为相邻地区。
④ 一些文献直接以 GDP 作为经济规模指标，我们认为这样处理的缺陷是它包括了人口规模的因素，难以真正反映地区经济发展水平的影响。

据起始于1997年,如人口抽样调查数据;另外,重庆从1997年起才有相对完整独立的数据①。我们实证估计的地区是28个省(自治区、直辖市,不含港澳台以及西藏、北京、上海),其中不包括西藏是因为其数据缺失较多,尤其是没有地税数据;之所以不包括北京和上海,是因为我国铁路、邮电通信、民航运输、银行等企业所得税纳税地点主要在北京和上海集中缴纳,这使得北京、上海两地企业所得税征管比较特殊,与其他地区不可比。另外,《中国税务年鉴》分列了5个计划单列市(大连、宁波、厦门、青岛、深圳)的税收数据,我们分别把它们并入相应省份中。

由于我们对地区间横向税收竞争的实证估计采取分段比较的方法,所以我们分别对1997—2001年和2002—2012年的数据进行描述统计(见表9-1)。

表 9-1　　　　　　　　　　　　变量的数据描述

变量	1997—2001 年					2002—2012 年				
	样本量	均值	标准差	最小值	最大值	样本数	均值	标准差	最小值	最大值
t_{it}	140	0.069	0.043	0.020	0.205	308	0.089	0.041	0.022	0.261
TCC	—	—	—	—	—	308	0.608	0.132	0.218	0.901
POP	140	3.572	0.748	1.785	4.570	308	3.621	0.732	1.839	4.672
DEN	140	1.183	0.561	0.067	2.243	308	1.215	0.581	0.071	2.554
AGE	140	0.687	0.030	0.624	0.761	308	0.726	0.035	0.635	0.838
EDU	140	0.039	0.017	0.010	0.096	308	0.077	0.032	0.021	0.235
URBAN	140	0.348	0.115	0.166	0.720	308	0.452	0.112	0.226	0.816
GDP	140	8.768	0.430	7.719	9.884	308	9.650	0.597	8.132	11.456
EF	140	9.312	1.368	5.1	14	308	12.632	2.190	5.4	23.8
PRI	140	0.205	0.065	0.082	0.364	308	0.138	0.055	0.043	0.347
INV	140	0.334	0.074	0.205	0.654	308	0.554	0.163	0.280	0.995
FDI	140	0.029	0.034	0	0.165	308	0.023	0.020	0.0007	0.082
OPEN	140	0.206	0.270	0.029	1.414	308	0.279	0.329	0.022	1.625
FP	140	0.553	0.138	0.196	0.878	308	0.488	0.173	0.148	0.913

(三) 回归结果及分析

我们以控制变量的空间加权变量 WX 作为工具变量来处理相邻地区税率之间

---

① 这是本研究与其他一些研究的不同之处,许多研究将1997年之后的重庆并入四川省来考虑。

的内生性问题,另外,工具变量还包括年份虚拟变量。由于不同权重指标设计与一些经济社会变量相关,所以可能存在因一些工具变量的内生性而产生过度识别的问题,我们利用内生性检验结果剔除部分内生性工具变量,因此,不同权重下估计方程的工具变量有所不同①:(1)"地理相邻"权重中的工具变量剔除了 EDU、GDP、FP 的空间加权工具变量;(2)"地理相邻+人口"权重中的工具变量剔除了 POP、EDU、GDP、FP 的空间加权工具变量;(3)"地理相邻+GDP"权重中的工具变量剔除了 EDU、$URBAN$ 的空间加权工具变量;(4)"地理距离"中的工具变量剔除了 EDU、FP 的空间加权工具变量;(5)"经济距离"中的工具变量剔除了 EDU、GDP 的空间加权工具变量;(6)"地理距离+经济距离"包括所有的 WX。表 9-2 是 1997—2001 年不同权重下地区间企业所得税互动关系的估计结果,表 9-3 是 2002—2012 年不同权重下地区间企业所得税互动关系的估计结果。

表 9-2　　1997—2001 年不同权重下地区间企业所得税互动关系估计结果

变量名	地理相邻	地理相邻+人口	地理相邻+GDP	地理距离	经济距离	地理距离+经济距离
$w_{ijt}t_{jt}$	0.459 (0.435)	−0.038 (0.460)	0.51 (0.435)	3.122 (1.718)*	0.098 (0.194)	0.155 (0.229)
POP	−0.087 (0.388)	0.049 (0.470)	−0.295 (0.408)	−0.227 (0.358)	0.06 (0.267)	0.072 (0.266)
DEN	0.041 (0.499)	−0.152 (0.604)	0.337 (0.547)	0.274 (0.479)	−0.168 (0.353)	−0.182 (0.351)
AGE	−0.037 (0.034)	0.447 (0.216)**	0.477 (0.198)**	0.51 (0.211)**	0.46 (0.193)**	0.46 (0.192)**
EDU	0.211 (0.259)	0.098 (0.290)	0.146 (0.321)	0.53 (0.437)	0.104 (0.290)	0.13 (0.300)
GDP	0.412 (0.205)**	0.469 (0.206)**	0.377 (0.201)*	0.35 (0.220)	0.476 (0.188)**	0.479 (0.191)**
EF	0.003 (0.002)	0.002 (0.002)	0.002 (0.002)	0.001 (0.002)	0.002 (0.002)	0.002 (0.002)
PRI	−0.442 (0.190)**	−0.32 (0.165)*	−0.377 (0.191)**	−0.444 (0.189)**	−0.319 (0.172)*	−0.321 (0.174)*

---

① Frederiksson 等(2004)也采取了类似的方法,他们对不同相邻变量采用了不同的工具变量。

续表

变量名	地理相邻	地理相邻＋人口	地理相邻＋GDP	地理距离	经济距离	地理距离＋经济距离
INV	−0.03 (0.099)	0.019 (0.095)	0.027 (0.094)	0.037 (0.101)	0.04 (0.113)	0.052 (0.119)
FDI	0.07 (0.153)	0.137 (0.168)	0.163 (0.166)	0.092 (0.167)	0.138 (0.151)	0.128 (0.155)
OPEN	−0.041 (0.043)	−0.044 (0.046)	−0.019 (0.049)	−0.045 (0.051)	−0.041 (0.040)	−0.041 (0.040)
URBAN	−0.042 (0.037)	−0.085 (0.038)**	−0.102 (0.037)***	−0.102 (0.037)***	−0.087 (0.030)***	−0.087 (0.030)***
FP	0.063 (0.059)	0.061 (0.049)	0.063 (0.055)	0.107 (0.069)	0.061 (0.050)	0.063 (0.050)
Hansen J (p 值)	0.069	0.413	0.128	0.906	0.159	0.647
样本量	140	140	140	140	140	140

注：所有的回归都采取工具变量(2SLS)回归,都是双向固定效应。*、**、***分别表示10%、5%和1%的显著性水平,括号内为稳健标准差。

表 9-3　　2002—2012 年不同权重下地区间企业所得税互动关系估计结果

变量名	地理相邻	地理相邻＋人口	地理相邻＋GDP	地理距离	经济距离	地理距离＋经济距离
$w_{ijt}t_{jt}$	−1.995 (0.578)***	−2.388 (0.705)***	−1.028 (0.397)**	1.192 (0.925)	−0.505 (0.270)*	−0.349 (0.233)
POP	0.499 (0.124)***	0.137 (0.187)	0.546 (0.111)***	0.513 (0.125)***	0.508 (0.111)***	0.537 (0.114)***
DEN	−0.48 (0.153)***	−0.097 (0.236)	−0.595 (0.120)***	−0.621 (0.138)***	−0.614 (0.124)***	−0.637 (0.123)***
AGE	0.188 (0.071)***	0.48 (0.146)***	0.475 (0.140)***	0.298 (0.133)**	0.357 (0.121)***	0.356 (0.121)***
EDU	−0.107 (0.156)	−0.092 (0.130)	−0.032 (0.128)	0.162 (0.144)	0.12 (0.115)*	0.098 (0.115)
GDP	−0.144 (0.042)***	−0.168 (0.047)***	−0.163 (0.038)***	−0.165 (0.043)***	−0.182 (0.043)***	−0.182 (0.043)***

续表

变量名	地理相邻	地理相邻＋人口	地理相邻＋GDP	地理距离	经济距离	地理距离＋经济距离
EF	−0.001 (0.001)	−0.001 (0.001)	−0.001 (0.001)	−0.000 7 (0.001)	−0.000 02 (0.001)	−0.000 2 (0.001)
PRI	−0.637 (0.182)***	−0.702 (0.202)***	−0.721 (0.171)***	−0.72 (0.200)***	−0.795 (0.186)***	−0.83 (0.193)***
INV	0.015 (0.031)	0.029 (0.034)	0.025 (0.029)	0.043 (0.032)	0.024 (0.029)	0.025 (0.029)
FDI	−0.109 (0.251)	0.128 (0.258)	−0.162 (0.235)	−0.317 (0.256)	−0.315 (0.239)	−0.3 (0.238)
$OPEN$	0.033 (0.022)	0.065 (0.024)***	0.037 (0.018)**	0.042 (0.019)**	0.045 (0.018)**	0.045 (0.018)**
$URBAN$	0.075 (0.075)	−0.007 (0.074)	0.044 (0.061)	0.051 (0.063)	0.076 (0.055)	0.082 (0.056)
FP	0.111 (0.060)*	0.137 (0.060)**	0.138 (0.052)***	0.168 (0.062)***	0.164 (0.053)***	0.16 (0.052)***
Hansen J (p 值)	0.184	0.148	0.124	0.586	0.169	0.136
样本量	308	308	308	308	308	308

注：所有的回归都采取工具变量(2SLS)回归，都是双向固定效应。*、**、***分别表示10%、5%和1%的显著性水平，括号内为稳健标准差。

比较表 9-2 和表 9-3 中相邻地区税率的系数，我们可以发现，1997—2001 年所有权重下的系数都要显著大于 2002—2012 年的系数，这一结果与我们的预期是一致的，说明 2002 年企业所得税制改革以及征管集权改革显著降低了地区间企业所得税的横向竞争程度，也表明简单把 2002 年前后时期的企业所得税率一并进行回归估计可能存在错误估计的风险。表 9-2 和表 9-3 中不同权重下的反应系数大小差别很大，说明权重选择会显著影响回归结果，这与许多文献是一致的，也说明需要谨慎对待权重的选择和结果解读。

具体来看，1997—2001 年，除了"地理相邻＋人口"权重的系数不显著为负外，其他系数都为正，且地理距离权重的结果显著为正。这一结果说明，1997—2001 年存在一定程度的地区间企业所得税竞争关系。系数不显著的一个可能原因在于我们这里是以国地税征收的企业所得税衡量的实际税率的估计结果，而地方政府的横向税收竞争主要体现在地税部门所征管的部分,因而以总税率表现的结果冲淡了地方政府横向税收竞争的效应[①];另一个可能原因是地方政府只能通过有限的征管权来进行横向税收竞争,从而表现出的互动效应要比国外地方政府拥有相对完整税权下的竞争结果微弱一些。

2002—2012年,从估计系数来看,除了"地理距离"权重的系数为正外,其他权重下的结果都为负,甚至显著为负。这一结果似乎意味着2002年之后地方政府间不存在税收策略竞争的互补关系,却存在相互替代关系。对于这一结果,需要谨慎对待。一方面,不同权重的结果差异很大,不能简单以某个结果来说明实际情况;另一方面,以2002年之后的数据进行横向税收竞争的估计是存在问题的,因为2002—2007年企业所得税的征管改革是增量调整,所有新设立的企事业单位的征管权归国税部门。也就是说,地方政府通过征管效率进行税收竞争所吸引的增量资本的征管权不在地税部门的控制之中,这意味着地税部门的征管效率竞争对增量资本没有太大吸引力。因此,2002年之后的估计结果更多的是反映国税部门的实际税率在地区之间所表现出的一种形态,它不能作为地方政府横向税收竞争表现的证据。我们这里分段估计地区之间企业所得税的相互关系,是为了比较改革前后变化的需要。

为了观察中央税收征管集权对地区间企业所得税互动关系的影响,我们在2002—2012年的估计方程中加入了中央税收征管集权的影响。表9-4是在不同权重指标下分别加入TCC、$w_{ijt}t_{jt} \cdot TCC$的估计结果。从回归结果来看,加入TCC后,除"地理相邻+人口"权重中该变量的系数不显著外,其他权重下的系数都显著为正,说明中央税收征管集权增加了实际税率;更为重要的是,在所有权重下,$w_{ijt}t_{jt} \cdot TCC$的系数与$w_{ijt}t_{jt}$的系数方向刚好相反,可见中央税收征管集权"中和了"地区间税收互动关系,不论相邻税率的系数为正还是为负。这一结果与我们的理论预期是一致的。说明中央税收征管集权抑制了地方政府之间以企业所得税征管为策略工具的横向税收竞争。这一结果与范子英和田彬彬(2013)的研究结果是一致的。他们利用2002年所得税分享改革的自然实验研究了中央税收征管集权对企业所得税避税的影响,发现相对于所得税分享改革之后成立的企业,即由国税局征收所得税的企业,之前成立的企业(地税局征管所得税)的避税更加严重。这

---

① 由于我们无法获取地税部门征收的所得税收入对应的税基数据,因此无法准确计算地税部门征收企业的实际税率,从而无法准确估计地区间横向税收竞争的结果。

一结果说明中央税收征管集权抑制了地方政府通过不断降低税收执法力度表现的税收竞争行为。我们的结果也说明，忽视中央税收征管集权的影响将对认识中国地区间横向税收竞争问题产生显著的偏差。

表9-4　　中央税收征管集权对地区间企业所得税竞争关系影响的估计结果

变量名	地理相邻		地理相邻＋人口		地理相邻＋GDP	
$w_{ijt}t_{jt}$	−1.894 (0.534)***	−2.507 (0.541)***	−2.239 (0.687)***	−2.551 (0.556)***	−0.806 (0.369)**	−1.598 (0.505)***
TCC	0.052 (0.030)*	−0.112 (0.087)	0.03 (0.032)	−0.172 (0.080)**	0.053 (0.025)**	−0.126 (0.078)
$w_{ijt}t_{jt}\cdot$TCC		2.167 (1.145)*		2.878 (1.106)***		2.378 (0.997)**
POP	0.488 (0.126)***	0.467 (0.114)***	0.155 (0.184)	0.31 (0.171)*	0.529 (0.117)***	0.455 (0.127)***
DEN	−0.469 (0.152)***	−0.569 (0.146)***	−0.12 (0.230)	−0.469 (0.235)**	−0.584 (0.125)***	−0.632 (0.141)***
AGE	0.186 (0.065)***	0.189 (0.058)***	0.458 (0.142)***	0.431 (0.115)***	0.42 (0.133)***	0.39 (0.127)***s
EDU	−0.097 (0.152)	−0.037 (0.146)	−0.075 (0.127)	−0.014 (0.122)	0.005 (0.127)	0.056 (0.137)
GDP	−0.149 (0.041)***	−0.144 (0.035)***	−0.17 (0.045)***	−0.155 (0.035)***	−0.167 (0.037)***	−0.157 (0.035)***
EF	−0.001 (0.001)	−0.002 (0.001)*	−0.001 (0.001)	−0.002 (0.001)*	−0.0008 (0.001)	−0.002 (0.001)
PRI	−0.545 (0.174)***	−0.483 (0.146)***	−0.649 (0.200)***	−0.511 (0.155)***	−0.629 (0.166)***	−0.539 (0.147)***
INV	0.022 (0.031)	0.026 (0.029)	0.032 (0.034)	0.032 (0.029)	0.032 (0.029)	0.032 (0.028)
FDI	−0.094 (0.238)	−0.083 (0.209)	0.114 (0.250)	−0.009 (0.206)	−0.169 (0.227)	−0.118 (0.211)
OPEN	0.034 (0.021)	0.026 (0.020)	0.065 (0.023)***	0.04 (0.022)*	0.039 (0.018)**	0.033 (0.017)*
URBAN	0.05 (0.074)	0.053 (0.066)	−0.017 (0.072)	0.017 (0.061)	0.025 (0.060)	0.035 (0.056)

续表

变量名	地理相邻		地理相邻＋人口		地理相邻＋GDP	
FP	0.114 (0.058)**	0.157 (0.057)***	0.139 (0.058)**	0.186 (0.051)***	0.143 (0.051)***	0.187 (0.052)***
Hansen J （p 值）	0.165	0.063	0.126	0.265	0.108	0.083
样本量	308	308	308	308	308	308
变量名	地理距离		经济距离		地理距离＋经济距离	
$w_{ijt}t_{jt}$	1.17 (0.941)	1.623 (1.829)	−0.578 (0.271)**	2.422 (1.381)*	−0.387 (0.237)	1.431 (1.200)
TCC	0.055 (0.029)*	0.126 (0.208)	0.048 (0.025)*	0.368 (0.143)**	0.054 (0.025)**	0.255 (0.127)**
$w_{ijt}t_{jt} \cdot TCC$		−0.924 (2.729)		−4.55 (1.963)**		−2.858 (1.732)*
POP	0.502 (0.129)***	0.523 (0.130)***	0.498 (0.118)***	0.482 (0.119)***	0.529 (0.120)***	0.546 (0.115)***
DEN	−0.604 (0.144)***	−0.604 (0.141)***	−0.599 (0.132)***	−0.452 (0.148)***	−0.623 (0.131)***	−0.575 (0.133)***
AGE	0.274 (0.130)**	0.246 (0.157)	0.34 (0.119)	0.181 (0.131)	0.335 (0.119)	0.215 (0.130)*
EDU	0.17 (0.141)	0.183 (0.148)	0.13 (0.113)	0.296 (0.143)**	0.107 (0.113)	0.204 (0.132)*
$URBAN$	0.025 (0.061)	0.021 (0.065)	0.053 (0.056)	0.005 (0.065)	0.056 (0.057)	0.04 (0.060)
GDP	−0.17 (0.043)***	−0.164 (0.044)***	−0.19 (0.042)***	−0.185 (0.044)***	−0.189 (0.042)***	−0.189 (0.043)***
EF	−0.0005 (0.001)	−0.0001 (0.002)	0.0002 (0.001)	0.002 (0.001)	−0.00008 (0.001)	0.001 (0.001)
PRI	−0.616 (0.187)***	−0.588 (0.220)***	−0.707 (0.183)***	−0.479 (0.212)**	−0.732 (0.185)***	−0.613 (0.201)***
INV	0.048 (0.032)	0.046 (0.033)	0.027 (0.029)	0.015 (0.029)	0.03 (0.030)	0.022 (0.029)
FDI	−0.294 (0.249)	−0.311 (0.248)	−0.297 (0.232)	−0.476 (0.270)*	−0.277 (0.230)	−0.399 (0.258)

续表

变量名	地理距离		经济距离		地理距离+经济距离	
OPEN	0.043 (0.019)**	0.042 (0.019)**	0.047 (0.018)***	0.049 (0.019)**	0.046 (0.018)**	0.044 (0.018)**
FP	0.171 (0.061)***	0.166 (0.061)***	0.168 (0.052)***	0.176 (0.053)***	0.164 (0.052)***	0.171 (0.052)***
Hansen J(p值)	0.529	0.454	0.079	0.215	0.066	0.075
样本量	308	308	308	308	308	308

注：所有的回归都采取工具变量(2SLS)回归，都是双向固定效应。＊、＊＊、＊＊＊分别表示10％、5％和1％的显著性水平，括号内为稳健标准差。

由表9-4中的回归结果，我们发现不同权重的估计结果差别很大，这也是为什么现有研究没有一致结论的一个重要原因。但现有研究还没有深究不同权重背后的经济逻辑，这影响了对实证结果的理解。本质上说，空间权重是为了刻画具有竞争关系的辖区选择，合适的空间权重选择要有经济逻辑的支撑。相比之下，我们认为以"经济距离"为基础的空间权重更适宜反映中国省级地区之间的资本税收竞争关系。第一，"地理相邻"权重和"地理距离"权重在省级地区间税收竞争关系的研究中可能不是竞争辖区的合适指标。因为地理相邻省份之间可能差异很大，从而税收竞争关系可能出现与直觉相反的结果，如江苏与安徽相邻、天津与河北相邻，由于经济发展水平差异大，它们之间的资本竞争可能是相对弱的，从而企业所得税实际税率差异较大，它们之间的反应函数的系数甚至会呈现相反的结果。第二，以地理相邻和地理距离作为权重无法很好地反映资本的流动性。相比其他要素，资本在地区间的流动要更为完全，它不应限于地理上相邻或相近地区之间。以江苏、浙江、安徽、广东为例，虽然安徽与浙江相邻，但它们之间的资本竞争显然要弱于浙江与江苏之间的资本竞争；以距离来衡量，虽然江苏与广东的距离相比江苏与安徽的距离更远，但江苏与广东的资本竞争强度显然会大于江苏与安徽之间的竞争强度。即使在地理相邻权重中考虑了GDP和人口规模的影响，也没有根本上改变地理相邻的限定。第三，资本的逐利性会诱使资本向营利更高的地区聚集，一般来说，经济发展水平相近地区的资本回报水平是接近的，因此经济发展水平相近地区之间的竞争也更为激烈。第四，中国以GDP为主的晋升锦标赛机制和投资驱动型经济增长模式使得经济发展水平相近地区的资本竞争强度要高于差异更大地区之间的竞争强度。

当我们以经济权重(包括"经济距离"权重和"经济距离+地理距离"权重)为基础来解读表 9-4 的回归结果时,我们得到了明显更为合理的结果。表 9-2 的结果显示,1997—2001 年,地区间在企业所得税上存在一定程度的横向竞争关系。表 9-3 中相邻地区税率的反应系数为负,一方面表明 2002 年的改革使得地区间横向税收策略关系显著弱于 1997—2001 年的关系;另一方面,负数的结果也说明中央税收征管集权后已难以反映出地区间横向税收竞争关系。表 9-4 的结果则更好地反映了中央税收征管集权对地区间横向税收竞争关系的影响。一方面,中央税收征管集权显著提高了实际税率,另一方面,在控制了中央税收征管集权后,相邻地区税率的反应系数为正,而交叉项的系数为负,说明中央税收征管集权抵消了相邻地区之间的横向税收竞争程度,从而使得最终结果与直觉相反。

五、 结论及讨论

资本流动性所诱发的地区间横向税收竞争问题是国内外学术界研究的一个重要内容,但许多研究忽略了联邦政府或中央政府的动态作用。国际上部分学者将联邦政府纳入"财政联邦主义"框架中,研究了不同层级政府间纵向税收竞争和同级政府间横向税收竞争的问题。但国内相关研究则基本忽视了中央政府的动态作用,而这很可能导致对中国地区间横向税收竞争关系的错误理解。本研究力图弥补这一缺陷,以企业所得税为研究对象,考察了 2002 年企业所得税制改革和征管范围调整对省级政府间横向税收竞争的影响,并重点考察了中央税收征管集权的影响。

本研究对中国式分税制下地区间税收策略互动关系的三个理论问题进行了辨析。对于地方政府间横向税收策略互动关系的理论依据,我们认为,一方面,地方政府有竞争流动资本的动机,且有以征管权进行策略竞争的工具;另一方面,对中央政府来说,"税收标尺"并不是很有效且可信的信号。因此,相比"自上而下的标尺竞争"假说,辖区间税收竞争假说更适合解释中国同级政府间横向税收策略互动关系。对于中国是否存在不同层级政府间的纵向税收竞争问题,我们认为,不同于西方联邦体制中完整税权分权下的纵向税收竞争,中国统一税权下的分税制设计中的共享税制不属于"共同课税"的情形,且征管范围的划分避开了征管权的"重叠",因此,中国式分税制设计基本避开了不同层级政府间的纵向税收竞争问题。对于 2002 年企业所得税收入分享改革后中央政府提高税收征管集权度的动机,我们认为,地方政府企业所得税收入分成比例下降以及不流动要素租金汲取比例上升,会诱使地方政府加剧横向税收竞争,从而损害中央政府的财政利益,这迫使中央政府通过提高税收征管集权度来降低地方政府间横向税收竞争的空间。

对于企业所得税制改革及征管集权改革对地区间横向税收竞争的影响,本研究采取空间工具变量模型处理相邻地区之间税率互动关系的内生性问题,通过比较2002年前后省级地区间横向税收竞争程度的变化来考察2002年改革前后的差异,并通过在回归方程中加入中央税收征管集权及其与相邻地区税率的交叉项来估计中央税收征管集权对省级地区间横向税收竞争的影响。我们的实证结果显示,1997—2001年所有权重下的相邻地区税率的系数都要显著大于2002—2012年的系数,说明2002年企业所得税制改革以及征管集权改革显著降低了地区间企业所得税的横向竞争程度,也表明简单把2002年前后时期的企业所得税率一并进行回归估计可能存在错误估计的风险;中央税收征管集权增加了实际税率,更为重要的是,在所有权重下,中央税收征管集权与相邻地区税率的交叉项的系数和相邻地区税率的系数方向刚好相反,说明中央税收征管集权"中和了"地区间税收互动关系。这些结果与我们的理论预期是一致的。不同权重设计下的回归结果差异很大,我们认为,相比其他空间权重,以经济距离为基础的空间权重更适宜反映中国地区之间的资本竞争,以"经济距离"权重和"经济距离+地理距离"权重反映的实证估计结果也更为合理得多。

本研究发现,随着中央政府税收征管集权度的加强,地方政府以税收征管为策略工具的横向税收竞争关系会弱化得多,这迫使地方政府选择其他可控的策略工具,如土地财政、环境质量等。因此,以其他地方政府可控的策略工具表征的地区间竞争流动要素的策略互动关系,可能是考察地区间策略竞争关系更合适的样本。同时,我们的结果也表明,研究中国政府间税收竞争关系时,若忽略中央政府的动态作用,如中央政府通过各种手段,尤其是压缩地方政府可控的征管空间来抑制地区间横向税收竞争关系,简单地以相邻地区之间的税率互动系数来反映地区间横向税收竞争关系的研究,则存在严重偏导性,忽视了中国现实的风险。

本研究还产生了一个副产品,即为横向税收竞争的存在性提供了一定的证据。虽然理论上可以论证横向税收竞争的存在性,且正向反应系数可以为其提供一定的实证依据,但如果事实上的正向反应系数反映的是地区间税率向上倾斜的相关关系时,则不能将其归于横向税收竞争的证据,因为横向税收竞争的理论预期是税率向下倾斜的。本研究将中央税收征管集权纳入地区间税收策略互动关系的研究中,为横向税收竞争的存在性提供了一个佐证:以"经济距离"权重和"经济距离+地理距离"权重的估计结果来看,相邻地区税率的系数为正,中央税收征管集权度的系数也为正,而中央税收征管集权度与相邻辖区的税率交叉项的系数和相邻地区税率的系数的符号相反,说明中央税收征管集权度的上升反作用于相邻地区税率的变化,这意味着相邻地区之间的税率竞争关系是向下倾斜的。这与横向税收竞争的理论预期是一致的。当然,要证明中国政府间横向税收竞争的关系,还需要更严谨的证据,这是未来研究的一个重要方向。

参考文献

[1] 范子英,田彬彬.税收竞争、税收执法与企业避税[J].经济研究,2013(9).

[2] 郭杰,李涛.中国地方政府间税收竞争研究——基于中国省级面板数据的经验证据[J].管理世界,2009(11).

[3] 李永友,沈坤荣.辖区间竞争、策略性财政政策与FDI增长绩效的区域特征[J].经济研究,2008(5).

[4] 龙小宁,朱艳丽,蔡伟贤,等.基于空间计量模型的中国县级政府间税收竞争的实证分析[J].经济研究,2014(8).

[5] 沈坤荣,付文林.税收竞争、地区博弈及其增长绩效[J].经济研究,2006(6).

[6] 汤玉刚,范程浩.不完全税权、政府竞争与税收增长[J].经济学(季刊),2010,10(1).

[7] 陶然,陆曦,苏福兵,等.地区竞争格局演变下的中国转轨:财政激励和发展模式反思[J].经济研究,2009(7).

[8] 王剑锋.中央集权型税收高增长路径:理论与实证分析[J].管理世界,2008(7).

[9] 王守坤,任保平.中国省级政府间财政竞争效应的识别与解析:1978—2006年[J].管理世界,2008(11).

[10] 张军.中国经济发展:为增长而竞争[J].世界经济文汇,2005(4).

[11] 周黎安.晋升博弈中政府官员的激励与合作——兼论我国地方保护主义和重复建设问题长期存在的原因[J].经济研究,2004(6).

[12] 周黎安.中国地方官员的晋升锦标赛模式研究[J].经济研究,2007(7).

[13] 周雪光."逆向软预算约束":一个政府行为的组织分析[J].中国社会科学,2005(2).

[14] Allers M A and J P Elhorst. Tax Mimicking and Yardstick Competition Among Local Governments in the Netherlands[J]. *International Tax and Public Finance*, 2005, 12(4).

[15] Besley T and A Case. Incumbent Behavior: Vote-Seeking, Tax-Setting, and Yardstick

Competition[J]. *American Economic Review*, 1995, 85(1).

[16] Bordignon M, Cerniglia F and F Revelli. In Search of Yardstick Competition: A Spatial Analysis of Italian Municipality Property Tax Setting[J]. *Journal of Urban Economics*, 2003, 54(2).

[17] Brett C and J Pinkse. The Determinants of Municipal Tax Rates in British Columbia[J]. *Canadian Journal of Economics*, 2000, 33(3).

[18] Brueckner J K. Strategic Interaction Among Governments: An Overview of Empirical Studies[J]. *International Regional Science Review*, 2003, 26(2).

[19] Brueckner J K and L A Saavedra. Do Local Governments Engage in Strategic Property-Tax Competition? [J]. *National Tax Journal*, 2001, 54(3).

[20] Buettner T. Local Business Taxation and Competition for Capital: The Choice of the Tax Rate[J]. *Regional Science and Urban Economics*, 2001, 3.

[21] Case A. Interstate Tax Competition after TRA86[J]. *Journal of Policy Analysis and Management*, 1993, 12(1).

[22] Charlot S and S Paty. Do Agglomeration Forces Strengthen Tax Interactions? [J]. *Urban Studies*, 2010, 47(5).

[23] Chirinko R S and D J Wilson. Tax Competition Among U. S. States: Racing to the Bottom or Riding on a Seesaw? [R]. CESifo Working Paper No. 3535, 2011.

[24] Dahlby B. Fiscal Externalities and the Design of Intergovernmental Grants [J]. *International Tax and Public Finance*, 1996, 3.

[25] Dahlby B and L S Wilson. Vertical Fiscal Externalities in a Federation[J]. *Journal of public economics*, 2003, 87.

[26] Devereux M P, Lockwood B and M Redoano. Do Countries Compete over Corporate Tax Rates? [J]. *Journal of Public Economics*, 2008, 92(5).

[27] Devereux M P, Lockwood B and M Redoano. Horizontal and Vertical Indirect Tax Competition: Theory and Some Evidence from the USA [J]. *Journal of Public Economics*, 2007, 91(3-4).

[28] Duncan D and E Gerrish. Personal Income Tax Mimicry: Evidence from International Panel Data[J]. *International Tax and Public Finance*, 2013, 21.

[29] Esteller-Moré A and A. Solé-Ollé. Vertical Income Tax Externalities and Fiscal Interdependence: Evidence from the US[J]. *Regional Science and Urban Economics*, 2001, 31(2-3).

[30] Feld L P and E Reulier. Strategic Tax Competition in Switzerland: Evidence from a Panel of

the Swiss Cantons[J]. *German Economic Review*, 2009, 10(1).

[31] Fredriksson P G, List J A and D L Millimet. Chasing the Smokestack: Strategic Policymaking with Multiple Instruments[J]. *Regional Science and Urban Economics*, 2004, 34(4).

[32] Hayashi M and R Boadway. An Empirical Analysis of Intergovernmental Tax Interaction: The Case of Business Income Taxes in Canada[J]. *Canadian Journal of Economics*, 2001, 34(2).

[33] Heinemann F, Overesch M and J Rincke. Rate Cutting Tax Reforms and Corporate Tax Competition in Europe[R]. ZEW Discussion Papers No. 08-028, 2008.

[34] Hernández-Murillo R. Strategic Interaction in Tax Policies Among States[J]. *The Federal Reserve Bank of St. Louis*, 2003, 85.

[35] Heyndels B and J Vuchelen. Tax Mimicking among Belgian Municipalities[J]. *National Tax Journal*, 1998, 51(1).

[36] Keen M J. Vertical Tax Externalities in the Theory of Fiscal Federalism[J]. *International Monetary Fund Staff Papers*, 1988, 45.

[37] Keen M J and C Kotsogiannis. Does Federalism Lead to Excessively High Taxes? [J]. *American Economic Review*, 2002, 92(1).

[38] Keen M and C Kotsogiannis. Leviathan and Capital Tax Competition in Federations[J]. *Journal of Public Economic Theory*, 2003, 5(2).

[39] Ladd H F. Mimicking of Local Tax Burdens Among Neighboring Counties[J]. *Public Finance Review*, 1992, 20(4).

[40] Leprince M and T Madiès. Business Tax Interactions among Local Governments: An Empirical Analysis of The French Case[J]. *Journal of Regional Science*, 2007, 47(3).

[41] Lyytikäinen T. Tax Competition among Local Governments: Evidence from A Property Tax Reform in Finland[J]. *Journal of Public Economics*, 2012, 96(7).

[42] Oates W E. *Fiscal Federalism, Harcourt Brace Jovanovich*[M]. New York: Harcourt Brace Jovanovich, 1972.

[43] Revelli F. Spatial Patterns in Local Taxation: Tax Mimicking or Error Mimicking? [J]. *Applied Economics*, 2001, 33(9).

[44] Revelli F. Testing the Tax Mimicking versus Expenditure Spill-over Hypotheses Using English Data[J]. *Applied Economics*, 2002, 14.

[45] Rork J C. Coveting Thy Neighbors' Taxation[J]. *National Tax Journal*, 2003, 56(4).

[46] Schaltegger C A and D Küttel. Exit, Voice, and Mimicking Behavior: Evidence from Swiss

Cantons[J]. *Public Choice*, 2002, 113(1-2).

[47] Sollé-Ollé A. Electoral Accountability and Tax Mimicking: The Effects of Electoral Margins, Coalition Government, and Ideology[J]. *European Journal of Political Economy*, 2003, 19(4).

[48] Wildasin D E. Interjurisdictional Capital Mobility: Fiscal Externality and a Corrective Subsidy[J]. *Journal of Urban Economics*, 1989, 25(3).

[49] Wildasin D E. Nash Equilibria in Models of Fiscal Competition[J]. *Journal of public economics*, 1988, 35(2).

[50] Wilson J D. A Theory of Interregional Tax Competition[J]. *Journal of Urban Economics*, 1986, 19(3).

[51] Xu C. The Fundamental Institutions of China's Reforms and Development[J]. *Journal of Economic Literature*, 2011, 49(4).

[52] Zodrow G R and P Mieszkowski. Pigou, Tiebout, Property Taxation, and the Underprovision of Local Public Goods[J]. *Journal of Urban Economics*, 1986, 19(3).

附表 政府间税收策略互动的主要实证文献信息

文献(国外)	辖区和时间	税种	数据结构	估计方法	权重	互动效应	理论假说
Ladd (1992)	美国(县) 1978、1985	总税收、财产税、居民财产税、一般销售税和其他税收	截面	SIV	地理相邻	依赖于税种,其中平均税收负担(总税收和财产税):0.45~0.82	未明确
Case (1993)	美国(州) 1979—1988	所得税(有效税率)	混合	SIV	地理相邻	0.6	标尺竞争
Besley and Case (1995)	美国(州) 1960—1988	人均销售税、所得税和公司税的变化	混合	SIV SL	地理相邻	0.17~0.53	标尺竞争
Heyndels and Vnchelen (1998)	比利时(城市) 1991	地方所得税和财产税(税率)	截面	SIV	地理相邻	0.5~0.7	未明确
Brett and Pinkse (2000)	加拿大英属哥伦比亚省的城市 1987、1991	城市商业财产税(税率)	两期面板	SIV	四个不同地理距离指标界定相邻(0—1)	混合结果,依赖于模型和权重矩阵	部分证据支持横向税收竞争
Buettner (2001)	德国巴登-符腾堡州的地方辖区 1980—1996	地方商业税(征收率)	混合	SIV	30千米之内的地理距离权重	0.05	横向税收竞争
Brueckner and Saavedra (2001)	美国波士顿地区的70个城市 1980、1990	居民和商业财产税的平均税率;商业财产税率	截面	SL	地理相邻 地理距离 地理相邻+人口权重 地理距离+人口权重	依赖于年份和权重平均税率:(1980) 0.16~0.70;(1990) −0.60~0.20 商业税率:(1990) 0.23~0.37	横向税收竞争
Revelli (2001)	英格兰非大主教教区的教区 1983—1990	财产税(税率)	面板	SIV	地理相邻	0.4~0.5	暗含标尺竞争的理论逻辑
Revelli (2002)	英格兰非大主教教区的教区 1990	财产税(税率)	截面	SL SIV	地理相邻	0.3~0.6	未明确

续表

文献(国外)	辖区和时间	税种	数据结构	估计方法	权重	互动效应	理论假说
Schaltegger and Küttel (2002)	瑞士(州) 1980—1998	州总税收(人均)	混合	SIV	地理相邻 人口权重 收入权重	0.2	标尺竞争
Hernández-Murillo (2003)	美国(州) 1977—1999	资本所得的平均税率	混合	SIV	地理相邻 经济地区分类 地理相邻＋人口 地理距离 其他经济社会指标距离	0.4~0.6	横向税收竞争
Bordignon et al. (2003)	意大利伦巴第大区的城市 2000	地方财产税(税率)	截面	SL	地理相邻	0.3	标尺竞争
Solé-Ollé (2003)	西班牙巴塞罗那周围的城市 1992—1999	财产税、地方商业税和地方汽车税(税率)	面板	SIV	20千米之内界定为相邻 人口规模差(规模权重) 财政压力差(经济权重) 左右翼政党集合(政治权重) 上述权重的组合权重	财产税：0.39 汽车税：0.33 商业税：非显著效应	标尺竞争
Rork (2003)	美国(州) 1967—1996	香烟税、汽油税、个人所得税、销售税和公司所得税(税率)	面板	SIV	地理相邻 地理相邻＋人口权重	流动税基(汽油税、香烟税、公司所得税)：0.16~0.64 非流动税基(个人所得税、一般销售税)：－0.1~－0.2	横向税收竞争
Frederiksson et al. (2004)	美国(州) 1977—1994	税收能力的利用	面板	SIV	地理相邻 地理相邻＋人均收入权重 地理相邻＋人口权重	混合结果，依赖于具体设定	横向税收竞争
Allers and Elhorst (2005)	荷兰(城市) 2002	财产税	截面	SL	地理相邻 大辖区集合	0.35	标尺竞争
Feld and Reulier (2009)	瑞士(州) 1984—1999	个人所得税	面板	SIV	地理相邻	0.42~1.07	横向税收竞争

续表

文献(国外)	辖区和时间	税种	数据结构	估计方法	权重	互动效应	理论假说
Chirinko and Wilson(2011)	美国(州) 1965—2006	投资税收抵免率和公司所得税率	面板	SIV	地理距离	负数——税收竞争是"骑跷跷板",而非"逐底竞争"	横向税收竞争
Lyytikäinen (2012)	芬兰(城市) 1993—2004	财产税率	面板	SIV	地理相邻 地理相邻+人口权重	相邻城市之间没有策略互动	横向税收竞争
Hayashi and Boadway (2001)	加拿大联邦政府和省级政府(安大略省、魁北克省和其他八个省的总和) 1963—1996	商业所得税	时间序列	VAR	直接把其他省的税收变量加入回归中	显著的纵向和横向税收互动;省级税率对联邦税率为负反应,至少部分省的横向税收互动斜率为正	纵向和横向税收竞争
Leprince and Madiès(2007)	法国(大区和省) 1995	商业税收	截面	SL SIV	地理相邻	05~0.7 纵向竞争不显著,且对横向影响不大	纵向和横向税收竞争
Devereux et al. (2007)	美国(州) 1977—1997	香烟和汽油的消费税	面板混合	SIV	均匀权重(所有其他辖区权重相同) GDP权重 开放度权重(内外FDI/GDP)	香烟消费税:横向0.7,纵向不显著 汽油消费税:横向不显著,纵向为正	纵向和横向税收竞争
Charlot and Paty (2010)	法国(城市) 2002	地方商业税率	截面	SL SIV	地理距离	0.73~0.87 集聚力没有增加税收竞争强度,纵向为正	纵向和横向税收竞争
国际层次							
Devereux et al. (2008)	OECD中21个国家 1982—1999	公司税	面板	SIV	均匀权重(所有其他辖区权重相同) GDP权重 开放度权重(内外FDI/GDP)	0.34~0.67	横向税收竞争
Heinemann et al. (2008)	32个欧洲国家 1980—2007	公司税率	面板	Probit FE Logit LPM	地理距离+人口权重	1.5~3.2	横向税收竞争
Duncan and Gerrish (2013)	51个国家(非完全OECD国家) 1982—2005	个人所得税(平均和边际税率)	面板	SIV	地理距离+人口权重	平均税率:0.39~0.71 边际税率:0.24~0.66	未确定

附表 | 政府间税收策略互动的主要实证文献信息

续表

文献(国内)	辖区和时间	税种	数据结构	估计方法	权重	互动效应	理论假说
沈坤荣和付文林(2006)	中国(省)1992、2003	预算内宏观税负;预算外收入占GDP比重	截面	似然不相关回归	GDP权重地理距离地理距离+GDP权重	依赖于不同权重预算内宏观税负:(1992)-2.45~-23.41;(2003)-1.91~-18.85预算外负担:(1992)-15.83~0.29;(2003)-0.52~-15.15	横向税收竞争
李永友和沈坤荣(2008)	中国(省)1995、2005	外资企业所得税的实际税率	截面	SL	区位因素板块因素边界因素经济发展程度因素	依赖于不同权重:(1995):0.05~2.21(2005):0.03~1.46	横向税收竞争
王守坤和任保平(2008)	中国(省)1978—2006	地方财政一般预算收入占其GDP的比重	面板	SIV	GDP权重地理距离地理距离+GDP权重	依赖于不同权重:1.11~2.03省级政府间争夺流动性税基的税收竞争效应显著,"自上而下的标尺竞争"效应没有得到证实	横向税收竞争标尺竞争
郭杰和李涛(2009)	中国(省)1999—2005	增值税、营业税、企业所得税、个人所得税及其他税费	面板	SIV	地理距离	增值税:3.62营业税:-0.52企业所得税:1.26个人所得税:-1.38	横向税收竞争
龙小宁等(2014)	中国(县)2000—2006	企业所得税率和营业税税率	面板	SL	地理相邻	企业所得税:0.09营业税:0.05	暗含横向税收竞争的理论逻辑

10

自由裁量权与征纳合谋*

本研究概要: 在不完善的税收征管体制下,具备自由裁量权的税收征管人员可能会通过接受贿赂的方式来纵容企业的逃税,征纳双方之间的合谋行为事实上是引发税收收入流失的重要原因。基于2010—2014年中国上市公司的微观层面数据,我们从经验上考察了征纳合谋对于企业所得税逃税的影响。以企业的业务招待费支出作为其贿赂支出的代理变量,研究发现,企业的业务招待费支出占比越高,其逃税程度也越高。同时,由于合谋的动机是为了逃税,业务招待费支出对于企业逃税的提升作用主要存在于逃税意愿较强的私营企业以及名义税率较高的企业,而在逃税动机较弱的国有企业和高新技术企业中则不明显。最后,由于反腐败力度的提升增加了征纳合谋双方的成本,降低了合谋的意愿,研究发现2013年中央八项规定实施之后,业务招待费支出对于企业逃税的影响显著下降。本研究对于税收征管体制的改革具有重要的政策意义。

一、引言

财政是国家治理的基础和重要支柱,而作为财政的核心组成部分,税收为财政发挥国家治理的职能提供了重要的财力保障。北宋著名政治家苏辙曾说过:"财者,为国之命而万世之本。国之所以存亡,事之所以成败,常必由之。"从某种角度

---

* 本研究主要内容参见:田彬彬,范子英.征纳合谋、寻租与企业逃税[J].经济研究,2018(5):118-131。

而言，一国的税收组织能力也是其国家能力的重要体现，反映了政府从社会中获得财政资源的渗透能力，是其他所有国家能力的基础（王绍光，2002）。因此，保障税收收入和其他财政资源及时而全面的征管对国家有不言而喻的重要性。遗憾的是，在现实生活中，尽管税收征管手段和技术不断地完善，各种形式的逃税行为仍然广泛存在。在国外，根据美国审计委员会的报告，非法的逃税行为每年导致美国联邦预算损失上千亿美元的收入。根据 Mathiason(2008)的测算，在世界上最穷的国家中，每年由于逃税所带来的税收收入损失接近 9 000 亿美元。尽管尚无有关中国逃税规模的权威测算，但某些局部的证据仍能说明我国大规模逃税的存在，如审计署 2014 年针对 60 家医药企业的审计表明，以虚开增值税发票、违规税前扣除等形式存在的偷逃税金额达到 60 多亿元。①

理论上，从税收征管的角度而言，通过提高对税收逃避的处罚力度以及稽查力度能够有效提高逃税的成本，从而抑制逃税行为的发生（Allingham and Sandmo，1972）。但事实上，上述征管手段的成功实践在很大程度上还依赖于一支诚实且廉洁的税收执法队伍，特别是在一国的税收征管程序不能相互独立且征管人员之间不能相互制衡的情况下（Alm et al.，2016），其背后的逻辑在于，落后或不完善的税收体制通常会赋予税收执法人员较大的执法权力，在信息不对称或者监督缺位的情况下，追求私利的税收执法人员会选择隐匿在正常的税收制度背后，通过接受贿赂的方式来放松对企业的监管，进而纵容企业的逃税行为。在上述情形下，征管人员与企业之间事实上构成了一种合谋关系（Collusion），其结果是以合谋双方的获利造成国家税收收入的损失（Khan et al.，2016）。

大量文献从不同角度探讨了影响企业逃税的因素，如法定的税率水平、市场竞争压力、宏观的金融体系以及企业内部的治理环境等（Desai et al.，2007；Cai and Liu，2009），但由于没有将税收执法人员的激励相容问题纳入分析框架，一直以来，由征纳双方的合谋行为导致的企业逃税现象较少受到学界的关注。事实上，在广大发展中国家中，税收征管体系不健全，尤其是缺乏第三方收入报告制度，征纳合谋实际上已成为导致企业逃税的最重要原因之一。② 在为数不多的理论研究中，征纳合谋被认为降低了针对逃税的有效惩罚力度（Effective Penalty），从而增加了逃

---

① 详见审计署 2014 年度第 2 号公告。
② 例如在泰国，研究表明，如果消除税收征管中的腐败行为，泰国的税收收入可以提高近 50%（Haque and Sahay，1996）；也门也存在同样的情况，通过向税务人员直接支付 20%～40%税款作为贿赂，纳税人可以实现少缴纳 50%税款的目的（Rahman，2009）。

税的规模(Chu,1990)。不过,由于缺乏对于征纳合谋的合理度量,目前仍鲜有文献从经验角度提供征纳合谋影响企业逃税的证据。

基于中国的制度背景和上市公司的微观数据,本研究尝试推进有关征纳合谋影响企业逃税的实证研究,以弥补现有文献的不足。与大多数发展中国家一样,中国的税收征管体制同样存在巨大的征纳互动空间,无论是早期的税收专管员制度还是后期的税收管理员制度,基层税收执法人员在有关企业的涉税事项上拥有极大的税收执法权和自由裁量空间,这在企业所得税中尤其突出,例如企业所得税中的费用扣除以及资产损失的认定过程中,税收征管人员的个人判断将直接决定企业税负的高低,其结果是征纳合谋在税收征管领域的广泛发生,突出体现为税收征管系统高发的腐败案件。据统计,在1992—2011年,我国税务人员累计被举报的次数达到124 870人次,立案21 393件。[①] 在现实中,征纳合谋通常表现为纳税人通过贿赂税务征管人员的方式实现逃税,因此有效度量企业层面的寻租性贿赂将是实证研究顺利开展的前提。在这方面,本研究将借鉴 Cai 等(2011)的做法,采用企业层面的业务招待费支出(Entertainment Costs,EC)作为企业贿赂性支出的度量指标。在中国的会计准则中,业务招待费支出所包括的名目非常广泛,如旅游、差旅、餐饮以及为客户购买相应的礼品等招待性支出。在实践中,除了包含企业生产经营过程中合理支出的费用外,由于难以调查取证和对资金支出进行定性,业务招待费科目还被企业广泛用来隐匿其贿赂政府官员、维持政商关系以及公关客户和供应商等的相应支出。[②]

Cai 等(2011)利用世界银行企业层面的调查数据发现,更多的业务招待费支出让企业获得了更好的政府服务。黄玖立和李坤望(2013)的研究表明,企业的招待费支出被用作不正当的竞争手段,增加了企业来自政府和国有企业的订单。沿用上述做法,在税收征纳合谋的背景下,本研究用业务招待费支出作为企业贿赂税收征管人员的代理变量,进而考察这一支出对于企业逃税的影响。基于2010—2014年中国上市公司的微观企业数据,我们发现,业务招待费支出与企业所得税逃税程度之间呈现严格的正向关系,在排除了招待费支出作为税前扣除项的避税功能外,企业业务招待费的支出比例越高,其所得税逃税程度也越高。进一步地,上述结论在地区腐败水平和企业政治关联强度两个维度存在异质性,地区腐败水平越高,征

---

① 数据来源于《中国税务年鉴 2014》。
② 过去频繁曝出的天价招待费事件以及背后牵出的腐败违法案件就是典型的案例,详见《湖南日报》2013 年 8 月 7 日文章"关注'业务招待费'里的腐败"。

纳合谋也更容易发生,我们发现业务招待费支出对于企业所得税逃税的提升更加明显。与此相反,企业的政治关联度会对征纳合谋形成替代作用,从而弱化业务招待费支出与逃税程度之间的关系。此外,合谋的动机是为了逃避税。研究发现,业务招待费支出对于企业逃税的提升作用主要存在于逃税意愿较强的私营企业以及名义税率较高的企业,而在逃税动机较弱的中央企业和国有企业以及享受优惠税率的企业中则不显著。最后,合谋成本的提升大大减少了征纳合谋发生的可能,原因在于反腐败力度的提升压缩了征纳合谋的空间,提高了合谋的成本,这也解释了为何在2013年中央八项规定实行之后,业务招待费支出与企业逃税程度之间的关系大大弱化了。

本研究还在以下几个方面拓展了现有文献：一方面,已有研究发现,腐败与税收收入的筹集存在密切的关系,在腐败水平越高的国家,单位GDP所对应征集的税收收入越少(Alm et al.,2016),而本研究则进一步明确了腐败影响税收收入的作用机制,那就是腐败程度更高的国家,税收征管中征纳合谋也越严重,由此带来的广泛逃税降低了单位GDP所对应的税收收入。另一方面,大量文献探讨了企业贿赂支出对于企业成长的影响,并形成了不同的观点,如认为贿赂性支出增加了企业运行的成本,影响了企业生产率的提升,是阻碍企业成长的"沙子"(Claessens and Laeven,2003;Smarzynska and Wei,2000;Fisman and Svensson,2007),也有认为企业通过向官员行贿来保护自身财产不受损失,可以避免受到政府不公平政策对于自身的影响,贿赂支出发挥了"保护费"功能(Acemoglu and Johnson,2003;Lavy,2007),更有认为贿赂支出有助于企业获得稀缺资源,如贷款、土地和行业垄断地位等,有助于企业竞争力的提升,是提升企业绩效的"润滑剂"(Lui,1985;Beck and Maher,1986;Hellman et al.,2003;Faccio,2006;聂辉华等,2014;李捷瑜和黄宇丰,2010)。本研究则从逃税的角度为腐败支出的"润滑剂"功能提供了新的经验证据。

二、文献回顾与制度背景

(一) 文献回顾

长期以来,经济学文献尝试从不同的角度对企业的逃税行为和逃税动机进行解释。基于犯罪理论模型,Allingham和Sandmo(1972)较早提出了解释个体逃税的理论框架,也被称为A-S模型。在该模型框架中,具有风险厌恶特征并追求预期效用最大化的理性纳税人将在逃税与否之间进行选择,个人收入、法定税率、被查获概率和罚款比例是影响纳税人逃税的四个最主要的因素。其中,个人收入和法定税率对个人逃税的影响是不确定的,而被查获概率和罚款比例的提高则会显著降低纳税人来自逃税的收益,减少其逃税行为。事实上,如果不存在委托代理问题,则企业逃税决策与个人逃税决策将基本一致,因此,A-S模型通常也被作为研究企业逃税的起点。

以 A-S 模型为基础,后续的研究朝着两个不同的方向进行发展。一支文献是不断丰富和扩展 A-S 模型,以图增强其解释能力。例如,为了更好地分析公司治理结构对于企业逃税的影响,委托代理结构也被纳入了模型。Slemrod(2007)认为,虽然大多数决定个人逃税的因素同样适用于所有权和经营权分离的企业逃税,但是两者有一个根本的差异,企业由于所有权和经营权的分离会产生委托-代理问题,因而此时企业逃税的发生有利于经理人,但不一定有利于股东。Desai(2007)则进一步认为,由于逃税所产生的收入很容易对企业的所有者进行隐瞒和谎报,因而也很容易被企业经营者私自占有,企业的内部治理水平高低就会对经营者的逃税决策产生重要影响,治理水平越低的企业将会鼓励经营者更多地进行逃税。此外,更多经济和制度层面的因素也被纳入对企业逃税的解释中,如市场竞争压力越大的行业,企业的经营压力也越大,逃税倾向也更明显(Cai and Liu,2009);政府规模过大或治理水平较低的地区,企业逃税也更严重(马光荣和李力行,2012);而在税权集中于中央政府的国家中,税收竞争的存在还会降低地方政府的税收执法力度,同样导致逃税的增加(范子英和田彬彬,2013)。新近的一些研究则将企业逃税的解释拓展到了文化和心理学的领域,主要包括社会的税收道德水平(Torgler,2007)、企业经营者母国的腐败程度(DeBacker and Heim,2015)以及纳税人做决策时承受的纳税心理压力等(Dulleck and Fooken,2016)。

与上述研究相对应,另一支文献则基于对 A-S 模型的批判来提出对于逃税的解释。例如 Yitzhaki(1974)认为 A-S 模型中以少申报的收入作为处罚的依据不符合现实情况,很多国家税法是以逃税的额度作为处罚依据的。同样的改进还出现在稽查概率(Witte and Woodbury,1985;Spicer,1982)和偷逃税成本(Benjamin and Maital,1985)等几个方面。需要指出的是,在 A-S 模型中,纳税人的逃税行为会以一定的概率被稽查,并且一个隐含的假设是,逃税行为一经检查就会完全被发现。但事实上,在很多发展中国家,税收征管的手段和技术并不能完全保证税收稽查的成功率,并且更为重要的是,官员监督体系的不完善还会导致征纳双方的合谋行为,即税收征管人员通过接受贿赂的方式来放纵纳税人的逃税行为(Chu,1990;Chander,1992;Georke,2008)。在这种情况下,税率的提升并不会带来税收收入的增加,其中除了拉弗曲线的效应外,还因为较高的税率增加了征纳双方合谋的空间,纳税人更愿意通过贿赂税务执法人员的方式来达到逃避缴纳税收的目的(Chander and Wilde,1992;Sanyal et al.,2000)。Georke(2008)认为,在信息不对称的情况下,特别是税收征管人员很容易隐瞒自身信息的制度环境下,接受纳税人的贿赂,与纳税人形成共谋关系将是税收征管人员的"理性"选择。

事实上,如果存在第三方的收入报告制度,那么征纳双方的合谋也将得到极大的压缩,进而减少企业逃税。在丹麦一项田野实验中,Kleven 等(2011)发现,相比于自行报告收入的纳税人,由第三方进行收入报告的纳税人明显存在较少的逃税行为。不过,在很多发展中国家,由于缺少第三方的收入报告制度,特别是税务执法中存在较多的人为决定情况,纳税人为减少应缴税收,会通过主动贿赂的方式与税务执法人员合谋的情况仍比较普遍(Khan et al.,2016)。在早前的研究中,Hindriks(1999)通过总结各国的税法,提出了税务人员执法腐败常见的三种途径,分别为:对企业法定扣除的操纵、对企业税收优惠资格认定的操纵以及对税收征管程序的操纵。上述执法腐败也往往以征纳合谋的形式存在,并导致大量个人和企业逃税。不过,到目前为止,并没有严格实证研究来检验征纳合谋对于企业逃税的影响,除了微观数据的缺乏,如何对合谋和企业层面贿赂进行有效的度量也是微观实证研究的主要障碍。

(二) 中国的税收征管制度:从"税收专管员"到"税收管理员"

一个完善的税制离不开有效的税收征管体系。在给定税基的情况下,高效率的税收征管意味着税款能够实现"应收尽收",国家实际征收的税收收入能够无限接近于潜在的税收收入。反之,在低效率的税收征管下,纳税人偷逃税款的行为普遍发生,实际税收与潜在税收的差距不断拉大。理论上,税收征管效率的高低主要受到税务机关征管能力和税收努力两个因素的影响(吕冰洋,2011),前者主要受到征管技术的制约和限制,后者则是一国的税收征管体制所要解决的激励问题。

中国的税收征管体制也存在所谓的"一收就死,一放就乱"的问题。从新中国成立到 20 世纪 80 年代初期,中国的税收征管实行专责管理制度,即税收专管员制度。与当时的计划经济体制相适应,专管员征管模式的核心特点是,在区分行业和所有制的情况下,征管人员负责范围内所有企业所有税种的征管。在职能上,征收、管理与稽查三者并不分离,入户的税收专员承担了从税务登记、纳税鉴定到纳税申报、税款征收以及税收稽查等各环节的工作,造就了当时"一员进厂、各税统管、征管查合一"的税收征管局面(邓文勇,2008)。

在计划经济体制下,当企业的经营活动完全受到国家计划部门的管理,企业自身缺乏明显的利益动机时,征管模式的差异并不会影响税收征管的效率,因为税收作为重要的经济活动调节工具此时毫无作为。但随着改革开放的推进,特别是私营企业和外资企业的逐步扩张与发展,集权式的税收专管员制度也随之暴露出了重大的缺陷,那就是专管员的执法自由裁量权过大,税收征管各环节之间缺乏有效的制衡与监督,尤其是专管员与企业长时间固定对应的情况下。其后果是税收征管腐败的产生,征管人员和纳税企业之间合谋逃避税款,诸如"关系税"和"人情税"之类的现象屡见不鲜(张建湘和黄国南,1994)。

为了最大限度地降低专管员制度产生的税收腐败风险,在20世纪80年代中期,全国税务系统对延续多年的税收专管员制度进行了有限的改良,先后在全国范围内推行了专管员的异地交流和岗位轮换制度,对专管员定期进行全部或部分的调换,以此削弱其与纳税人合谋的基础,压缩税收腐败的空间。这一制度改进在早期收到了较好的效果,不过,可想而知,在整个征管流程不能做到有效分离的前提下,制度上的税收寻租空间仍然巨大。尤其是我国在1982年之后对税制进行了大规模的调整,建立起包括30多个税种的复合型税制,这无疑在一定程度上又扩张了专管员的权力边界,进一步加剧了征纳合谋的产生。

1989年12月,国税局发布《关于全国税收征管改革的意见》,从根本上对税收专管员制度进行了改革,其核心是强调征收、管理与税收稽查三者之间的分离,形成各环节之间的相互制衡机制。不过,由于没有明确的将"管户"职责从税收征管责任中移除,加上税务机关对预期的估计不足,征收、管理与税收稽查的分离造成了税收机构人员的严重不足,并进而影响到正常的税款征缴。在此基础上,1997年,国家税务总局发布《关于深化税收征管改革的方案》,提出建立纳税人自行申报制度,将基层税务人员的"管户"职责剥离开来,专注于"管事",并通过建立以计算机网络为依托的税源监控体系和社会中介组织税务代理体系来填补"管户"职责退出后的税源监控缺失。"管户"责任的剥离客观上减少了税收征管人员与纳税企业的接触,有利于减少税收腐败。但是,在信息沟通仍然不太发达和完善的年代,上述改革实际上高估了信息管税的能力,其结果是税务机关失去了对税源的整体把控,纳税人的税收违法行为得不到及时查处,并进而引发了税收征管与稽查之间的脱节。在专管员制度已经取消的情况下,上述新的改革所引发的问题使得税收征管工作陷入了一个尴尬境地。

为了打破征管的困局,结束"一放就乱"的局面,2005年,国家税务总局发布《税收管理员制度(试行)》,尝试在现有征管体制的基础上重新引入专管员的管户职责,以此实现征管过程中"管事"与"管户"的有机结合,增强征管机构对于税源的掌控能力。尽管为了避免再次出现征纳合谋和税收腐败的局面,作为与税收专管员的区别,在制度设计上,将"征"与"查"两项职能剥离,税收管理员被规定不允许直接从事税款的征收、稽查与违法处罚等职能,但制度上的寻租空间仍然广泛存在,税收管理员被赋予了过多的管理权限,例如除了正常的政策法规宣传、对纳税人进行纳税评估、对税款进行催报催缴以外,管理员还需要掌握纳税企业生产经营与财务核算的基本情况,以及是否具备税收减免的条件资格等对企业影响重大的信息。

此外,由于纳税企业数量增长迅速,制度设计中原本包含的税收管理员轮换制度也没有得到有效的实行,仍然出现了管理员与纳税企业长期一一对应的局面。如此一来,原本税收管理员并不负责税款的征收,但在固定管户的情况下,企业的税款多少实际上仍然由税收管理员决定(王长勇,2012)。李林军[①](2012)认为,在企业数量迅速增加,尤其是集团企业业务增加的背景下,基层税收管理员属地划片和固定管户的模式不仅带来了较低的征管效率[②],还因为税收管理员较大的执法自由裁量权,容易产生执法风险和廉政风险。对此,2012—2013年,国家税务总局还专门出台《关于规范税务行政裁量权工作的指导意见》以及《关于加强纳税人权益保护工作的若干意见》等规范性文件,以增强基层税收管理员的纳税服务意识,解决税务行政处罚裁量权过大所引发的社会争议问题。同时,部分省份和地区也尝试取消税收管理员制度,通过加强第三方涉税信息的共享来增强税源的掌握。[③] 但事实上,对大部分企业来说,税务局仍然是最不愿得罪的政府部门,而税收管理员则是最需要精心维护关系的税收局官员(王长勇,2012)。

---

① 时任国家税务总局征管和科技发展司司长。
② 征管效率降低主要体现在人均管户数量的急剧增加,根据《中国税务年鉴》的数据统计,2012年全国税收管理员的平均管户数量已达到100户以上,部分沿海地区甚至达到人均管户1 000户以上。
③ 以江苏为代表的部分省份自2014年7月起逐步取消了税收管理员制度,而是通过信息管税的方式代替专人盯户的模式,但这一改革尚未在全国层面铺开,在大部分地区,税收管理员制度仍然是现实的存在。详见《人民日报》2017年9月18日第10版报道"江苏税收管理员去哪了"。

三、研究设计

(一) 逃税的测度

根据《国际税收词典》的定义,逃税是指以非法的手段逃避税收负担,即纳税人所缴纳的税收少于按照税法规定所应缴纳的税收;而我们这里所指的企业逃税则要包含更广,主要指企业各种方式逃脱自身所应缴纳的税收,包括非法的跟合法的。主要的原因在于,尽管从法律层面上讲,企业逃税和避税之间的界限非常的明显,即逃税是非法的,而避税则是合法的。[①] 但在很多场合下,法律本身往往是不明晰的,存在很多的漏洞,不可能对所有可能的税收处理情形做出明确的规定,或者即使法律是清晰的,执法机关和纳税人也不是完全了解法律,这导致在现实中,逃税和避税往往是模糊不清的(Slemrod and Yitzhaki,2002)。从效果上看,逃税和避税都会导致政府财政收入的损失,并且在微观上都起到了减轻企业税负的目的。基于此,很多学者通常不对逃税和避税做出严格区分(Cross and Shaw,1982)。

在现实中,由于流转税通常具有税负转嫁的性质,因此大部分关于逃税的研究都聚焦于企业所得税的逃税。围绕企业所得税逃税的间接度量,文献中发展出两种主流的方法:实际税率法(Effective Tax Rate,ETR)和账面-应税收入法(Book-Tax Difference)。其中,实际税率是企业的税收支出除以税前收入,企业逃税越多会导致实际税率越低,该方法在逃税的相关文献上有非常广泛的应用(Dyreng et al.,2008)。不过,实际税率法存在比较明显的缺点,那就是当企业通过同时操纵税前收入和税前利润的方式来逃避税收时,企业的税收支出和税前利润会等比例变化,此时实际税率并不能有效反映企业的逃税行为。基于此,文献上逐步转向采用账面-应税收入法来衡量企业的逃避税。与实际税率法不同,账面-应税收入法聚焦于账面收入和应税收入的系统性差异,其基本逻辑为:企业经营者会向两个不同的机构进行汇报,其中面向企业股东的是账面收入,面向纳税机构的则是应税收入,企业的管理层有激励向前者报告真实的业绩、向后者隐瞒收入,因而除了正常的税收会计制度差异外,账面收入和应税收入的差异就一定程度上反映了企业逃避税的程度(Thomas,1998;Manzon and Plesko,2001;Desai,2005;Desai and

---

① Kay(1980)提供了另外一种关于逃税和避税的定义:逃税是通过隐瞒或者误报的方式来改变已有交易的性质,而避税则是在不改变交易性质的前提下,通过合理的安排改变某项交易所对应的税收处理。

Dharmapala,2006)。

沿用已有文献的做法,我们同样采用账面-应税收入法来度量企业逃税,具体做法如下:首先,我们计算出企业的账面会计利润和应税收益的差额,并以企业的总资产进行标准化。

$$G = (Y^B - Y^T)/A \tag{10-1}$$

式中,Y^B 表示企业的账面会计利润,Y^T 表示应税收益,A 表示企业的总资产。一般而言,我们通常无法直接获得企业的应税收益 Y^T,而需要通过企业的所得税费用来间接进行计算:

$$Y^T = CFTE/\pi \tag{10-2}$$

式中,$CFTE$ 表示企业的所得税费用,而 π 则是企业所适用的所得税税率。

正常情况下,G 包括三个方面:税法和会计体制的差异;企业正常的盈余管理行为;企业出于逃(避)税动机的会计操纵。其中,企业正常的盈余管理行为可以通过企业财务报表中的各种应计项目进行反映,如企业的正常折旧、应收账款等。因此,为了更准确地得到企业逃(避)税行为的衡量,需要通过回归的方式将各种应计项目对于账面-应税收益差异的影响剔除,具体如下:

$$G_{it} = \alpha + \beta TA_{it} + \omega_{it} \tag{10-3}$$

式中,TA_{it} 表示企业的各种应计项目之和除以总资产。ω_{it} 表示不能被企业应计项目解释的账面-应税收益差异,我们将它作为企业逃(避)税行为变化的度量变量。理由在于,尽管 ω_{it} 中包含了税法与会计的制度性差异,但在一国的税制体制和会计准则保持稳定的情况下,上述差异是固定不变的,因此 ω_{it} 的变化就完全反映了企业出于逃税动机的会计操纵。图 10-1 展示了我们的测算结果,可以看出,在样本期限内,整体的逃税水平随时间略有上升,保持较为稳定的变化趋势。同时,所有制的差异非常明显,私营企业整体的逃税水平要远高于国有企业,这也符合已有的研究结论(范子英和田彬彬,2013)。当然,需要说明的是,不同的文献关于企业应计项目的范围存在一定的争议,本研究以 Desai 和 Dharmapala(2006)等的做法作为基准度量,并会在稳健性检验中考虑其他的度量方式。

(二) 数据与变量

本研究以中国沪深两市的所有上市公司为研究对象,基本数据来源于同花顺数据库,核心变量为企业的业务招待费支出,根据数据库中数据的可获得程度,我

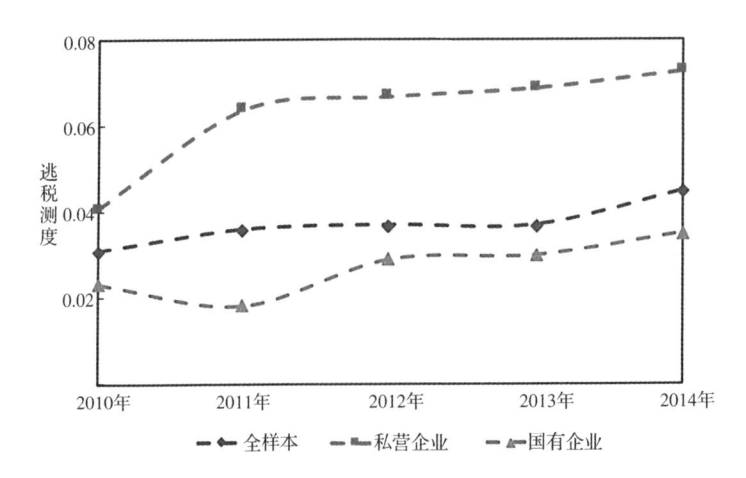

图 10-1　基于账面-应税收益差异的企业所得税逃税测度

们将样本年限定为 2010—2014 年。① 根据研究需要,我们对上市公司做了相应的处理,首先,尽管在 2008 年后我国统一了内外资企业的所得税率,但这一政策是逐步推行的,部分外资企业在 2008 年之后仍然享受税率的优惠,因此,为了避免税率的差异影响研究结论,我们剔除了上市公司中中外合资企业的样本。其次,为了防止异常值对回归结果的干扰,我们还对测算出的企业逃税变量进行了前后各 1% 的截尾处理,以及剔除了在所有制类型中标明为政府投资平台的上市公司,在此基础上的样本观测值共有 13 178 个。不过,由于企业的业务招待费支出数据并不是年报中必须披露的数据,存在部分的缺失值和异常值,因此主回归中实际使用的观测值数量最后为 8 855 个。

此外,我们还用到了两类数据,分别是上市公司的政治关联强度和省级层面的腐败水平数据。前者数据来源于国泰安数据库(CSMAR)中的"中国上市公司人物特征研究数据库",并参考罗党论和魏翥(2012)的赋值方法计算出上市公司的政治关联强度。与以往研究中采用纪检监察机关职务犯罪立案数来度量地区腐败水平的做法不同,我们参考杨其静和蔡正喆(2015)的做法,采用各省纪检监察机关的信访举报数来度量地区的腐败水平,相关的数据来自各省级年鉴和地方志的整理汇总。

这里需要说明的是,在本研究范围内,我国的税法保持了稳定,内资企业的所

---

① 由于业务招待费支出并非上市公司年报中必须报告的内容,因此,在 2010 年前,数据的缺失值比较多,仅有少量的企业报告这一数值;而在 2014 年后,由于部分企业的"天价招待费"事件受到了空前的关注,并遭受了较大的质疑,因而大量上市公司在随后的年份中逐步取消了对业务招待费支出的报告。

得税税率稳定在 33%。同时,税法中有关企业业务招待费的扣除原则也没有出现变化,在 2008 年之前,业务招待费实行比例扣除原则,而在 2008 年《企业所得税法》实施之后则采取按比例和发生额的双重扣除原则①,样本时间范围排除了税法规则调整对于企业逃税的影响。

(三) 模型的设定

基于式(10-1)至式(10-3)对于企业逃税的准确度量,本研究将采用如下计量模型进行回归:

$$Evasion_{it} = \beta_0 + \beta 1 EC_{it} + \beta 2 X_{it} + \gamma_i + \varphi_t + \mu_{it} \quad (10\text{-}4)$$

式中,下标 i 表示企业,t 表示年份。γ_i 和 φ_t 分别表示企业和时间层面的固定效应,μ_{it} 为随机扰动项。$Evasion_{it}$ 表示企业的逃税程度,其具体数值由模型(10-3)回归后的残差 ω_{it} 表示。从原理上讲,由于残差项总体均值为 0,因此 $Evasion_{it}$ 并不表示企业的绝对逃税程度,但能够从个体和时间两个维度反映企业逃税的变化,这对本研究来说已经足够。EC_{it} 是核心解释变量,用以反映企业的寻租性贿赂支出,其具体表示为企业的业务招待费支出占营业收入的比例。企业的寻租性贿赂支出在一定程度上反映了征纳双方的合谋程度,贿赂支出越多,企业逃税也会越严重,因此我们预期 β_1 的系数显著为正。X_{it} 表示其他的控制变量,包括公司金融领域常用的变量,如企业规模、盈利能力、资本密集度、存货密集度以及企业的财务杠杆水平等。其中,企业规模对于企业逃税的影响是不确定的,一方面,规模越大的企业越容易收到税务部门的稽查,逃税成本越高(Zimmerman,1983;Slemrod,2007);但另一方面,大企业在逃避税决策方面也会拥有更多的选择(Philips and Rego,2003)。因此两者之间的关系尚无明显定论,我们采用企业总资产的对数值代理企业规模。盈利能力与逃税的关系也是如此,盈利能力越强的企业逃避税动机更强烈,但同时也会引发税务稽查部门更多的关注,我们用企业税前利润占总资产的比值来表示企业的盈利能力。此外,利息具有抵税的功能,因此企业的财务杠杆水平还会影响逃避税决策,我们采用企业年末负债与总资产的比值作为企业财务杠杆的代理变量(Stickney and McGee,1982;Porcano,1986)。最后,资本密集度和存货密集度也是两个影响企业逃税的重要因素(Gupta and Newberry,1997;Derashid and Zhang,

---

① 具体而言,在旧的《企业所得税法》规定下,业务招待费支出实行比例扣除原则,企业按照全年销售收入的规模分为 3‰ 和 5‰ 两档扣除标准;而在 2008 年 1 月 1 日新的《企业所得税法》实施之后,业务招待费的税前扣除标准发生了变化,统一按发生额的 60% 进行扣除,但最高扣除额不得超过当年销售收入的 5‰。

2003),我们分别用年末固定资产净值与年末资产总计的比值,以及年末存货余额与年末资产总计的比值来表示资本密集度和存货密集度。表 10-1 给出了主要变量的描述性统计。

表 10-1　　　　　　　　　　　　主要变量的描述性统计

变量名	变量定义	观测值	均值	标准误	最小值	最大值
$Evasion$	账面-应税收益回归残差	13 178	0.037 8	0.193 3	−0.995 8	0.903
EC	业务招待费支出/营业收入	8 855	0.004 1	0.016 8	7.65E−06	0.805 5
$Size$	资产总计自然对数	13 178	12.540 4	1.501 7	5.731 3	21.446 4
Roa	税前利润/资产总计	13 178	0.051 9	0.066 2	−0.775 3	0.706 9
$Capital$	固定资产净值/年末资产总计	13 178	0.220 7	0.167 8	8.64E−06	0.970 9
$Inventory$	年末存货余额/资产总计	13 178	0.168	0.153 7	0	0.942 6
Lev	年末负债/资产总计	13 178	43.817 2	22.123 4	0.708	99.812 4
$Dum\text{-}collective$	集体企业虚拟变量	11 662	0.007 7	0.087 5	0	1
$Dum\text{-}private$	私营企业虚拟变量	11 662	0.529 5	0.499 1	0	1
$Dum\text{-}state$	国有企业虚拟变量	11 662	0.268 4	0.443 1	0	1
$Dum\text{-}central$	中央企业虚拟变量	11 662	0.145	0.352 1	0	1

四、 基本回归结果与解释

表 10-2 给出了基于模型(10-4)进行回归的基本结果。在第一列回归中,我们仅加入了反映企业寻租行为的业务招待费支出作为控制变量,而此时 β_1 的系数显著为正,表明企业的贿赂支出促进了征纳双方的合谋,并进而导致企业逃税的增加。在随后的第二列回归中,我们加入了影响企业逃税或实际税负的其他控制变量,此时业务招待费支出的系数仍然显著为正,且系数较之前有所增大,这说明不控制其他控制变量会低估征纳合谋对于企业逃税的影响。此外,国家税务总局在不同年份对税法执行有不同要求,宏观经济冲击也会影响到企业的实际税负,这些都会导致企业在不同年份间的逃(避)税决策发生变化,为了剔除这种影响,我们在第三列回归中加入了时间效应,此时业务招待费支出的系数依然显著为正且变化不大。最后,为了进一步保证回归结果的稳定性,我们在第四列回归中还将标准误

在城市层面进行聚类(Cluster),此时结果仍然保持稳定。上述逐步回归的过程基本证实了本研究的主要观点,即在征纳合谋的背景下,企业的业务招待费支出带来了企业逃税的显著增加。

其他变量方面,企业规模越大,企业的逃税程度也更高,这一结论与 Philips 和 Rego(2003)的研究结论一致,即规模越大的企业,其经营活动也越复杂,因而能够用于逃(避)税的手段以及机会会越多,相关的税收筹划也会更容易成功实施。盈利能力越高的企业逃税程度越低,这可能源于盈利能力较强的上市公司,其受到税收征管部门的关注度也越高,越容易成为"重点税源企业",因而大大压缩了其逃(避)税的空间。其他方面,资本密集度的系数并不显著,而存货密集度的系数与预期的一致,企业的存货密集度越高,相应的逃税程度也越高。最后,财务杠杆的系数显著为负,表明财务杠杆越高的企业逃避税程度越低,按照罗党论和魏翥(2012)的解释,这可能与我国企业的融资约束难题有关,为了获得更多的融资渠道,财务杠杆越高的企业越会约束自身的行为,从而较少进行逃税。

表 10-2　　　　　　　　　　　　　　基本回归结果

变量名	(1)	(2)	(3)	(4)
EC	**0.435***** **(0.122)**	**0.521***** **(0.13)**	**0.52***** **(0.13)**	**0.52***** **(0.075 4)**
$Size$		0.044 2*** (0.004 37)	0.049 2*** (0.005 65)	0.049 2*** (0.010 4)
Roa		−0.082 0** (0.036 6)	−0.095 3** (0.037 4)	−0.095 3 (0.122)
$Capital$		−0.021 0 (0.023 0)	−0.015 5 (0.023 3)	−0.015 5 (0.025 7)
$Inventory$		0.156*** (0.029 8)	0.16*** (0.029 8)	0.16*** (0.057 4)
Lev		−0.001 26*** (0.000 182)	−0.001 28*** (0.000 183)	−0.001 28*** (0.000 324)
年份	N	N	Y	Y
城市聚类	N	N	N	Y
Observations	8 855	8 678	8 678	8 678
R^2	0.002	0.07	0.091	0.125

注:** 和 *** 分别表示 5% 和 1% 的显著性水平,括号内为标准误。

在本研究逻辑中,企业的业务招待费支出是征纳合谋的反映,而企业之所以有动机与税务征管人员进行合谋,其最主要的目的是逃避缴纳税收。因此,一个合乎逻辑的推测是,对于不同逃税动机的企业,其业务招待费支出与企业逃税之间的关系会存在差异。在中国的企业类型中,由于长期以来承受着税法的不公平待遇,以及面临较为恶劣的融资环境,因此相比于国有企业和中央企业等企业类型,私营企业表现出较强的逃(避)税动机,这充分体现在私营企业的名义所得税税率和实际所得税税率之间的巨大差距(Cai et al.,2005;李元旭和宋渊洋,2011)。曹书军等(2009)考察了我国不同所有制的上市公司的实际税负水平,发现在所有的所有制类型中,民营上市公司的实际税率是最低的,其理由是相比于国有企业,民营企业的经营目标更为单一,对利润最大化的追求更为纯粹,因而逃税动机会更强。

事实上,从另外一个角度看,国有企业的逃税动机较低一方面是因为其具有多样化的经营目标,而另一方面则可能是在税收征管中,国有企业相比于民营企业具备更强的话语权,不需要通过主动贿赂的方式来与税务征管人员进行合谋,而是通过合法的游说活动就能获得相应的税收优惠。聂辉华等(2014)认为,在产业管制政策下,国企可以通过合法的方式影响政府相关部门的政策制定,从而使其利益得到制度化的优先保证,而不需要通过非法的寻租行为来获取优惠政策。

在模型(10-4)的基础上,我们进一步将样本企业按照所有制类型分为了四类,分别是私营企业、集体企业、国有企业和中央企业。[①] 表 10-3 给出了基于不同所有制企业的回归结果,与前文分析的一致,业务招待费支出的系数只在私营企业和集体企业中才显著为正,且集体企业的系数显著性水平要小于私营企业,而国有企业和中央企业的系数则在统计上不显著。这些结论进一步表明,企业具备一定的逃税动机是征纳合谋影响企业逃税的基础,逃税动机越强的企业,进行征纳合谋的动机也最强,进而业务招待费支出对逃税的影响也更明显。

表 10-3　　　　　　　　　　所有制企业的回归结果

变量名	私营企业	国有企业	集体企业	中央企业
EC	0.464*** (0.119)	0.894 (0.565)	0.789* (0.436)	0.534 (0.332)
Size	0.049 6*** (0.015 1)	0.006 27 (0.014 7)	0.194*** (0.071 0)	0.004 2 (0.026)

---

① 除此之外,其他类型的企业由于样本量非常少而没有进行考虑。

续表

变量名	私营企业	国有企业	集体企业	中央企业
Roa	0.098 7 (0.168)	−0.079 3 (0.267)	−0.783** (0.367)	0.152 (0.407)
$Capital$	0.001 18 (0.039 2)	−0.023 8 (0.049 9)	−0.184 (0.170)	0.006 3 (0.065)
$Inventory$	0.149* (0.083 4)	0.227*** (0.079 9)	0.072 6 (0.204)	0.137*** (0.054)
Lev	−0.001 59*** (0.000 405)	−0.000 172 (0.000 575)	−0.000 514 (0.001 03)	−2.38E−06 (0.000 6)
年份	Y	Y	Y	Y
城市聚类	Y	Y	Y	Y
Observations	4 160	3 173	309	1 119
R^2	0.084	0.043	0.328	0.141 6

注：*、**和***分别表示10%、5%和1%的显著性水平,括号内为标准误。

进一步地,从企业角度来说,进行征纳合谋的成本是寻租性的业务招待费支出,而收益则是可以减少需要缴纳的税收。同样,站在税收征管人员的角度而言,获得工资薪金之外的贿赂收入是其与纳税人进行合谋的收益,而需要承受的成本则是合谋被发现后的行政和法律处罚。理论上,在收益一定的情况下,合谋成本的上升将会压缩合谋的空间,反映在回归结果中,业务招待费支出对于企业逃税的影响将下降。

我们以中央八项规定实施带来的反腐败力度的外生变化来检验合谋成本的上升对于合谋行为的影响。2012年12月,为了加强对于领导干部行为的约束,减少基层公务中的腐败行为,中央相继出台了八项规定和六项禁令,从多个维度对公务人员的工作作风和行为提出严格的约束。八项规定实施后,中央全面提升了反腐败的力度,这充分体现在被查处的官员数量上。根据中央纪委监察部的数据统计,在八项规定实施后的三年内,共有55 289人受到了相关的处分。[①]

一般而言,反腐败力度的提升会从两个方面增加征纳合谋的成本,一是提高了征纳合谋被发现以及税收征管人员被处罚的概率,二是提高了合谋所需的贿赂性

---

① 相关报道参见中央纪委国家监委网站：http://www.ccdi.gov.cn/xwtt/201512/t20151203_69389.html。

支出规模。无论是前者还是后者,在收益一定的情况下,都将极大地压缩合谋的空间,反映在实证结果上,业务招待费支出对于逃税的影响将被弱化。在表10-3回归的基础上,我们单独以私营企业的样本来验证上述逻辑。回归结果如表10-4所示,在前两列中,我们将样本年限控制下八项规定实施之前的年份,无论是否控制时间固定效应以及对标准误进行城市层面的聚类,业务招待费支出的系数均显著为正。与此相反,在第三和第四列中,当我们将样本年限控制在八项规定实施之后时,业务招待费支出的系数均变得不显著。回归结果有力地证实了前述的逻辑,即合谋成本的提升减少了合谋发生的概率,从而降低了业务招待费支出对于企业逃税的影响。

表 10-4　　　　　　　　　　　合谋的成本

变量名	2010—2012 年	2010—2012 年	2013—2014 年	2013—2014 年
EC	**0.372*** (0.156)	**0.364*** (0.364)	−0.045 9 (0.231)	−0.028 9 (0.22)
$Size$	0.033 9** (0.017)	0.041* (0.022)	0.019 (0.017)	−0.001 7 (0.019)
Roa	−0.148 3 (0.223)	−0.172 3 (0.227)	0.871*** (0.21)	0.88*** (0.208)
$Capital$	−0.103* (0.053)	−0.086 5 (0.058)	0.071 (0.094)	0.053 (0.093)
$Inventory$	0.184 (0.112)	0.182 (0.114)	−0.069 (0.197)	0.058 (0.197)
Lev	−0.001 9*** (0.000 5)	−0.001 8*** (0.000 5)	−0.001 1 (0.000 9)	−0.001*** (0.000 2)
年份	N	Y	N	Y
城市聚类	N	Y	N	Y
样本控制	私营企业	私营企业	私营企业	私营企业
Observations	2 362	2 362	1 798	1 798
R^2	0.161	0.163 5	0.134	0.139

注:*、**和***分别表示10%、5%和1%的显著性水平,括号内为标准误。

五、稳健性检验及拓展性分析

(一) 稳健性检验

本研究的基本回归结论还受到一些干扰因素的影响,我们将通过一系列的稳健性检验来进行逐步排除。首先是招待费支出自身的逃(避)税功能。本研究的核心逻辑是征纳合谋导致了企业逃税的发生,而其主要表现为企业对于税收征管人员的寻租性贿赂。在实践中,由于企业的贿赂性支出通常隐匿在业务招待费支出中,因此我们在实证中采用了企业的招待费支出来作为其寻租性贿赂支出的代理变量。但这样的做法存在一个问题,那就是在中国的税法中,企业的业务招待费支出本身就是税前的可扣除项,这就说明业务招待费支出本身就具备逃(避)税的功能,企业税前的业务招待费开支越多,越能够降低企业的应税收益,而本研究的逃税指标恰好采用的是账面—应税收入的差异。这意味着本研究的基本回归结论可能并不是由于征纳合谋的逻辑所导致的,而仅仅是业务招待费自身的避税功能带来的结果。当然,庆幸的是,在基本回归表 10-4 中的结论事实上已经将这一替代性的假说进行了有力的排除,因为如果基本结论是由招待费自身的避税功能所导致的,那业务招待费支出的系数应该在表 10-4 的第三和第四列中同样显著为正,而不是不显著。

事实上,企业的业务招待费支出并不仅仅出于避税的目的,而是更多地发挥一些额外的功能,如寻租和公关等。按照中国的税法规则,企业的业务招待费实行发生额和营业收入占比的双重扣除原则,即企业税前可以扣除业务招待费是其发生额的 60% 与营业收入 5‰ 之间的较小者。因此,从税负平衡点的角度而言,企业如果想最大限度的利用业务招待费来进行逃(避)税,其业务招待费在营业收入中的最佳占比应该是 8.33‰[①],而在样本企业中,平均的业务招待费占比为 15.8‰,远大于上述最佳比例。

不过,为了更加严格的剔除业务招待费自身的避税功能对结果的影响,我们从以下两个维度进行了重新回归。第一,与基本回归采用当期的业务招待费支出比例作为解释变量不同,我们尝试采用滞后期的业务招待费支出比例作为解释变量。

---

① 假设企业的营业收入为 M,业务招待费支出为 Y,则按照现行税法的规则,当且仅当 $Y \times 60\% = M \times 5‰$ 时,企业的业务招待费可以最大限度地扣除,此时 $Y = (M \times 5‰)/60\% = M \times 8.33‰$。

企业可以做大当期的业务招待费来进行逃(避)税,但仅就自身的避税功能而言,上一期的业务招待费支出对本期的逃(避)税决策不产生任何影响。征纳合谋的逻辑则不同,上一期的贿赂性支出奠定了征纳双方的合谋关系,仍然能够对本期的逃税行为产生影响。从回归结果来看,在表10-5第一列中,滞后期的业务招待费占比系数尽管大小明显下降,但仍然显著为正。第二,我们还尝试从技术上将业务招待费的税前可扣除部分删除,即发生额的60%与营业收入5‰之间的较小者,并观察不可扣除的业务招待费支出比例对于企业逃税的影响。我们用$EC2$表示剔除了可扣除部分之后的业务招待费支出占比,从表10-5第二列中的结果来看,此时关键变量$EC2$的系数仍然显著为正。这样,上述结果就基本排除了业务招待费自身避税功能对于基本结论的影响。

其次,在有关逃税的测度方面,不同文献对于账面-应税收入法的具体实践存在一定的争议。具体而言,账面-应税收入法以账面-应税收入差额为基础,将其对企业总应计(Total Accruals)进行回归后的残差作为逃税的度量,以剔除企业正常的盈余管理行为。尽管这一基本思路被广为接受,但在关于总应计应该涵盖的范围上,不同的文献存在不同的做法,如Desai和Dharmapala(2006)提倡包括所有的应计项目,但Thomas(1998)等却认为存在不影响企业应纳税所得额调整的非经营性应计项目,因而只使用经营性的应计项目来进行回归。本研究在基本回归中采用了Desai和Dharmapala(2006)的做法,但为了避免度量方法的差异对结果产生影响,我们重新按照Thomas(1998)的思路计算了逃税的变量。具体回归结果如表10-5第三列,可以看到,此时招待费用支出的系数仍然显著为正,表明逃税的度量差异并没有威胁基本结论的成立。

最后,我们以增值税的征管作为背景进行一项安慰剂试验(Placebo Test)。在本研究逻辑中,必要的税收征纳互动空间是征纳合谋存在的前提条件,也就是说,只有税收征管人员对于具体税种的征管具备较大的自由执法权限,企业的贿赂性支出才会相应转换为逃避税程度的增加。对此,一个合理的反事实逻辑是,在人为征管空间不足的税种中,征纳合谋对于企业逃税的影响也缺乏必要的基础。我们以增值税的征收来检验上述逻辑,不同于企业所得税,我国的增值税以购进扣税法作为征收基础,整个征管过程主要依赖于专用发票的管理和纳税人之间的互相制衡,除了企业自身所处的行业和管理的规范程度之外,其税负水平的高低较少受到税收征管人员的影响。我们以企业增值税的实际税率作为被解释变量重新进行回归,回归结果如表10-5第四列所示,可以看到,此时业务招待费支出的系数并不显著,表明增值税良好的税制设计极大地压缩了征纳合谋和企业寻租的空间,同时也反过来进一步印证了本研究的基本结论。

表 10-5　　　　　　　　　　　稳健性检验

变量名	滞后项	剔除税前扣除额	更换逃税指标	增值税实际税率
$LagEC$	0.001 14*** (9.16E−05)			
$EC2$		4.39E−07*** (2.1E−07)		
EC			0.353*** (0.080 7)	−0.779 (2.104)
$Size$	0.052 3*** (0.012 4)	−0.035 6 (0.063 9)	0.051 0*** (0.009 07)	0.002 31 (0.013 2)
Roa	−0.032 1 (0.142)	−0.809 (0.491)	−0.398*** (0.125)	−0.041 7 (0.090 2)
$Capital$	0.007 19 (0.031 3)	0.121 (0.262)	−0.130*** (0.028 8)	−0.094 8 (0.099 4)
$Inventory$	0.192*** (0.070 8)	0.123 (0.589)	−0.041 5 (0.047 2)	−0.104* (0.054 7)
Lev	−0.001 54*** (0.000 412)	−0.004 6*** (0.001 40)	−0.002 00*** (0.000 291)	−0.000 283 (0.000 488)
年份	Y	Y	Y	Y
城市聚类	Y	Y	Y	Y
Observations	6 954	12 631	8 601	8 423
R^2	0.065	0.172	0.105	0.106

注:*和***分别表示10%和1%的显著性水平,括号内为标准误。

(二) 拓展性分析

首先,我们考察宏观腐败水平对于征纳合谋的影响。理论上,地区整体腐败水平反映了官员普遍的创租倾向,在腐败水平越高的地区,对官员进行约束的制度缺失也越严重,官员更愿意运用手中掌握的权力和资源进行创租。Baumol(1990)认为,制度机制对于资源配置的引导是否正确是评价一国社会经济发展的最重要指标。因此,一个腐败的社会必然是一个鼓励非生产性行为和寻租的社会,在这样的环境中,征纳合谋也更容易发生,其对逃税的影响也会更大。为了验证这一逻辑,我们对模型10-4进行了修改,在控制变量中加入了地区宏观腐败水平及其与业务招待费支出的交互项,回归结果如表10-6第一列所示,此时交互项的系数显著为正,表明在腐败水平更高的地区,征纳合谋也更容易发生,反映在回归中,业务招待费支出对于企业逃税的影响也更大。

其次,大量文献考察了政治关联对于企业逃税的影响(吴文锋等,2009;罗党论和魏翥,2012;李维安和徐业坤,2013)。其基本逻辑是,政治身份一方面可以为企业争取到更多的税收优惠,另一方面也增加了企业合法影响政府决策和游说政府的渠道。当面临税务征管部门的稽查时,企业可以充分利用自身的政治身份游说政府,并进而影响税务稽查的有效性和独立性,降低自身逃(避)税的成本。因此,显而易见的是,政治身份的存在会降低企业进行征纳合谋的意愿。换句话说,企业的合法游说手段将对不合法的贿赂行为形成了替代作用。与之前的回归一样,我们同样加入政治关联与业务招待费支出的交互项来验证上述逻辑。在表10-6第二列中,我们看到,在控制水平项和时间固定效应的情况下,交互项的系数显著为负,说明企业的政治关联度越高,其通过贿赂的方式进行合谋的概率越低,业务招待费支出对于企业逃税的影响也更小,从而证实了政治关联对于征纳合谋的替代作用。

再次,名义税率的差异也是异质性的一个重要来源。理论和经验研究的证据都表明,名义税率与逃税之间呈现显著的正相关关系,税率越高,企业的逃税动机越强烈,逃税额也越多(Allingham and Sandmo, 1972; Fisman and Wei, 2004)。从本研究的逻辑上讲,逃税动机的变化实际上反映了征纳合谋动机的变化,在较高的名义税率下,企业的合谋动机同样也会越强烈,进而贿赂性支出对于企业逃税额的影响也会更明显。我们通过分样本回归的方式来考察上述名义税率水平产生的异质性结论。在中国的税法中,企业所得税的一般税率为25%,优惠税率则分为多种,其中最常见的为高新技术企业所享受的15%的企业所得税税率。在表10-5第三和第四列中,我们按照名义税率水平的差异分别进行回归,可以看到,业务招待费支出的系数在15%的低税率组并不显著,而仅在25%的高税率组显著为正。这充分说明,足够的逃税动机是征纳合谋影响企业逃税的前提条件,而名义税率水平的差异则构成了合谋动机差异的一个重要来源。

最后,我们还需要考虑一个激励相容的问题。作为一个理性经济人,对于企业而言,只有在合谋的收益大于成本的情况下,合谋才是潜在的选项。换句话说,征纳合谋发生的前提是企业的逃税收益大于其寻租性贿赂支出。在前文的基本回归中,我们已经在微观上观测到企业逃税的增加,尽管不能直接比较企业的贿赂支出与逃税收益之间的大小,但理论上,这会在企业的税后净利润上有所体现。在表 10-6 第五列中,我们以企业的净利润作为被解释变量来检验上述逻辑,从系数来看,此时业务招待费支出的系数仍然显著为正,说明此项支出的增加带来了净利润的增长,更加充分说明了其背后征纳合谋的逻辑。

表 10-6　　　　　　　　　　　　　　拓展性分析

变量名	与宏观腐败交互	与政治关联交互	名义税率为 15%	名义税率为 25%	净利润
EC	**0.511*** (0.204)**	**0.701*** (0.076)**	**0.162 (1.03)**	**0.510*** (0.089 1)**	**0.306** (0.148)**
Corru	0.003 (0.012)				
Corru×EC	0.467** (0.217)				
Political		0.001 (0.003)			
Political×EC		−0.038*** (0.011)			
Size	0.064*** (0.014)	0.028*** (0.01)	0.087 8*** (0.010 1)	0.052 9*** (0.020 7)	0.224*** (0.031)
Roa	−0.105 (0.147)	0.097 (0.129)	0.090 2 (0.172)	−0.295 (0.242)	
Capital	−0.007 (0.031)	−0.018 (0.027)	0.010 3 (0.022 3)	−0.002 97 (0.071 0)	0.182* (0.101)
Inventory	0.018*** (0.062)	0.185*** (0.063)	0.102** (0.043 3)	0.219** (0.086 2)	0.153 (0.117)
Lev	−0.001*** (0.000 3)	−0.000 6* (0.000 3)	−0.001 9*** (0.000 23)	−0.000 2 (0.000 75)	−0.002*** (0.000 5)
年份	Y	Y	Y	Y	Y
城市聚类	Y	Y	Y	Y	Y
Observations	6 593	7 861	4 985	3 173	6 815
R^2	0.108	0.128	0.109	0.132	0.305

注:*、**和***分别表示 10%、5%和 1%的显著性水平,括号内为标准误。

六、 结论与政策建议

宏观制度环境的好坏对于遏制逃税至关重要。在一个鼓励寻租的制度安排下,征纳双方的合谋会导致广泛的企业逃税,并给国家造成大量的税收收入损失。基于2010—2014年中国上市公司的微观数据,本研究从经验上证实了征纳合谋对于企业逃税的影响。我们以企业的业务招待费支出作为其贿赂支出的代理变量,并采用账面-应税收入差异度量企业的逃税。实证研究发现,企业的业务招待费支出占比越高,其逃税程度也越高。由于现实中征纳合谋通常表现为纳税人对税务征管人员的寻租性贿赂,因此上述结论事实上证明了征纳合谋是造成企业逃税的重要原因。

进一步地,从企业的角度来讲,合谋的目的是逃(避)税,因此企业逃税动机的强弱也会带来征纳合谋动机的强弱。反映在实证上,我们发现,逃税动机较强的私营企业和名义税率较高的企业,其业务招待费支出与企业逃税程度的关系更加密切,而相反,在逃税动机较弱的国有企业、中央企业以及享受优惠税率的高新技术企业中,两者的关系则基本不显著。此外,反腐败力度的提高增加了征纳合谋双方的成本,研究发现,在2013年中央八项规定实施之后,征纳合谋成本增加,此时业务招待费支出对于企业逃税的影响显著下降。最后,企业的政治关系会形成对合谋动机的替代,我们发现在政治关联强度越高的企业,业务招待费支出对于企业逃税的影响相对较小;与此相反,地区的整体腐败水平则会强化上述业务招待费支出的逃税效应。

本研究对于加强税收征管和提升国家的财政汲取能力具有重要的政策启示。征纳合谋的产生源于制度供给的缺失,因此,加强税收征管制度的建设,特别是压缩税收征管人员的自由裁量权空间,对于减少企业逃税具有重要意义。此外,宏观反腐败力度的提升以及第三方收入报告制度的建立将增加征纳合谋的成本,是破解征纳双方合谋的现实选择。

参考文献

[1] 曹书军,刘星,张婉君.财政分权、地方政府竞争与上市公司实际税负[J].世界经济,2009(4).

[2] 邓文勇.改革开放三十年我国税收征管制度改革与评价[J].湖南社会科学,2008(4).

[3] 范子英,田彬彬.税收执法、税收竞争与企业逃税[J].经济研究,2013(9).

[4] 黄玖立,李坤望.吃喝、腐败与企业订单[J].经济研究,2013(6).

[5] 李捷瑜,黄宇丰.转型经济中的贿赂与企业增长[J].经济学(季刊),2010(4).

[6] 李林军.税源专业化管理与深化征管改革的思考[J].中国税务,2012(7).

[7] 李维安,徐业坤.政治身份的避税效应[J].金融研究,2013(3).

[8] 李元旭,宋渊洋.地方政府通过所得税优惠保护本地企业吗?来自中国上市公司的经验证据[J].中国工业经济,2011(5).

[9] 吕冰洋,郭庆旺.中国税收高速增长的源泉:税收能力和税收努力框架下的解释[J].中国社会科学,2011(2).

[10] 罗党论,魏翥.政治关联与民营企业避税行为研究——来自中国上市公司的经验证据[J].南方经济,2012(11).

[11] 马光荣,李力行.政府规模、地方治理与逃税[J].世界经济,2012(6).

[12] 聂辉华,张彧,江艇.中国地区腐败对企业全要素生产率的影响[J].中国软科学,2014(5).

[13] 王长勇.税收管理员制度应该取消[J].新世纪周刊,2012.

[14] 王绍光.国家汲取能力的建设——中华人民共和国初期的经验[J].中国社会科学,2002(1).

[15] 吴文峰,吴冲锋,芮萌.中国上市公司高管的政府背景与税收优惠[J].管理世界,2009(3).

[16] 张建湘,黄国南.浅谈取消税务专管员管户制度[J].湖南经济,1994(10).

[17] Acemoglu D and S Johnson. Unbundling Institutions[J]. *Journal of Political Economy*, 2005, 113(5).

[18] Allingham M and A Sandmo. Income Tax Evasion: A Theoretical Analysis[J]. *Journal of Public Economics*, 1972, 1(3-4).

[19] Alm A J, Martinez-Vazquez and C McClellan. Corruption and Firm Tax Eoasion[J]. *Journal of Economic Behavior & Organization*, 2016, 124.

[20] Baumol W. Entrepreneurship: Productive, Unproductive, and Destructive[J]. *Journal of Political Economy*, 1990, 98(5).

[21] Beck P and M Maher. A Comparison of Bribery and Bidding in Thin Markets[J]. *Economics Letters*, 1986, 20(1).

[22] Benjamini Y and S Maital. Optimal Tax Evasion and Optimal Tax Evasion Policy: Behavioral Aspects[A]// W Gaertner, A Wenig. *The Economics of the Shadow Economy*. Berlin: Springer Verlag, 1985.

[23] Cai H and Q Liu. Competition and Corporate Tax Avoidance: Evidence from Chinese

Industrial Firms[J]. *Economic Journal*, 2009, 119(537).

[24] Cai H, H Fang and L Xu. Eat, Drink, Firms, Government: An Investigation of Corruption from the Entertainment and Travel Costs of Chinese Firms[J]. *The Journal of Law and Economics*, 2011, 54(1).

[25] Cai H, Q Liu and G Xiao. Does Competition Encourage Unethical Behavior? The Case of Corporate Profit Hiding in China[R]. SSRN Working Paper, 2005.

[26] Chander P and L Wilde. Corruption in Tax Administration[J]. *Journal of Public Economics*, 1992, 49(3).

[27] Claessens S and L Laeven. Financial Development, Property Rights, and Growth[J]. *Journal of Finance*, 2003, 58(6).

[28] Chu C. A Model of Income Tax Evasion With Venal Tax Officials: The Case of Taiwan[J]. *Public Finance*, 1990, 45(2).

[29] Cross R and G Shaw. The Evasion-Avoidance Choice: A Suggested Approach[J]. *National Tax Journal*, 1982, 34.

[30] DeBacker J, B T Heim and A Tran. Importing Corruption Culture from Overseas: Evidence from Corporate Tax Evasion in the United States[J]. *Journal of Financial Economics*, 2015, 117(1).

[31] Derashid C and H Zhang. Effective Tax Rates and the "Industrial Policy" Hypothesis: Evidence From Malaysia[J]. *Journal of International Accounting, Auditing & Taxation*, 2003, 12(1).

[32] Desai M. The Degradation of Reported Corporate Profit[J]. *Journal of Economic Perspectives*, 2005, 19(1).

[33] Desai M, A Dyck and L Zingales. Theft and Taxes[J]. *Journal of Financial Economics*, 2007, 84(3).

[34] Desai M and D Dharmapala. Corporate Tax Avoidance and High Powered Incentives[J]. *Journal of Financial Economics*, 2006, 79(1).

[35] Dulleck U, J Fooken, C Newton, et al. Tax Compliance and Psychic Costs: Behavioral Experimental Evidence Using APhysiologicalMarker[J]. *Journal of Public Economics*, 2016, 134.

[36] Dyreng S, M Hanlon and E Maydew. Long-run Corporate Tax Avoidance[J]. *The Accounting Review*, 2008, 83(1).

[37] Faccio M. Politically Connected Firms[J]. *The American Economic Review*, 2006, 96(1).

[38] Fisman R and J Svensson. Are Corruption and Taxation Really Harmful to Growth? Firm

Level Evidence[J]. *Journal of Development Economics*, 2007, 83(1).

[39] Fisman R and S J Wei. Tax Rates and Tax Evasion: Evidence from "Missing Imports" in China[J]. *Journal of Political Economy*, 2004, 112(2).

[40] Georke L. Bureaucratic Corruption and Profit Tax Evasion[J]. *Economics of Governance*, 2008, 9(2).

[41] Gupta S and K Newberry. Determinants of the Variability in Corporate Effective Tax Rate: Evidence from Longitudinal Data[J]. *Journal of Accounting and Public Policy*, 1997, 16(1).

[42] Haque N and R Sahay. Do Government Wage Cuts Close Budget Deficits? Costs of Corruption[J]. *IMF Economic Review*, 1996, 43(4).

[43] Hellmen J, G Jones and D Kaufmann. Seize the State, Seize the Day: State Capture and Influence in Transition Economies[J]. *Journal of Comparative Economics*, 2003, 31(4).

[44] Hindriks J, M Keen and A Muthoo. Corruption, Extortion and Evasion[J]. *Journal of Public Economics*, 1999, 74(3).

[45] Ilersic A and A Seldon. Tax Avoision: The Economic, Legal and Moral Inter-Relationships Between Avoidance and Evasion[J]. *Institute of Economic Affairs*, 1979, 22.

[46] Khan A, I Asim and A Benjamin. Tax Farming Redux: Experimental Evidence on Performance Pay for Tax Collectors[J]. *Quarterly Journal of Economics*, 2016, 131(1).

[47] Kleven Henrik J, Martin B Knudsen, Claus T Kreiner, et al. Unwilling or Unable to Cheat? Evidence from a Randomized Tax Audit Experiment in Denmark[J]. *Econometrica*, 2011, 79(3).

[48] Levy D. Price Adjustment under the Table: Evidence on Efficiency-Enhancing Corruption [J]. *EuropeanJournalof Political Economy*, 2007, 23.

[49] Lui F. An Equilibrium Queuing Model of Bribery[J]. *Journal of Political Economy*, 1985, 93(4).

[50] Manzon J and G Plesko. Relation between Financial and Tax Reporting Measures of Income [J]. *Tax Law Review*, 2001, 55(2).

[51] Mathiason Nick. Tax Evasion Robs Developing Countries of $900bn a Year[R]. The Observer, 2008.

[52] Phillips J, M Pincus and S Rego. Earnings Management: New Evidence Based on Deferred Tax Expense[J]. *The Accounting Review*, 2003, 78(2).

[53] Porcano T. Corporate Tax Rates: Progressive, Proportional or Regressive[J]. *Journal of American Taxation Association*, 1986, 7(2).

[54] Rahman A. *Tackling Corruption through Tax Administration Reform*[M]. Washington: World Bank, 2009.

[55] Rego S. Tax-Avoidance Activities of U. S. Multination Corporation[J]. *Contemporary Accounting Research*, 2003, 20(4).

[56] Sanyal A. Audit Hierarchy in A Corrupt Tax Administration[J]. *Journal of Comparative Economics*, 2000, 28(2).

[57] Slemrod J. Cheating Ourselves: The Economics of Tax Evasion[J]. *Journal of Economic Perspectives*, 2007, 21(1).

[58] Slemrod J and S Yitzhaki. Tax Avoidance, Evasion, and Administration [A]// A J Auerbach and M Feldstein. *Handbook of Public Economics*, Volume 3. Amsterdam: North Holland, 2002.

[59] Smarzynska B and S Wei. Corruption and Composition of Foreign Direct Investment: Firm-Level Evidence[R]. Working Paper, 2000.

[60] Spicer M W and J E Thmas. Audit Probabilities and the Tax Evasion Decision: An Experimental Approach[J]. *Journal of Economic Psychology*, 1982, 2(3).

[61] Stickney C and V McGee. Effective Corporate Tax Rates: The Effective of Size, Capital Intensity, Leverage and Other Factors[J]. *Journal of Accounting and Public Policy*, 1982, 1(2).

[62] Thomas J, P Lopez, R Regier, et al. Identifying Tax-Induced Earnings Management around TRA 86 as a Function of Prior Tax-Aggressive Behavior[J]. *Journal of the American Taxation Association*, 1998, 20(2).

[63] Wilkie P and S Limberg. Measuring Effective Tax (Dis) advantage for Corporate Taxpayers: An Alternative to Average Effective Tax Rates[J]. *Journal of the American Taxation Association*, 1993, 15(4).

[64] Witte A and D Woodbury. The Effects of Tax Laws and Tax Administration on Tax Compliance: The Case of the U. S. Individual Income Tax[J]. *National Tax Journal*, 1985, 38.

[65] Yitzhaki S. A Note on Income Tax Evasion: A Theoretical Analysis[J]. *Journal of Public Economics*, 1974, 3(2).

[66] Zimmerman J. Taxes and Firm Size[J]. *Journal of Accounting and Economics*, 1983, 5(1).

11

财权集中与征税努力*

本研究概要：分税制改革以财政集权为目标，财政收入权、税收征管权都呈现逐级集中的特征，这势必会弱化地方政府的财政独立性和经济建设职能。我们利用撤县设区的改革，研究了财政集权下支出责任的同步上移对县级政府征税努力和企业实际税负的影响。研究发现，第一，撤县设区改革表现出明显的财政集权特征，新设区的财政收支明显下降，而市本级的财政收支则显著上升。第二，由于撤县设区削弱了基层政府的财政独立性和征税努力，因此显著降低了企业的实际税率，不过仅限于区县政府管辖范围内的企业所得税，对国税局管理的增值税和2002年之后新企业的所得税没有影响。第三，撤县设区有助于扩大企业销售产值和利润总额，并通过降低企业实际税负促进地区人均GDP增长。本研究表明，在分税制框架下降低地方政府支出责任能够降低其征税激励，促进企业减税，但同时也要规避由于事权集中所引发的地方征税激励不足和潜在财政风险。

一、引言

自Tiebout(1956)和Oates(1972)等的研究开始，政府间的适度分权对改善资源配置效率和促进经济增长的重要性便被逐步确立起来。改革开放以后，中国经

---

* 本研究主要内容参见：范子英,赵仁杰.财政职权、征税努力与企业税负[J].经济研究,2020(4)：101-117.

济的高速增长吸引了大量学者的研究兴趣,经济转型与增长的经验也推动着经济学的发展(张军,2007),最直观的表现是促进了第二代财政分权理论的形成和发展(Qian and Weingast, 1997; Jin et al., 2005; Oates, 2005),并将分权对经济增长的作用推向新的研究高潮。特别是在分税制改革以后,中国建立起经济分权与政治上垂直管理紧密结合的模式,分税制在强化中央政府财权的同时将大量经济事权下放,并配合严格的官员晋升考核体系,这种分权式改革使得地方政府在经济转型与增长中扮演"援助之手",为增长而竞争(Shleifer and Vishny, 1998;张军和周黎安,2008),促进了中国基础设施改善、资源配置效率提升和整个经济的快速发展(张军等,2007;Lin and Liu, 2000),财政分权也成为解释中国经济增长奇迹的主流理论。

分税制改革虽然下放了大量的经济事权,并在晋升激励下激发了地方政府发展经济的积极性,但却带有明显的财政收入集权特征(袁飞等,2008;方红生和张军,2014;谢贞发,2016)。中央政府通过上收税收立法权,确立中央税、地方税和共享税,又通过设立国税局等一系列措施加强了税收集权,使得中央财政占比大幅提升,地方财政占比下降。与此同时,分税制后建立起来的转移支付制度并未完全起到平衡央地财力的作用(曾军平,2000),总的来看,以税收返还和总量性转移支付为主要内容的转移支付制度对刺激地方财政努力来说并不成功,反而抑制了地方征税努力(乔宝云等,2006;胡祖铨等,2013)。分税制后的支出分权与收入集权共同导致央地财政关系的垂直失衡(江庆,2007;李永友和沈玉平,2010),引发地方政府由"援助之手"转向"攫取之手"(陈抗等,2002),并极力追求土地财政等非税收入增长(王文剑和覃成林,2008;孙秀林和周飞舟,2013),甚至催生了地方政府的大规模举债行为和潜在财政风险。

财权上收与事权下放是分税制导致央地财政纵向失衡的关键所在。但长期以来收入分配一端的财政体制改革未能有效发挥平衡作用,由传统的"财力路径"转向"事权路径"成为促进财权与事权相匹配,走向和谐共赢的中国式财政分权的重要途径(马万里,2013)。特别是,近年来关于事权调整和提升中央政府支出责任的央地财政关系改革逐渐得到重视(楼继伟,2013)。2016年国务院印发《关于推进中央与地方财政事权和支出责任划分改革的指导意见》,央地事权和支出责任划分改革正式开启。2018年国务院颁布《基本公共服务领域中央与地方共同财政事权和支出责任划分改革方案》,确立起分档分担的央地基本公共服务事权分配方案,在22个省(区)实行以中央财政为主的基本公共服务支出分担比例。可见,通过调整央地事权和强化中央政府支出责任成为解决分税制改革以来央地纵向财政失衡问题以及深化财税体制改革的重要方向。

支出责任上移虽然有助于缓解分税制后的央地财政垂直失衡,但同时也会降低地方政府的税收激励。分税制改革后的事权下放不仅带来了中国经济的快速增长,同时还促使地方政府通过加强税收征管来最大化其税收和财政收入(陶然等,2009;Su et al.,2012;方红生和张军,2014),分税制下地方政府为履行支出责任而进行的征税努力是推动中国税收收入增长的关键因素(吕冰洋和郭庆旺,2011;方红生和张军,2013)。那么,在推进事权与支出责任改革过程中,事权上收和地方政府支出责任弱化是否会降低地方政府的征税努力?这种不同于分税制的财政收入与支出的双向集权所隐含的潜在税收和财政收入的风险是未知的。

要想回答上述问题,必须寻找一个财权与事权同时集中的政策冲击,中国的撤县设区改革就是符合这一要求的"准自然实验"。撤县设区是中国县级政府改革的重大举措,撤县设区后,县级政府的财政权力被部分上收到地级市,县从一级独立财政沦为市的一种依附财政,财政收入分配上,属地税收中除去中央和省份税部分外相当一部分将被上级地市政府集中。市对区实行分税制财政体制,或实行分税制基础上的财政包干体制,降低了县级政府财政和决策独立性(唐为和王媛,2015;卢盛峰和陈思霞,2016),可见,撤县设区可以看作是地市财政集权的过程。同时,撤县设区后县级政府的经济事务决策权和政策能力被弱化,县级政府要承担的经济建设支出责任和目标激励也相应降低(卢盛峰和陈思霞,2017),因此,撤县设区也是一个事权被上收的过程。这样一项财权与事权同时集中的政策试验为我们研究地方政府的税收激励变化、识别地方政府支出责任弱化可能引发的财政风险提供了宝贵机会,也弥补了现有文献对事权变化及其影响关注不足的缺陷。

基于此,本研究利用 1998—2007 年的中国工业企业数据库、全国地市县财政统计资料和相对应的区县数据,研究了撤县设区后县级政府财政收入与支出责任的同步上移对企业实际税负的影响。研究发现如下:第一,撤县设区后县级政府财政独立性下降弱化了其税收激励,降低了辖区内企业的所得税实际税率,但对增值税实际税率并不明显影响,县级层面的企业所得税收入也明显下降,但增值税收入并未发生显著变化。第二,撤县设区后县级政府的财政收入和支出、获得的一般性转移支付显著下降,财政支出中基建支出的总额、占比和人均额也都显著下降,这表明撤县设区在降低县级政府财权的同时也减少了县级政府的经济支出责任。第三,撤县设区提高了地级市本级的人均财政收入和支出,本级财政支出中基本建设支出明显上升,这表明撤县设区后地市财政集权的同时,也承担了更多的经济支出责任,是一个财政收入与支出同时集权的过程。第四,撤县设区改革提高了辖区内企业的工业销售产值和利润总额,促进了辖区内人均 GDP 增长。这表明虽然支出集权会降低地方政府的征税努力,但适当的事权调整有助于矫正分税制下地方政府的过渡征税行为,促进企业减税和经济发展。因此,以事权调整为切入口进一步推进政府间财权与支出责任相匹配的财政关系改革中,需要准确把握事权上收的范围和幅度,既要降低纵向财政失衡下地方政府的财政压力,进而实现企业减税降费,同时也要避免由于支出责任上移所引发的税收激励不足和潜在财政风险。

二、文献综述

从 1978 年到分税制改革之前,中国实行了向地方高度放权的经济和财政管理体制,地方政府拥有独立的预算制定权并享有一定的财政自主性,比如可以不受干扰地决定预算支出、与中央政府分享预算收入等(Oksenberg and Tong,1991),这一财政分权趋势在 20 世纪 80 年代中期达到顶峰(Cai and Treisman,2006)。分权式改革推动了中国经济快速增长,同时也带来了中央财政困难和税收收入持续下滑等问题,严重影响了中央政府的宏观调控能力。为此,1994 年开始实行分税制改革,这次改革旨在调整 20 世纪 80 年代形成的中央与地方财政关系,并重新回收重要领域的管理权(Zhang,1999;张军,2007)。中央政府重新收回在改革初期转移到地方政府手中的大部分财政权力,地方财政自主经历了显著的收缩,分税制的本质和主要特征也就表现为财政收入集权,或者是税收集权(袁飞等,2008;陈硕和高琳,2012;方红生和张军,2014;谢贞发,2016)。

1978 年以来财政管理体制由分权向集权调整的过程中,中国财政收入占 GDP 比重的时间变动表现为一条 U 形曲线,而该比重由降转升的拐点恰好是在中国分税制改革后的第二年(方红生和张军,2013)。可见,财政上的分权会引发税收收入下滑,而财政集权则能够促进税收收入增长。早期的财政集权理论(Brennan and Buchanan,1980;Oates,1985)基于多个国家税收集权的证据,认为中央政府的税收集权降低了地方政府从扩大税基中获得的税收收入比例,弱化了地方保护税基的激励,诱发了地方政府的"攫取之手",加大了企业的税收负担。陈抗等(2002)认为中国分税制改革下的财政集权会使得地方政府将额外负担强加于企业,加大企业税收的同时损害企业投资和地区经济增长。

中国分税制改革下的财政集权主要表现为税收集权。第一,分税制明确了中央税、地方税和共享税三大类税收,中央和地方的预算收入采用相对固定的分税种划分收入的办法,这种分权契约关系给地方政府提供了加强征管效率后税收增长的稳定预期,在促进地方税收征管的同时增加了税收收入(吕冰洋和郭庆旺,2011)。第二,分税制改革通过设立国税局,形成中央、地方两套征税机构,将原来按照企业隶属关系上缴税收的办法改变为按照税种征收,扩大了中央的征税权力。国税局的设立确保了中央税和中央-地方税的征管效率,抑制了企业避税,对税收收入增长发挥了重要作用(贾康等,2002;周黎安等,2011;范子英和田彬彬,2013)。第三,分税制后,中央政府不断强化税收征管集权。比如2002年的企业所得税分享改革将新成立企业的所得税划归国税局征管,特别是在共享税制下中央政府有动机集中税收征管权来压缩地方税收竞争空间,中央征管集权提高了企业所得税实际税率,促进了税收收入增长(王剑锋,2008;谢贞发,2016)。可见,分税制改革通过划分税种、明确税权和强化中央征管等途径加强了中央财政集权,提升了税收征管效率的同时推动了中国税收收入持续增长。

当然,上述三个方面的研究都侧重于从分税制的制度设计和中央政府角度来解释税收收入增长。虽然分税制通过集中立法权、税率调整权以及税收优惠权等加强了中央税收集权,但地方政府还是具有一定的征管权,地方政府的征管行为仍然会对企业实际税率和税收收入造成显著影响。新财政集权理论指出,由于分税制在财政集权的同时并未涉及中央与地方事权划分,在地方财权减弱的情况下,为了确保承担支出责任所需的财力,地方政府会加强税收征管。财政集权激励地方政府为最大化财政收入而努力提高作为其第一大税种的营业税的征管效率,甚至会强化地方政府追求预算外收入的动机(方红生和张军,2014)。除了对税收征管行为的影响外,大量研究还指出在事权未做调整的情况下,财政集权会导致地方财政支出偏向(龚锋和卢洪友,2009),弱化其提供教育等非生产性公共物品的激励(左翔等,2012)。至此,新财政集权理论认为分税制强化了中央税收集权,但由于事权未做调整,因而形成了政府间纵向税收竞争,进而提高了税收征管效率和实际税率,驱动了中国税收收入持续增长。

与财政集权理论强调的央地纵向税收竞争下企业实际税率和税收收入增长不同,横向税收竞争理论认为,虽然分税制强化了中央税收集权,但地方还是保留了一定的税收征管权。出于辖区内经济增长和资本吸引的目的,地方政府会充分利用税收征管权展开税收竞争,出现"逐底竞争"的结果(Judd,1985),参与横向税收竞争的地方政府越多,均衡税率就会越低,最终导致实际税率是一个远低于最优税率的纳什均衡(Wilson,1986)。现有文献表明,这种逐底竞争会对经济增长产生不利影响(Lejour and Verbon,1997)。中央政府会通过税收征管集权来降低地区间横向税收竞争,避免实际税率过低。

总的来看,分税制下财政集权与事权下放是引发地方政府税收激励和中国税收收入增长的关键因素。地方政府的支出责任并未随着财权的上收而及时调整,为了履行支出责任,地方政府会强化税收征管;同样,在横向税收竞争理论的解释中,财政集权降低了地方财政独立性,地方征税的相对收益降低。为了服务于资本吸引和经济增长等事权目标,放松税收征管就成为地方政府的重要竞争手段。可以发现,无论是税收纵向竞争下的征管激励,还是税收横向竞争下的征管不足,履行支出责任,特别是推动经济建设都是影响地方政府税收征管行为的关键因素。那么在分税制财政集权的同时,如果地方政府的支出责任也相应弱化,那么地方政府还存在税收激励吗?财政收入与支出的双向集权会对地方政府税收征管产生何种影响?除此之外,当地方财政独立性降低后,收支决定权的转移可能会导致地方政府的税收征管惰性,实行涵养税源的策略。因此,在面临分税制下的财政集权时,下级政府仍然可能采取放松税收监管的策略,导致企业实际税负和地区税收收入下滑。中国的撤县设区改革恰好具备了财权与事权同步集中的特征,这就为我们在充分考虑支出责任弱化和财政独立性缺失后,财政集权对地方税收征管以及税收收入的影响提供了宝贵机会,也为进一步完善财政分权理论提供了良好条件。

三、制度背景与理论假说

(一) 改革开放以来的县域治理改革

自古以来,县域治理都是中国国家治理体系的基石,在很大程度上决定着整个国家治理的效能。在相当长的历史时期内,县一般为比市更高的建制(两者为面和点的关系),市由县管辖(唐为和王媛,2015)。改革开放以后,为了推动工业化和城市化进程,中国进行了撤地设市(或地改市、地市合并)改革,确立起"市管县"和市辖区的县域治理体制。同时,伴随着中央逐步下放经济管理权,县域不仅成为落实上级政策和从事管理的基础行政单位,更是一级权能完整、具有充分资源经营权和相对独立治理权的政府,在中国经济改革加速的过程中,县域治理模式也经历了纷繁复杂的变化。

20世纪80年代初期开始,"整县改市"是县域治理改革中的主导模式,县级市数量从1978年的92个上升到1996年的445个,1983—1996年县的数量则由1 988个下降到1 522个。但市与县数量的变化并不意味着城镇化和工业化水平的真正提升,只是县域建制的调整,这种"假性城镇化"使得"整县改市"在1997年被中央政府叫停。与"县改市"同步进行的县域改革是"撤县设区",是指将地级市所管辖的县或者县级市调整为地级市市辖区。在1997年"整县改市"被叫停后,"撤县设区"改革迅速加快,1990—2010年,中国最大的20个城市中的13个城市基于这一改革扩大了建成区面积(王雷等,2012)。卢盛峰和陈思霞(2017)发现,1994—2015年中国有215个县市完成了撤县设区改革,约占县市总数的9.91%,覆盖了163个地市(州、地区),在地市单位总数中占比达46.18%。在时间段上,2000年以后的撤县设区占到了70%,在地理分布上东、中、西三大地区较为平衡。这一改革的广泛推行显著促进了中国的人口城市化(唐为和王媛,2015)。但同时,伴随着县的大量减少以及地市规模的扩张,市管县体制下的"市卡县、市刮县"的问题逐渐凸显,严重影响了县域经济发展。以"扩权强县"和"省直管县"为主的县域改革也逐步展开,试图降低地市对县造成的不利影响(才国伟等,2011)。

与"整县改市"不同,"撤县设区"改革更加复杂一些,主要以行政区划和管辖范围是否发生调整为标准划分为两类。一类是不改变原行政区划和管辖范围的撤县(县级市)设区,这是中国撤县设区的主要形式,在样本期内,共发生127次撤县(市)设区改革,未涉及行政区划调整的为107次,构成本研究的撤县设区变量,具体如图11-1所示。另一类是在将原来的县改为市辖区时,还改变了新的市辖区的管辖范围。例如,2002年撤销河北省丰润县设立丰润区时,新成立的丰润区不仅包

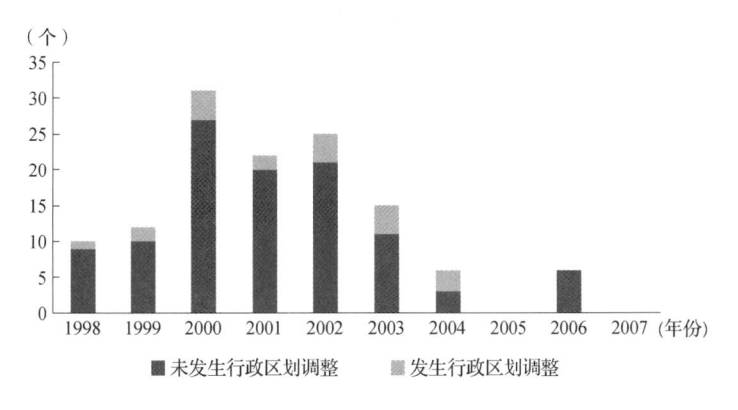

图11-1 1998—2007年撤县设区个数

含了原丰润县的行政区域,还加入了唐山市新区;2002年丽江市撤销纳西族自治县成立古城区时,古城区所辖区域仅包含了原纳西族自治县的部分乡镇;2003年撤销县级潮阳市设立汕头市潮阳区和潮南区。一旦实际行政划发生调整,县域的资源、人口等要素也产生了巨大变化,这是我们研究撤县设区改革的社会经济影响时必须重视的问题。在现有文献的研究中,均未对此做出详细说明和区分,这样会影响到撤县设区改革效应评估的准确性。同时,因为部分行政区调整涉及乡镇和街道合并,我们无法将撤县设区前后的区县一一对应起来,因此本研究删除了127次改革中涉及行政管辖范围变化的10次改革和对应样本,只选取了107次行政区划和实际管辖范围未发生变化的改革,这样就能够准确捕捉到单纯由于县(市)改为市辖区带来的影响。

(二) 区县二元管理体制的差别与理论假说

本研究使用行政区划和实际管辖范围并未发生变化的撤县设区政策,因此,县与区的差别就成为我们研究的关键所在。中国的地方行政单位由省(自治区、直辖市)、地级市(州、盟)、县(县级市、旗、市辖区)和乡(镇)四级构成,县和市辖区同属于地级市管辖,一起构成中国县级行政单位的基本形式。

虽然具有相同的行政级别,并且在自然地理形态上,同一地级市内的市辖区与县也基本类似。但是,县与区在经济结构、地理位置、政府职能,特别是与地级市政府的财政关系上具有显著差别。经济结构上,县主要以农业经济为主,就业人口中农业人口占比高,而市辖区的第二、第三产业和非农业就业人口占比高。[①] 地理位置上,市辖区是中心城市的组成部分,而县则距离中心城市相对较远。除经济结构与地理位置之外,县与区最重要的差别还体现在与地级市的财政和权责关系上。首先,县以农业经济为主,且距离中心城市较远,是相对独立的经济区域,具有更高的经济事务决策权,在财政、土地等资源利用上的审批和决策独立性更强;而市辖区本身就是中心城市的组成部分,在辖区经济事务决策、资源利用和日常管理上更容易受地级市的制约,市辖区所拥有的经济政策权限也相对较低。其次,与地级市的财政关系上,市与区实行分税制或者是分税制基础上的财政包干,在财政收支上对市的依赖度高(卢盛峰和陈思霞,2016,2017)。特别是在分税制原则下,税收按隶属关系向属地划分转变的过程中,市辖区的征税权力将进一步降低,而市辖区内

[①] 2014年民政部发布的《市辖区设立标准(征求意见稿)》要求中心城市设立市辖区要满足全县(市)就业人口中从事非农产业的人口不低于70%,第二、第三产业产值在国内生产总值中的比重达到75%以上。

的外资企业、合资企业、纳税额度较大的企业的税收以及政府罚没收入等需要先入市库，年终结算时再由市统筹划分给市辖区。① 在土地出让收入上，市辖区的土地出让收入除了要向省级政府上缴一部分外，还需要与地市政府按各地区规定的相应比例分享②，而县的土地出让收入则不需要和地市政府分享。可见，县级财政自主权要明显高于市辖区。因此，在财力较强的县，即使地市政府有将其撤县设区的意愿，但县级政府考虑到撤县设区后本级政府财权和财力减弱，也会反对这一改革。比如在浙江湖州市长兴县的撤县设区过程中，由于县政府官员和社会大众的一致抗议，长兴县撤县设区最终被搁置，而反对的主要原因就是撤县设区后长兴的财权将部分划归给湖州市。③ 因此，撤县设区带有明显的财政集权特征。

除了与地市财政关系的不同，县与区政府的事权责任也存在明显差异。由于县是相对独立的经济单元，县级政府的主要责任还是促进辖区经济增长，特别是支持农村经济发展，在经济建设方面的职能更加凸显，财政支出中经济性支出就非常重要；而市辖区作为中心城市的组成部分，区政府更多关注城市规划管理、公共服务，在经济建设方面的职能被弱化，财政支出的重点也转向公共性支出。在《桂林市关于进一步完善市辖区行政管理权限》的文件④中，明确指出向市辖区下放市政、园林、环卫、卫生、公费医疗、文化、初级教育事权。唐为和王媛（2015）发现撤县设区会提升市区人均道路面积。卢盛峰和陈思霞（2016，2017）研究发现，事权变化后县级政府促进经济发展的激励和权力弱化会对辖区内企业的出口和融资产生不利影响。因此，撤县设区后县级政府在经济建设上的事权责任会降低，地级市政府财政集权带来的财政支出压力随之减轻，从而降低了县级政府的征税努力。

结合撤县设区后县级政府财权与事权的变化，我们提出有待检验的假说1a

---

① 1999年桂林市政府发布的《中共桂林市委员会桂林市人民政府关于进一步完善市辖区行政管理体制的决定》、2003年《湖州市人民政府关于建立湖州市区级财政管理体制的意见》（湖政发〔2003〕5号）和2009年《郴州市人民政府办公室关于调整市城区财政管理体制的通知》（郴政办发〔2009〕38号）等地方政府文件中对市与市辖区的财政划分做了较为详细的说明。

② 2009年《郴州市人民政府办公室关于调整市城区财政管理体制的通知》（郴政办发〔2009〕38号）规定国有土地出让收入中市与区按7：3比例分享。2015年济南市政府办公厅印发的《关于进一步调整完善市级国有土地出让收支管理政策的通知》中规定土地主体为各区政府的，市级与区级按照国有土地出让收入的3：7比例分成。2014年贵阳市政府《关于调整国有土地使用权出让收益市区两级分配体制的意见》（筑府办函〔2014〕91号）中也对市与区关于市辖区土地出让收入的分成比例调整做出了规定。

③ 浙江长兴暂缓"撤县设区"经济账：强县弱市争财权，参见 http://news.ifeng.com/shendu/21sjjjbd/detail_2013_05/17/25390862_0.shtml。

④ 1999年桂林市政府发布《中共桂林市委员会桂林市人民政府关于进一步完善市辖区行政管理体制的决定》。

和 1b。

假说 1a：撤县设区会降低县级政府的征税激励，导致企业实际税负降低。

假说 1b：撤县社区会降低县级政府的税收和财政能力，减少其在经济建设方面的支出。

撤县设区后，县级政府的部分财力和财权转入地级市政府，并且也弱化了在经济建设方面的责任和政策能力。但同时，促进辖区经济增长的责任仍然存在，地级市政府在财政集权的过程中，也增强了在经济建设等方面的事权，地级市政府需要更多考虑促进中心城区的经济发展和城市竞争力的提升。才国伟等(2011)研究了"省直管县"对地级市经济增长的影响，发现以提升县级政府财权为主的"省直管县"改革降低了地级市的财政收入和经济增长速度。这说明当财政权力弱化时，地级市政府促进经济增长的能力也下降了。那么，伴随着撤县设区的实施，地级市政府的财政能力得到提升，促进经济发展的政府职能得到加强，会从能力与责任两种渠道扩大地级市政府的财政收支规模以及在经济建设方面的投入。因此，我们提出有待检验的假说 2。

假说 2：撤县设区会扩大地级市政府的本级财政收支规模，提高本级经济建设支出。

四、数据、变量与实证策略

(一) 数据来源与变量选择

本研究基于撤县设区所带来的县级政府财权与支出责任变化，研究地级市政府财政集权对县级政府税收征管和企业实际税负造成的影响。实证研究所用到的数据包括县级、地市本级宏观数据和工业企业数据，其中，县级和地市本级的财政收支及相关数据来源于历年全国地市县财政统计资料和《中国区域统计年鉴》。企业层面的微观数据来自中国工业企业数据库(1998—2007 年)，该数据库是目前可获得的最大的中国企业层面数据库，被广泛用于各领域的研究。根据本研究需要，我们对企业层面的数据做了相应处理，首先，我们按照 Brandt 等(2011)的做法将 10 年的截面数据合并为一个面板数据集，依据所调查企业的法人代码、企业名称、地址、电话号码等信息对不同年份间的企业进行识别，再进行组合；其次，我们对数据进行了基本的清理，如删除缺少关键变量的观察值、明显不符合逻辑关系的观察值。由于本研究的被解释变量是企业所得税和增值税的实际税率，因此我们剔除了应缴纳所得税和增值税小于0以及实际所得税和增值税税率大于1的样本,最后的样本为1998—2007年间共计2 061 102个观测值。

本研究的核心解释变量是撤县设区改革,我们首先根据中国行政区划网公布的历年县级以上行政区划变更情况,整理出各县实行撤县设区改革的变量。然后,我们按照工业企业数据库中企业所在地县代码和年份,将撤县设区变量以及县级相关社会经济变量匹配到工业企业数据库,构成本研究所需的面板数据集。由于每年进入工业企业数据库的企业会发生变化,不同年份企业数量也存在差异,我们所使用的是一个非平衡面板数据。在样本期限(1998—2007年)内,我国企业所得税的法定税率和增值税的法定税率均未发生变化,这规避了法定税率调整对企业税负可能造成的影响。当然,在下文的稳健性检验中,我们还采用了连续存续的企业,以构造一个平衡面板数据来进行分析。

(二) 变量选取与模型设定

1997年整县改市被叫停后,撤县设区成为地方政府推进城市化的主要途径。县与区在经济结构、与地级市财政关系和政府职能等方面存在的差异导致撤县设区后,县级政府的财力和财权独立性由此降低,政府经济建设职能也随之弱化。基于这一改革事实,我们构造以下计量模型来识别撤县设区对县级政府财力和支出责任的影响:

$$y_{it} = \beta_0 + \beta_1 reform_{it} + \sum_j \beta_j \times Control_{it} + \gamma_i + \delta_t + \varepsilon_{it} \tag{11-1}$$

式中,y是被解释变量,代表县级税收、财政收入和支出总额以及人均额、基建支出总额、人均额和占比;下标i是县,t是年份,γ_i代表县的固定效应。δ_t代表时间固定效应。$Control$表示其他控制变量,包括县的人均GDP、产业结构和人口状况等。ε_{it}为随机误差项。在上述模型中,$reform$表示撤县设区改革,β_1的系数是我们关心的重点,它代表了撤县设区对县级政府财力以及支出责任的影响。在样本区间(1998—2007年)内,撤县设区改革发生的时间存在差异,因此$reform$代表了这样一种连续变化的政策带来的影响。

撤县设区一方面使县级政府的财政独立性和经济事务决策权力减弱,县级政府从征税中获得的收益相对下降,弱化了其税收征管激励;另一方面,撤县设区后,县级政府发展地区经济的职能弱化,经济建设的支出责任降低,地级市政府财政集权给县级政府带来的财政压力减轻,从而降低了县级政府强化税收征管的动机。

从这两个方面出发,撤县设区后县级政府会倾向于放松税收征管,导致企业实际税率下降。我们通过构建模型(11-2)来检验撤县设区对企业实际税率的影响:

$$ETR_{ikt} = \beta_0 + \beta_1 reform_{it} + \sum_{j} \beta_j \times Control_{ikt} + \gamma_k + \delta_t + \varepsilon_{ikt} \quad (11-2)$$

式中,下标 i 是县,t 是年份,k 是企业;ETR(Effective Tax Rate)表示企业实际税率,在下文实证研究中代表企业所得税与增值税实际税率,企业所得税实际税率＝应缴所得税/利润总额,企业增值税实际税率＝本年应缴增值税/工业增加值。γ 和 δ 分别表示企业和年份的固定效应。Control 代表了其他可能会影响企业税负的因素,其中包括县域经济发展水平、产业结构和人口等经济特征。除此之外,企业的规模会通过同时作用于企业的税收议价能力和逃税的政治成本影响企业实际税负(Zimmerman,1983),我们采用企业雇员数量的对数值作为企业规模代理变量。利息的抵税功能使企业有动机通过提高负债水平冲减应缴所得税,提高负债则会加大企业的财务杠杆,我们用企业年末负债与总资产的比值作为企业财务杠杆的代理变量(Stickney and McGee,1982)。税法规定折旧和摊销可以在税前扣除,企业会通过加速长期资产折旧来提高税前扣除额,资本密集度越高的企业其实际税负率也就越低(Gupta and Newberry,1997;Richardson and Lanis,2007)。在公司金融中,资本密集度与存货密集度存在负相关关系,企业的存货密集度与实际税负理论上存在正相关关系,我们分别用年末固定资产净值与年末资产总计的比值,以及年末存货余额与年末资产总计的比值来表示资本密集度和存货密集度。最后,由于净经营损失的公司支付很少或者不支付税收,盈利能力会直接影响企业实际税负(Zimmerman,1983),我们用企业税前利润占总资产的比值来表示企业的盈利能力。各变量的描述性统计如表 11-1 所示。

表 11-1 各主要变量描述性统计结果

变量名	均值	标准差	最小值	最大值
ETR(实际所得税税率)	0.136 3	0.174 1	0.000 0	1.000 0
VAT(实际增值税税率)	0.131 7	0.132 1	0.000 0	1.000 0
撤县设区	0.113 6	0.317 3	0.000 0	1.000 0
人均 GDP 对数	9.675 9	0.930 2	1.254 5	13.049 8
第二产业占比(%)	50.516 1	15.601 2	6.958 2	90.741 5
企业规模	4.748 4	1.196 1	0.693 1	13.253 1

续表

变量名	均值	标准差	最小值	最大值
财务杠杆	0.593 1	0.302 8	0.003 5	1.558 5
资本密集度	0.342 9	0.221 6	0.000 4	0.919 5
存货密集度	0.180 6	0.164 9	0.000 0	1.728 7
盈利能力	0.070 7	0.157 1	−0.233 2	0.872 1
县级人均财政收入对数	5.739 5	1.148 7	0.627 8	10.512 3
县级人均财政支出对数	6.041 2	0.808 8	0.512 6	11.341 7
市本级人均财政收入对数	4.983 2	1.352 1	0.342 5	10.144 4
市本级人均财政支出对数	5.568 9	1.067 7	1.085 7	10.402 4

五、计量结果与实证分析

(一) 撤县设区对企业实际税负的影响

撤县设区在降低县级政府财政独立性的同时，还弱化了其经济建设职能，财权与支出责任的同步下降使得县级政府税收征管的激励也随之降低，导致企业实际税负下降。首先，我们分析撤县设区对企业所得税实际税率的影响。为了尽可能降低无法观测的企业异质性对回归结果的影响，我们采用企业的固定效应，并使用企业层面的聚类稳健标准误，表11-2给出了撤县设区影响企业所得税实际税率的回归结果。

表 11-2　　　　　　　撤县设区对企业所得税实际税率的影响

变量名	(1) 所得税实际税率	(2) 所得税实际税率	(3) 所得税实际税率	(4) 所得税实际税率	(5) 所得税实际税率
撤县设区	−0.010*** (−4.783)	−0.006*** (−2.884)	−0.006*** (−2.914)	−0.007*** (−3.045)	−0.007** (−2.180)
企业规模			0.012*** (35.497)	0.012*** (32.966)	0.011*** (26.173)
财务杠杆			−0.021*** (−22.069)	−0.021*** (−20.868)	−0.019*** (−16.161)
存货密集度			0.015*** (9.166)	0.015*** (8.941)	0.017*** (8.268)

续表

变量名	(1) 所得税实际税率	(2) 所得税实际税率	(3) 所得税实际税率	(4) 所得税实际税率	(5) 所得税实际税率
资本密集度			−0.018*** (−13.875)	−0.018*** (−13.138)	−0.016*** (−10.050)
盈利能力			0.005*** (3.228)	0.004*** (2.651)	−0.002 (−0.935)
人均GDP				0.000 (0.071)	−0.000 (−0.312)
第二产业占比					0.007 (0.924)
时间效应	否	是	是	是	是
个体效应	是	是	是	是	是
_cons	0.139*** (596.469)	0.130*** (177.334)	0.087*** (43.014)	0.090*** (9.103)	0.096*** (6.724)
N	1 779 231	1 779 231	1 769 398	1 603 268	1 150 294
R^2	0.562	0.562	0.563	0.563	0.565

注：**和***分别表示5%和1%的显著性水平。括号内为 t 值，采用企业层面聚类稳健标准误。

在表11-2第一列中，我们仅控制了企业固定效应，发现撤县设区会显著降低企业所得税实际税率。考虑到随着时间变化的不可观测因素的影响，在第二列中我们加入了时间固定效应，撤县设区仍显著降低了企业所得税实际税率。我们在第三列中控制了影响企业实际税负的其他因素，回归结果比较稳健，与现有文献的结论较为一致。企业规模的估计系数显著为正，这支持了Zimmerman(1983)的"政治成本"假说关于大企业实际税负会更高的结论。企业的财务杠杆会降低其所得税实际税率，这表明企业会通过提高负债来利用利息的抵税功能降低实际税负。折旧和摊销可以在税前扣除，企业就可以通过加速对长期资产的折旧来提高税前扣除额，资本密集度会显著降低企业实际税负（Gupta and Newberry，1997；Richardson and Lanis，2007）；而存货密集度与资本密集度负相关，存货密集度的估计系数显著为正。盈利能力的系数显著为正，这表明盈利能力越强的企业，企业所得税实际税负也越高，与Zimmerman(1983)的研究结论一致。地区经济发展水平和产业结构等宏观经济因素也会对企业实际税负产生影响，在第四和第五列中我们分别加入了县级人均GDP和第二产业占比，发现这两个变量对企业所得税实际税率影响并不明显,并且由于县级,特别是区级层面第二产业占比的数据缺失较为严重,在下文对企业实际税率分样本的分析中,为了避免样本大量损失所导致的回归偏误,我们不再控制企业所在地的第二产业占比。

表11-2的结果表明,撤县设区会降低政府税收征管激励,导致企业所得税实际税率下降。但与企业所得税不同,增值税无论是在税制设计,还是在征管机构上,都降低了地方政府干预增值税征收的能力。因此,即使撤县设区降低了县级政府征税努力,对企业增值税实际税率的影响也会与所得税存在明显差异。表11-3第一和第二列给出了撤县设区对企业增值税实际税率的影响,可以发现,在考虑了其他控制变量和时间效应的影响之后,撤县设区改革不会对企业增值税实际税率产生显著作用,其他控制变量的系数与表11-2较为一致。结合表11-2和表11-3的结果,撤县设区使得县级政府财权弱化和经济性支出责任减轻,县级政府由此放松了税收征管,导致企业实际税负下降。但是,地方政府会选择自身干预能力较强的企业所得税来实现这一减税策略,对地方政府干预能力较低的增值税,则不存在这一减税效应。

撤县设区对企业所得税与增值税实际税率的差异化影响表明,地方政府对企业所得税征管的干预能力更强。但2002年的企业所得税分享改革规定新成立企业的所得税改为由国税局征管,相比于作为地方政府隶属机构的地税局,国税局更为独立,那么所得税分享改革后,地方政府干预企业所得税征管的能力下降,撤县设区对企业实际税负的影响会发生相应变化吗?在表11-3第三和第四列中,我们根据企业的成立时间,将企业划分为2002年之前成立和2002年及之后成立两个样本,在2002年之前成立的企业,企业所得税由地税局征管,但2002年及以后成立的企业,由国税局征管。回归结果显示,撤县设区会显著降低地税局征管企业的所得税实际税率,但对国税局征管的企业影响并不明显。这表明地方政府对地税局和国税局税收征管的干预能力的确存在显著差异,征管机构调整对规范地方税收征管行为具有重要作用。

表11-3　　　　　撤县设区对企业实际税率的影响:税收干预能力的作用

变量名	(1) 增值税实际税率	(2) 增值税实际税率	(3) 所得税实际税率	(4) 所得税实际税率
撤县设区	−0.004* (−1.900)	−0.000 (−0.061)	−0.006** (−2.005)	−0.004 (−0.162)

续表

变量名	(1) 增值税实际税率	(2) 增值税实际税率	(3) 所得税实际税率	(4) 所得税实际税率
企业规模	0.003*** (7.473)	0.003*** (6.372)	−0.023*** (−17.125)	−0.005* (−1.781)
财务杠杆	−0.011*** (−13.404)	−0.011*** (−12.354)	−0.015*** (−6.746)	−0.018*** (−3.878)
存货密集度	0.041*** (32.256)	0.037*** (24.680)	−0.018*** (−10.273)	−0.004 (−0.970)
资本密集度	−0.003*** (−3.246)	−0.004*** (−3.724)	0.002 (0.656)	−0.023*** (−6.025)
盈利能力	−0.008*** (−6.517)	−0.005*** (−3.898)	0.012*** (25.827)	0.007*** (5.294)
人均GDP	0.001 (0.977)	−0.002** (−1.978)	−0.001 (−0.694)	0.006 (1.215)
第二产业占比		0.001 (0.191)	0.007 (0.908)	0.019 (0.828)
样本范围	全样本	全样本	2002年之前	2002年及以后
时间效应	是	是	是	是
个体效应	是	是	是	是
_cons	0.146*** (18.426)	0.173*** (15.193)	0.106*** (6.978)	−0.040 (−0.515)
N	1 622 936	1 170 350	880 283	270 011
R²	0.551	0.555	0.548	0.665

注：*、**和***分别表示10%、5%和1%的显著性水平。括号内为t值，采用企业层面聚类稳健标准误。

除了不同税种的差异之外，地方政府对企业税负的干预还会因企业政治地位、隶属单位级别和企业规模等因素而不同。表11-4第一至四列给出了撤县设区对央企以及隶属于市、县、乡镇（村社）和其他类型的企业其所得税实际税率的影响结果，表明撤县设区更可能降低隶属于市、县的企业所得税实际税率。市县政府不仅对这类企业具有更强的干预能力，而且放松其税收征管也符合市县政府利益。撤县设区对央企的影响并不明显，因为在中国，央企由国务院国资委直接监管，规模庞大、实力雄厚，央企具有其他企业无可比拟的政治地位。无论是从央企自身在国民经济中的独特地位,还是从央企负责人的行政级别来看,市、县政府要直接干预央企的税收都存在较大困难。在第五和第六列,我们按照企业雇员数量的中位数,将企业划分为大企业和小企业,可以发现,撤县设区对企业规模低于中位数的小企业的所得税减税效应更为明显。由于小企业对地区税收和财政收入的影响力较低,同时小企业的税收征管难度更大,当县级政府财权减弱、征税收益降低时,会降低对小企业的税收监管,导致其实际税负下降。

表 11-4　撤县设区对企业所得税实际税率的影响:不同隶属关系和企业规模

变量名	(1) 所得税实际税率	(2) 所得税实际税率	(3) 所得税实际税率	(4) 所得税实际税率	(5) 所得税实际税率	(6) 所得税实际税率
撤县设区	−0.010 (−0.676)	−0.007** (−1.969)	−0.004 (−1.121)	−0.004 (−0.688)	−0.009*** (−2.649)	−0.007* (−1.874)
财务杠杆	−0.035*** (−4.334)	−0.029*** (−15.476)	−0.017*** (−7.156)	−0.007*** (−4.370)	−0.030*** (−20.285)	−0.011*** (−6.916)
存货密集度	0.029* (1.812)	0.019*** (4.986)	0.014*** (3.548)	0.016*** (6.574)	0.016*** (6.315)	0.014*** (5.404)
资本密集度	−0.019* (−1.677)	−0.027*** (−10.103)	−0.007** (−2.225)	−0.009*** (−4.282)	−0.021*** (−10.572)	−0.015*** (−7.244)
盈利能力	0.187*** (8.600)	0.152*** (31.467)	−0.000 (−0.115)	−0.035*** (−15.573)	0.023*** (8.368)	−0.013*** (−5.502)
企业规模	0.011*** (3.294)	0.012*** (17.087)	0.008*** (10.980)	0.010*** (15.714)	0.017*** (21.367)	0.012*** (16.472)
人均 GDP	−0.000 (−0.090)	−0.001 (−0.358)	−0.003 (−0.904)	0.003 (1.645)	−0.000 (−0.144)	0.001 (0.713)
隶属关系与规模	央企	市、县(区)	乡镇、村社	其他	小企业	大企业
时间效应	是	是	是	是	是	是
个体效应	是	是	是	是	是	是
_cons	0.072 (1.252)	0.078*** (5.682)	0.139*** (4.742)	0.044** (2.131)	0.063*** (4.112)	0.079*** (5.356)
N	26 581	416 428	325 306	834 953	795 514	807 754
R^2	0.513	0.582	0.571	0.593	0.441	0.406

注:*、**和***分别表示10%、5%和1%的显著性水平。括号内为 t 值,采用企业层面聚类稳健标准误。

(二) 撤县设区改革的财政集权效应

上述回归结果表明撤县设区改革会带来企业微观层面的所得税实际税率下降,但对增值税的作用并不明显。这一影响会同步反映在县级政府的宏观税收收入层面吗? 表 11-5 利用全国地市县财政统计资料检验了撤县设区对县级政府企业所得税和增值税收入的影响,我们对这两项收入取对数。可以发现,在控制了县级层面的经济发展水平、产业结构和人口数量以及时间效应和县区固定效应后,撤县设区改革会显著降低县级政府企业所得税税收总额和人均额,这表明撤县设区改革在弱化县级政府征税激励,降低企业所得税实际税率的同时,也会导致县级企业所得税收入水平显著下降。由于县级政府对增值税征管干预能力较低,撤县设区既未显著影响企业增值税实际税率,也没有造成县级政府企业增值税收入的明显变化。撤县设区对县级政府宏观税收的影响有力支撑了前文关于企业所得税实际税率降低的结论。

表 11-5　　　　　　　　撤县设区对县级税收收入的影响

变量名	(1) 企业所得税	(2) 企业增值税	(3) 人均企业所得税	(4) 人均企业增值税
撤县设区	−0.301*** (−4.212)	0.000 (0.003)	−18.636*** (−3.011)	−19.130 (−1.103)
人均 GDP	0.003 (0.309)	0.041*** (4.329)	2.835*** (3.888)	4.542*** (4.931)
第二产业占比	0.369*** (6.678)	0.431*** (5.915)	29.841* (1.952)	48.066** (2.398)
人口对数	0.260*** (4.065)	0.270*** (7.325)	−5.786** (−2.231)	−31.622*** (−4.647)
时间效应	控制	控制	控制	控制
地区效应	控制	控制	控制	控制
_cons	5.296*** (23.955)	5.673*** (33.578)	36.196** (2.460)	47.205 (1.509)
N	16 806	16 049	16 052	16 820
R^2	0.498	0.381	0.056	0.086

注: *、** 和 *** 分别表示 10%、5% 和 1% 的显著性水平。括号内为 t 值,采用县区层面聚类稳健标准误。

作为带有财政集权特征的一项改革,一方面撤县设区会通过降低县级政府的财权,弱化其征税激励,另一方面,地级市政府仍然具有考核区县政府的权力,如果撤县设区后县级政府承担的事权,尤其是经济建设的支出责任没有发生变化,甚至增多,区县政府就不得不通过强化税收征管来满足支出需求,这与新财政集权理论所强调的分税制下地方政府税收征管激励的逻辑一致。但是,由于县与区在政府经济建设职能和权力等方面存在显著差别,撤县设区改革也自然带有支出责任调整的成分,财政支出情况反映了政府的事权责任变化。在表11-6中我们从县级政府财政收支层面展开分析。第一至第四列的回归结果显示,控制了县级经济发展、产业结构和人口以及时间和地区固定效应后,撤县设区会显著降低县级政府财政收入和支出的总额与人均额,这表明撤县设区的确降低了县级政府的财政能力。同时,撤县设区减少了县级政府获得的人均一般性转移支付补助,而一般性转移支付在提升地方政府财力,发挥地方在使用转移支付资金上的自主性和促进经济增长方面具有重要作用(郭庆旺等,2009;马光荣等,2016)。撤县设区后,县级政府人均一般性转移支付减少,也进一步反映出其财权缩减。第六和第七列是撤县设区对县级政府基建支出的影响,财政基本建设支出是反映地方政府经济建设支出责任和地区间经济竞争的重要指标(尹恒和徐琰超,2011)。撤县设区缩减了县级政府的经济建设职能,缓解了财政集权给县级政府带来的财政压力,从而为县级政府放松税收征管提供了空间。通过与新财政集权理论强调的税收征管激励理论对比,可见,在财政集权改革中,事权的变化会引致地方政府差异化的税收征管行为。

表 11-6　　　　　　　撤县设区对县级政府财政收支的影响

变量名	(1) 财政收入对数	(2) 人均财政收入对数	(3) 财政支出对数	(4) 人均财政支出对数	(5) 人均一般性转移支付	(6) 基建支出对数	(7) 人均基建支出	(8) 基建支出占比
撤县设区	−0.283*** (−3.129)	−0.612*** (−7.957)	−0.135*** (−3.780)	−0.141*** (−3.881)	−45.658*** (−4.907)	−1.127*** (−7.477)	−97.646*** (−4.516)	−0.041*** (−4.289)
人均GDP	0.005** (2.391)	0.005 (1.092)	−0.014*** (−3.107)	−0.014*** (−3.107)	−11.178*** (−2.933)	−0.013** (−2.174)	−30.047*** (−4.129)	0.003 (1.010)
人口对数	0.099*** (4.321)	−0.729*** (−20.729)	0.092*** (2.966)	−0.908*** (−29.308)	−126.518*** (−8.878)	−0.047 (−0.870)	−70.968*** (−4.039)	−0.001 (−0.286)
第二产业占比	0.134*** (4.350)	0.125*** (3.975)	0.124*** (3.515)	0.124*** (3.515)	−6.349 (−0.336)	0.027 (0.330)	19.753 (0.707)	−0.002 (−0.497)

续表

变量名	(1)财政收入对数	(2)人均财政收入对数	(3)财政支出对数	(4)人均财政支出对数	(5)人均一般性转移支付	(6)基建支出对数	(7)人均基建支出	(8)基建支出占比
时间效应	是	是	是	是	是	是	是	是
地区效应	是	是	是	是	是	是	是	是
_cons	8.098*** (78.167)	7.471*** (53.696)	8.938*** (89.082)	8.938*** (89.082)	475.176*** (7.963)	5.279*** (20.479)	457.521*** (4.790)	0.005 (0.186)
N	17 478	17 478	15 270	15 270	13 867	13 481	13 492	11 800
R^2	0.389	0.382	0.604	0.607	0.101	0.538	0.230	0.004

注：**和***分别表示5%和1%的显著性水平。括号内为 t 值，采用县区层面聚类稳健标准误。

基于上述分析,可以发现撤县设区通过降低县级政府的财权和经济建设支出责任弱化了其征税激励,导致企业所得税实际税率下降。与此同时,地级市政府在财政集权的过程中财权和财力进一步扩大,也相应地承担起更多的发展城市经济的责任,是一个财权与事权同时集中的过程。在表 11-7 中我们分析了撤县设区对所在地级市政府财政收支的影响。第一至第四列表明撤县设区改革的确加强了地级市政府的财权和财力,实现了财权由县级政府向地级市政府的转移。第五和第六列分析了撤县设区对地级市政府支出责任的影响,撤县设区显著地增加了地级市政府市本级的基本建设支出总额和人均额,表明撤县设区后地级市政府承担了更多的经济建设职能。结合表 11-6 和表 11-7 的结果,撤县设区改革是财权由县级政府向地级市政府集中的过程,但与此同时,县改区的过程也伴随着县级政府生产性支出责任的弱化、财权与事权的同步调整对县市两级政府财政收支行为所产生的直接影响。

表 11-7　　　　　　撤县设区对市本级财政收支的影响

变量名	(1)市本级财政收入对数	(2)市本级人均财政收入对数	(3)市本级财政支出对数	(4)市本级人均财政支出对数	(5)市本级基建支出对数	(6)市本级人均基建支出对数
撤县设区	0.332*** (3.864)	0.312*** (3.754)	0.120*** (3.112)	0.112*** (3.103)	0.209* (1.714)	0.120*** (3.112)
人均GDP	0.088* (1.677)	0.088* (1.677)	0.068* (1.867)	0.069* (1.877)	0.257** (2.215)	0.068* (1.867)

续表

变量名	(1) 市本级财政收入对数	(2) 市本级人均财政收入对数	(3) 市本级财政支出对数	(4) 市本级人均财政支出对数	(5) 市本级基建支出对数	(6) 市本级人均基建支出对数
第二产业占比	0.004 (1.195)	0.004 (1.195)	0.002 (1.100)	0.002 (1.100)	0.005 (0.616)	0.002 (1.100)
人口对数	0.042 (0.757)	−0.958*** (−17.398)	0.031 (0.824)	−0.969*** (−26.125)	−0.030 (−0.231)	−0.969*** (−26.125)
时间效应	控制	控制	控制	控制	控制	控制
固定效应	控制	控制	控制	控制	控制	控制
_cons	8.980*** (12.493)	8.980*** (12.493)	9.458*** (20.322)	9.898*** (20.322)	5.638*** (3.501)	9.898*** (20.322)
N	2 715	2 715	2 715	2 715	2 168	2 715
R^2	0.723	0.756	0.771	0.745	0.274	0.691

注：*、**、***分别表示10％、5％和1％的显著性水平。括号内为 t 值，采用地市层面聚类稳健标准误。

考虑到不同地市撤县设区存在差异，对市本级财政造成的影响也就不同。在表11-8中，我们根据地级市辖区内每一年发生撤县设区改革的次数，设置撤县设区的次数变量，数值越大，表明当年地级市发生撤县设区改革的强度越高。如表11-8所示，撤县设区次数同样会显著提升市本级的财政收支总额和人均额，加大市本级人均基建支出，撤县设区次数越多，对市本级财权提升的作用越明显，这与表11-7的结论基本一致。但对比表11-7和表11-8的回归系数，可以发现随着撤县设区次数的增多，多增加撤县设区在提升市本级财力上存在边际效应递减。这也说明，在推进撤县设区改革的过程中，需要充分考虑地级市经济发展和各级政府财政状况，统筹辖区内撤县设区，避免盲目推广给地级市政府带来财政压力。

表11-8　　　　撤县设区次数对市本级财政收支的影响：边际效应递减

变量名	(1) 市本级财政收入对数	(2) 市本级人均财政收入对数	(3) 市本级财政支出对数	(4) 市本级人均财政支出对数	(5) 市本级基建支出对数	(6) 市本级人均基建支出
撤县设区个数	0.166*** (3.146)	0.167*** (3.152)	0.069** (2.412)	0.073** (2.407)	0.117 (1.574)	0.070** (2.317)
人均GDP	0.091* (1.702)	0.091* (1.702)	0.068* (1.853)	0.071* (1.872)	0.257** (2.222)	0.068* (1.842)

续表

变量名	(1) 市本级财政收入对数	(2) 市本级人均财政收入对数	(3) 市本级财政支出对数	(4) 市本级人均财政支出对数	(5) 市本级基建支出对数	(6) 市本级人均基建支出
第二产业占比	0.003 (1.102)	0.003 (1.102)	0.002 (1.066)	0.002 (1.066)	0.005 (0.595)	0.002 (1.066)
人口对数	0.044 (0.778)	−0.956*** (−17.054)	0.031 (0.817)	−0.969*** (−25.661)	−0.030 (−0.234)	−0.987*** (−25.661)
时间效应	控制	控制	控制	控制	控制	控制
固定效应	控制	控制	控制	控制	控制	控制
_cons	8.966*** (12.256)	8.966*** (12.256)	9.901*** (20.003)	9.901*** (20.003)	5.658*** (3.525)	9.901*** (20.003)
N	2 715	2 715	2 715	2 715	2 168	2 715
R^2	0.712	0.751	0.772	0.891	0.273	0.691

注：*、**和***分别表示10%、5%和1%的显著性水平。括号内为 t 值，采用企业层面聚类稳健标准误。

六、稳健性检验与进一步讨论

（一）稳健性检验

1. 平行趋势检验

本研究利用双重差分法研究撤县设区下的财政集权和支出责任调整对企业实际税负的影响。但是，利用双重差分法的前提是，如果不存在撤县设区改革，则实验组和控制组的企业所得税实际税率的演变趋势是平行的。为此我们通过对比实验组与控制组在撤县设区前后的企业所得税实际税率与增值税实际税率来检验平行趋势假设是否成立。在样本中，各地进行撤县设区改革的时间不一致，很难将所有改革年份及对应企业的实际税率通过对比图的形式呈现出来。为此，我们选择2002年开展撤县设区改革的样本作为实验组，一方面，2002年撤县（市）设区改革达到了21次，占样本期（1998—2007年）改革次数的近20%，样本代表性强；另一方面，2002年处于样本区间的中间年份，有利于我们更加清楚地观察改革前后实验组与控制组企业实际税率的变化。图11-2描绘了2002年开始实行撤县设区改革的县与从未实行撤县设区改革的县其辖区内企业所得税实际税率变化的情况。

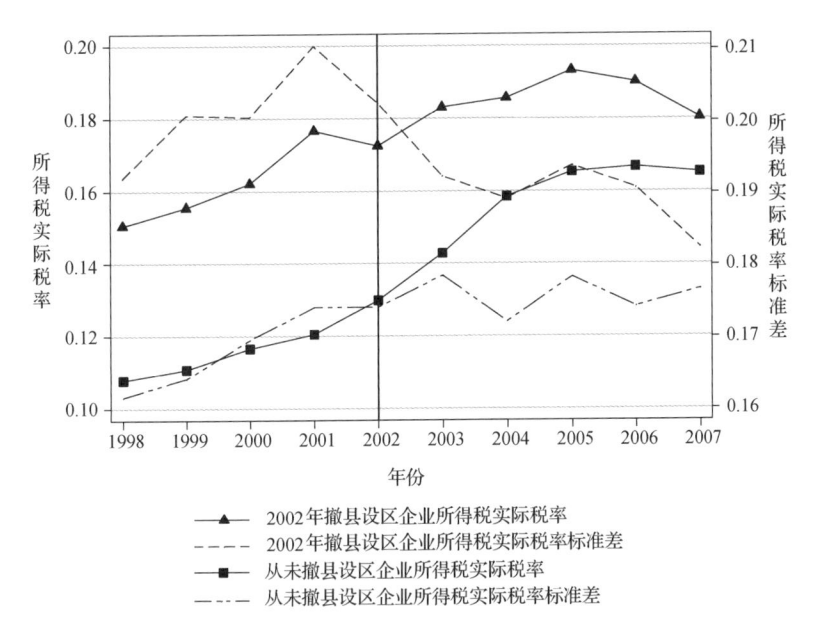

图 11-2 2002 年实行撤县设区的县与从未撤县设区的县企业所得税实际税率变化趋势

在 1998—2007 年,无论是否实行过撤县设区,企业所得税实际税率都逐渐提高,而增值税实际税率则处于稳步下降态势。这从侧面证明,对于地方政府干预能力较低的增值税,中央的减税政策确实能够降低企业税负,但企业所得税实际税率却不减反增。进一步对比实验组和控制组所得税实际税率的变化,在 2002 年撤县设区之前,实验组企业所得税实际税率高于控制组,并保持相对稳定的差距,但在撤县设区之后,实验组企业所得税实际税率的增长速度逐渐放缓,而控制组仍保持着较高增长,导致实验组与对照组间所得税实际税率差距逐渐降低。增值税实际税率的对比图显示,实验组与控制组的增值税实际税率在撤县设区前后变化趋势较为一致,这为采用双重差分法提供了重要支撑。

2. 聚类到县区层面

在上述关于企业实际税率的回归中,为了控制企业层面不同时期随机扰动项存在的自相关问题,我们均采用了企业层面的聚类稳健标准误。除此之外,在区县层面,同一个区县内的企业可能会因为受到相同政策和地理环境的影响而存在自相关,但在不同时期不同区县间的企业则可能并不存在自相关,我们在表 11-9 中采用聚类到县区层面的稳健标准误,重新估计撤县设区对企业所得税和增值税实际税率的影响。结果表明,在聚类到县区层面,并加入控制变量以后,撤县设区改革仍然会显著降低企业所得税实际税率,但对增值税实际税率的影响并不明显,这与之前企业层面聚类稳健标准误的估计结果基本一致。

表 11-9　　稳健性检验：聚类到县区层面

变量名	(1) 所得税实际税率	(2) 所得税实际税率	(3) 增值税实际税率	(4) 增值税实际税率
撤县设区	−0.006*** (−2.699)	−0.007** (−2.270)	−0.002 (−1.076)	−0.000 (−0.049)
财务杠杆	−0.021*** (−15.095)	−0.019*** (−10.377)	−0.011*** (−10.480)	−0.011*** (−8.992)
存货密集度	0.015*** (6.247)	0.017*** (5.305)	−0.040*** (−17.653)	−0.037*** (−12.952)
资本密集度	−0.018*** (−8.941)	−0.016*** (−6.258)	−0.003** (−2.548)	−0.004** (−2.558)
盈利能力	0.005 (0.797)	−0.002 (−0.227)	−0.010*** (−3.109)	−0.005 (−1.304)
企业规模	0.012*** (19.169)	0.011*** (13.060)	−0.003*** (−4.258)	−0.003*** (−3.092)
人均GDP		−0.000 (−0.318)		−0.002 (−1.527)
第二产业占比		0.007 (0.762)		0.001 (0.228)
时间效应	是	是	是	是
固定效应	是	是	是	是
_cons	0.087*** (22.772)	0.096*** (6.764)	0.153*** (44.873)	0.173*** (12.356)
N	1 769 398	1 150 294	1 790 608	1 170 350
R^2	0.564	0.563	0.549	0.555

注：** 和 *** 分别表示 5% 和 1% 的显著性水平。括号内为 t 值，采用县区层面聚类稳健标准误。

3. 剔除掉直辖市样本和非连续存在样本

本研究所分析的撤县设区改革，不仅在一般的地级市内存在，还在直辖市内多次发生，虽然改革的本质及所引发的财权和事权变化在地级市与直辖市间较为一致，但由于直辖市的区县在行政级别和拥有的经济资源等方面与一般地级市具有明显差别，我们在表 11-10 第一至第四列中首先将直辖市样本剔除。回归结果显示，即使在剔除了直辖市样本，并加入了控制变量之后，撤县设区仍然会显著降低企业所得税实际税率，对增值税实际税率的影响并不明显。除了直辖市样本可能造成的影响外,撤县设区后地方政府的税收征管变化也可能会通过影响企业的进入行为导致我们的回归存在估计偏误。为此,我们在第五至第八列中仅保留在样本期内连续存在的企业样本,回归结果与前文基本一致。

表 11-10　　　　　稳健性检验：剔除直辖市样本和非连续存在样本

变量名	(1) 所得税实际税率	(2) 所得税实际税率	(3) 增值税实际税率	(4) 增值税实际税率	(5) 所得税实际税率	(6) 所得税实际税率	(7) 增值税实际税率	(8) 增值税实际税率
撤县设区	−0.005*** (−2.584)	−0.006* (−1.732)	−0.003* (−1.913)	−0.003 (−1.129)	−0.008*** (−2.778)	−0.008** (−2.194)	−0.004 (−1.483)	−0.001 (−0.152)
财务杠杆	−0.021*** (−20.870)	−0.019*** (−15.087)	0.010*** (13.033)	0.011*** (11.641)	−0.039*** (−19.448)	−0.038*** (−18.287)	0.011*** (6.772)	0.011*** (6.040)
存货密集度	0.015*** (8.954)	0.017*** (8.052)	−0.037*** (−30.657)	−0.032*** (−21.999)	0.005 (1.586)	0.005 (1.413)	−0.048*** (−20.084)	−0.043*** (−14.460)
资本密集度	−0.017*** (−12.870)	−0.015*** (−9.229)	−0.004*** (−3.683)	−0.004*** (−3.860)	−0.034*** (−12.209)	−0.034*** (−11.772)	−0.006*** (−3.304)	−0.008*** (−3.286)
盈利能力	0.003 (1.597)	−0.003* (−1.748)	−0.006*** (−5.335)	−0.000 (−0.366)	0.046*** (11.516)	0.045*** (10.844)	−0.011*** (−4.116)	0.003 (0.854)
企业规模	0.013*** (33.519)	0.013*** (24.349)	−0.002*** (−5.134)	−0.002*** (−3.846)	0.017*** (21.445)	0.017*** (19.424)	−0.000 (−0.065)	−0.000 (−0.144)
人均GDP		0.003 (0.385)		0.005 (0.707)		−0.004* (−1.914)		−0.002 (−1.292)
第二产业占比		−0.001 (−0.606)		−0.002* (−1.861)		0.003* (1.743)		0.009 (0.881)
样本区间	剔除直辖市样本				连续存续企业样本			
时间效应	是	是	是	是	是	是	是	是
个体效应	是	是	是	是	是	是	是	是
_cons	0.082*** (36.501)	0.097*** (6.491)	0.148*** (79.733)	0.165*** (15.230)	0.076*** (16.117)	0.117*** (6.328)	0.157*** (39.796)	0.176*** (9.448)
N	1 563 773	1 073 593	1 680 581	1 097 598	334 770	220 911	339 952	214 858
R²	0.562	0.561	0.553	0.563	0.432	0.436	0.453	0.464

注：*、** 和 *** 分别表示 10%、5% 和 1% 的显著性水平。括号内为 t 值,采用企业层面聚类稳健标准误。

4. 排除其他干扰政策的影响

在前文关于近年来中国县域治理改革的背景梳理中,我们已经提到在撤县设区之外,还存在强权扩县和省直管县这两类代表性的县域改革。虽然这两类改革并不与本研究考察的撤县设区存在政策重叠,也不会对实验组产生直接影响,但会对控制组产生直接作用。扩权强县旨在下放经济管理权限,但并未明确涉及财权的同步下放和财力补助,而省直管县则主要以扩大县级政府的财权为目标。因此,这两项改革会对县级政府的财政压力带来不同作用,进而影响到其税收征管行为。表11-11第一至四列控制了省直管县的作用,结果发现即使考虑了省直管县对控制组的影响后,撤县设区对企业实际税率的影响仍与前文一致,而省直管县由于提升了县级财权财力,显著降低了县级政府征税激励,导致企业实际税率下降,这与现有文献的结论一致(王小龙和方金金,2015)。第五和第六列是控制了扩权强县的结果,撤县设区改革的作用并未发生明显变化,但以下放经济管理事权为主的扩权强县改革由于并未明确涉及财权的下放和财力补助,会加大县级政府财政压力,使得企业实际税率显著提高(Chen,2017)。省直管县与扩权强县的结果进一步从侧面证明本研究所强调的财权与事权的协调是影响地方政府征税激励和企业实际税负的关键所在。

表 11-11　　　　　　稳健性检验:排除干扰政策的影响

变量名	(1) 所得税实际税率	(2) 所得税实际税率	(3) 增值税实际税率	(4) 增值税实际税率	(5) 所得税实际税率	(6) 所得税实际税率	(7) 增值税实际税率	(8) 增值税实际税率
撤县设区	−0.006*** (−2.901)	−0.007** (−2.168)	−0.002 (−1.125)	−0.000 (−0.036)	−0.006*** (−2.943)	−0.007** (−2.269)	−0.002 (−1.379)	−0.001 (−0.320)
省直管县	−0.005** (−2.121)	−0.004* (−1.796)	−0.008*** (−5.669)	−0.008*** (−5.084)				
扩权强县					0.001** (2.335)	0.004*** (3.195)	0.009*** (12.794)	0.010*** (12.850)
财务杠杆	−0.021*** (−22.083)	−0.019*** (−16.164)	0.011*** (13.834)	0.011*** (12.348)	−0.021*** (−22.055)	−0.019*** (−16.137)	0.011*** (13.979)	0.012*** (12.453)
存货密集度	0.015*** (9.180)	0.017*** (8.287)	−0.040*** (−33.597)	−0.036*** (−24.633)	0.015*** (9.193)	0.017*** (8.353)	−0.040*** (−33.388)	−0.036*** (−24.373)
资本密集度	−0.018*** (−13.866)	−0.016*** (−10.043)	−0.003*** (−3.461)	−0.004*** (−3.701)	−0.018*** (−13.875)	−0.016*** (−10.034)	−0.003*** (−3.487)	−0.004*** (−3.661)

续表

变量名	(1) 所得税实际税率	(2) 所得税实际税率	(3) 增值税实际税率	(4) 增值税实际税率	(5) 所得税实际税率	(6) 所得税实际税率	(7) 增值税实际税率	(8) 增值税实际税率
盈利能力	0.005*** (3.215)	−0.002 (−0.955)	−0.010*** (−9.118)	−0.005*** (−3.958)	0.005*** (3.151)	−0.002 (−1.110)	−0.011*** (−9.805)	−0.006*** (−4.608)
企业规模	0.012*** (35.435)	0.011*** (26.108)	−0.003*** (−8.507)	−0.003*** (−6.482)	0.012*** (35.470)	0.011*** (26.124)	−0.003*** (−8.557)	−0.003*** (−6.496)
人均GDP		0.006 (0.914)		0.001 (0.170)		0.007 (0.951)		0.002 (0.258)
第二产业占比		−0.000 (−0.312)		−0.002** (−1.979)		−0.000 (−0.300)		−0.002* (−1.938)
时间效应	是	是	是	是	是	是	是	是
个体效应	是	是	是	是	是	是	是	是
_cons	0.087*** (43.059)	0.096*** (6.735)	0.154*** (84.764)	0.173*** (15.219)	0.087*** (43.034)	0.096*** (6.711)	0.154*** (84.853)	0.172*** (15.155)
N	1 769 398	1 150 294	1 790 608	1 170 350	1 769 398	1 150 294	1 790 608	1 170 350
R^2	0.564	0.563	0.547	0.555	0.564	0.563	0.548	0.554

注：*、** 和 *** 分别表示10%、5%和1%的显著性水平。括号内为 t 值，采用企业层面聚类稳健标准误。

(二) 进一步讨论

撤县设区同时降低了县级政府的财权和经济事权，弱化了县级政府的征税激励，导致企业所得税实际税率显著下降，实现向企业的减税。进一步问题在于，企业实际税负下降会对企业的生产经营活动和地区经济发展产生怎样的影响呢？财政集权下支出责任调整引发的减税效应具有促进企业发展和提振经济的作用吗？在表11-12中，我们首先分析撤县设区对企业工业销售产值和利润总额的影响，发现减税的确能够促进企业销售产值和利润的双重提升。进一步分析撤县设区和企业实际税率对地区人均GDP的影响，发现企业实际税负增加会对地区经济发展产生不利影响，而撤县设区改革所带来的减税效应能够显著降低企业实际税率，促进地区人均GDP增长，这为通过向企业减税来提振宏观经济提供了直接证据。

表 11-12　减税对企业生产经营与地区经济发展的作用

变量名	(1)销售产值对数	(2)利润总额对数	(3)人均 GDP 对数	(4)人均 GDP 对数
撤县设区	0.045*** (4.708)	0.108*** (5.236)	0.737*** (50.190)	0.733*** (50.142)
企业所得税实际税率				−0.004** (−2.442)
撤县设区×企业所得税实际税率				0.037*** (5.358)
财务杠杆	0.001 (0.187)	−0.286*** (−31.193)	0.001 (0.766)	0.001 (0.750)
存货密集度	−0.050*** (−7.140)	−0.552*** (−40.606)	0.000 (0.203)	0.000 (0.197)
资本密集度	−0.210*** (−34.847)	−0.487*** (−42.328)	0.005*** (2.722)	0.005*** (2.719)
盈利能力	1.498*** (191.237)	5.370*** (286.820)	0.000 (0.062)	0.000 (0.148)
企业规模	0.413*** (153.523)	0.356*** (90.644)	0.001 (1.072)	0.001 (1.067)
时间效应	是	是	是	是
个体效应	是	是	是	是
_cons	7.475*** (541.327)	4.079*** (196.010)	9.635*** (2 639.535)	9.635*** (2 644.031)
N	1 761 833	1 436 708	1 603 268	1 603 268
R^2	0.806	0.759	0.792	0.871

注：**和***分别表示5%和1%的显著性水平。括号内为 t 值，采用企业层面聚类稳健标准误。

七、结论

分税制改革将财权上收与事权下放，并在严格的晋升锦标赛下发挥地方积极性，推动了中国经济增长奇迹，同时通过对地方的征税激励实现了中国多年来税收和财政收入的高速增长。但是，分税制也带来了中央与地方财政关系的纵向失衡，引发地方政府的土地财政依赖、地方债和财政支出偏向等财政风险问题。为了实现央地财政关系的平衡，近些年来以事权调整为主的央地财政关系改革逐渐得到重视。通过支出责任的部分上移可以有效降低地方政府的财政压力和征税努力，为实现新形势下企业减税降费目标提供支撑。地方支出责任的弱化也会改变长期以来中国税收和财政收入增长的动力机制，地方征税努力的降低可能引发的税收和财政风险是未知的，但又是深化事权制度改革和形成事权与支出责任相匹配的央地财政关系中必须重视的问题。

中国的分税制具有层层分税的特征，上级对下级政府的财政集权在各级政府中普遍存在，虽然中央与省级政府间还未出现大规模的事权集中改革，但地方政府间的事权调整却一直存在。中国的撤县设区在实现财政权力由县向市级政府上移的过程中，也降低了县级政府所要承担的经济建设职能和支出责任，这种财权与事权的同步集中为我们识别分税制下地方政府支出责任弱化的税收激励效应，以及事权改革隐含的税收和财政风险提供了宝贵机会。本研究基于撤县设区改革的研究，发现在微观层面撤县设区改革显著降低了企业所得税实际税率，但对增值税实际税率的影响并不显著，撤县设区的所得税减税效应在隶属于市（县）和小企业上表现更为明显。在宏观层面，撤县设区改革降低了县级政府企业所得税收入，弱化了县级政府的财政收支能力，并且降低了县级政府基本建设支出。进一步分析表明，撤县设区改革增加了市本级的财政收支水平，并提高了市本级在基本建设上的财政支出，实现了财权与经济事权由县向市的转移。最后，我们还发现撤县设区改革能够增加企业的销售产值和利润总额，并且通过降低企业实际税率促进人均GDP增长，这表明向企业减税能够促进企业发展，并提振宏观经济。

本研究表明，在财政集权的过程中，合理划分上下级政府间的支出责任能够有效降低下级政府的税收激励，推动企业实际税负下降，财权与事权的协调是实现中央政府减税降费目标的重要抓手。但与此同时，分税制中下级政府的支出责任上移也会降低其征税努力，使得地方税收和财政收入下滑，隐含着一定的财政风险。因此，在以事权调整为切入口进一步推进政府间财权与支出责任相匹配的财政关系改革中，需要准确把握事权上收的范围和幅度，既要通过事权调整降低地方财政压力，助力企业减税降费目标的实现，同时也要避免由于支出责任上移所引发的税收激励不足和潜在财政风险。

参考文献

[1] 才国伟，张学志，邓卫广. "省直管县"改革会损害地级市的利益吗？[J]. 经济研究，2011(7).

[2] 陈抗,Arye L Hillman,顾清扬.财政集权与地方政府行为变化——从援助之手到攫取之手[J].经济学(季刊),2002(1).

[3] 陈硕,高琳.央地关系:财政分权度量及作用机制再评估[J].管理世界,2012(6).

[4] 范子英,田彬彬.税收竞争、税收执法与企业避税[J].经济研究,2013(9).

[5] 方红生,张军.财政集权的激励效应再评估:攫取之手还是援助之手?[J].管理世界,2014(2).

[6] 方红生,张军.攫取之手、援助之手与中国税收超GDP增长[J].经济研究,2013(3).

[7] 龚锋,卢洪友.公共支出结构、偏好匹配与财政分权[J].管理世界,2009(1).

[8] 郭庆旺,贾俊雪,高立.中央财政转移支付与地区经济增长[J].世界经济,2009(12).

[9] 胡祖铨,黄夏岚,刘怡.中央对地方转移支付与地方征税努力——来自中国财政实践的证据[J].经济学(季刊),2013(3).

[10] 贾康,刘尚希,吴晓娟,等.怎样看待税收的增长和减税的主张——从另一个角度的理论分析与思考[J].管理世界,2002(7).

[11] 江庆.分税制与中国纵向财政不平衡度:基于Hunter方法的测量[J].中央财经大学学报,2007(1).

[12] 李永友,沈玉平.财政收入垂直分配关系及其均衡增长效应[J].中国社会科学,2010(6).

[13] 楼继伟.中国政府间财政关系再思考[M].北京:中国财政经济出版社,2013。

[14] 卢盛峰,陈思霞.政策偏袒的经济收益:来自中国工业企业出口的证据[J].金融研究,2016(7).

[15] 卢盛峰,陈思霞.政府偏袒缓解了企业融资约束吗?——来自中国的准自然实验[J].管理世界,2017(5).

[16] 吕冰洋,郭庆旺.中国税收高速增长的源泉:税收能力和税收努力框架下的解释[J].中国社会科学,2011(2).

[17] 马光荣,郭庆旺,刘畅.财政转移支付结构与地区经济增长[J].中国社会科学,2016(9).

[18] 马万里.多中心治理下的政府间事权划分新论——兼论财力与事权相匹配的第二条(事权)路径[J].经济社会体制比较,2013(6).

[19] 乔宝云,范剑勇,彭骥鸣.政府间转移支付与地方财政努力[J].管理世界,2006(3).

[20] 孙秀林,周飞舟.土地财政与分税制:一个实证解释[J].中国社会科学,2013(4).

[21] 唐为,王媛.行政区划调整与人口城市化:来自撤县设区的经验证据[J].经济研究,2015(9).

[22] 陶然,陆曦,苏福兵,等.地区竞争格局演变下的中国转轨:财政激励和发展模式反思[J].经济研究,2009(7).

[23] 王剑锋.中央集权型税收高增长路径:理论与实证分析[J].管理世界,2008(7).

[24] 王雷,李丛丛,应清,等.中国 1990—2010 年城市扩张卫星遥感制图[J].科学通报,2012(16).

[25] 王文剑,覃成林.地方政府行为与财政分权增长效应的地区性差异——基于经验分析的判断、假说及检验[J].管理世界,2008(1).

[26] 王小龙,方金金.财政"省直管县"改革与基层政府税收竞争[J].经济研究,2015(11).

[27] 谢贞发.中国式分税制的税收增长之谜[J].中国工业经济,2016(5).

[28] 尹恒,徐琰超.地市级地区间基本建设公共支出的相互影响[J].经济研究,2011(7).

[29] 袁飞,陶然,徐志刚,等.财政集权过程中的转移支付和财政供养人口规模膨胀[J].经济研究,2008(5).

[30] 曾军平.政府间转移支付制度的财政平衡效应研究[J].经济研究,2000(6).

[31] 张军.分权与增长:中国的故事[J].经济学(季刊),2007(1).

[32] 张军,高远,傅勇,等.中国为什么拥有了良好的基础设施?[J].经济研究,2007(3).

[33] 张军,周黎安.为增长而竞争:中国增长的政治经济学[M].上海:上海人民出版社,2008.

[34] 周黎安,刘冲,厉行.税收努力、征税机构与税收增长之谜[J].经济学(季刊),2011(1).

[35] 左翔,殷醒民,潘孝挺.财政收入集权增加了基层政府公共服务支出吗?以河南省减免农业税为例[J].经济学(季刊),2012(4).

[36] Brandt Loren, Johannes Van Biesebroeck and Yifan Zhang. Creative Accounting or Creative Destruction? Firm-level Productivity Growth in Chinese Manufacturing[J]. *Journal of Development Economics*, 2012, 97(2).

[37] Brennan G and J M Buchanan. *The Power to Tax: Analytical Foundations of a Fiscal Constitution*[M]. London: Cambridge University Press, 1980.

[38] Cai H and D Treisman. Did Government Decentralization Cause China's Economic Miracle?[J]. *World Politics*, 2006, 58(4).

[39] Chen X. The Effect of a Fiscal Squeeze on Tax Enforcement: Evidence from a Natural Experiment in China[J]. *Journal of Public Economics*, 2017, 147.

[40] Gupta S and K Newberry. Determinants of the Variability in Corporate Effective Tax Rates: Evidence from Longitudinal Data[J]. *Journal of Accounting and Public Policy*, 1997, 16(1).

[41] Jin H, Y Qian and B Weingast. Regional Decentralization and Fiscal Incentives: Federalism, Chinese Style[J]. *Journal of Public Economics*, 2005, 89(9-10).

[42] Judd K. Redistributive Taxation in a Simple Perfect Foresight Model[J]. *Journal of Public Economics*, 1985, 28(1).

[43] Lejour A and Verbon H. Tax Competition and Redistribution in a Two-Country

Endogenous-Growth Model[J]. *International Tax and Public Finance*, 1997, 4.

[44] Lin J Y and Z Liu. Fiscal Decentralization and Economic Growth in China[J]. *Economic Development and Cultural Change*, 2000, 49(1).

[45] Oates W E. *Fiscal Federalism*[M]. New York: Harcourt Brace Jovanovich, 1972.

[46] Oates W E. Searching for Leviathan: An Empirical Study[J]. *American Economic Review*, 1985, 75(4).

[47] Oates W E. Toward a Second-Generation Theory of Fiscal Federalism[J]. *International Tax and Public Finance*, 2005, 12(4).

[48] Oksenberg M and J Tong. The Evolution of Central-Provincial Fiscal Relations in China, 1971—1984: The Formal System[J]. *The China Quarterly*, 1991, 125.

[49] Qian Y and B R Weingast. Federalism as a Commitment to Preserving Market Incentives [J]. *Journal of Economic Perspectives*, 1997, 11(4).

[50] Richardson G and R Lanis. Determinants of the Variability in Corporate Effective Tax Rates and Tax Reform: Evidence from Australia[J]. *Journal of Accounting and Public Policy*, 2007, 26(6).

[51] Shleifer Andrei and Robert W Vishny. *The Grabbing Hand: Government Pathologies and Their Cures*[M]. Cambridge, MA: Harvard University Press, 1998.

[52] Stickney C and V Mcgee. Effective Corporate Tax Rates: The Effect of Size, Capital Intensity, Leverage and Other Factors[J]. *Journal of Accounting and Public Policy*, 1982, 11(2).

[53] Su F B, R Tao, X Lu, et al. Local Officials' Incentives and China's Economic Growth: Tournament Thesis Reexamined and Alternative Explanatory Framework[J]. *China & World Economy*, 2012, 20(4).

[54] Tiebout C. A Pure Theory of Local Expenditure[J]. *Journal of Political Economy*, 1956, 64(5).

[55] Wilson J D. A Theory of Inter regional Tax Competition[J]. *Journal of Urban Economics*, 1986, 19(3).

[56] Zhang L. Chinese Central-Provincial Fiscal Relationships, Budgetary Decline and the Impact of the 1994 Fiscal Reform: An Evaluation[J]. *The China Quarterly*, 1999, 157.

[57] Zimmerman J L. Taxes and Firm Size[J]. *Journal of Accounting and Economics*, 1983, 5.